フォーカス憲法

事例から学ぶ憲法基盤

加藤一彦・阪口正二郎・只野雅人 / 編著

岩垣　真人	多田　一路
岩切　大地	館田　晶子
植村　勝慶	寺川　史朗
榎澤　幸広	徳永　貴志
岡田健一郎	中川　　律
岡田　順太	中村　安菜
小川有希子	福岡　英明
奥野　恒久	福嶋　敏明
鎌塚　有貴	堀口　悟郎
久保田祐介	本庄　未佳
小林　直樹	松田　　浩
田代　亜紀	棟久　　敬

共著

北樹出版

はしがき

　本書は、憲法学を更に深く学びたい人たちを対象に編まれている。憲法学の内奥まで勉強したい動機は様々であろう。法科大学院進学、資格・公務員試験対策という人もいるであろうし、法律学としての憲法学に興味があるという人もいるであろう。そうした勉強家の人々は、既に多くの著作から知識を吸収していることであろう。

　私たち3名の編者は、憲法の根本から離れて、自己都合的な解釈論を展開する罠にはまらないように、初心にかえって憲法学を学び直すべきだという意図をもって本書を企画した。本書の副題に「憲法基盤」と記した理由はそこにある。

　本書の特色は次の点にある。第一に、事例式とし、社会の問題がどこで憲法学とつながっているかを把握すること。第二に、論点を明確にし、これに対応する学説と判例を把握すること。第三に、関連問題をあげ、自分で問題設定を行い、問題を解くという独習の便を図ったことである。また、大学では演習の授業で本書が利用されるかと推察し、次の二つのことにも配慮した。一つは、「憲法の調べ方」と「報告の仕方」を最初にあげ、演習の「オリエンテーション」の役割をあてがったことである。もう一つは、報告者が文献を丹念に調べられるように、豊富な引用と参考文献を掲載したことである。加えて、「憲法文献案内」を巻末に収め、憲法学の古典を紹介した点である。報告者は、是非、原典にあたり、自分自身で読解してもらいたい。そうした作業を継続していけば、本物と偽物の憲法解釈を識別できるようになるだろう。

　本書の執筆は、次世代を担う研究者に依頼した。最新の憲法理論について、アンテナを張りめぐらせている世代が、現在の社会問題に対し、様々な切り口から語るのを期待してのことである。編者の仕事は、論点が拡散しないことと、憲法基盤との関連性を明確にするように修正を求めるぐらいにした。各執筆者は、編者の要請に応え、ご協力をいただいた。多忙の中、修正等に応じて下

さった各執筆者には改めて御礼を申し上げる。また、本書の企画からご協力を下さった北樹出版の古屋幾子さんには今回もお世話になった。ここに感謝の意を表する。本書が、日本国憲法が想定する独立した人格としての個々人にとって、光明を与えることができればと念じている。

　　　2020 年 7 月 4 日

　　　　　　　　　　　　　　　　　　　　編者　加藤　一彦
　　　　　　　　　　　　　　　　　　　　　　　阪口正二郎
　　　　　　　　　　　　　　　　　　　　　　　只野　雅人

目　次

政治構造の枠組み

凡　例

1　法律名は可能な限りそのまま記載しているが、略称を使用する場合は有斐閣小六法の略称に拠った。

2　判例の引用は西暦と元号の併用とした。
　　例　最判 2000〔平成 12〕2・29 民集 54 巻 2 号 582 頁

3　判例略語

最大判	最高裁判所大法廷判決
最大決	最高裁判所大法廷決定
最判	最高裁判所判決
最決	最高裁判所決定
○○高判	○○高等裁判所判決
○○高決	○○高等裁判所決定
○○高△△支判	○○高等裁判所△△支部判決
○○地判	○○地方裁判所判決
○○地決	○○地方裁判所決定
○○地△△支決	○○地方裁判所△△支部決定
○○簡判	○○簡易裁判所判決
民集	最高裁判所民事判例集
集民	最高裁判所裁判集民事
刑集	最高裁判所刑事判例集
下刑集	下級裁判所刑事裁判例集
行集	行政事件裁判例集
LEX/DB ＊＊＊	TKC 法律情報データベース　文献番号

フォーカス憲法

事例から学ぶ憲法基盤

憲法の勉強の心構え

1 憲法の勉強方法と調べ方

1．基本的知識の吸収

　憲法の勉強に独特な作法はない。民法や刑法の習得、あるいは専門分野を勉強する仕方と大体同じである。本を熟読し、わからない言葉を辞典や専門書で調べ、手書きのノートを創作し、知識を自分のものにしていく。時間はかかるが、これを継続していくことが大切である。では、最初のとっかかりである憲法の本は、どれがいいだろうか。図書館に行き、わかりやすいものを探そうとしても、なかなか出会えないかもしれない。そこで、法学部生であれば、必ず一度は手に取るべき定番の本をあげておこう。

　①芦部信喜〔高橋和之補訂〕『憲法〔第 7 版〕』（岩波書店、2019 年）、②高橋和之『立憲主義と日本国憲法〔第 4 版〕』（有斐閣、2017 年）、③辻村みよ子『憲法〔第 6 版〕』（日本評論社、2018 年）、④長谷部恭男『憲法〔第 7 版〕』（新世社、2018 年）。

　この四つの憲法本は、今後とも改訂が期待され、最新の判例・法令改正などに言及しているので安心感があろう。特に①は、公務員試験受験者に圧倒的に人気のある作品である。是非、手に取ってみよう。そのほかにも、推薦したい本はたくさんあるが、評価が定まっているのは、次の本である。

　①佐藤幸治『日本国憲法論』（成文堂、2011 年）、②野中俊彦・中村睦男・高橋和之・高見勝利『憲法Ⅰ・Ⅱ〔第 5 版〕』（有斐閣、2012 年）、③渡辺康行・宍戸常寿・松本和彦・工藤達朗『憲法Ⅰ・Ⅱ』（日本評論社、2016 年）、④樋口陽一『憲法Ⅰ』（青林書院、1998 年）、⑤同『国法学〔補訂版〕』（有斐閣、2007 年）。

　①は京都学派重鎮の作品である。②と③は司法試験レベルの著作であるが、勉強を進めるうちに必ず参照することとなろう。④⑤は、日本を代表する憲法

学者の著作である。一度は目を通しておきたい。

　そのほか、版を重ねた定評のあるわかりやすい憲法本もある。①浦部法穂『憲法学教室〔第3版〕』（日本評論社、2016年）、②加藤一彦『憲法〔第3版〕』（法律文化社、2017年）、③加藤一彦・植村勝慶編著『現代憲法入門講義〔新5版〕』（北樹出版、2017年）。

　法律の本は、用語が難しいので最初の頃は戸惑うであろう。そこで必要なのは、辞典／事典である。①高橋和之ほか編集代表『法律学小辞典〔第5版〕』（有斐閣、2016年）、②佐藤幸司ほか編集代表『法律学用語辞典』（三省堂、2003年）。加えて、憲法学に特化した辞典もある。③田上穣治編『体系憲法事典』（青林書院新社、1968年）、④杉原泰雄編『新版 体系憲法事典』（青林書院、2008年）、⑤大須賀明ほか編『憲法辞典』（三省堂、2001年）。こうした辞典は、図書館では参考書コーナーに配架されている場合が多い。誰もが簡単に用語を調べられるようにとの配慮からである。早速、図書館に入り確認してみよう。

　法律学では、もう一つ不可欠な本がある。先に列挙した憲法本は、著者の憲法に対する向かい方に応じて、章立てが体系的に構成されている。これを体系書という。ただ勉強しているうちに、特定の憲法条文の意味を細かく調べることが求められる。つまり、各条文ごとに法文の意味を知る必要があり、そのための本が法律学では必携となる。この本のことを注釈書といい、ドイツ的にコンメンタールと呼ばれる。注釈書は憲法のみならず法律分野全般にわたり多くの本が出版されている。憲法の注釈書として、定評のあるのは次の書物である。

　①宮澤俊義〔芦部信喜補訂〕『全訂 日本国憲法』（日本評論社、1978年）、②佐藤功『ポケット註釈全書 憲法〔新版〕上・下』（有斐閣、1983年/1984年）、③樋口陽一ほか『注解憲法Ⅰ-Ⅳ』（青林書院、1994年-2004年）、④芹沢斉・市川正人・阪口正二郎編『新基本法コンメンタール憲法』（日本評論社、2011年）、⑤木下智史・只野雅人編『新・コンメンタール憲法〔第2版〕』（日本評論社、2019年）。

　①②③は重要な本ではあるが、改訂の可能性はないので新規判例・法令には対応していない。そこで足らないところを④⑤で補うのが良いであろう。⑥芦部信喜監修『注釈憲法（1）』（有斐閣、2000年）、⑦長谷部恭男編『注釈日本国憲法（2・3）』（有斐閣、2017年/2020年）もあるが、⑥は憲法前文から9条ま

でについて書かれている。良い著作ではあるが、その継続出版は中止されている。⑦は現在刊行中であり、完成が待たれる。

そのほか事典とはなっているが、条文ごとの注釈が加えられている⑧清宮四郎編『憲法事典』（青林書院、1961年）、⑨伊藤正己ほか『注釈憲法〔第3版〕』（有斐閣新書、1995年）も便利である。

2．判例集と法律専門誌

法律学の勉強が他の分野と異なる大きなポイントは、判例の学習にある。判例というのは、裁判所の判断の集積である。明治時代以降の裁判所の判例は、大学図書館の判例コーナーに配架されている。圧倒される分量である。もちろんこれを全部把握することは不可能である。そこで憲法分野では学習に不可欠な解説つきの判例集が編まれている。①長谷部恭男・石川健治・宍戸常寿編『憲法判例百選Ⅰ　Ⅱ〔第7版〕』（有斐閣、2019年）、②柏崎敏義・加藤一彦編『新憲法判例特選〔第2版〕』（敬文堂、2018年）、③戸松秀典・初宿正典編著『憲法判例〔第8版〕』（有斐閣、2018年）。

この3冊は定期的に改訂がされ、新規判例が掲載されているので安定感がある。また、判例百選は憲法以外の重要な法分野についても類書が出版され続けている。憲法隣接分野の『行政判例百選Ⅰ・Ⅱ』、『地方自治判例百選』、『メディア判例百選』などは何かとお世話になろう。

判例集出版後に重要な判例が出されたときにはどうしたらよいであろうか。新聞をコピーし、ノートに貼り付けることも一案である。ただ詳しい解説がついた判例も調べて欲しい。④『ジュリスト臨時増刊　ＸＸ年度重要判例解説』（有斐閣）、⑤『法学セミナー増刊　新・判例解説Watch』（日本評論社）が便利である。

勉強が進んで、ゼミで報告することもあろう。必ず学者の論文を収集し、読解していかなければならない。教授たちの論文は、大学が発行主体となっている**大学紀要**に載る場合が多い。現在では、電子版が公開されているのでネットで検索することが多いようだ。また、法律専門誌に良い論文が掲載される。代表的な法律雑誌は、次のとおりである。①法学セミナー（日本評論社）、②法律時報（日本評論社）、③法学教室（有斐閣）、④月刊のジュリスト（有斐閣）と⑤

季刊の**論究ジュリスト**（同）は、論文の宝庫である。引用されていた場合には、必ず著作権法の範囲内でコピーを取り手元に置いておこう。

3. インターネット利用の注意

　パソコンの検索エンジンを使って簡単に情報が取れる時代である。図書館に行かなくても、本を読まなくても簡易にレポートが書けてしまう。しかし、諸君がみているパソコン画面の情報は、確実で正しいのであろうか。たとえば、先生から「C」評価をもらったレポートを諸君がネットにあげたとしよう。これを第三者がみて、コピペをしたとしよう。ネットであげた諸君は、「C 評価のレポートをコピペするのか、こいつは勉強していないな」とすぐにわかるであろう。ネットは仮想の世界であり、真実と嘘のゴチャマゼ空間である。では、どこまでネット利用が許容されるであろうか。

　第一に、公的機関の HP は安心感がある。「電子政府」の「**e-Gov 法令検索**」は、施行された法律を全部網羅している。『六法』にはない法令はこれで検索可能である。その他、各省庁の統計もこの HP からアクセスできる。

　第二に、裁判所 HP も信頼できる。最近の判例などは PDF でダウンロードできる。

　第三に、国立国会図書館 HP の利用は、文献だけではなく、官報、国会議事録を調べるときには、必ずお世話になる。また、日本国憲法制定過程についても、「**日本国憲法の誕生**」にアクセスすれば、原資料をダウンロードすることができる。

　各大学図書館は各種のデータ・ベースと契約を結んでいる。法令、判例、雑誌のバックナンバーなどは、容易に入手可能である。大学図書館の HP を覗いて、どんな種類のデータ・ベースがあるか確認してみよう。

4. 比較憲法への誘い

　憲法の勉強が進んでからは、外国憲法も学習することになろう。学部時代から原文を読むのは、骨が折れそうだし、予備知識がなければ読解も無理であろう。そこで日本語で書かれた外国憲法の基礎知識の吸収から始めるといいだろう。

外国憲法の条文は、①初宿正典・辻村みよ子編『新解説世界憲法集〔第4版〕』（三省堂、2017年）、②高橋和之編『〔新版〕世界憲法集〔第2版〕』（岩波文庫、2012年）が信頼に値する。外国憲法の紹介となると論文や書籍はあまたある。オーソドックスな手法は、比較憲法の概説書を読み、その上で個別的な論文に当たることである。③樋口陽一『比較憲法〔全訂第3版〕』（青林書院、1992年）、④辻村みよ子『比較憲法〔第3版〕』（岩波書店、2018年）は定評がある。

　さて、いろいろな書物を紹介してきたが、これを全部購入できる人はまれであろう。そこで、図書館で借り出し、「この本は熟読しなければならない」と感じたら購入すればよい。また、憲法の勉強だけでこれだけやらなければならないと自覚すれば、自ずと日常生活の態度も変化するであろう。社会人になったならば、まとまった自由時間は取れない。この貴重な青春時代に集中的に勉強した者には、幸福がやってくる。人生の終盤まで、私たちは学び続けることを人生の最初の頃に自覚できるからである。さて、これから諸君と共に憲法の勉強を始めよう。

② 報告の仕方／技法

1. 報告を行う

　(1)　ゼミナールに限らず、会議でも、また研究者が集まる学会でも、決められた時間の中で発言しようとする場合には、話の内容を予め筋道立てて準備しておくことが必要である。ゼミナールの場合には、取り扱われるテーマについて毎回出席者が予習をしてくるのが当然の約束事ではあるが、ディスカッションが活発なものとなるかどうかは、報告の善し悪しによって大きく左右される。報告者が、プレゼンテーションの内容を要領よく論理的に整理し、問題を的確に提示しなければ、実りある議論は生まれない。そこで重要な意味をもつのが、報告の流れや問題点を簡潔・明瞭にまとめた資料―要約を意味する「レジュメ」である。最近では、プレゼンテーションにパワーポイントを利用することも多いだろうが、基本は一緒である。

　レジュメのまとめ方は、求められる報告の中身によっても当然異なってくる。1冊の基本書を輪読するような場合には、毎回の担当箇所を要約し、関連する論点を提示したり、内容についてのコメントをしたりすることになるだろう。予め与えられたテーマについて、複数の文献を調べ、報告をまとめることが求められることもあるだろう。この場合は、自分で報告の構成を考えなければならないので、かなり大変である。自分で構成を考えるという作業は、法律学では特に重要な意味をもっている。

　(2)　決められた本や教科書を輪読する場合の報告のポイントは、著者の主張を正確に理解し、要領よくまとめることである。要約は、地味で時間のかかる作業であるが、著者の論理を丹念に追いかけることで、読んだだけではわいてこない疑問を抱いたり、見過ごしてしまうような問題点を発見したりすることも少なくない。疑問や問題点が解決できなければ、注や巻末にあげられている参考文献・関連文献を調べることも必要になるだろう。

　法律書の表現はそもそも難解であるが、それ以上に初学者にとってわかりにくいのは、論理の展開の仕方ではないかと思う。法律学、特に実定法学の論証の手法は独特である。理論に基づいて仮説を立て、データを集めて検証をする

といったものとは異なっている。様々な解釈（考え方や反論）を想定しつつ、いかに緻密にていねいに説得的な論理を組み立てるかが問われることになる。そうした作業の中に、著者の工夫やオリジナリティーが表れる。要約を通じ、著者の思考を丹念にたどることで、意図したものが見えてくるはずである。

　論理を丹念に追い、メモをとりながら要約を進めてゆけば、それをレジュメに整理するのはさほど難しくはない。ただし、留意すべきは、レジュメは「論文」ではなく、プレゼンテーションを効果的に行うための資料だということである。レジュメを見ることで、報告の流れがわかることが何より重要である。そのためには、文章ではなく、キーワードを並べたり要点を箇条書きにしたりするなどの工夫が必要である。あまりに「詳しすぎる」レジュメは、かえって話の流れをわかり難くすることもある。

　要点や流れを効果的に示すには、パワーポイントはとても有効なツールである。しかし、1頁ごとの情報量が限られるという制約がある。だからといって、情報を細かい字で詰め込みすぎると、かえってわかり難くなってしまう。パワーポイントのメリットを活かした、上手な使い方を考えてほしい。

　パワーポイントを使い慣れたみなさんには、レジュメはどこか古くさく思われるかもしれない。しかし、報告の組み立てや全体の流れが見えやすいという利点もある。フォントや文字サイズを変えたり、補足的な説明のために注を付けたりするだけでも、レジュメはずいぶん読みやすいものになる。

　(3)　予め与えられたテーマについて、複数の文献を調べ、報告を行う場合にも、レジュメをまとめるための技法は基本的には変わらない。ただし、「輪読」の場合とは異なり、自分で報告の構成を考えるという作業が必要になる。30分ほどの報告であっても、構成を考えるのは相当に大変である。どのように構成を練り上げるか、ここが報告者の腕の見せ所である。

　構成を考える際の一番よいお手本は、本の目次である。「第一部」「第一章」「一」「1」といった具合に、大中小いくつもの項目のもとで、内容が体系的に整理されている。憲法の体系書の場合、構成は大体似通っているが、研究書や論文では、構成は実に様々である。そこには著者の個性やオリジナリティーがよく表れている。

　まず大きな流れを作って、大項目を立ててみよう。その上で、それぞれの大

項目の中の構成を考え、それぞれを細かな項目に分けてゆこう。目次ができあがれば、次にそれぞれの項目を肉付けしてゆこう。30分の報告の準備も、数百頁の本の執筆も、出発点は一緒である。

　きちんとした構成を作るためには、もちろん、そこに盛り込むべき素材を予めそろえておかなければならない。たとえば本書の各事例に付された注を見れば、執筆にあたりずいぶんたくさんの関連文献・参考文献が踏まえられていることに気づくだろう。図書館やウェブ上にあるデータベースを検索すれば、更に膨大な数の資料が出てくる。新しい問題を取り扱う場合には、著名な法律雑誌の最近号の目次を眺めてみよう。限られた時間で報告をまとめなければならないので、膨大な資料の中から適切な文献を取捨選択する作業も必要になる。

　レジュメの準備ができたら、次はいよいよ報告である。何より重要なのは、話の流れをきちんと頭の中に入れておくことである。詳細なレジュメを作っても、いざ話そうとして「これは何の話だっけ?」と考え込んでしまうようでは、聞いている側も混乱するだけである。報告の前に、最低一度は、レジュメを見ながら自分の報告の流れをきちんと確認し、頭に入れておこう。これは、パワーポイントを使う場合も、全く同様である。

2. 論文を執筆する

　レポートや論文をまとめるための技法についても、基本をおさえておくことにしよう。何より重要なのは、十分な資料を調べること、そしてきちんとした構成を練り上げることである。報告の準備と同様に、短いレポートであっても、準備のために、簡単でよいからレジュメを作ってみることをおすすめする。いくらいろいろな内容を盛り込んでも、最初と最後で論旨が食い違っていれば失格である。

　様々な文献に目を通していれば当然気づくことであるが、学術論文の執筆にはいくつかの約束事がある。特に注意しなければならないのが、引用や参考文献の表記である。この点に気を配らなければならない理由の一つは、いうまでもないが、著作権とのかかわりである。研究者や著述家が著作を公刊する場合に、他人の著作やアイディアの盗用は許されない。学生のレポートや論文であっても同様である。引用や出典は、できるだけ注の形で行うことが望ましい。

注の付け方には、脚注、文末注、文中の割り注など、様々なスタイルがある。ワープロソフトには注機能があり、自動的に注をつけてくれる。引用を行わない場合でも、参考にした文献があれば末尾などに記載しよう。

　もう一つの理由は、論文の中での主張の検証を可能にするためである。ゼミナールに限らず、大学で提出が求められるレポートや論文は、「感想文」ではない。自分の主張を客観的に裏づけることが要求される。そのためには、主張の正当性を裏づける根拠を提示しなければならない。たとえば、ある解釈を主張する場合には、条文、判例のほか、学説、外国の事例などを、根拠としてあげることになるだろう。自分の主張の根拠を明示することで、主張の説得力が増すし、その主張が正当であるのか、読んだ側が検証することも可能になる。

　卒業論文の執筆に際して、注が付けられないという相談を受けることがある。話を聞くと、注の付け方がわからないのではなく、参照する文献が不足していることが多い。ある1本の論文を要約して一つの章をまとめたりすれば、注が付けられないのは当たり前である。どの注にも、同じ書名が並ぶことになる。複数の文献にあたり、自分なりに構成を考えるという作業をしなければ、注は付けられない。注を見れば、論文の質は察しがつくものである。

　実際の注の付け方は、論文などを見ればある程度はわかるが、学問分野によってルールが異なる場合もある。さしあたりは、本書の引用方法を参考にしてほしい。

人権論の骨格

事例 **1　個人の尊重**

　ハンセン病とはらい菌を原因とする慢性の細菌感染症である。日本のハンセン病対策は、1907（明治40）年以降、一貫してハンセン病患者を療養所に強制隔離する政策が中心であった。強制隔離政策の根拠法だった「らい予防法」は1996（平成8）年に廃止され、熊本地判2001〔平13〕5・11判例時報1748号30頁は、国が原告の療養所入所患者らの人権を侵害したことを認め、国に賠償金の支払いを命じた。更に、ハンセン病患者の家族らが原告となって国家賠償を求めた事例で、熊本地判2019〔令元〕6・28（LEX/DB 25564529）は、国が原告らの人権を侵害したことを認め、国に賠償金の支払いを命じている。

　ある大学教員が大学1年生の憲法の授業で上の経緯を説明したところ、学生から以下の質問があった。どのように答えるべきか検討しなさい。

　［学生からの質問］
①患者が侵害された人権は何ですか。強制隔離だから居住・移転の自由（憲法22条1項）ですか。でも今日は憲法13条の授業だったと思うんですけど。
②患者は居住・移転の自由を制約されているけど、伝染病なんだから隔離は仕方がないと思います。伝染病の患者が街中で自由に行動できてしまうと感染が広がるかもしれないから、公共の福祉に反するんじゃないですか。
③2019年の判決がよくわかりません。患者に賠償するのはともかく、なぜ患者の家族にまで賠償するんですか。家族はどんな人権を侵害されたんでしょうか。

1．憲法13条「個人の尊重」の意味
（1）個人主義・全体主義・利己主義

　憲法13条前段は「すべて国民は個人として尊重される」と規定している。この「**個人の尊重**」は人権の基本原理であり、その理解をあやふやにしたまま

個別の人権規定の解釈を学んでも意味がない。では「個人の尊重」とは何なのか。「個人の尊重」は、憲法24条2項が規定する「個人の尊厳」と並び、「**個人主義**の原理を表明したもの」[1] であると解される。個人主義という語から「わがまま」と連想しなかっただろうか。それはよくある誤解である。個人主義とは「個人の意義・価値を強調し、個人の自由・独立を尊重する立場」[2] である。これを憲法の基本原理として国家を作るのだから、国家は構成員である各個人が多様に発展していくことを究極の価値とし、国家の仕組みは個人の発展のための道具としてデザインされる。

　個人主義の対義語は全体主義である。全体主義に基づく国家は国家それ自体の発展を究極の価値とするから、個人主義とは逆に個人は国家の道具となり、個人の価値は国家にどれだけ貢献したかに尽きる。この全体主義の極致が戦争状態である。戦時下の日本での人権侵害の数々を想起すればわかりやすい。個人は戦勝という国家目的の道具となったのである。

　また個人主義は利己主義（自分の利益のために他者を犠牲にする考え方）とも異なる。「個人の尊重」とはすべての個人を等しく尊重することであり、一人のために他の個人を犠牲にすることは許されず、平等や衡平（バランスがとれていること）が求められる。個人主義は、全体主義も利己主義も否定し、すべての個人を自主的な人格として平等に尊重しようとする原理なのである。

（2）公共の福祉：一元的内在制約説

　13条後段は「**公共の福祉に反しない限り**」人権が尊重されると規定する。逆にいえば「公共の福祉に反する」なら人権が制約されることになる。では人権制約の根拠となる「公共の福祉」とは何か。「みんなのため」や「国益」と連想するかもしれないが、これもよくある誤解である。「公共の福祉」＝「国益」と置き換えると、国家の利益が人権に必ず優越することになり、13条が全体主義の宣言になってしまう。これでは個人の尊重を掲げる13条の解釈として無理がある。

1）宮澤俊義〔芦部信喜補訂〕『全訂　日本国憲法』（日本評論社、1978年）197頁。
2）『岩波国語辞典〔第8版〕』の語釈より。なお同辞書は第二義として「俗に、利己主義のこと」と説明する。このような国語辞典の説明からも、専門的でない日常的な言語空間（俗にいうところの）では、個人主義が利己主義と混同されやすいことがわかる。

通説は、公共の福祉を「人権相互の矛盾・衝突を調整するための実質的公平の原理」と解する。各個人を平等に尊重するためには人権と人権が衝突したときの調整が必要であり、その調整の結果としてのみ人権制約が許される。人権制約の根拠をあくまで人権・個人主義原理の内側にのみ求めることから、この説を**一元的内在制約説**[3]と呼ぶ。この説は、個人の尊重という基本原理と整合的に公共の福祉を説明できる点で、13条全体の解釈として妥当である。

2．憲法訴訟と違憲審査基準

人権侵害への対処法として、裁判所の違憲判断により侵害状態を解消する方法がある。ところが憲法は文言が抽象的で要件・効果の形で書かれておらず、具体的事件を解決する道具としては頼りない。そこで憲法の条文（出発点）と事件解決に直結する法的判断（到達点）の間の論理を補う必要がある。裁判官はその間を埋めるため、①合憲か違憲か、合法か違法かなどの結論を分ける基準を作り、②作った基準にその事件の事実を当てはめる、という手順を踏む。憲法判例研究の重要課題は、人権の重要性や具体的事実に照らし、裁判官の基準の作り方、当てはめ方が適切かどうかを検討することである。

戦後初期の最高裁判例は、「公共の福祉」をマジックワードとして使い、人権制約の具体的な根拠を明確にしないまま合憲判断を下していた。だが1960年代以降、判例は違憲審査基準として**比較衡量論**を採用する立場へ移行した[4]。比較衡量論とは、人権を制約する法律について、制約によって得られる利益と、制約によって失われる利益を比較衡量し、前者が大きければその法律を合憲、後者が大きければ違憲と判断する違憲審査基準である。比較衡量論の長所は、個々の事件の具体的状況の中で対立する利益を衡量（重さをはかること）して妥当な結論を目指す点である。一方その短所は、どの利益にどの程度の重みを与えるのか必ずしも明確でないことである。たとえば同じ人権でもその重みづけが裁判官によって変動する可能性や、国家の利益と国民の利益を比べた場合

3）戦後初期に唱えられた「公共の福祉」の解釈として、一元的外在制約説と内在・外在二元的制約説がある。これらと通説の関係については芦部信喜〔高橋和之補訂〕『憲法〔第7版〕』（岩波書店、2019年）99-103頁参照。

4）公共の福祉論と比較衡量論、それぞれを採用した判例とその変遷については、野中俊彦・中村睦男ほか『憲法Ⅰ〔第5版〕』（有斐閣、2012年）256-264頁参照。

に前者が重視されがちであるなど、裁判官の恣意的な判断のおそれがある。

　そこで学説は、人権をとりまく諸利益を比較衡量（利益衡量）する方法をベースに、人権や制約の種類ごとに各利益の適切な重みづけの方針を提示しようとしている。一例として、学説に広く支持される**二重の基準論**をあげておこう。二重の基準論とは、精神的自由権を制約する法律の違憲審査では、経済的自由権を制約する法律の場合よりも厳格な基準（違憲になりやすい基準）によって審査すべきだとする立場である。この議論は、精神的自由権が立憲民主政の政治過程にとって不可欠であることから、比較衡量において精神的自由権の価値を重視する方針を示したものである[5]。

3．裁判規範としての「個人の尊重」

（1）旧優生保護法違憲国賠訴訟

　旧優生保護法は、1948年に「不良な子孫の出生防止と母体の保護」を目的として制定され、精神・身体に遺伝的疾患のある患者やハンセン病患者に対して優生手術（不妊手術）を行うことを規定していた。優生手術は、都道府県優生保護審査会が認めた場合（同5-10条）本人の同意なしに行われ、また遺伝性でない精神疾患の患者にも行われる場合があった（同12条・13条）。同法はその名称が示すとおり優生思想（悪い遺伝を避けて子孫を優良にする目的で婚姻・生殖に介入する思想）を根拠とする差別的なものであり、1996年に母体保護法へ改正され、優生手術をはじめ優生思想に関する部分は削除された。

　旧優生保護法下に基づく不妊手術を10代の頃に受けた女性らが原告となり**国家賠償訴訟**を提起した事件で仙台地裁は旧法を違憲と判断した[6]。同判決は憲法13条が「子どもを持つか持たないかを自ら決定する権利」（リプロダクティブ権）を保障していると解した上で、リプロダクティブ権は「個人の人生における重要事項の一つであり、人格的生存に不可欠な事項」であるから、

5）二重の基準論の提唱者の一人である芦部信喜は、単に基準を二つに分ける以上に「権利や自由の内容・形態、規制の目的・様態等によってさらに判定基準を細かく考えていこうとする」議論であるとし、二つの自由の保障の程度が重なる領域があることや、自由権以外の分野では別の議論が必要であることなど、注意を喚起する（芦部・前掲書（註3）105頁）。芦部自身の解説としては『憲法判例を読む』（岩波書店、1987年）87-122頁が理解しやすい。

6）仙台地判2019〔令元〕5・28判例時報2413・2414合併号3頁、判例タイムズ1461号153頁。

「国家がリプロダクティブ権に干渉することは、人間の存在そのものを否定することになるから、リプロダクティブ権は、その権利の性質上、国家による干渉を一切許さない絶対的なものであり、当該権利を侵害する法律は違憲無効となる」とした。個人にとって重要な自己決定を公権力が不可逆的に侵害するという深刻な場面において、憲法13条と「人格的生存」[7]の語が登場している。

（2）ハンセン病違憲国賠訴訟・ハンセン病家族訴訟

　20世紀前半にはハンセン病の感染力がごく低いことが国際的に解明され、1943年には米国で特効薬の使用が開始、日本でも1947年に使用が始まった。以降、早期の投薬治療によって後遺症もなく完治可能な病気とされている。

　1907（明治40）年以降、政府は次第に全患者を療養所に隔離する方針を固め、1931（昭和6）年に「癩予防法」（旧法）が制定された。旧法の特徴は、①絶対隔離（患者を例外なくすべて隔離）、②完全隔離（療養所を離島や僻地に設置、有刺鉄線や壁で社会と隔絶、外出も制限）、③終生隔離（退所規定が無く、一生療養所での生活を強要、患者に療養所の維持運営のための労働を強要）、④絶滅政策（結婚の条件として男性の断種を強要、女性の妊娠には人工妊娠中絶を強要）などがある。この過酷な政策を推進した理念は、国辱論（患者の存在を国家の恥とする）や民族浄化論（患者の血統を消滅させる）であった[8]。旧法は戦後も存続し、1953年に旧法の内容を踏襲した「**らい予防法**」（新法）が制定された。1996年の新法廃止まで、隔離政策は現憲法下でも50年近く続いた。

　2001年熊本地裁判決は、新法により「人として当然に持っているはずの人生のありとあらゆる発展可能性が大きく損なわれ」、単なる居住・移転の自由（22条1項）の制限にとどまらず「より広く憲法13条に根拠を有する人格権そのもの」が制限されたとした。そして医学の発展状況から見て「新法制定当時から既に、ハンセン病予防上の必要を超えて過度な人権の制限を課すものであり、公共の福祉による合理的な制限を逸脱していた」として新法を違憲とした。これほど深刻な人権制限につり合う「公共の福祉」や「得られる利益」の重み

7）「人格的生存」の語に関しては、幸福追求権についての人格的利益説と一般的行為自由説の対立の問題、及び本書事例2の解説を参照。

8）徳田靖之「ハンセン病隔離政策と日本国憲法」『憲法理論叢書27 憲法の可能性』（敬文堂、2019年）115-126頁。なお、徳田氏はハンセン病違憲国賠訴訟弁護団の一員である。

は存在しなかったのである。

　そして「人生のありとあらゆる発展可能性」を侵害されたのは患者のみではなかった。2019 年熊本地裁判決は、ハンセン病政策が患者家族に与えた影響として主に次のものをあげる。①絶対隔離政策と全国で展開された無らい県運動（住民への通報の奨励を含む）により、患者家族への差別意識を形成した。②衛生当局の徹底した消毒により患者の居住が近所に知れわたり、住居や家族が感染源であると印象づけた。③療養所入所者の子を「未感染児童」と呼び、専用の保育所を設けて監視した。④厚生省が患者と交流のあった者に婚期を遅らせることを推奨した。⑤断種・中絶の強制により、患者の子が生まれてはならないと印象づけた。同判決は、こうした政策により患者家族への偏見差別が出現する社会構造が作られ、家族らは「憲法 13 条が保障する、社会内において平穏に生活する権利や憲法 24 条 1 項の保障する夫婦婚姻生活の自由を侵害され」たとした。そして厚労大臣（旧厚生大臣）らには偏見差別を除去する義務があったにもかかわらず怠ったことを違法であると認め、国家賠償を命じた。

ステップアップ

①「公共の福祉」の通説的解釈である一元的内在制約説について、近年、批判・再検討する議論が出現している。どのような議論があるのか、調べなさい。

②国家賠償訴訟により救済されるのはあくまで訴訟の原告のみであり、実効的救済には被害者一般を対象とする立法措置が不可欠である。旧優生保護法、ハンセン病に関する近年の救済立法について調べなさい。

③旧優生保護法違憲国賠訴訟、ハンセン病違憲国賠訴訟、ハンセン病家族訴訟はすべて国家賠償法 1 条 1 項に基づく行政訴訟である。2001 年熊本地裁判決以前、法律家の間では「らい予防法の違憲性は明白だが国家賠償は認められないのではないか」との予想もあった。また 2018 年仙台地裁判決は、旧優生保護法が違憲であるとしつつも国家賠償請求自体はしりぞけている。法律が違憲であることと国家賠償が認められることの違い、及び立法不作為の違憲性について調べなさい。

■文献案内

① 「個人の尊重」、「人間の尊厳」の詳細な解説として、芹沢斉・市川正人ほか編『新基本コンメンタール憲法』（日本評論社、2011年）97-110頁〔押久保倫夫執筆〕、青柳幸一『憲法における人間の尊厳』（尚学社、2009年）がある。

② 公共の福祉を独自に再定位しようとする教科書として浦部法穂『憲法学教室〔第3版〕』（日本評論社、2016年）、佐藤幸治『日本国憲法論』（成文堂、2011年）、高橋和之『立憲主義と日本国憲法〔第4版〕』（有斐閣、2017年）、長谷部恭男『憲法〔第7版〕』（新世社、2018年）。この問題を整理するものとして、南野森編『憲法学の世界』（日本評論社、2013年）135-148頁〔曽我部真裕執筆〕がある。

③ ハンセン病違憲国賠訴訟、及び家族訴訟の両熊本地裁判決は、ハンセン病政策と差別に関する事実を詳細に認定した。特に家族訴訟判決の「第3章第1節　争点に関する判断の前提」の部分は法律論の前提知識として必読。原告の人々の実際を紹介したものとして、ハンセン病違憲国賠訴訟弁護団『開かれた扉──ハンセン病裁判を闘った人たち』（講談社、2003年）、ハンセン病家族訴訟弁護団編『家族がハンセン病だった──家族訴訟の証言』（六花出版、2018年）。国家賠償訴訟・立法不作為の違憲性については、さしあたり『憲法判例百選Ⅱ〔第7版〕』（2019年）414-415頁〔大石和彦執筆〕、同416-417頁〔佐藤修一郎執筆〕を参照。

幸福追求権の守備範囲

　Aは腎不全により近所の診療所で血液透析を受けていたが、腕の血液の分路（シャント）がつぶれて腕からの透析が困難になったため、公立B病院を受診した。B病院の医師はAに対し、手術で首に管（カテーテル）を入れて血液透析を続けるか、透析を中止するかの二つの選択肢を提示し、中止すれば2週間程度で死に至る見込みだと告げた（中止決定後に撤回できるかどうかの説明はなかった）。長年の透析治療に苦痛を感じていたAは中止を選択、Aの妻も苦悩したが最終的に承諾し、Aは中止の意思確認書に署名した。だが最後の透析から7日後、体調が悪化したAはB病院に入院し、激しい苦痛の中で「こんなに苦しいなら透析の方がまし。中止を撤回したい」と何度か話した。医師は苦痛を緩和する投薬を行った。入院から2日後（最後の透析から9日後）の午前、Aの妻は透析再開を求めたが、医師は「苦痛が取れて正常な判断が可能になったら本人と話し合う」と答えた。同日夕方、Aは死亡した。

　Aは何らかの法的な権利を侵害されたといえるか、検討しなさい。

1．幸福追求権の性質
（1）包括的基本権：あらゆる人権の源泉
　憲法13条は「生命、自由及び幸福追求に対する国民の権利」（幸福追求権）を保障している。幸福追求権は、人権の基本原理である「個人の尊重」（13条前段）の原理を個人の権利の形に書き換えたもので、個人の尊重に必要なあらゆる人権をひとまとめに保障したもの（**包括的基本権**）である。そして14条以下に列挙される個別の人権規定は、幸福追求権を更に個別化・具体化したものであり、憲法制定の時点で「個人の尊重」を実現するために不可欠であると判断されたために憲法に書き込まれた。一方で、時代の変化とともに憲法制定当時にはなかった人権問題が生じ、「個人の尊重」の実現のために新たな権利の保障が必要となる可能性がある。このような**新しい人権**を裁判所が訴訟におい

て認める場合、憲法13条がその根拠条文となる[1]。

　以上の条文理解から、憲法訴訟での幸福追求権の現れ方をまとめておこう。問題となる権利が14条以下の人権規定のいずれかに該当するなら、その人権規定を根拠として処理すればよい[2]。一方、権利が14条以下のいずれにも紐づけられない場合、その権利が個人の尊重に不可欠であると論証できれば、13条の幸福追求権から導かれる「**憲法上の権利**」（憲法の人権規定を根拠に訴訟上保障される権利）[3]となり、14条以下の人権と同等の重要性を獲得する。

２．幸福追求権の意味をめぐる学説の対立
（１）一般的行為自由説と人格的利益説

　幸福追求権は「個人の尊重」に必要な権利を包括的に保障したものだが、問題は何をもって個人の尊重に必要とすべきかである。この点に関し、幸福追求権の意味をめぐって**一般的行為自由説**と**人格的利益説**が対立している。

　一般的行為自由説は、幸福追求権を「（殺人の自由など極めて例外的なものを除く）あらゆる行為の自由」として説明する。幸福追求権により「何をしてもよい自由」が一応保障されるが、これが公共の福祉により制約を受けた結果、最終的に保障される行為の範囲が確定する。

　これに対し人格的利益説は、幸福追求権を「個人の人格的生存に必要不可欠な利益を内容とする権利」として説明する。この説の主眼は「人格的生存」や「人格的利益」という概念により幸福追求権の範囲を限定するところにある。あらゆる行為のうち「人格的生存」という価値に照らして重要な行為のみが人権として保障され、その後更に公共の福祉により制約されることになる。

　両説の違いが典型的に現れるのは、校則によるバイク通学の禁止や髪型・服装の制限を論じる場合であろう。一般的行為自由説に立つと「通学方法や髪

1）ここまでの解説を図解したものとして、高橋和之『立憲主義と日本国憲法〔第5版〕』（有斐閣、2020年）146頁の図「人権論の動態的イメージ」が理解しやすい。
2）幸福追求権と個別の人権規定は一般法と特別法の関係に当たると解される。芦部信喜〔高橋和之補訂〕『憲法〔第7版〕』（岩波書店、2019年）121頁参照。
3）本文では「憲法上の権利」という語をこのように狭い意味で用いており、自然権や前国家的権利としての「人権」とは区別していることに注意。これらの用語の区別について、さしあたり辻村みよ子『憲法〔第6版〕』（日本評論社、2018年）94-99頁参照。

型・服装を決定する自由」は当然に幸福追求権に含まれるから、校則は「人権を制約している」ことになる。人格的利益説に立つとこの自由は「人格的生存に不可欠」とはいえず幸福追求権には含まれないから、校則は「人権を制約していない」ことになる。そこで人格的利益説からは、正面から基本的人権とは呼べない行為でも「制限ないし剥奪するには、もとより十分に実質的な合理的理由がなければならない」[4] といった新たな議論の枠組みが提示される。とはいえ、どちらの説に立っても最終的には校則による制約の合理性を正面から検討する必要があり、最終的な結論は変わらないとみることもできよう。

（2）人権保障の戦略の違い

それでもなお、人格的利益説と一般的行為自由説の対立は重要である。なぜなら2説の対立が人間観や人権論の構築方法といった根本的な差異から生じており、いわば人権保障の戦略のデザインに直結するからである。

一般的行為自由説は、人格的利益説とは異なる人間観に立つ。人間とは「何が善い生き方かを探り出そうとして行動し、失敗を繰り返す経験の中から少しずつ学び取っていく存在」であり「人権とは、そのような試行錯誤を可能とする手段」であって、他者からはつまらないと思われるような行為でも広く人権として保障されなければならない[5]。逆にいえば「人格的利益」や「人格的生存」は、幸福追求権を限定する根拠として不十分だということになる[6]。

人格的利益説からの批判は、一般的行為自由説が**人権のインフレ化**を招くというものである。人権のインフレ化とは、人権の範囲が広くなりすぎて一つひとつの人権の価値が下落することである。憲法学は違憲審査の中で行われる比較衡量（諸々の利益の重さをはかること）の中で、人権の重みを適切に反映させることを目的とする。そのためには人権とそれ以外の利益を区別し、人権を他の利益と比べてどの程度重視すべきかを論じる必要がある。だが人権の範囲が広くなるほど、人権と他の利益を区別することが難しくなり、違憲審査の場で「人権」という言葉が特別にもつ重みがなくなってしまうのである。

4）芦部・前掲書（註2）122頁。
5）髙橋・前掲書（註1）145-146頁。同書は人格的利益説の人間観との対比から説明している。
6）阪本昌成『憲法理論II』（成文堂、1993年）234-242頁参照。

3．自己決定権と医療

（1）自己決定権と安楽死・尊厳死の問題

　新しい人権の一つである**自己決定権**は、一定の私的事項について公権力に干渉されず自ら決定する権利である。私的事項といっても多岐にわたるから、どのような事項について保障されるのか、絶えず議論されている。人格的利益説に立つ代表的学説は、憲法上保障される（人格的生存に不可欠な）自己決定の範囲として、①自己の生命・身体の処分にかかわる事柄、②家族の形成・維持にかかわる事柄（結婚・離婚など）、③リプロダクション（性と生殖）にかかわる事柄、④その他の事柄の四つをあげている[7]。

　安楽死・尊厳死はいずれも日本の法律上明文で認められておらず、医師による投薬・生命維持装置の停止は同意殺人（刑法202条）などの構成要件に該当し、処罰の当否が問題となる。安楽死の処置を行った医師の行為の違法性が問題となった**東海大学病院事件**で、横浜地裁は、積極的安楽死を認める要件として、①患者に耐えがたい激しい苦痛があること、②患者の死が避けられず死期が迫っていること、③患者の肉体的苦痛を除去・緩和するために方法を尽くし他に代替手段がないこと、④生命の短縮を承諾する患者の明示の意思表示があること（推定的意思では不足）をあげた[8]。また最高裁は、川崎協同病院事件決定[9]で、治療行為中止の許容要件こそ示さなかったが、消極的ながら「法律上許容される治療中止」が存在する可能性を示唆した。

　安楽死・尊厳死を新しい人権の問題として扱うとすれば「生命・身体の処分に関する自己決定権」から出発するアプローチが考えられよう[10]。ただ理論構築に入る前に、新しい人権の議論が社会問題から生じている以上、その問題

7）佐藤幸治『日本国憲法論』（成文堂、2011年）188-192頁。芦部信喜は佐藤説のものに加えてライフスタイルの自己決定も憲法上の自己決定権に含めるが、人格的利益説の立場からバイクに乗る自由や喫煙の自由を排除する（芦部信喜『憲法学Ⅱ』（有斐閣、1994年）391-406頁）。

8）横浜地判1995〔平7〕3・28判例時報1530号28頁、判例タイムズ877号148頁。一般的には刑事法・医事法分野の判例として扱われる。判例解説として『刑法判例百選Ⅰ　総論〔第7版〕』（2014年）42-43頁〔辰井聡子執筆〕、『医事法判例百選〔第2版〕』（2014年）196-197頁〔加藤摩耶執筆〕参照。

9）最決2009〔平21〕12・7刑集63巻11号1899頁。

10）自己決定権からの安楽死・尊厳死肯定論として、松井茂記「安らかに死なせてほしい——尊厳死の権利および安楽死の権利」松井茂記編『スターバックスでラテを飲みながら憲法を考える』（有斐閣、2016年）1-31頁がある。

の現実を適切に把握することが重要である。まず安楽死・尊厳死が「医療現場で行われる」事実を見落とすべきでない。そして医療現場での重大問題として、患者の意思確認の方法がある。患者本人の意思表示の存在は自己決定の根幹だが、治療中止や致死薬投与を「今まさに実行する」タイミングは死期が迫っている状況であり、現実には意識障害などで患者の意思表示が不可能であることも珍しくない（東海大学病院事件、川崎協同病院事件ともにこの状況であった）。

　この問題への回答の一つが事前指示書（リヴィング・ウィル）だが、これにも限界がある[11]。事前指示書はあくまで執筆時の意思であるが、生死にかかわる判断は揺れ動くのが当然であり、過去と現在の意思が一致するとは限らない。実行時の意思表示がない場合、事前指示書は本人意思推定の材料にすぎず、どの程度の推定があればよいのか、医療現場で困難な判断が求められる。

　更なる問題として、事前指示書が制度化されると、社会の中で弱い立場にある人が、家族への経済的負担や世間の雰囲気、周囲の圧力のために、事前指示書を「書かされて」しまう危険もある[12]。オランダでは2016年、抵抗する認知症患者を家族が押さえつけ医師が致死薬を注射する事件[13]が起きており、死につながる制度が存在すること自体の影響力は無視し難い。

（2）透析治療中止と自己決定権・患者の権利

　今回の事例は、2019年3月に報じられた透析中止患者の死亡事件をもとに作成した。医師の説明を受けて患者が治療方法を自己決定した以上、**インフォームド・コンセント**（説明と同意）の観点からは問題がないようにもみえる。だが治療を中止すれば短期間で死に至る状況での中止決定だった点、後に苦痛の中で撤回の意思表示があり同意書とどちらを優先するかの問題が生じている点など、安楽死・尊厳死と共通する問題点も多い。では透析中止の問題について、憲法からどのように論じられるだろうか。考えるヒントを示しておこう。

　第一の道筋として、安楽死・尊厳死と同様に、自己決定権としての治療中止権からのアプローチがあり得る。治療中止の権利を前提に、中止がどのような

11）松田純『安楽死・尊厳死の現在』（中公新書、2018年）116-119頁を参照。
12）尊厳死を認める法案に対し、弁護士会は患者の自己決定へのサポートが不十分であるとして反対している。日本弁護士連合会 https://www.nichibenren.or.jp/「終末期の医療における患者の意思の尊重に関する法律案（仮称）」に対する会長声明（2012年4月4日）。
13）松田・前掲書（註11）34-37頁参照。

要件で許されるか、今回の事例でその要件を満たしていたかを検討することになろう。同時に安楽死・尊厳死の要件との異同を丁寧に分析する必要がある。

第二の道筋として、自己決定権ではなく「**患者の権利**」（いわば治療法選択にかかわるコミュニケーションの権利）からのアプローチがあり得る。これは、現実の患者の治療法選択は医師・家族との対話の中で決定される以上、治療中止自体の要件よりも、患者の自己決定に至る医師や家族との対話の質を高めることが重要であるとの考え方に基づく[14]。今回の事例では、透析中止の決定の前後、患者本人に十分なコミュニケーションが保障されていたかを検討することになる[15]。また安楽死・尊厳死の問題、及びインフォームド・コンセントが焦点となった輸血拒否の問題[16]も、患者の権利の問題として再構成することで、自己決定権とは違った議論が可能になるであろう。

ステップアップ

①一般的行為自由説といっても、論者によって主張は様々である。一般的行為自由説をとる論者とその内容の異同について調べなさい。

②近年問題化しているいわゆる「ブラック校則」問題について、自己決定権の観点から考察しなさい。伝習館高校事件最高裁判決（最判 1991〔平 3〕9・3 判例時報 1401 号 56 頁、判例タイムズ 770 号 157 頁）及び、公立高校の生徒が生来の茶色い髪の黒染めを学校から強制された事件（毎日新聞 2017 年 10 月 27 日夕刊）を参照すること。

③安楽死を合法化した各国の安楽死の制度・事例について調べ比較するとともに、日本における法制化・ガイドライン作成の可能性について検討しなさい。

---

14) 厚生労働省が 2007 年に作成（2018 年改訂）した「人生の最終段階における医療・ケアの決定プロセスに関するガイドライン」は、治療中止の要件は示していない反面、治療方法決定のプロセスを示す。厚生労働省 https://www.mhlw.go.jp/index.html「人生の最終段階における医療の決定プロセスに関するガイドライン」の改訂について（2018 年 3 月 14 日）。

15) 報道によれば、2019 年 10 月 17 日、患者遺族が病院に対し訴訟を提訴しており、遺族は「中止の選択肢を提示したこと」及び「透析再開を求める意思表示があったにもかかわらず応じなかったこと」を問題としている。毎日新聞 2019 年 10 月 18 日朝刊参照。

16) 輸血拒否事件最高裁判決（最判 2000〔平 12〕2・29 民集 54 巻 2 号 582 頁）参照。

■文献案内

①一般的行為自由説の例として、戸波江二「幸福追求権の構造」公法研究58号（1996年）1-27頁（同号には自己決定権の論考も豊富）、阪本昌成『憲法理論Ⅱ』（成文堂、1993年）234-242頁、長谷部恭男『憲法の理性〔増補新装版〕』（東京大学出版会、2016年）63-88頁などがあり、いずれも特色がある。一般的行為自由説間の比較として、加藤一彦・只野雅人編『現代憲法入門ゼミ50選』（北樹出版、2005年）35-42頁〔岡田俊幸執筆〕。

②松田純『安楽死・尊厳死の現在』（中公新書、2018年）は国際比較、日本での法制化の可能性、安楽死の思想的背景など幅広く解説しており必読。特に同書120頁以降の事例はゼミでの論題とする価値がある。国際比較としてはほかに、甲斐克則編『海外の安楽死・自殺幇助と法』（慶應義塾大学出版会、2015年）。刑法学からの議論として「特集 終末期医療と刑事法」刑法雑誌56巻1号（2017年）1-66頁。

③透析中止事件については、新聞記事データベースを利用して2019年3月7日以降の新聞報道を読み事実の経過をたどることを推奨。特に日本透析医学会の動きについて報じた毎日新聞2019年7月3日朝刊の記事は重要である。患者の権利の考え方については、日本弁護士会連合人権擁護委員会編『提言 患者の権利法 大綱案』（明石書店、2013年）、医療基本法会議編『医療基本法 患者の権利を見据えた医療制度へ』（エイデル研究所、2017年）。

事例 3 人権規定の私人間効力

　男性であるあなたは、民間鉄道の女性専用車両に乗ったところ、車掌によっ
て無理やり、となりの車両へ移動させられた。あなたは、その民間鉄道会社を
相手取り、精神的苦痛を受けたことによる損害賠償を請求する訴訟を起こし、
主張の中で、性別に基づく差別であり憲法14条1項違反だと述べたが、鉄道
会社の側は、憲法は国家が守るべき事柄を定めたものであり、民間鉄道会社と
乗客という私人間に、憲法の人権規定の効力は及ばないと反論した。民間鉄道
会社の反論について考察しなさい。

1．人権規定の私人間効力

（1）憲法の役割と私人間における人権侵害

　近代憲法は国家を名宛人としている。つまり、憲法の諸規定は国家に対して
向けられ、憲法を守るべきは国家である。人権保障についていえば、国家は、
憲法で保障される個人の自由や権利を制限したり禁止したりするような行為
（人権侵害行為）をしてはならない。

　しかし、人権侵害行為は国家だけでなく、民間人や民間の組織・団体といっ
た私人が行うこともある。たとえば、民間企業が一従業員に対しその思想・良
心を理由に人事上不利益な扱いをした場合、労働組合が一組合員に対し組合決
議に反する行動をとったことを理由に除名した場合、出版社が個人のプライバ
シーをみだりにあばくような雑誌記事を公表した場合、などが考えられる。

　ちなみに、人権侵害という用語は、国家などの公権力が個人の自由や権利を
侵害する場合に使われてきたものであり、私人による場合には、カギカッコを
つけて「人権」侵害や「人権侵害」と表記したり、権利・利益の侵害と述べた
りすることが多い。ここでは簡潔に、私人による人権侵害、私人間における人
権侵害などと表記することにしたい。

（2）私人間における人権侵害をめぐる学説上の対応

　私人間における人権侵害が生じた場合、それを解決するにあたりそもそも憲法の人権規定を適用することができるのかどうか、適用することができたとして、どのような条件が満たされた場合に、どのような方法で適用するのかという点が問題となる[1]。

　この点をめぐっては、従来から、**無効力説（無適用説）、直接効力説（直接適用説）、間接効力説（間接適用説）**が唱えられてきた。

　近代憲法は対国家を念頭に置いて作られたものであることから、私人間に憲法の人権規定の効力は及ばない、したがって、私人間における人権侵害が生じた場合でも、憲法の人権規定を適用して解決することはできないとするのが無効力説（無適用説）である。私人間の人権侵害は、私人間で生じたある種のトラブルであり、それを解決するのは私人どうしの話し合いによるのが基本である、つまり、**私的自治の原則**を重視するのが無効力説の根拠である。しかし、近代憲法が成立した時代と異なり、現代においては「企業体その他の社会における各種の組織体がいわば社会的権力・国家類似の権力として、国民の生活に直接且つ強力な影響を与え、国民の権利・自由を侵す場合」があったり、「社会の複雑化に伴つて国民相互の利益の対立が激化」したりし、このような場合にも憲法の人権規定を「私人相互間の関係には適用されないもの」とすれば、「近代憲法の理念は実質的に失われる」とする立場から、無効力説は批判されてきた[2]。そして、「今日においては」無効力説は「克服され、基本的人権保障規定は私人相互間の法律関係にも及ぶが、そのことをどのような理論で理由づけるか、また、私人間のあらゆる法律関係に及ぶか」が議論され[3]、その中で、適用方法をめぐり、直接効力説（直接適用説）と間接効力説（間接適用説）の対立が見られたのである。

1）「私人間効力」と「私人間適用」が同じような意味で用いられることがあるが、「言葉の整理」をする必要があり、「効力とは法的効力を意味し、私人相互間の法律関係または事実関係を規律する法的効果を憲法の人権規定がもつこと」であり、「適用とは規範の具体的事案への当てはめ行為であり、そもそも効力がその事案に及ばないと適用自体なしえない」。「仮に効力が及ぶとしたとき、初めてその適用が問題となる」と説明されるように（渋谷秀樹『憲法〔第3版〕』（有斐閣、2017年）133頁）、厳密には「効力」と「適用」は異なる概念である。
2）佐藤功『日本国憲法概説〔全訂第5版〕』（学陽書房、1996年）155-156頁。
3）同上書・156頁。

憲法の人権規定は私人間にも直接効力が及び、私人間における人権侵害が生じた場合、人権規定を適用し解決や調整をすることができるとする見方もあるが（直接効力説、直接適用説）、日本国憲法自身が私人間にも人権規定の効力が及ぶことを明示していたり、黙示的に想定していたりする諸規定（15条4項・18条・27条3項・28条など）を除けば、直接効力が及ぶと考えるのは難しい。というのも、憲法の対国家性が相対化されたり、私的自治の原則が損なわれたりする可能性があるからである。そのため、憲法学説では、間接効力説（間接適用説）が長く支持されてきた。その要点は次のようなものである。私人間における人権侵害が生じた場合、たとえば公序良俗に反する法律行為は無効であることを規定する民法90条のような、私法の一般条項を適用して解決・救済を図ることとし、その具体的な意味内容をめぐり、憲法の人権規定を読み込んで解釈する[4]。もっとも、私人間において人権侵害が生じたとしても、その解決・救済にあたり、つねに憲法の人権規定を適用することができるかといえば、必ずしもそうではない。この点について、「『人権』を侵害する側の私人が、侵害される側の個人にとって、国家権力に類似するような存在である場合（問題の個人間に、『権力』的要素のある場合）」には、憲法の人権規定の趣旨を適用することによって解決・救済を図ることができる、とする見方もある[5]。

2．判例の立場

（1）三菱樹脂事件

　人権の私人間効力について争われた著名な判例に**三菱樹脂事件**がある。ある大学生が、三菱樹脂株式会社に3カ月の試用期間を設けて採用されたが、採用試験の際、大学在学中の学生運動歴について虚偽の回答をしたとの理由で、本採用を拒否された。元学生の側は、雇用関係の確認と、賃金等の支払いを求める訴訟をおこしたのであるが、その中で、このような不利益な扱いは、思想・良心の自由を保障する憲法19条、ならびに、信条に基づく差別を禁止する憲法14条1項に違反する、と主張した。三菱側は、憲法19条や14条は、国家対個人の関係において個人の自由や平等を保障したものであり、私人間の関係

4）芦部信喜〔高橋和之補訂〕『憲法〔第7版〕』（岩波書店、2019年）113頁参照。
5）浦部法穂『憲法学教室〔第3版〕』（日本評論社、2016年）74-76頁。

を直接規律するものではないと主張し、これが重要な争点となった。

　最高裁判所は、まず、憲法の人権規定の、私人間への適用いかんについて、憲法19条、14条は、他の自由権的基本権と同様、国と個人との関係を規律するものであり、私人相互の関係を直接規律するものではないとした上で、私人間で生じた権利の対立を調整するのは、原則として私的自治にゆだねられており、侵害の態様、程度が一定の限界を超える場合にのみ、法がその調整を図るという建前が採られていると述べる。次に、私人間において「支配と服従」の関係がある場合に、国などによる支配と同視し、憲法の人権規定を適用することができるかという点をめぐっても、判断の困難さを理由に否定した上で、最高裁判所は、他方、権利侵害の態様や程度が社会的に許容し得る限度を超えるときは、立法措置によって是正を図ることが可能であり、民法90条等の適切な運用によって、私的自治の原則を考慮しながら、社会的許容性の限度を超える侵害に対し基本的な自由や平等の利益を保護し、その間の適切な調整を図る方途も存するとの考え方を示した[6]。このような最高裁判所の立場をめぐっては、間接適用説を採用したものであると評価する通説的な見方がある一方で[7]、無適用説を採用したものであると評価する見方もある[8]。

（2）日産自動車事件

　もう一つ著名な判例としてあげられるのが**日産自動車事件**である。ここでは、定年退職年齢につき「従業員は男子満55才、女子満50才」と定められていた日産自動車の就業規則が問題となった。最高裁判所は、当該就業規則中「女子の定年年齢を男子より低く定めた部分は、専ら女子であることのみを理由として差別したことに帰着するものであり、性別のみによる不合理な差別を定めたものとして民法90条の規定により無効であると解するのが相当である（憲法14条1項、民法1条ノ2参照）。」と述べ[9]、直接的には民法90条により無効で

6）最大判1973〔昭48〕12・12民集27巻11号1536頁。
7）芦部・前掲書（註4）では、三菱樹脂事件について「間接適用説の判例」として分類されている（114頁）。野中俊彦・中村睦男ほか『憲法Ⅰ〔第5版〕』（有斐閣、2012年）では、「間接適用説の立場に立っている」との評価をしながら、「無適用説に近い間接適用説ではないかという批判が加えられている」ことについても紹介している。254頁〔中村睦男執筆〕。
8）高橋和之『立憲主義と日本国憲法〔第5版〕』（有斐閣、2020年）117頁。
9）最判1981〔昭56〕3・24民集35巻2号300頁。

あるとし、カッコ書きで「（憲法14条1項……参照）」と記すことで、本件に適用される民法90条の具体的意味内容について、憲法14条1項を読み込んで解釈していることをうかがわせるものとなっている[10]。

3．判例の立場と新無適用説への評価

（1）最高裁判所の立場

　最高裁判所の立場は、三菱樹脂事件においては間接適用説に立っているとする見方が通説であるものの、上でも述べたように、様々な評価が可能である。しかし、その後の日産自動車事件では民法90条を解釈する際、憲法の人権規定を参照していることからすると、判例の傾向としては、間接適用説を採用するようになったと評価することができるだろう。

　しかしながら、たとえば、三菱樹脂事件最高裁判所判決をめぐり、「正確には非適用説の立場に立っている」と説く論者により、無適用説への「再評価・再構成」が試みられている[11]。その論者の代表的な論稿によると、フランスとドイツの憲法史や憲法学史、日本の憲法学説への影響をたどりながら、大略次のような議論を展開する[12]。

（2）新無適用説

　憲法と民法に共通する、全方位性をもった道徳哲学的価値（「あらゆる社会関係において道徳的に妥当すべき」価値）であるところの「個人の尊厳」がまずあり、「道徳哲学的な価値としての『個人の尊厳』が実定憲法の中に取り込まれた」のが、憲法13条である。つまり、「個人の尊厳は、社会の構成原理としては、憲法と民法の背後に措定された統一的価値原理であり、最高規範としての憲法に導入され下位規範の民法に流入する法的価値とは性格を異にする」というのである。そして、「憲法の、そして憲法上の人権の、名宛人は国家」であ

10）芦部・前掲書（註4）114頁。これも間接適用説の採用判例と説明される。

11）同上書・113頁。

12）たとえば、高橋和之「『憲法上の人権』の効力は私人間に及ばない——人権の第三者効力論における『無効力説』の再評価」ジュリスト1245号（2003年）137-146頁、同「人権の私人間効力論」高見勝利・岡田信弘・常本照樹編『日本国憲法解釈の再検討』（有斐閣、2004年）1-19頁、同「私人間効力論再訪」ジュリスト1372号（2009年）148-161頁、同『立憲主義と日本国憲法〔第5版〕』（有斐閣、2020年）109-119頁。

ることを徹底し、そのような（近代以降の）「立憲主義的な憲法観・人権観から大きく一歩踏み出す」「特殊ドイツ的な行き方に安易に与する前に」、日本では「立憲主義の論理を貫徹する努力をしてみるべき」であるとする。では、私人間における人権侵害についてどのように裁定すればよいのか。この点について論者は「フランス・モデルで考えれば、人権衝突を調整する枠組みは民法典のなかにすでに規定されていた」のであり、（日本法に当てはめるとそれは）「たとえば民法90条であり、709条であり、その解釈を『個人の尊厳』に適合するように行えば足りる」と述べ、「そこに憲法の人権規定を、間接にせよ直接にせよ、及ぼす必要など」ないと結論づける [13]。

　このような内容をもつ**新無適用説**を提唱するにあたり、実のところ、論者自身、「立憲主義の核心をなす『憲法の名宛人は国家である』という思想」が、日本では「まだ十分には定着していない」という「危惧」を抱き、「この思想を維持する立場で問題を考えるべきだ」との認識を示している [14]。

　なるほど、と思える学説ではあるが、仮に日本で立憲主義思想が「まだ十分には定着していない」としても、それが人権規定の私人間効力をめぐり無効力（無適用）とすることとどのような関係があるのか、同説に立った場合、近代憲法から現代憲法への発展、すなわち、単なる歴史的経緯にとどまらない、憲法の内容や人権保障の射程についての多様化・豊富化、その中に含まれる、私人間にも関与することを想定している憲法自身の現代的意義を軽視することになりはしないか、憲法の人権規定をたとえば民法90条の解釈にあたり読み込むことに何の不都合があるというのか、民法1条の2（現行民法2条）の「個人の尊厳」では説明のつかない場面がないと言い切れるのか、などの批判的検討を受けることになろう。

13）高橋・前掲論文（註12）「『憲法上の人権』の効力は私人間に及ばない──人権の第三者効力論における『無効力説』の再評価」144-146 頁。
14）高橋・前掲論文（註12）「私人間効力論再訪」161 頁。

┌─────────────┐
│ ステップアップ │
└─────────────┘

①冒頭の女性専用車両の例は、憲法の人権規定を適用して解決・救済できるケースといえるか。間接適用説、新無適用説それぞれの立場から論じなさい。

②新無適用説について、高橋和之の論稿を一つ読み、どのように批判し得るか検討しなさい。本文中で紹介できなかった論点についても確認しなさい。

③人権規定の私人間効力をめぐる議論については、結局のところ、どのような見解に落ち着くと考えられるか。

■**文献案内**

①新無適用説については、本文脚注であげたもののほかに、高橋和之「現代人権論の基本構造」ジュリスト 1288 号（2005 年）110 頁、同「人権論のパラダイム——私人間効力論を中心にして」憲法問題 17 号（2006 年）36 頁、同「私人間効力論とは何の問題で、何が問題か」法律時報 82 巻 5 号（2010 年）59 頁がある。

②人権の私人間効力をめぐる最近の議論については、棟居快行『人権論の新構成』（信山社、1992 年）、小山剛『基本権保護の法理』（成文堂、1998 年）、三並敏克『私人間における人権保障の理論』（法律文化社、2005 年）、木下智史『人権総論の再検討——私人間における人権保障と裁判所』（日本評論社、2007 年）、君塚正臣『憲法の私人間効力論』（悠々社、2008 年）などがある。

③脚注であげた渋谷秀樹『憲法〔第 3 版〕』（有斐閣、2017 年）の 132-146 頁を読んでみてほしい。議論の全体を見渡すことができる。

4　法人の人権

政治資金規正法は、「政治活動の公明と公正を確保し、もつて民主政治の健全な発展に寄与すること」を目的として（1条）、政治資金収支の公開や政治資金授受の規正等について定めた法律である。同法は、会社等の団体が政党及び政治資金団体（政党のために資金上の援助をする目的を有する団体）以外の者に対して「政治活動に関する寄附」を行うことを禁止しており（21条）、当該規定に違反した者は1年以下の禁固または50万円以下の罰金に処するものと定めている（26条1号）。同法のこのような規定は合憲か、考察しなさい。

1.「法人の人権」という論点

本事例における中心的な論点は、いわゆる「**法人の人権**」、すなわち、会社等の**団体**に憲法上の権利の享有主体性が認められるか、という問題である[1]。

この論点が問題となる場面は、次の三つに整理することができる。①法令等によって団体の権利が制限されている場面（例：本事例）、②団体の権利と外部者の権利が衝突している場面（例：出版社が発行した週刊誌の記事によって芸能人のプライバシーが暴かれたケース）、③団体の権利と構成員の権利が衝突している場面（例：団体が構成員から特別会費を徴収して政治献金を行ったところ、それが一部の構成員の政治的思想に反するものであったケース）。

このうち②③は人権規定の「**私人間効力**」が問題となる場面であり、当該論点については事例3で扱われているため、本稿では①を中心に解説する。

1）この論点は、本来は「法人の人権」ではなく「団体の憲法上の権利」と呼ぶべきものである。というのも、第一に、法律によっても侵され得ない憲法上の権利の享有主体性が、法人格の有無という法律上の規律によって左右されるのは不合理であるから、法人格を有しないものも含めて「団体」一般を問題にすべきである。第二に、「人権」という概念は、自然人が生まれながらに有する権利という意味を含むため、団体が享有し得るのは「人権」ではなく実定憲法が認めた「憲法上の権利」というべきである。

２．八幡製鉄事件判決

「法人の人権」に関するリーディングケースと評されているのは、**八幡製鉄事件判決**（最大判 1970〔昭 45〕6・24 民集 24 巻 6 号 625 頁）である。同判決は、「憲法第三章に定める国民の権利および義務の各条項は、性質上可能なかぎり、内国の法人にも適用されるものと解すべきである」と説いた。そして、「会社は、**自然人**たる国民と同様、国や政党の特定の政策を支持、推進しまたは反対するなどの政治的行為をなす自由を有する」のであり、「政治資金の寄附もまさにその自由の一環であり、会社によつてそれがなされた場合、政治の動向に影響を与えることがあつたとしても、これを自然人たる国民による寄附と別異に解すべき憲法上の要請があるものではない」とした。

この判決に従えば、本事例についても、簡単に解答を書けそうである。すなわち、憲法上の権利規定は「性質上可能なかぎり」法人にも適用されると解されるところ、会社に政治的行為の自由を保障することは性質上可能であり、政治資金の寄附は当該自由の一環であると論じた上で、政治資金規正法による当該自由の制限が正当化されるか否かについて、自然人の人権が制限されている場合と同様に違憲審査を行えばよさそうである。

ところが、問題はそう単純ではない。そもそも、八幡製鉄事件判決の上記説示は「傍論」にすぎない。というのも、上記説示は、「株式会社の政治資金の寄附が、自然人である国民にのみ参政権を認めた憲法に反し、したがつて、民法 90 条に反する行為である」という主張を斥ける中で示されたものであるが、株式会社の政治資金の寄附が民法 90 条に反しないという結論を下すためには、それが憲法上禁止されていないといえば足り、憲法上保障されているとまでいう必要はないのである。換言すれば、上記説示は、「憲法上禁止されていないといういみの政治的自由があることを宣明したものにすぎない」[2]とでも解さない限り、「とんだ勇み足の議論というほかない」[3]。

こうした事情もあってか、「その後の最高裁諸判決の中で、この判示は先例としてまったく参照されていない」[4]。また、八幡製鉄事件判決から約四半世

2）柳川俊一「判解」最高裁判所判例解説民事篇昭和 45 年度（下）906 頁。
3）鈴木竹雄「政治献金事件の最高裁判決について」商事法務研究 531 号（1970 年）6 頁。
4）毛利透「判批」憲法判例百選Ⅰ〔第 7 版〕（2019 年）19 頁。

紀後の 1994 年には、政治資金規正法が改正され、会社等の団体が政党及び政治資金団体以外の者に対して政治献金を行うことを禁ずる規定が盛り込まれた。こうした規定には「企業が政党に献金をなす自由は、法律によっても奪われない『人権』である、との考えはつゆほども見られない」[5] といわれるが、にもかかわらず、それが会社の政治献金の自由を侵害するといった議論は、当時からほとんどみられない。このように、上記説示は、実務上も、確固たる先例としての扱いを受けてはいないように思われる。

　では、八幡製鉄事件判決が所与の前提にならないとしたら、「法人の人権」、特に政治献金の自由については、どのように考えればよいのか。以下では、この点に関する学説の検討を通して、そのヒントを探ることにしよう。

3．従来の学説

　「法人の人権」をめぐる議論は戦前から存在していたが[6]、それが活発化する契機となったのは、やはり八幡製鉄事件である。同事件では著名な法学者らが意見書を提出し、学界においても同事件に関する論文が数多く発表された。

　この当時は、八幡製鉄事件判決と同様、「性質上可能なかぎり」において法人の人権享有主体性を認めるという見解が、ほとんど異論のない通説であった（学説が対立したのは、会社に政治献金の自由が保障されるかという各論的問題についてであった）。その論拠としてあげられたのは、①「法人の活動は自然人を通じて行われ、結局その効果が自然人に帰属するものである」[7] ことや、②「法人が社会において自然人と同じく活動する実体であり、とくに現代社会における重要な構成要素であること」[8] である。

　上記二つの論拠は、基本的に両立し得ない関係にある。論拠①は「法人の活動は結局は各構成員の活動に分散的に帰着する」と捉えるのに対し、論拠②は法人が「各構成員とは独立の実体として活動している」と捉えるため、「双方

5）芹沢斉「法人と『人権』」法学教室 169 号（1994 年）19 頁。
6）八幡製鉄事件以前の学説については、木下智史『人権総論の再検討——私人間における人権保障と裁判所』（日本評論社、2007 年）166-168 頁参照。
7）宮沢俊義『憲法Ⅱ〔新版〕』（有斐閣、1971 年）245 頁。
8）伊藤正己「会社の基本権——序論的考察」鴻常夫編『商事法の諸問題』（有斐閣、1974 年）10 頁。

を同時に肯定することは論理的に困難」なのである[9]。

このうち論拠①に対しては、「資本主義が高度化し巨大な団体（社会的権力）が出現する一方、社会の組織化が進み必ずしも人的基礎に結びつけることが困難な経済団体も生じるに至った現代においては、はたして適切かどうか、またそれで十分な理由となりうるかどうか、疑わしい」[10] といった批判が強まり、その結果として、論拠②が多くの支持を集めることとなった。そして、八幡製鉄事件判決についても、「〔政党〕の健全な発展に協力することは、会社に対しても、社会的実在としての当然の行為として期待される」という説示[11] に着目して、論拠②を採ったものと理解されるようになった。

4．近年の学説

上述のとおり、従来の学説においては、法人の人権享有主体性を肯定するという結論自体には、ほぼ異論がなかった。そうした議論状況を一変させたのが、**樋口陽一**である。樋口は、近代市民革命が「身分制的中間団体を破壊することによって自由な諸個人を創出すること」を課題としていたこと、ゆえにそこでは「法人の人権ではなくて法人からの人権」が追求されたことを強調し、安易に「法人の人権」を肯定する学説に警鐘を鳴らした（傍点原文）[12]。

樋口によるこの問題提起は、学界に大きなインパクトを与えた。これ以降、「法人は社会的実在であるから人権享有主体性が認められる」といった素朴な議論は徐々に姿を消し、学説の再構築が試みられるようになった。そうして誕生した近年の学説としては、主に以下のものをあげることができる。

第一に、団体の活動を構成員たる自然人らによる人権の共同行使として捉える、「人権共同行使」説である。たとえば木下智史は、「団体が憲法上の権利を

9）長谷部恭男「前注」同編『注釈日本国憲法(2)』（有斐閣、2017 年）17 頁。
10）芦部信喜『憲法学Ⅱ』（有斐閣、1994 年）165 頁。論拠②の通説化に多大な寄与をした芦部の主張について、明快な分析を提供するものとして、上田健介「人権の享有主体性」曽我部真裕・赤坂幸一ほか編『憲法論点教室〔第 2 版〕』（日本評論社、2020 年）86 頁以下参照。
11）厳密には、この説示は、政党に政治資金を寄付することが会社の目的の範囲内の行為であるという判断の理由として述べられたものであり、法人の人権享有主体性を認める理由として述べられたものではない。毛利・前掲論文（註 4）20 頁参照。
12）樋口陽一『近代憲法学にとっての論理と価値——戦後憲法学を考える』（日本評論社、1994 年）172-175 頁。

享有する根拠は、団体の構成員が一定の目的を実現しようと共同で活動することが憲法上の権利〔結社の自由〕行使としての保障を受けることにある」と説く。そして、アメリカ憲法学の議論を参考に、「法人あるいは団体の形態を通じて権利を行使する場合を、個人で権利を行使する場合に比べて不利に扱ってはならないとの原則」を主張し、個人が単独で行使し得る権利は、個人が団体を通じて行使することも等しく認められるはずだと解している[13]。

第二に、高橋和之が主唱する「構成員の人権代位主張」説である。この学説は、「団体には固有の人権主体性はなく、構成員の人権を代表して主張することができるにすぎない」[14]と説く。このように「法人の人権」の実質を構成員の人権の代位主張と捉えることの帰結として、ほかならぬ構成員に対する関係では、団体は人権を主張することができない。そのため、同説は、団体が構成員を統制する根拠を、人権ではなく、団体の「規律権」に求めている[15]。

第三に、長谷部恭男が主唱する「公共の福祉に基づく団体の権利」説である。この学説は、「構成員や従業員など、関係する諸個人の権利・利益とは一応、独立した主体としての団体・法人に憲法上の権利を認めるのであれば、そこで問題となるのは、個々人が生来、平等に享有するはずの人権ではなく」、「社会公共の重要な利益（**公共の福祉**）」に基づいて保障される権利であると説く[16]。このように「法人の人権」の根拠が「公共の福祉」に求められる帰結として、「法人が憲法上の権利を主張しうるか否かは、個別の事例ごとに、それが個人の憲法上の権利の保障に役立つか、あるいは社会全体の利益という観点から正当化しうるかに応じて決定するべき」[17]であると解される。

5．会社の政治献金の自由？

これまで様々な学説をみてきたが、いずれの説を採るにせよ、「法人の人権」は一括的に認められるものではない。八幡製鉄事件判決の定式を用いるならば、それは「性質上可能なかぎり」において認められるものであり、した

13）木下・前掲書（註6）194-196 頁。
14）高橋和之『立憲主義と日本国憲法〔第 5 版〕』（有斐閣、2020 年）103 頁。
15）高橋和之「団体の人権主張適格」藤田宙靖・高橋和之編『憲法論集』（創文社、2004 年）19-21 頁。
16）長谷部・前掲論文（註9）18 頁。
17）長谷部恭男『憲法〔第 7 版〕』（新世社、2018 年）126 頁。

がって、「それぞれの法人の目的・性質に照らし、かつ各人権の趣旨を考慮に容れて、個別具体的に検討することが必要である」[18]。

　では、会社は政治献金の自由を享有し得るか。また、仮に享有し得るとして、自然人と同程度の保障が認められるか。これらの点は、本事例の核心的な問題であり、また定説があるわけでもないため、読者自身で解答を考えてもらいたい。ここでは、検討すべきポイントを二つだけ示しておこう。

　第一に、「会社」という団体の目的や性質である。会社は、営利を目的とする団体であり、政党などのように政治的行為を目的とする団体ではない。株主は政治的行為のために資金を提供したわけではないし、従業員も政治的行為のために働いているわけではない。これらの点をどのように考えるべきか[19]。

　第二に、「民主政のあり方」との関係である。会社が、様々な政治的見解を有する株主から営利活動のためと称して調達した膨大な資金を用いて、特定の政党等に金銭を渡すことで、政治に対して相当の影響力を行使することは、憲法が想定する民主政のあり方に適合的なのだろうか[20]。

18）芦部・前掲書（註10）166頁。なお、「性質上可能」であるか否かは、上記諸学説のうちどれを前提にするかによっても異なり得る。

19）たとえば、小泉良幸「法人と人権」大石眞・石川健治編『憲法の争点』（有斐閣、2008年）79頁は、「会社の政治的自由が自然人のそれより大きく制限されてよいのは、会社は営利活動により利潤をあげることを目的とする団体であり、また、現代の株式会社は半ば財団的とも規定し得る性格の資本団体であって、政治的自由を保障すべき実体において稀薄であるからである」と説いている。

20）たとえば、長谷部・前掲書（註17）127頁は、「国家の法制によって膨大な資金を容易に集中しうる会社に、個人と対等な立場での政治的行為をなす自由を保障する政治体制は、多様な私的利益の対立と妥協の過程として民主政を理解する立場とのみ辛うじて整合しうるように思われる」と指摘している。

①政治資金規正法は、政治資金の授受について、いかなる目的で、いかなる規正を行っているか、調べなさい。

②八幡製鉄事件判決は、政治献金を会社の目的の範囲内であると判断したのに対し、南九州税理士会事件判決（最判 1996〔平 8〕3・19 民集 50 巻 3 号 615 頁）は、政治献金を税理士会の目的の範囲外であると判断した。このような結論の差異はいかなる理由で生じたのか、両判決を対比して考察しなさい。

③判例は、団体の権利と構成員の権利の対立について、いかなる判断枠組みを用いているか。南九州税理士会事件判決、国労広島地本事件判決（最判 1975〔昭 50〕11・28 民集 29 巻 10 号 1698 頁）、群馬司法書士会事件判決（最判 2002〔平 14〕4・25 判例時報 1785 号 31 頁）等を読んで検討しなさい。

■文献案内

①「法人の人権」に関する学説の到達点を示したものとして、木下智史『人権総論の再検討——私人間における人権保障と裁判所』（日本評論社、2007 年）、橋本基弘『近代憲法における団体と個人』（不磨書房、2004 年）。

②企業献金をめぐる問題を、表現の自由や民主政のあり方という観点から考察したものとして、蟻川恒正「会社の言論」長谷部恭男・中島徹編『憲法の理論を求めて』（日本評論社、2009 年）121 頁以下、毛利透『民主政の規範理論』（勁草書房、2002 年）。

③本稿で十分に扱えなかった、団体と構成員の対立に関する問題については、蟻川恒正「思想の自由と団体規律」ジュリスト 1089 号（1996 年）199 頁以下、岡田順太「強制加入団体と構成員の権利」横大道聡編『憲法判例の射程〔第 2 版〕』（弘文堂、2020 年）第 5 章、西原博史「人権の私人間効力と法秩序の公共性保障機能——南九州税理士会訴訟最高裁判決が問いかけたもの」論究ジュリスト 1 号（2012 年）66 頁以下、渡辺康行『「内心の自由」の法理』（岩波書店、2019 年）。

事例 5　国　籍

　X は日本国民の父と A 国民の母との間に日本で生まれ、両国の国籍を生来取得している。日本の国籍法 14 条 1 項は X のような重国籍者に対して 20 歳までにいずれかの国籍を選択するよう求めており、選択しない者に対しては15 条 1 項に基づき法務大臣が催告し、それでも 1 カ月以内に選択しない場合は日本国籍を喪失すると定めている。日本で生まれ育った X は、どちらの国も自分のルーツであり捨てられないと思い悩んでいるうちに 20 歳を過ぎてしまい、この催告を受けた。X は、このまま選択せずに日本国籍を喪失した場合は、国籍法の違憲性を理由とする国籍確認訴訟を提起するつもりである。X はどのような憲法上の主張が可能か、考察しなさい。

1　国籍の意義

(1)　国籍とは何か

　国民主権の国家において国民を定義づけることは重要である。一般に、国民国家における国民とはその国の**国籍**を持つ者であるとされる。国籍の法的性質については、国籍を法的地位としてみた場合には「国家の構成員（国民）であることを示す資格」[1]、国籍を法律関係とみた場合には「国家と個人との法的紐帯」とされ、両者の性質を共に有するとする折衷説が通説である[2]。

　国籍の取得には、親と同じ国籍を取得する**血統主義**と、その国の領域内での出生によって国籍を取得する**出生地主義**の二つの方式があり、多くの国はこのどちらかを基本としつつも、もう一方を補完的に用いる国籍制度を採用している。国際慣習法上、誰を自国の国民とするか、すわなち国籍取得要件については各国の裁量事項であるとされる。

1）野中俊彦・中村睦男ほか『憲法 I〔第 5 版〕』（有斐閣、2018 年）470 頁〔高見勝利執筆〕。
2）木棚照一『逐条註解国籍法』（日本加除出版、2003 年）3-6 頁参照。

（2）国籍立法の原則

国籍取得要件を定めるにあたっては、**国籍唯一の原則**と**国籍自由の原則**の両方に基づくべきことが国際法上要請されている。

国籍唯一の原則は、国籍取得要件が国家の裁量事項であることから不可避的に生じる国籍の抵触、すなわち**無国籍**と**重国籍**の防止を意図している。このうち無国籍の回避は人権の観点からも強く要請される。世界人権宣言15条1項は国籍を有する権利を謳っており、自由権規約24条3項、児童の権利条約7条1項では国籍取得権が定められている。これに対して重国籍は、近時は必ずしも避けるべきとは考えられておらず、多くの国が一定の条件の下に重国籍を認める法制度を採用している[3]。

国籍自由の原則は、国籍の得喪に関しては当事者の意思を尊重することを求めるものである。これはなかんずく、国籍を恣意的に剥奪されない権利として世界人権宣言15条2項、女性差別撤廃条約9条1項などに表れている。

（3）人権としての国籍

国籍は国家の側からみれば自国民の範囲を画定する法的基準となる。主権者の権利である選挙権の行使は、公職選挙法上、日本国籍者に限定されている。また、国家の法制度が基本的には国民を想定して構築されていることに鑑みれば、国籍をもっていることはその国において公的な権利にアクセスするためには重要である[4]。したがって、国籍の取得を保障することは、人権保障を確実なものにするための前提となる。前述の人権条約が国籍取得権を人権として定めているのもこの観点からである。その国の人権保障制度へのアクセスを保障するという意味で国籍取得は人権と接続することになる[5]。最高裁判所も、日本国籍は「わが国の構成員としての資格であるとともに、わが国において基本的人権の保護、公的資格の付与、公的給付等を受ける上で意味を持つ重要な法的地位である」[6]としており、人権保障の基礎となるものという理解を示している。

3）近藤敦『多文化共生と人権──諸外国の「移民」と「外国人」』（明石書店、2019年）237-244頁。

4）館田晶子「人権としての国籍の可能性」憲法理論研究会編『憲法の可能性』（敬文堂、2019年）99-100頁。

5）奥田安弘『国籍法と国際親子法』（有斐閣、2004年）35頁、なお、憲法13条の観点から国籍と人権の関係を検討するものとして館田・同上論文・107-111頁。

2　日本の国籍制度

（1）国籍取得要件

日本国憲法は国籍に関して 10 条と 22 条の二つの条文を置いている。

10 条は日本国民たる要件は法律で定めるとしており、これを受けて国籍法が日本国籍の取得要件を定める。日本は血統主義を原則とし（国籍法 2 条 1 号）、補完的に生地主義を採用している（同条 3 号）。かつての国籍法は父系血統主義を採っていたが、女子差別撤廃条約の批准に先立つ 1984 年に男女両系血統主義に改正された。

日本国民に認知された非嫡出子は届出により国籍を取得する（同法 3 条）。この認知による国籍の届出取得規定は、2008 年以前は父母の婚姻による準正も要件とされていたため、日本人父と外国人母との間に生まれた後に父が認知した非嫡出子は届出による日本国籍取得ができなかった。この規定の合憲性が争われた訴訟で最高裁判所は、国籍法 3 条 1 項の趣旨を「日本国民との法律上の親子関係の存在に加え我が国との密接な結び付きの指標となる一定の要件を設けて、これらを満たす場合に限り出生後における日本国籍の取得を認めることとしたもの」としつつ、家族が多様化した今日において父母が婚姻して初めて「わが国との密接な結び付き」が認められるというのは実態に適合せず、父に生後認知された非嫡出子は、胎児認知された場合や母が日本国民の場合の非嫡出子と比較して差別的扱いを受けているとして、本規定が「立法目的との関係において合理的関連性を欠」き憲法 14 条 1 項に反すると判示した[7]。

（2）無国籍の防止

国籍は人権保障にかかわるものであるから、無国籍の防止は強く要請される。国籍法 2 条 3 号が「父母がともに知れないとき、又は国籍を有しないとき」に生地主義により日本国籍を認めるのも無国籍防止のためである。また、後述のように憲法 22 条 1 項は国籍離脱の自由を定めるが、これは無国籍になる自由まで含むものではないと解されている[8]。

日本においては出生による親子関係の登録は戸籍の届出によってなされるが、この届出がなされなければ、日本国民の子であっても親子関係が証明できず、

6）最大判 2008〔平 20〕6・4 民集 62 巻 6 号 1367 頁。
7）同上。憲法判例百選 I〔第 7 版〕（2019 年）58-59 頁ほか多くの判例評釈がある。

また戸籍に登録されないことで無戸籍の状況に陥ることになる。無戸籍は日本国民たる親が存在する場合は潜在的には日本国籍を有するため、必ずしも無国籍と同じ状況ではない。しかし、行政サービスをはじめとする多くの公的手続は戸籍の登録に依拠して行われるため、戸籍がなければ権利主体として把握されず、日常生活のレベルで困難に直面する。夫のドメスティック・バイオレンス（DV）から避難した女性が離婚成立後 300 日以内に新しいパートナーとの間の子を出産した場合に、民法 772 条の嫡出推定規定によって前夫の子と推定され前夫の戸籍に登録されてしまうことを避けるため、戸籍の届出をせず子が無戸籍になってしまう事例があり、2018 年には国会でもこの問題が取り上げられた[9]。

3　国籍離脱の自由

（1）国籍離脱制度

　憲法 22 条 2 項は移動の自由と共に**国籍離脱の自由**を定める。明治憲法下での旧国籍法が個人の自由意志による国籍離脱を認めず政府の許可を必要としていたのに対して、日本国憲法は、日本国籍を自己の自由意志によって放棄する規定を設けた。これは国籍自由の原則を明文で定めたものである[10]。

　この憲法 22 条 2 項の規定を受けて、国籍法 13 条 1 項は、外国の国籍を有する日本国民は法務大臣への届出によって日本国籍を離脱することができると定めている。自ら積極的に日本国籍を離脱する意思をもっている場合に、許可ではなく届出によって国籍離脱を認めており、戦前の旧国籍法とは対照的である。「外国の国籍を有している日本国民」としているのは、無国籍防止のためである。

8）宮澤俊義〔芦部信喜補訂〕『全訂 日本国憲法』（日本評論社、1978 年）257 頁、芦部信喜〔高橋和之補訂〕『憲法〔第 7 版〕』（岩波書店、2019 年）241 頁。ただし、「二重国籍を持つ自由や無国籍になる自由も保障されるか否かが議論になると思われる」との指摘もある。辻村みよ子『憲法〔第 6 版〕』（日本評論社、2018 年）247 頁。

9）2018 年第 186 回国会会議録。また、この問題を受けて法務省では無戸籍児に対する就籍の手続等を案内している。法務省ウェブサイト「無戸籍でお困りの方へ」。
http://www.moj.go.jp/MINJI/minji04_00034.html（2020 年 6 月 5 日）

10）木下智史・只野雅人編『新・コンメンタール憲法〔第 2 版〕』（日本評論社、2019 年）294 頁〔木下智史執筆〕。

（2）国籍留保と国籍喪失

　国籍法は、国籍唯一の原則に基づき、重国籍を防止する規定を複数置いている。国籍離脱の自由との関係で問題となるのは、重国籍を防止するために設けられた、日本国籍を喪失させる条文である。

　国籍法 11 条 1 項は自己の志望により外国籍を取得したときは自動的に日本国籍を喪失させる。また、同条 2 項は重国籍者が外国の国籍を選択した場合に同様に日本国籍を喪失させる。この国籍喪失規定の意味については、これを国籍離脱の自由の制限ではなく外国籍の取得を国籍離脱の前提と解するもの[11]、国籍離脱を外国籍を取得したことの効果と解するもの[12] などの学説がある。

　国籍法 12 条は、出生により重国籍となった者のうち外国で出生した者について、戸籍法 104 条の定めるところにより 3 カ月以内に国籍留保の届出をしなければ出生に遡って日本国籍を失うと定めている。この規定をめぐって、国内で出生した子と国外で出生した子との間で差異を設けることは憲法 14 条 1 項の法の下の平等に違反するか否かが争われた判例がある。最高裁判所は同条の目的を、形骸化した日本国籍の発生の防止と重国籍発生の回避と認定し、このような立法目的には合理的な根拠があるとした上で、同条が定める区別の内容は立法目的との関連において不合理なものとはいえず、立法府の裁量の範囲内であり憲法 14 条 1 項に違反しないとした[13]。

　国籍法 14 条 1 項は、既に重国籍である者に対して、18 歳未満で重国籍となった場合には 20 歳までに、18 歳になった後に重国籍となった場合にはその時から 2 年以内に、国籍を選択すべき旨を定めている。**日本国籍選択の宣言**後は重国籍解消のために外国籍を離脱することが求められているが、この外国籍離脱は努力義務にとどまっている（国籍法 16 条 1 項）[14]。

　国籍選択の届出をしない者に対しては、法務大臣が**催告**をすることができる（国籍法 15 条 1 項）。もっとも、法 15 条 1 項は「法務大臣は……催告すること

11）辻村みよ子・山元一編『概説憲法コンメンタール』（信山社、2018 年）145 頁〔小山剛執筆〕。
12）樋口陽一・佐藤幸治ほか『註釈 日本国憲法 上巻』（青林書院、1984 年）542 頁〔中村睦男執筆〕。
13）最判 2015〔平 27〕3・10 民集 69 巻 2 号 265 頁。
14）国籍選択は「外国籍の放棄を強制するものではなく、重国籍の解消は本人の自主的処理に委ねようとする」趣旨であるとされる。江川英文・山田鐐一ほか『国籍法〔第 3 版〕』（有斐閣、1997 年）156 頁。

ができる」と定めており、催告は義務的なものではない。実際、過去にこの法務大臣による催告が行われた例は存在しない。その理由について法務省は、国籍を失うことは非常に重大な効果が生ずること、家族関係にも大きな影響を及ぼすことから、相当慎重に行うべき事柄であるためであると説明している[15]。

とはいえ、実際に催告が行われれば、そこから1カ月以内に国籍選択をしない場合には、日本国籍を喪失することになる（国籍法15条3項）。

（3）国籍離脱の自由の意味

憲法22条2項の国籍を離脱する自由が国籍の得喪に関して本人の意思にかからしめることを保障する規定であるならば、国籍の自動的な喪失を定める国籍法の条文の憲法適合性が問題となる。近時の学説は、自由権が一般に「する自由」と同時に「しない自由」も保障していると解されていることから、22条2項は国籍を離脱しない自由も含むと解する傾向にある[16]。国際法上の国籍の恣意的剥奪禁止の原則が憲法22条2項の解釈にあたって参照されることになろう[17]。

日本の国籍法は「厳格な重国籍防止」[18]規定をもっているが、近時の国際的な潮流はむしろ、国籍に関する意思の尊重という国籍自由の原則の観点から重国籍を認める方向に向かっている。このため、重国籍防止を「確立された国際法規」として憲法上容認されると解してきた従来の憲法学説[19]においても、「個人の人格的利益ないし自己決定を尊重する見地から」[20]重国籍防止規定の当否を改めて検討する必要性が指摘されている。

---

15) 2004〔平16〕6・2第159回衆議院法務委員会33号における房村精一政府参考人（法務省民事局長）答弁。

16) 近藤・前掲書（註3）277頁、辻村・前掲書（註11）78頁〔糠塚康江執筆〕、柳井健一「国籍を離脱させられない自由」法と政治69巻2号上199頁など。

17) 館田・前掲論文（註4）107頁参照。

18) 芦部信喜〔高橋和之補訂〕『憲法〔第7版〕』（岩波書店、2019年）241頁。

19) 樋口陽一・佐藤幸治ほか『註解法律学全集（2）憲法Ⅱ』（青林書院、1997年）116頁〔中村睦男執筆〕。

20) 野中・中村・前掲書（註1）470頁〔高見勝利執筆〕、木下・只野・前掲書（註10）295頁〔木下執筆〕など。

①日本の国籍法は 1984 年に大幅に改正されたが、このときに改正された内容と
その際の議論について調べなさい。

②自己の志望により外国籍を取得した場合に日本国籍を自動喪失させる国籍法
11 条 1 項の憲法適合性について検討しなさい。

③無国籍と無戸籍との異同について整理し、それぞれ当事者にどのような困難が
生じるのか調べ、それに対する対応について考察しなさい。

■文献案内

①国籍法の基本書として、木棚照一『逐条註解国籍法』(日本加除出版、2003 年)、江川英
文・山田鐐一ほか『国籍法〔第 3 版〕』(有斐閣、1997 年)など。また、2008 年の国籍
法違憲判決に関して秋葉丈志『国籍法違憲判決と日本の司法』(信山社、2017 年)。

②日本と台湾の二重国籍問題に焦点を当てた国籍問題研究会編『二重国籍と日本』(ちくま
新書、2019 年)は、国籍実務における問題も扱っている。同書巻末の参考文献リストは
重国籍問題を考えるのに参考になる。

③無国籍の問題に関しては、陳天璽編『忘れられた人々──日本の「無国籍」者』(明石書
店、2010 年)が参考になる。また、無国籍研究会『日本における無国籍者──類型論的
調査』(国連難民高等弁務官駐日事務所、2017 年)は法的視点からの実証的研究であり、
研究会ウェブサイト (https://mukokusekikenkyukai.jimdofree.com/ 資料 /) より PDF
ファイルをダウンロードできる。無戸籍問題に関しては、この問題が注目されるきっかけ
となったノンフィクションとして、井戸まさえ『無戸籍の日本人』(集英社、2016 年)
がある (2018 年に集英社で文庫化されている)。

外国人の人権とその制約

　Xは日本で生まれ育った在日韓国人であり入管特例法上の特別永住者である。大学で土木工学を学んだXは卒業後地元Y県の公務員となった（Y県採用試験受験資格には国籍要件はない）。真面目に勤務してきたXは、次第に同僚が管理職になっていくことに触発され、また上司の勧めもあって自らも管理職選考試験を受けてみようと思い立った。ところがY県では技術職も含めすべての管理職選考試験の受験資格につき日本国籍を有することが要件となっていたため、Xは試験を受けることができなかった。公務員の管理職選考試験の受験資格に国籍要件を設けることは憲法14条1項に違反しないか考察しなさい。

1　外国人の人権

（1）外国人の人権享有主体性

　法的には、その国の国籍を有する者を国民と呼び、その国の国籍を有しない者（無国籍者を含む）を**外国人**と呼ぶ。日本国憲法10条は「日本国民たる要件は、法律でこれを定める」としており、これを受けて国籍法が日本国籍の取得要件を定めている。

　日本国憲法第3章は「国民の権利及び義務」という表題を掲げているが、最高裁判所は「いやしくも人たることにより当然に享有する人権は不法入国者と雖もこれを有するものと認むべきである」[1]と述べ、外国人の**人権享有主体性**を認めた。現在は、人権は自然権思想に基づいていること、また憲法の国際協調主義を根拠として肯定説が通説である[2]。肯定説はさらに文言説と**権利性質説**に分かれる。文言説は憲法条文が「何人も」という表現を用いている人権については国民だけでなく外国人にも保障されると解するが[3]、「何人も」とす

1）最判 1950〔昭 25〕12・28 民集 4 巻 12 号 683 頁。
2）野中俊彦・中村睦男ほか『憲法 I〔第 5 版〕』（有斐閣、2018 年）222 頁〔中村睦男執筆〕。
3）宮澤俊義〔芦部信喜補訂〕『全訂 日本国憲法』（日本評論社、1978 年）187 頁。

る条文でもその人権の内容から日本国民のみを対象としていると解されるものがあり[4]、「国民」と「何人」とが必ずしも厳密に使い分けられているわけではない。そこで、人権の内容に着目しその人権の性質から国民にのみ保障されるものは外国人には保障されないが、それ以外の人権については外国人にも保障されるという権利性質説が通説となっている。

　判例も、**マクリーン事件**最高裁大法廷判決[5]が「憲法第3章の諸規定による基本的人権の保障は、権利の性質上日本国民のみをその対象としていると解されるものを除き、わが国に在留する外国人に対しても等しく及ぶものと解すべきであ」るとして、権利性質説を採用している[6]。

（2）外国人の類型

　外国人と一口にいっても在留資格や在留の経緯によって多様であり、一律に扱うことは必ずしも適切ではない。旅行等で日本に一時的に滞在する外国人に比して、永住資格をもち日本に住み続ける外国人は日本国憲法上の人権保障の要請はより高いと考えられる[7]。そこで、外国人を**定住外国人**、難民、一般外国人の三つのカテゴリに類型化し、特に定住外国人について、どのような人権がどの程度保障されるべきなのかが検討されてきた。定住外国人という用語には法的定義はないが、一般に永住資格を有する者がこれに当たるとされる[8]。また、歴史的経緯から定住外国人のうちでも一般永住者（「出入国管理及び難民認定法（入管法）」上の永住者）と、**特別永住者**（「日本国との平和条約に基づき日本の国籍を離脱した者等の出入国管理に関する特例法（入管特例法）」上の永住者）とを分けて考える必要があるとの指摘もなされている[9]。そして、いずれにせよこれら定住外国人に対しては、日本国民と同等の人権享有主体性が承認され

4）憲法22条2項は「何人も」国籍離脱の自由があると定めるが、ここにいう国籍とは日本国籍のことであり、したがって国籍離脱の自由も日本国民のみを対象としていると解されている。

5）最大判1978〔昭53〕10・4民集32巻7号1223頁。

6）もっとも同判決は、続けて「外国人の在留の許否は国の裁量にゆだねられ、わが国に在留する外国人は、憲法上わが国に在留する権利ないし引き続き在留することを要求することができる権利を保障されているものではな」いと述べている。

7）辻村みよ子『憲法〔第6版〕』（日本評論社、2018年）113頁。

8）芦部信喜〔高橋和之補訂〕『憲法〔第7版〕』（岩波書店、2019年）92頁、辻村みよ子・山元一編『概説憲法コンメンタール』（信山社、2018年）60頁〔工藤達朗執筆〕。

9）柳井健一「外国人の地方参政権」憲法判例百選I〔第7版〕（2019年）9頁など。

ることを前提に、具体的な場面で国籍の有無による権利の制約が正当化される
か否かという観点から検討すべきであるとされる[10]。

2 保障されない人権

（1）出入国の権利

　国際慣習法上、外国人には出入国の権利はないとされており、判例・通説と
もにこれを認めている。問題となるのは**再入国の自由**である。永住者など日本
に生活の本拠がある外国人が一時的に海外に出国し日本に帰って来ようとする
とき、再入国（実質的には帰国）の自由が認められるかどうかについては議論
がある。判例では、森川キャサリーン事件最高裁判決[11]が「我が国に在留す
る外国人は、憲法上、外国へ一時旅行する自由を保障されているものでない」
として再入国の自由を否定した。これに対し学説は、再入国の自由は憲法22
条2項によって保障されているとする説と憲法98条によって保障されている
とする説とがある。いずれにしても「居住国への帰国」[12]という性格を持つ再
入国に対する国家の裁量は全くの自由裁量ではないという点では一致してい
る[13]。

（2）社会権

　社会権は後国家的な権利であることから第一次的には「各人の所属する国に
よって保障されるべき権利」であり、外国人には当然に保障されるものではな
いが[14]、外国人に社会権の保障を及ぼすことは原理的に排除されているわけ
ではなく、立法政策によって保障を及ぼすことは望ましい[15]とされる[16]。ま
た、社会権は国籍ではなく「社会構成員性」を基準にして考えるべきであり、
少なくとも定住外国人には保障されるべきとの説もある[17]。判例では**塩見訴訟**

10）高橋和之『立憲主義と日本国憲法〔第5版〕』（有斐閣、2020年）95頁。
11）最判1992〔平4〕11・16集民166号575頁。
12）自由権規約12条4項は自国に戻る権利を保障しており、この場合の「自国」とは国籍国に限ら
　　れないとの解釈が自由権規約委員会によって示されている。
13）野中・中村・前掲書（註2）468-469頁〔高見勝利執筆〕。高橋・前掲書（註10）98頁は、定住
　　外国人について「在留の権利を認めるべきである以上、再入国の自由も保障されると解さねばなら
　　ず、ゆえに、この自由の制限は厳格な審査に服すべきである」とする。
14）宮沢俊義『憲法Ⅱ〔新版〕』（有斐閣、1971年）242頁。
15）芦部信喜『憲法学Ⅱ』（有斐閣、1994年）136-139頁。

最高裁判決 [18) が、外国人を社会保障上どう処遇するかは国の政治的判断にゆだねられており、限られた財源の下で自国民を外国人よりも優先的に扱うことも許されるため、「障害福祉年金の支給対象者から在留外国人を除外することは、立法府の裁量の範囲に属する」とした。この判決に対しては、無拠出の障害福祉年金制度に対する立法裁量の範囲は狭く解されるべきこと、また定住外国人の社会構成員性を根拠に学説からは批判されている [19)。

（3）参政権

参政権は、外国人に保障されない権利の筆頭にあげられてきた権利である。参政権は国民主権の下で主権者国民が政治に参加する権利であるから、国政に参加する権利は国家の構成員である国民にのみ認められ、外国人には認められないのは当然とされる [20)。したがって、国政選挙権は外国人には保障されず、むしろ国民主権原理からは禁止されるとするのが通説である [21)。これに対し**地方選挙権**については、憲法 93 条 2 項が地方公共団体の長や地方議会議員等の選挙について「住民」の直接選挙を定めていること、地方政治は住民の日常生活に密接に関連する公共的事務を行うものであることから、定住外国人にこれを認めることは憲法上は許容されており、立法政策に委ねられているとするのが通説である [22)。最高裁判所も、国政選挙については選挙権を日本国民に限っている公職選挙法 9 条 1 項の規定は憲法に違反しないことは明らかであるとしたが [23)、地方選挙権については外国人には保障されていないとしつつも、地

---

16) 実際、健康保険や雇用保険などには国籍要件はなく、またかつて国籍要件があった国民年金や児童扶養手当なども難民条約への加入をきっかけに国籍要件は撤廃された。野中・中村・前掲書（註2）229 頁〔中村睦男執筆〕も参照。ただし生活保護については、行政実務上外国人もその対象としているが、最判 2014〔平 26〕7・18 訟務月報 61 巻 2 号 356 頁は永住者の生活保護受給権を否定している。

17) 大沼保昭『単一民族社会の神話を超えて』（東信堂、1993 年）193 頁、藤井俊夫『憲法と人権 I』（成文堂、2008 年）53 頁。

18) 最判 1989〔平元〕3・2 判例時報 1363 号 68 頁。

19) 大藤紀子「外国人の社会保障」憲法判例百選 I〔第 7 版〕（2019 年）13 頁。

20) 芦部・前掲書（註 15）131-132 頁。他方、外国人に国政選挙権を認めることは憲法上必ずしも禁じられるわけではないとする説もある。奥平康弘『憲法 III』（有斐閣、1993 年）、浦部法穂『憲法学教室〔第 3 版〕』（日本評論社、2016 年）514-516 頁など。

21) 野中・中村・前掲書（註 2）225 頁〔中村睦男執筆〕。

22) 同上。

23) 最判 1993〔平 5〕2・26 判例時報 1452 号 37 頁。

方自治とは住民の日常生活に密接な関連を有する公共的事務につき住民の意思に基づいて行うための憲法上の制度であるから、永住者等の、居住する地方公共団体と「特段に緊密な関係を持つに至ったと認められるもの」に法律で地方選挙権を付与することは憲法上禁止されていないとした[24]。

3 外国人の公務就任権

(1) 学説および実務の動向

公務就任権もかつては、憲法15条1項で保障される参政権の一つに含まれ、外国人には保障されないとされてきた。それに対し近時の学説では、公務就任権は憲法22条1項の職業選択の自由によって保障されるとする説が有力である[25]。実務においては、「公権力の行使又は国家意思の形成への参画にたずさわる公務員となるためには日本国籍が必要である」とする「当然の法理」によって、外国人は公務員にはなれないとされてきた[26]。国家公務員については人事院規則8-18が公務員採用試験の受験資格に国籍要件を設けている。しかし教育公務員に関しては1982年に国公立大学外国人教員任用法[27]が成立し、外国人に門戸が開かれることとなった。一般公務員についても、地方公共団体で外国人の公務員就任を認めるところは少なくない。

(2) 判例と学説による批判

判例では、**東京都管理職選考事件**が重要である。この事件の控訴審は、管理職の中には外国人に昇進を認めても差し支えないものもあるため、外国人に一律に管理職選考の受験資格を認めないのは憲法22条1項及び同14条1項に違反すると判断した[28]。これに対し最高裁判所は、「住民の権利義務を直接形成し、その範囲を確定するなどの公権力の行使に当たる行為を行い、若しくは普通地方公共団体の重要な施策に関する決定を行い、又はこれらに参画すること

---

24) 最判1995〔平7〕2・28民集49巻2号639頁。
25) 辻村・山本編・前掲書（註8）61頁、後藤光男「外国人の人権」大石眞・石川健治編『憲法の争点』（有斐閣、2008年）75頁など。
26) 芦部・前掲書（註15）134頁。
27) その後、国立大学法人化に伴い公立の大学における外国人教員の任用等に関する特別措置法と名称が変更された。
28) 東京高判1997〔平9〕11・26判例時報1639号30頁。

を職務とするもの」すなわち「公権力行使等地方公務員」については、住民の生活に直接間接に重大なかかわりを有する職務を遂行するため、国民主権の原理基づき日本国籍を有することが想定されていると述べ、日本国民である職員に限って管理職に昇任できる措置をとることは合理的な理由に基づく区別であり、日本国籍憲法14条1項には違反しないとした[29]。なおこの判決には、違憲と結論づける2名の裁判官の反対意見が付されている。

　最高裁判所の多数意見に対しては、学説からは批判が多い。この事件で最高裁は外国人の公務就任権の有無については判断を回避している[30]。学説は公務就任権を憲法22条1項の問題と捉え、憲法上の権利である以上はこれを制限するにあたっての裁量の幅は狭くなるはずであると指摘する[31]。職業選択の自由への制約の合理性を判断する違憲審査基準は、特に本件原告のような特別永住者の法的地位を考慮すると、「厳格な合理性の基準が適用されてしかるべきである」とされる[32]。

ステップアップ

①定住外国人に法律で地方議会議員の被選挙権を認めることは憲法との関係で問題はないか。地方公共団体の首長の被選挙権についてはどうか。

②入管特例法上の特別永住資格とはどのような在留資格なのか、この在留資格が導入された歴史的経緯を含めて調べなさい。

③非正規滞在者には憲法上の人権は保障されるか、学説や判例をふまえて考察しなさい。

---

29) 最大判2005〔平17〕1・26民集59巻1号128頁。
30) 辻村・山本編・前掲書（註8）63頁、近藤敦「外国人の公務就任権」憲法判例百選Ⅰ〔第7版〕（2019年）11頁。
31) 近藤・前掲論文（註30）11頁、大沢秀介「国籍と地方公務員」ジュリスト平成17年度重要判例解説（2006年）14頁。
32) 後藤光男『永住市民の人権』（成文堂、2016年）203頁。

■文献案内

①後藤光男『永住市民の人権』(成文堂、2016年)は、憲法学で論じられてきた外国人の人権にかかわる論点をほぼ網羅しており、これまでの議論と残された法的課題を確認する上でも最適である。また、国際法の視点から在日韓国・朝鮮人の人権問題について論じたものとして、大沼保昭『単一民族社会の神話を超えて』(東信堂、1993年)。

②東京都管理職選考事件に関しては、「特集・東京都管理職試験最高裁大法廷判決」ジュリスト1288号(2005年)、「特別企画・外国人の公務就任権」法律時報77巻5号(2005年)など法律雑誌でいち早く特集が組まれている。判例評釈は渡辺賢「地方公共団体の管理職選考と外国人の受験資格」法律時報77巻13号(2005年)332-335頁、井上典之「外国人に対する憲法上の権利保障？」法学セミナー52巻6号(2007年)76-80頁、野坂泰司「外国人の公務就任・管理職昇任」法学教室337号(2008年)59-72頁など多数ある。

③東京都管理職選考事件の原告らによる裁判記録として鄭香均編著『正義なき国、「当然の法理」を問いつづけて』(明石書店、2006年)が出版されている。また、担当弁護士の論稿として虎頭昭夫「東京都管理職受験拒否事件訴訟」法学セミナー51巻3号(2006年)12-13頁がある。

事例 7　国際人権条約と条約の国内法化

　国際離婚の増加に伴い、近年、離婚した夫婦の一方が、元配偶者の同意なく子を強制的に実家または自国へ連れ帰るという、いわゆる「国際的な子の連れ去り」問題も増加している。1983年に発効した「国際的な子の奪取の民事上の側面に関する条約」（以下、ハーグ条約）は、「連れ去り」により生じる悪影響からの子の保護を目的とし、もとの常居所他国への迅速な子の返還を確保するための条約である。

　日本国民の母と米国人の父との間に生まれ、米国に居住していた子（12歳）が、2011年に両親が離婚した後、父の了承を得ずに、2012年、母によって日本の実家へ強制的に連れてこられた。父は、ハーグ条約を根拠に子の返還のための申立てを日本の裁判所に行ったが、日本が条約締約国ではないことを理由に、その申立ては認められなかった。この場合、父は、日本の裁判所の判断をめぐり、ハーグ条約を根拠として憲法98条2項に違反すると主張することは可能か。

　ちなみに、日本は2014年にハーグ条約の締約国となり、それに合わせて、「国際的な子の奪取の民事上の側面に関する条約の実施に関する法律」（以下、実施法）を制定している。

1．人権保障の国際化：国際社会による権利保障の潮流
（1）人権保障の国際化という潮流の登場
　従来、国際法の世界では、人権それ自体を価値として国際的に保障するという色彩が希薄だったが、第二次世界大戦中の国家レベルでのジェノサイドや戦争犯罪に対する反省を遠景として、戦後、国際社会レベルでのより積極的な人権保障の実現が主張され、制度化されるようになった[1]。このような現在の国

---

1) 大沼保昭『国際法　はじめて学ぶ人のための』（東信堂、2012年）326-328頁。

際社会の潮流を「**人権保障の国際化**」と呼ぶ。

（2）国際社会における人権保障のとりきめ

　人権保障の国際化を具体化するため、様々な**条約**や宣言が採択されている。最も重要な文書は、1948年の国連総会で48カ国の賛成を得て採択された**世界人権宣言**である。なお、国際組織によって採択された文書は、法的な意味で直接に拘束力をもたないが、普遍的に認められる基準を定めていることから、人権問題に関してしばしば援用される[2]。また、国際人権規約も、ここで定められている権利・自由の範囲が広汎であること、保障が具体的かつ詳細であることから、重要とされている[3]。そのほかに、1953年に発効した欧州人権条約がある。「条約において締約国が行った約束の遵守を確保する」という目的に基づき、欧州人権裁判所がストラスブールに設置され、人権保障の実効性の担保に努めている。

２．国内法秩序と条約との関係

（1）条約と日本の国内法秩序との関係

　「合意は拘束する」という国際法の基本原則から、締約国は、締結した国際条約の遵守を求められる。国際法の一形式である条約と国内法との関係は、同じ法秩序体系に属するという一元的理解を基礎に、「**憲法優位の一元論**」として理解されている。一方、有力説として、憲法98条2項に書かれている国際法規の誠実な遵守の趣旨から、「国際法優位の一元論」も主張されている[4]。

（2）国内法秩序における条約の位置づけ

　（1）　**条約と法律**　　国内の法体系における条約の位置づけについて、日本国憲法に明文規定はない。しかし、条約が法律に優位するという理解（**条約優位説**）にほぼ異論はない。

　なお、条約優位説の根拠については、様々な学説がある。主な学説として、①条約の締結に国会の承認という手続を必要とすることを根拠とする説、②国

2）芦部信喜『憲法学Ⅱ』（有斐閣、1994年）34頁。
3）同上書・35-36頁。なお、日本は1979年に批准したが、一部を留保したり、解釈宣言を出したりした。
4）宮澤俊義〔芦部信喜補訂〕『全訂　日本国憲法』（日本評論社、1978年）813-814頁。

際協調主義（98条2項）の趣旨と①から条約優位説を導く学説、③上記①②に加え、条約が国家間の合意であることをあげる説、④**国際協調主義**、平和主義、及び憲法81条・98条1項から条約が除外されていることなどからうかがわれる憲法の「精神」から、法律だけでなく憲法に対する国際法の優位を導き出す説があげられる[5]。

（2）**条約と憲法**　　条約と憲法との関係について、憲法学の領域では、**憲法優位説**と条約優位説が対置される。日本国憲法制定当時は条約優位説が主流だったが、冷戦や日米安全保障条約の締結など、日本をめぐる国際情勢の変化を受け、1950年代後半には憲法優位説が主流となった[6]。憲法優位説は、憲法が最高法規であることと、憲法が条約の締結手続を規定していることから、条約は憲法に基づいて成立し、憲法に反することはできないとする説である[7]。

この学説の論拠として、以下の3点があげられる。①憲法98条は国内法秩序における憲法の最高法規性を定めた規定であり、条約の除外は当然であること、また、98条2項の背景には明治憲法下での条約違反や無視という歴史的事実を繰り返さないという意識があり、違憲の条約を遵守することまで定めたものではない。②憲法は、条約が国家間の合意であり司法審査に適さないものもあることを考慮し、81条の列挙から条約を除いたにとどまり、条約の違憲審査を否定したものとは直ちに解し難く、また、条約の違憲審査の可否は、条約と憲法の形式的効力問題とは直接関係がない。③憲法が国際協調主義に立脚しているのは明白だが、現在の国際社会を前提とする限り、国際協調主義という一般原則によって条約優位を正当化することは困難である。特に、現行憲法の下で条約優位とすれば、法律より簡易な手続によって成立する条約による憲法改正が認められることになり、国民主権主義の建前（国民意思による憲法改正の原則）が否定されるおそれがある[8]。ちなみに近年、「確立された国際法

5）衆議院憲法調査会事務局「憲法と国際法（とくに、人権の国際的保障）」に関する基礎的資料（2004年）12頁。
　http://www.shugiin.go.jp/internet/itdb_kenpou.nsf/html/kenpou/chosa/shukenshi050.pdf/$File/shukenshi050.pdf（2020年3月31日）参照。
6）佐藤幸治・中村睦男・野中俊彦『ファンダメンタル憲法』（有斐閣、1994年）325頁。
7）宮澤・前掲書（註4）815頁。
8）衆議院憲法調査会事務局・前掲書（註5）14頁。

規」には例外的に憲法に優位することを認める「条件つき憲法優位説」も登場している。

　なお、憲法優位説に立つと、条約が違憲審査の対象に含まれるかが問題となる。この問題に関する初の最高裁判決が、日米安全保障条約の合憲性が争われた砂川事件である。最高裁は、憲法優位説に立ち、条約が違憲審査の対象になり得ることを示しつつ、統治行為論によって日米安全保障条約を違憲審査の対象から除外した。

3．国際社会と日本国憲法
（1）日本の司法への国際法の適用をめぐる現状

　社会の国際化が進む一方、日本の司法は、条約をはじめとする**国際法の適用**には消極的である。その理由として、憲法を優位とする伝統的な法体系の枠組みに裁判所が依拠していることがあげられる。

　憲法を優位とする法体系にあっては、人権の問題は憲法の枠内で論じられ、解決されるものとして扱われる。つまり、裁判所は「国内法さえ見ていればよく」、そしてそのような状況は、「国内法さえ適用していれば間違いない」という意識を司法の場に醸成させることになろう[9]。加えて、そのような状況は、国内法秩序における国際法の立ち位置にも影響を及ぼす。すなわち、条約などの国際法は、国内法秩序において一種の「特別法」の地位に押し込められてしまうことになる。

　もちろん、国内法秩序に受容された条約は、裁判所の判断の中で「参照」という形で適用の方法が担保されている。たとえば**小樽公衆浴場事件札幌地裁判決**[10]では、不法行為の解釈に際して「市民的及び政治的権利に関する国際規約」（B規約）26条と人種差別撤廃条約を参照し、適合解釈を加えている。また、2020年1月に東京高裁が出した難民認定処分取消等請求事件[11]では、日本が

9）宍戸常寿・曽我部真裕ほか『憲法学のゆくえ　諸法との対話で切り拓く新たな地平』（日本評論社、2016年）365頁。

10）札幌地判2002〔平14〕11・11判例時報1806号84頁。この点について、松田浩道「日本の裁判所における国際人権法——国内適用論の再構成」東京大学法科大学院ローレビューvol.5（2010年）148-168頁を参照。

11）東京高判2020〔令2〕1・29判例集未登載。

批准していない無国籍削減条約を国内法の視野に入れた判断が下された。このように、条約や国際人権法を参照した事例は散見されるものの、これらを参照するか否かは裁判所の判断にゆだねられている。

　国際法の適用に消極的という従来の日本の司法の傾向に鑑みれば、事例であげたハーグ条約の例について、この条約を批准していない2012年時点での日本の裁判所は、この条約を判断の考慮に入れる法的義務を負わない。畢竟、同意なく子を連れ去られた父による、ハーグ条約を根拠にした違憲の主張は、裁判所によって無視される可能性が高いということになろう。

（2）条約の精神と日本の国内法の関係の将来的課題

　時として、これまでの伝統的な法律の枠にはとどまらない国際法の動きが見受けられる。特に国際人権法や国際環境法など、近時の問題に焦点をあてた国際法は、必ずしも条約という形を採っていない。むしろ、こうしたいわゆる新しい種類の国際法は、条約成立に至るまでのプロセス（過程）をも、国際法の視座に取り入れている。

　この点をもう少し掘り下げてみていくと、そこに立ち現れる、いわゆる「先進的」な国際法の出発点が問題意識であるということが明らかになる。環境問題や人権問題といったように、出発点の段階では問題の発見とその解決に焦点があてられる。しばしばNGOなどの非政府組織によって提起されるこれらの問題に対し、一部の国家が応答することにより、これらをめぐる議論が国際法の射程に収まることとなる。近時の例では、商業捕鯨の禁止や同性婚の是非をめぐる議論や大量破壊兵器、軍事用無人機の規制、人間の安全保障などがあげられる。もちろん、これらの問題が直ちに条約となることは少なく、議論の途上において、まずは宣言など直接的には法的拘束力をもたない取り決めがなされることが多い。こうした宣言は、世界人権宣言のように後々国際慣習法として国家を拘束することもあれば、あくまでも条約締結に向けての空気を醸成するためのものもあるが、いずれにしても、これらは直接的には国際法となって国家に影響を与えるものではない。そして、こうした宣言は、いうまでもなく、憲法上何らかの影響を直接与えるものではない。

　しかし、こうした宣言に賛同する国が多くなってきた場合、なお伝統的な国際法理解に拘泥し、こうした宣言の効力を顧みずに無視するというのは、果た

して妥当であろうか。更に一歩進んでいうならば、こうした国際的な問題関心の高まりを、判決に盛り込むことは必要なのであろうか。もちろん、憲法学上、この問題に対して、唯一の回答が用意されるわけではない。伝統的な理解に従えば、こうした問題関心は、あくまでも問題関心にとどまり、既存の法律に基づく法律問題とは区別して検討されるべきとなるであろう。しかし、これは一面においては、司法判断が社会問題に対してつねに遅れを取ることを是認するようにも思われる。これまで、こうした問題が裁判で争われた場合、裁判所が正面からこういった問題に取り組むことは非常に稀であった。つまり、国際人権法を参照する場合であっても、それは多くの場合、既に日本が締結した条約の範囲に限られている。それは、憲法学的に、そして国際法学的にも、これまで「正解」とされてきた考え方を踏まえてのことである。しかし、社会問題への対応が従来よりも重要視される現在の社会において、こうした問題意識を完全に無視し続けることは、妥当ではないともいえよう。ハーグ条約との関連でいえば、2012 年の時点で日本は批准していないことから、既に述べたように裁判所はこの条約を判断の考慮に入れなければならない法的な義務は負わない。しかし、条約が掲げる目的は、日本国憲法とも根底で共通するものがある。加えて、1983 年の発効以降、締約国が徐々に増加していったことからも明らかなように、「子の連れ去り」が人権問題にかかわるということは 2012 年の時点で国際社会に共通する認識だったと考えられる。これらの点を考慮に入れると、日本の国内法が射程に収めていない先進的な問題について、国内法の有無にのみ依拠した判断をすることは、拙速とみなされることもあり得るであろう。加えて、子の連れ去り問題の存在を批准前から日本は認識していたのであり、日本が将来的にハーグ条約を批准する可能性は 2012 年の時点で皆無であったとはいえない。批准していないことだけを理由としてハーグ条約を考慮の対象から一切除外することは、批准のタイミングにより法的救済を受けられるか否かを分けることにもなり得る。

　こうした「先進的」な国際法上の問題意識に対し、どのように司法が適合していくべきかという点については、憲法学としても、今後、より精緻な応答をしていく必要がある。

①「人権の国際化」の潮流について、憲法学との関連でどのように考えるべきか。憲法の最高法規性との関連から考察しなさい。

②夫婦同氏を定めている民法 750 条について、女子差別撤廃条約の観点からどのように考えるか。

③伝統的な憲法優位の法秩序という解釈に則った場合、最終的に条約違反になるような問題がある。具体的にどのような問題があるか、検討しなさい。

■文献案内

①条約と国内法（憲法を含む）との関係の伝統的な理解は、宮澤俊義〔芦部信喜補訂〕『全訂　日本国憲法』（日本評論社、1978 年）に示されている。

②国際法の教科書として、小松一郎『実践国際法〔第 2 版〕』（信山社、2015 年）をあげる。

③憲法と条約との関係に関する書籍として、齊藤正彰『国法体系における憲法と条約』（信山社、2002 年）と松田浩道『国際法と憲法秩序：国際規範の実施権限』（東京大学出版会、2020 年）をあげる。

事例 8 法の下の平等原理

X（51歳）の妻Aは、公立中学校の教諭として勤務していたが、公務上の災害により死亡した。Xは、地方公務員災害補償法31条に基づき遺族補償年金の支給を請求したが、妻が死亡した場合の夫の受給資格要件（60歳以上であること）を満たさないとして、Y行政庁は不支給の決定をした。夫が死亡した場合の妻は、年齢に関係なく受給できることになっている。Xは、不支給決定の取消しを求めて提訴したいと考えているが、どのような憲法上の主張が可能か。

1. 憲法14条1項が保障する「平等」とは

(1)「法の下に」の意味

憲法14条1項は、前段ですべての個人が「法の下に平等」であることを宣言し、後段で「人種、信条、性別、社会的身分又は門地」による差別を禁止している。「法の下に」とはどういう意味か、何をもって「平等」というのか、列挙事由以外の事由による差別の場合はどう考えるのか、といった疑問が生ずる。

「法の下に平等」を文字どおりに読めば、ある規範の前においては皆同じ取扱いを受ける、すなわち法を執行し適用する行政権と司法権は国民を差別してはならない、ということになる（法適用の平等）[1]。しかし、法の内容そのものが不平等な場合、いくら平等に適用しても平等な結果が実現されない。したがって、14条は、不平等な取扱いを内容とする法の定立までをも禁止する趣旨と解される（法内容の平等）。日本においては、裁判所に法律の違憲審査権が

1）法適用の平等（立法者非拘束）を唱える代表的論者佐々木惣一は、「法の下に」という言葉は、国民が法の規定の外に立っていることを表すと考え、「平等の取扱を、国家に対して要求する権利」を「法的平等の権利」と称した。この立場は、「平等」を絶対的意味で用いており、後段列挙事由による差別禁止は立法を拘束すると解する。佐々木惣一「法的平等の権利と生活規制無差別の権利」『憲法学論文選（一）』（有斐閣、1956年）115-117頁。

与えられていることからも、このように考えるのが妥当であろう[2]。もっとも、法律の文面上は個人を平等に扱っているが、実態としては不平等が生じている場合もある。たとえば、事例9で扱う夫婦同氏制は、この観点から問題になる。

（2）「平等」の観念

人はそれぞれ、「性別・能力・年齢・財産・職業、または人と人との特別な関係などの種々の事実的・実質的な差異」[3]があり、この差異を無視した取扱いは、かえって不公平となることがある[4]。憲法は、個人を平等に扱うことを求める一方で、個人の尊重を謳っている。一人ひとりの違いを考慮した結果、取扱いに差異が生じることは、必ずしも平等権の侵害ないし平等原則違反にはならない[5]。最高裁は、「〔憲法14条1項は、〕国民に対し絶対的な平等を保障したものではなく、差別すべき合理的理由なくして差別することを禁止している趣旨と解すべき」[6]とする**相対的平等**の考え方を採用している。

「平等」の観念をめぐっては、**機会の平等**か**結果の平等**か、という対立もある。14条は、人格価値の平等の理念に基づいている。このことは、14条が2項において貴族制度を廃止し、3項において栄典に伴う特権的地位や世襲的地位の付与を廃止することにより、生まれや身分に基づく上下関係をなくそうとしたことにも表れている。ここで観念されていたのは、本人の努力を無視した結果の平等ではなく、スタート地点における平等、すなわち機会の平等である。しかし、現実には、家庭の経済的な事情や自身の障がい等により、そうでない者と同じだけの教育の機会を得られない者もいる。男女の役割論に基づき、男性と同じだけの機会を与えられない女性もいる。そこで、機会の平等を実質的に

2）法律に対する信頼の思想の下、裁判所による違憲立法審査権を認めていなかった時代のドイツ憲法学説の影響を、日本の立法者非拘束説は受けている。芦部信喜『憲法学Ⅲ〔増補版〕』（有斐閣、2000年）15頁。

3）同上書・20頁。

4）たとえば、収入の多寡を考慮せずに数量的に同一の税を課すのは、不公平と感じるだろう。累進課税は、この観点から正当化されている。絶対的平等が法上の取扱いの数量的均一を要求するのに対し、相対的平等は各人の事実上の事情と法上の処遇との間の比率の均一を要求する、と説明される。阿部照哉・野中俊彦『現代憲法体系3・平等の権利』（法律文化社、1984年）64-65頁〔阿部照哉執筆〕参照。

5）14条1項を、平等権を保障した規定と捉えるか、平等原則を謳った規定と捉えるかにつき、芦部・前掲書（注2）17-20頁、阿部・野中・前掲書（注4）81-84頁〔阿部照哉執筆〕参照。

6）最大判1964〔昭39〕5・27民集18巻4号676頁（待命処分無効確認事件判決）。

確保するため、国家には、事実上の不平等を除去する積極的格差是正措置（**アファーマティブ・アクション**ないし**ポジティブ・アクション**[7]）が求められるようになる。しかし、手法によっては、いわゆる「逆差別」の問題を生じる。

（3）列挙事由の意義

　憲法 14 条 1 項後段は、「人種、信条、性別、社会的身分及び門地」の五つを差別禁止事由として列挙する。「人種」とは、皮膚の色等を理由とする人類学上の区別で、日本ではアイヌ民族に対する差別が典型例である。在日韓国・朝鮮人に対する差別は国籍に基づくものであり、人種差別とは講学上は区別される。「信条」とは、広くものの見方・考え方を意味し、宗教上の信仰に限らない。「性別」による差別は、身体的性別（sex）だけでなく、性別役割分業など、文化的・社会的なものも含むと解されている[8]。LGBTs[9] の人たちに対する差別を列挙事由に含めるかどうかについての十分な議論はなされていないが、「社会的身分」に含める見解もある[10]。「社会的身分」について、判例は、「人が社会において占める継続的な地位をいう」[11] としている。学説上は被差別部落の出身であることや非嫡出子であることのように出生によって決定されている点を強調する立場と、後天的な地位であっても長期に持続する場合は社会的身分に当たるとする立場がある[12]。「門地」とは、人の出生によって決定される社会的地位のことで、いわゆる「家柄」がこれに当たる[13]。

　それぞれの事由の意義をどう理解するかは、列挙事由に法的な意味を認める

7）内閣府男女共同参画局「ポジティブ・アクション研究会報告書」（2005 年 10 月）は、ポジティブ・アクションを「社会的・構造的な差別によって不利益を被っている集団に対して一定の範囲で特別の機会を提供すること等により、実質的な機会均等を実現することを目的として講じる暫定的な措置」と定義している。

8）只野雅人・松田浩編『現代憲法入門』（法律文化社、2019 年）204 頁〔岩垣真人執筆〕。

9）性的マイノリティの総称として、レズビアン（lesbian）、ゲイ（gay）、バイセクシュアル（bisexual）、トランスジェンダー（transgender）のそれぞれの頭文字をとった LGBT の用語が使われてきた。LGB は、性的指向（Sexual Orientation）に関連し、T は、性自認（Gender Identity）に関連するが、身体的性別が判別し難い者、まだ自分の性的指向や性自認がはっきりしない者など、LGBT 以外の性的マイノリティの人々も存在する。近年では、性的マイノリティの多様性を表すために、LGBTs や LGBTQIA+ も用いられている。

10）渡辺康行ほか『憲法Ⅰ　基本権』（日本評論社、2016 年）136 頁。

11）前掲（註6）判決は、「高令であるということ」は「社会的身分」に当たらないとした。

12）高橋和之『立憲主義と日本国憲法〔第 4 版〕』（有斐閣、2018 年）164 頁参照。

13）芦部・前掲書（註2）47 頁、佐藤幸治『日本国憲法論』（成文堂、2011 年）206 頁参照。

立場からは重要である。判例は、列挙事由は例示列挙であるとの立場（例示列挙説）を示し、列挙事由による差別の場合とそれ以外の事由による差別の場合とで、違憲審査の基本的な判断枠組みを変えていない[14]。これに対して、学説では、列挙事由は、歴史的に根深い差別の要因となってきた事項をあえて具体的に示すことにより、強度の保障を促したものと考える見解（特別意味説）が有力である。この考え方によれば、後段列挙事由による差別は、個人の尊厳の原理に著しく反する点で、原則として不合理であるから、平等原則との適合性は厳格な基準で審査されねばならない[15]。なお、「政治的、経済的又は社会的関係」は、社会に存在するあらゆる関係を網羅していると解されている[16]。

２．違憲判断の方法

（１）基本的な判断枠組み

「合理的な根拠」に基づく別異取扱いは、憲法14条1項に違反しないと解するとしても、「合理的な根拠」の有無をどう判断したらよいだろうか。最高裁が初めて法令違憲判決を下した**尊属殺重罰規定違憲判決**[17]では、別異取扱いを定める法律の立法目的の合理性と、立法目的達成の手段の合理性によって、「合理的な根拠」の有無を判断する手法が採用された。かつての刑法200条は、自分または配偶者の直系尊属（父母・祖父母など縦の血縁関係にある目上の者）を殺した場合の法定刑を「死刑又は無期懲役」と定め、普通殺人罪（199条）[18]と比べ非常に重く処罰していた[19]。多数意見は、「尊属に対す尊重報恩は、社

---

14) 最高裁はかつて、後段列挙事由に基づかない区別に14条は適用されないと解していたが、1950年頃から「合理的な根拠」を欠く区別は14条の平等の原則に違反すると考えるようになった。木村草太『平等なき平等条項論』（東京大学出版会、2008年）28-34頁。

15) 芦部・前掲書（註2）23-24頁。なお、アメリカの判例法理にならい、区別の「疑わしさ」に応じて違憲審査基準を操作する見解が有力である。佐藤・前掲書（註13）208-215頁参照。

16) 髙橋・前掲書（註12）162頁。同趣旨の記述として、阿部・野中・前掲書（註4）45頁。

17) 最大判1973〔昭48〕4・4刑集27巻3号265頁。

18) 当時の法定刑は、「死刑又は無期若しくは3年以上の懲役」であった。2004年の刑法改正により、刑の下限が「5年」に引き上げられた。

19) 最高裁は、長い間、この規定を合憲と判断していた。尊属傷害致死罪（205条2項）の規定が争われた事件で、親子関係は「社会的身分」に該当せず、「夫婦、親子、兄弟等の関係を支配する道徳は、人倫の大本、古今東西を問わず承認せられているところの人類普遍の道徳原理」であるとして、同条を合憲とした（最大判1950〔昭25〕10・11刑集4巻10号2037頁）。これを踏襲し、200条についても合憲判断が下されている（最大判1950〔昭25〕10・25刑集4巻10号2126頁）。

会生活上の基本的道義」であり、このような普遍的倫理を維持することは刑法上の保護に値するとして、尊属殺の場合を特に重く処罰する規定の立法目的の合理性は認めたが、尊属殺に対する刑の加重の程度が死刑または無期懲役のみとしているのは、「立法目的達成の手段として甚だしく均衡を失し、これを正当化しうべき根拠を見出しえない」として、立法目的達成の手段の合理性は否定した[20]。その後の平等原則事案では、立法裁量論が明示的に示され、立法目的の合理的根拠及び区別の内容と立法目的との合理的関連性を審査する手法が定着している[21]。

（2）違憲判断の考慮要素

最高裁の判断枠組みの基本型は、その前提として、立法作用に広い裁量を承認している。そこで、裁量的判断にゆだねられる範囲が不当に拡張しないよう、立法裁量を枠づける手法を合わせて用いる場合がある。**国籍法違憲判決**[22] では、準正子（父の認知と父母の婚姻により嫡出子の身分を取得した子）か非準正子かという事柄によって、日本国籍を取得できるか否かという区別を生じさせていた国籍法旧3条1項の規定が憲法14条1項に違反すると判断された。この判決は、区別を生じさせている事柄（区別の事由）が、子が自らの意思や努力では変えることのできない事柄であること、区別がなされている権利・利益（区別の対象）が、「日本国籍」という基本的人権の保障等を受ける上で意味をもつ重大な法的地位であることを、重要な要素として考慮し、裁量審査の審査密度を深めている。

同じく嫡出子か否かという事柄によって法定相続分を区別していた民法旧900条4号ただし書を違憲と判断した2013年の**非摘出子法定相続分規定違憲決定**[23] においても、子が自ら選択・修正する余地のない事柄を理由として子に不利益を及ぼすことは許されない、と判示している。

---

20) 尊属殺人と普通殺人を区別すること自体が民主主義の根本理念である個人の尊厳と人格価値の平等に反して違憲とする田中二郎裁判官の意見、司法の謙抑と立法府の判断の尊重に言及し、目的・手段ともに合理的根拠を認めた下田武三裁判官の反対意見等がある。
21) 渡辺ほか・前掲書（註10）142頁以下では、立法府の裁量を、「政策的・技術的」な裁量と「制度形成・制度構築」に関する裁量に二分して、判例を整理している。
22) 最大判2008〔平20〕6・4民集62巻6号1367頁。
23) 最大判2013〔平25〕9・4民集67巻6号1320頁。

3. 平等原則から導かれる要請

(1) 間接差別の禁止

　近年、とりわけ性差別の問題の中で、「**間接差別**」が認識されるようになってきた。「間接差別」とは、外形上は中立的な規定、基準、慣行等が、ある属性の者に、他の属性の者との比較において、相当程度の不利益を与え得る場合であって、当該規定等に合理的な理由が認められないものをいう[24]。市の職員の採用に当たり、「身長が 160cm 以上であること」を条件とするような場合がこれに当たる。男女雇用機会均等法は、合理的な理由のない「実質的に性別を理由とする差別となるおそれがある措置」を禁じている（7 条）。平等原則の要請には、直接差別の禁止のみならず、間接差別の禁止も含まれる。

(2) 差別禁止と合理的配慮の提供義務

　差別禁止の要求は、ある特定の人種・宗教・性に対して不利益を与えるような差別的取扱いないし差別的効果を回避するための措置をも要求することがある[25]。たとえば、フランスでは、職場で就業時間中に祈りの時間を設けること、ラマダンの期間中はベルトコンベアの速度を遅くすること等、ある人種や民族の宗教的実践にかかわる主張が認められるようになっている[26]。

　日本では、2016 年施行の障害差別解消法に**合理的配慮**に関する規定が盛り込まれたことで、行政機関、事業者、学校等に合理的配慮の考え方が普及しつつある。地裁レベルでは、障害者に対する勤務配慮の打ち切りが、法の下の平等の趣旨に反して、公序良俗ないし信義則に反すると判断された事例がある[27]。

---

24) 厚生労働省「男女雇用機会均等政策研究会報告書」（2004 年 6 月）参照。この報告書においては、性差別の文脈で間接差別を定義している。その他、2002 年に改正された EU の男女平等待遇指令（Directive 2002/73/EC, [2002]OJ L269/15）も参照した。

25) 浅倉むつ子・西原博史編著『平等権と社会的排除』（成文堂、2017 年）88-90 頁は、直接差別を差別的取扱いの問題、間接差別を差別的効果の問題として整理している〔植木淳執筆〕。

26) 鈴木尊紘「フランスにおける差別禁止法及び差別防止機構法制」外国の立法 242 号（2009 年）45 頁参照。

27) 神戸地決 2012〔平 24〕4・9 判例タイムズ 1380 号 110 頁。障害差別禁止法施行前の教育現場における重要判例として、神戸地判 1992〔平 4〕3・13 行集 43 巻 3 号 309 頁がある。神戸地裁は、憲法 14 条違反を正面から論じてはいないが、障害を有する学生が在籍する場合に要求される「配慮」に言及しており、合理的配慮の理念が現れたものといえる。

■文献案内

①判例理論における「〈合理的根拠〉要請」の概念のあいまいさと「〈差別〉概念の不在」を
　指摘する、木村草太『平等なき平等条項論──equal protection 条項と憲法 14 条 1 項』
　（東京大学出版会、2008 年）は、憲法 14 条 1 項の前段と後段をどう理解するか、とい
　う点においても示唆に富む。

②辻村みよ子『ポジティヴ・アクション──「法による平等」の技法』（岩波書店、2011 年）
　は、ポジティブ・アクションの導入について各国の状況を紹介することで、日本が取り得
　る選択肢の可能性を展開している。

③立法裁量と違憲立法審査権の関係は、平等原則に関する判例においても重要なテーマの一
　つといえる。元最高裁判所裁判官はこう見ている。千葉勝美『憲法判例と裁判官の視線
　──その先に見ていた世界』（有斐閣、2019 年）69-94 頁。

事例 9　法の下の平等と民法家族法

　Xは、日本人Aと婚姻し、婚姻届の様式に従い、Aの氏を選択した。外国人Cと婚姻したXの友人Bは、もとの氏を名乗り続けることができており、届出をすればCの氏に変更することもできるという（戸籍法107条2項）。Xは、自分の氏を変更せざるを得なかったことに深い喪失感をもつとともに、社会的地位まで失うのではないかとの大きな不安に苛まれている。誰と結婚するかによって取扱いが変わるのにも納得できない。Xは、国家賠償訴訟を提起したいと考えているが、この訴訟において、どのような憲法上の主張が可能だろうか。

1．憲法24条と家族

（1）「家」制度の廃止

　憲法24条は、1項で、「婚姻は、両性の合意のみに基づいて成立」すること、「夫婦が同等の権利」を有し、相互に協力しながら夫婦関係を維持しなければならないことを規定し、2項では、「個人の尊厳と**両性の本質的平等**」に立脚して家族関係法が制定されなければならない旨を宣言している。これらの規定を受けて、明治民法[1]の家族法が全面的に改正された。とりわけ、「家」制度の廃止に憲法が与えた影響は大きい。①夫婦における夫の支配、②親子間における親の支配、③「**戸主**」による「家族」の支配[2]が、少なくとも法文上は克服された[3]。日本国憲法には現れる「家族」という言葉が、現行民法典から消

1）いわゆる民法典論争が起こり、1896年と1898年に、旧民法典を修正した新たな民法典が制定された。「総則」「物権」「債権」から構成される前3編は効力を有したまま今日に至っているが、「親族」「相続」に関する後2編（家族法）は、戦後全面的に改正された。現行の後2編と区別するために、改正前の民法典を「明治民法」と呼んでいる。大村淳志『家族法〔第3版〕』（有斐閣、2010年）17頁参照。なお、2017年5月26日に、「民法の一部を改正する法律」が成立し、2020年4月1日から施行されている。これにより、「総則」と「債権」も大きく見直されることとなった。

2）明治民法732条は、「戸主ノ親族ニシテ其家ニ在ル者及ヒ其配偶者ハ之ヲ家族トス」と定め、「家」を構成する概念として「戸主」と「家族」を置いていた。

3）三つの分類は、毛利透・小泉良幸ほか『憲法II　人権〔第2版〕』（有斐閣、2017年）91-93頁〔淺野博宜執筆〕参照。

失したのは、「家」制度の復活に対する配慮とも考えられている[4]。

（2）憲法24条に込められた願い

　憲法24条のもとになったGHQ草案23条を起草したのは、当時22歳のベアテ・シロタ・ゴードン[5] である。GHQ民政局に民間人要員として雇用され、人権条項を起草する人権小委員会のメンバーに就任した。「各国の憲法を読みながら、日本の女性が幸せになるには、何が一番大事かを考えた」[6] というシロタの草案は、財産権・家族関係・職業上の地位及び賃金における男女平等の規定のほか、妊婦及び幼児をもつ母親（既婚・未婚を問わない）に対する国の保護、非嫡出子に対する法的差別の禁止と権利の保障、養子をとる際の夫婦の合意、長男の単独相続権の廃止、望ましい教育のあり方、児童の医療費の無償、若年労働と搾取の禁止、社会保険制度と多岐にわたるものであった。シロタ草案の大部分は運営委員会との会合において削除され、24条、25条及び27条の基礎となった部分が残った[7]。

　社会の最も小さな単位である「家庭」における「男女平等」を謳うことによって、女性を「個人」として析出しようとしたシロタの胸中に思いを致すとき、24条は、男性であろうとなかろうと、嫡出子であろうとなかろうと、婚姻していようがいまいが、すべての人が個人として尊重されることの帰結として、法的に平等に扱われるべきであることを訴えているように思われる[8]。もっとも、こうした考え方が、24条固有の意味を見えにくくしていることも

4）大村・前掲書（註1）23頁。
5）1923年ウィーン生まれ。父レオ・シロタが東京音楽学校のピアノ教授に就任するに伴い、5歳からの10年間を日本で過ごしたのち、サンフランシスコに留学。民政局では、日本国憲法草案作成に携わるほか、日本政府とGHQ民政局の対訳会議に通訳として参加した。ベアテ・シロタ・ゴードン〔平岡磨紀子編〕『1945年のクリスマス：日本国憲法に「男女平等」を書いた女性の自伝』（朝日新聞出版、2016年）390頁以下年譜参照。
6）同上書・182頁。
7）マッカーサー草案にまで残り、24条の基礎となった部分を引用する。
　「家庭は、人類社会の基礎であり、その伝統は、善しにつけ悪しきにつけ国全体に浸透する。それ故、婚姻と家庭とは、法の保護を受ける。婚姻と家庭とは、両性が法律的にも社会的にも平等であることは当然であるとの考えに基礎をおき、親の強制ではなく相互の合意に基づき、かつ男性の支配ではなく両性の協力に基づくべきことを、ここに定める。
　これらの原理に反する法律は廃止され、それに代わって、配偶者の選択、財産権、相続、本居の選択、離婚並びに婚姻および家庭に関するその他の事項を、個人の尊厳と両性の本質的平等の見地に立って定める法律が制定されるべきである。」同上書・184-185頁。

確かである。家族とは何か、夫婦とは、親子とは、男とは、女とは……婚姻や家族のあり方が多様化しているといわれる今、「憲法における『家族』の位置づけ」を改めて考えることが求められている。

2．法文上の不平等

（1）「男」と「女」――再婚禁止期間一部違憲判決

家族法では、婚姻適齢を定める731条と**再婚禁止期間**を定める733条に「女」という言葉が使われており、「男女の区別」によって、法的に異なる取扱いがなされている。婚姻適齢に関しては、男女ともに18歳に統一する法律が制定され[9]、平等原則違反の疑いは解消された[10]。再婚禁止期間に関しては、性別に基づく別異取扱いの合憲性が争われた事案があるので、簡単に紹介する。

旧733条1項は、「女は、前婚の解消又は取消の日から六箇月を経過した後でなければ、再婚をすることができない。」と規定していた。最高裁は、本規定は、婚姻に対する直接的な制約に当たるとした上で、本規定の立法目的は「父性の推定の重複を回避」することであり、父子関係の推定に関する民法772条[11]との関係では、100日の再婚禁止期間を設けることで立法目的を達成できるため、それを超過する部分は14条1項及び24条1項に違反するとした[12]。本判決は、24条についての実体判断が下された点においても、注目に値する[13]。

8）榎透「日本国憲法における同性婚の位置」専修法学論集135巻（2019年）38頁以下では、24条、14条1項、13条の三者関係に関する学説が整理されている。また、阿部照哉・野中俊彦『現代憲法体系3・平等の権利』（法律文化社、1984年）44頁においては、『『法の下の平等』は、すべての人が平等の尊厳を有し、個人として尊重されること（13条）からの帰結を示したもの」との見解が示されている。

9）2016年6月13日成立。成年年齢を20歳から18歳に引き下げ、婚姻適齢を成年年齢に統一。2022年4月1日施行。

10）婚姻の自由と自己決定権に対する国家の不合理な介入は許されない、と考える立場からは、婚姻適齢そのものの合理性が問われる。この点につき、辻村みよ子『憲法と家族』（日本加除出版、2016年）132頁参照。

11）「結婚後200日を経過した後に生まれた子または離婚後300日以内に生まれた子」（＝A）は、「婚姻中に妊娠した子」と推定され（一段階目の推定）、妻が「婚姻中に妊娠した子」は「夫の子」と推定される（二段階目の推定）結果、Aは「夫の子」と推定される、いわゆる二段の推定を規定した条文。

（2）「嫡出である子」と「嫡出でない子」——非嫡出子法定相続分規定違憲決定

　家族法におけるもう一つの法文上明らかな区別は、「嫡出である子」（嫡出子、法律婚をした夫婦から生まれた子）と「嫡出でない子」（非嫡出子、いわゆる婚外子）の区別である。「家」制度とは別の事柄と考えられ、戦後の民法改正によっては廃止されなかった[14]。旧民法900条4号但書きは、法定相続分につき、「嫡出でない子の相続分は、嫡出である子の相続分の二分の一」と定めていたところ、この規定の憲法適合性が問題となった。最高裁は、1995年決定[15]では、合憲判断を下したが、2013年決定[16]では、違憲判断を下している。1995年決定は、相続制度をどう定めるかは立法府の合理的な裁量にゆだねられるとした上で、法定相続分についての定めは遺言による相続分の指定等がない場合において補充的に機能すること、**法律婚主義**と一夫一妻制を採用している現行民法のもとで嫡出子と非嫡出子の区別が生じるのはやむを得ないこと、相続制度は法律婚の尊重と非嫡出子の保護の調整を図ったものであることに言及し、法定相続分の区別は裁量判断の限界を超えるものではない、とした。5人の反対意見は、差別の合理性の判断が、「婚姻家族に属するか否かという属性」と「被相続人の子供としては平等であるという個人としての立場」のいずれを重視すべきかにかかっている本件は、より厳格な判断を要すると指摘している。

　2013年決定は、判断枠組みそのものは維持しながらも、婚姻や家族のあり方の多様化、これに対する国民意識の変化、諸外国の法制の変化、2008年の国籍法違憲判決等、種々の事柄の変遷の中で「家族という共同体の中における個人の尊重」が明確に認識され、「子を個人として尊重し、その権利を保障すべき」という考え方が確立されてきていることを総合的に考慮すれば、遅くとも相続が開始した2001年7月には、法定相続分を区別する合理的な根拠は失

---

12) 最大判 2015〔平 27〕12・16 民集 69 巻 8 号 2427 頁。ただし、立法不作為の違法を理由とする国家賠償請求については、国会が本規定を改廃しなかったことが直ちに国賠法上違法となる例外的な場合に当たると解する余地はないとして立法不作為の違法性を否定した 1995 年判決（最判 1995〔平 7〕12・5 判例時報 1563 号 81 頁）に照らして、請求を棄却。

13) 白水隆『平等権解釈の新展開——同性婚の保障と間接差別の是正に向けて』（三省堂、2020 年）97-98 頁参照。

14) 毛利・小泉ほか・前掲書（註 3）96 頁〔淺野博宣執筆〕。

15) 最大決 1995〔平 7〕7・5 民集 49 巻 7 号 1789 頁。

16) 最大決 2013〔平 25〕9・4 民集 67 巻 6 号 1320 頁。

われるに至っていたと判断した。

3. 社会の中の不平等

（1）夫婦同氏制の合憲性

　差別的取扱いは、法文上に限らない。実社会に目を向けると、法文上は平等に見えても、実態は不平等の疑いがあるということが少なくない。2015 年、最高裁は、**夫婦同氏制**を定める民法 750 条の合憲性について、①氏には「社会の構成要素である家族の呼称としての意義」があり、「婚姻を含めた身分関係の変動に伴って改められることがあり得ることは、その性質上予定されている」から、「氏の変更を強制されない自由」は、憲法上の権利として保障される人格権の一内容とはいえず、本規定は憲法 13 条に違反しない、②本規定は、「夫婦がいずれの氏を称するかを夫婦となろうとする者の間の協議に委ねて」おり、「その文言上性別に基づく法的な差別的取扱いを定めているわけではなく」、「夫婦同氏制それ自体に男女間の形式的な不平等が存在するわけではない」ので、憲法 14 条 1 項に違反しない、③本件規定は、婚姻に対する直接の制約には当たらないこと、夫婦と子が同じ氏を称することで、彼らが家族という一集団の構成員であることが公示・識別されることには一定の利益と意義があること、婚姻に伴う氏の変更で被るアイデンティティの喪失感や婚姻前に形成した社会的信用等の維持の困難という不利益は、婚姻前の氏の通称使用で一定程度緩和されること等を総合考慮して本規定は憲法 24 条に違反しない、と判示した [17]。

　これはあくまで、「夫婦同氏制」についての合憲判断であり、「夫婦別氏を希望する者にこれを可能とするいわゆる**選択的夫婦別氏制**」に「合理性がないと断ずるものではない」。判例は、婚姻制度の設計に関して国会に与えられた裁量の限界を画する指針として、①憲法上直接保障された権利とまではいえない人格的利益（婚姻前に築いた個人の信用、評価、名誉感情等を婚姻後も維持する利益等）の尊重、②両性の実質的な平等の保持（社会に存する差別的な意識や慣習が夫婦の氏の選択に与える影響の排除 [18]）、③婚姻制度の内容が婚姻に与える事

17）最大判 2015〔平 27〕12・16 民集 69 巻 8 号 2586 頁。

実上不当な制約の排除への十分な配慮を示している[19]。

（2）同性婚

同性婚については、明文の規定が存在しない。より正確には、「性別を異にする者としか婚姻をすることができない」など、婚姻の成立要件として積極的な規定があるわけではない。「両性の合意」（憲法24条2項）、「男」「女」（民法731条）、「夫婦」「夫」「妻」（同750条ほか）という表現[20]が、婚姻の当事者は性別を異にすることを前提としている、との解釈につながり、戸籍実務上は同性婚が認められていない。憲法24条についていえば、この規定の主眼が、婚姻についての第三者介入や男性支配の排除にあるとすれば、「両性」の文言から直ちに「同性婚の禁止」を導くのは早計であろう[21]。

渋谷区に始まった**パートナーシップ制度**の広がりは、多様性の尊重に対する市民の理解と事業者等による平等な取扱いを促す点において評価できる。しかし、性的指向の違いによって法律婚をできるかどうかについての別異取扱いを受けている人々がいる現状を、このような制度の存在によって正当化してはならない。「婚姻の平等」を主張して2019年2月14日に13組の同性カップルが一斉に提起した「婚姻の自由をすべての人に」訴訟の行方が注視される[22]。

（3）性同一性障害特例法

2003年、性同一性障害者性別取扱特例法が成立し、一定の要件を満たせば、戸籍等における性別の取扱いの変更を家庭裁判所に申し立てることが可能になった。法律制定以前、裁判所は、性転換手術を受けた性同一性障害者の戸籍の性別表記の訂正を認めない態度をとっていたが[23]、当事者の声が国会に届き、

18）形式的には平等な規定にもかかわらず、96%の多数が夫の氏を称している実態をどう評価するかにかかわる問題である。本判決の岡部喜代子裁判官の意見参照。このような実態を「社会構造に依拠した間接差別構造」と評価する見解として、浅倉むつ子・西原博史編著『平等権と社会的排除——人権と差別禁止法理の過去・現在・未来』（成文堂、2017年）106頁〔杉山有沙執筆〕。

19）駒村圭吾「29 夫婦同氏制の合憲性」憲法判例百選Ⅰ〔第7版〕（2019年）66-67頁参照。

20）2022年4月1日に施行される改正法では、「男」「女」の用語が削除され、「婚姻は、18歳にならなければ、することができない」と規定されている。

21）憲法24条と同性婚について学説を整理したものとして、榎・前掲論文（註8）23-27頁。

22）EMA日本「世界の同性婚」によれば、2020年4月現在、27の国で同性婚が合法化されている。アメリカ連邦最高裁判所が同性婚を認めたObergefell事件判決について、根本猛「同性婚とアメリカ合衆国憲法」静岡法務雑誌8号（2016年）5-37頁参照。

23）名古屋高決1979〔昭54〕11・8判例時報955号77頁、東京高決2000〔平12〕2・9判例時報1718号82頁参照。

議員立法として成立した。しかし、その要件が新たな論争を生じている[24]。

```
┌─────────────────────────────────────────────────────────────┐
  ┌──────────────────┐
  │  ステップアップ  │
  └──────────────────┘
  ① 2015 年 12 月 16 日に出された二つの大法廷判決は、憲法 24 条 1 項・2 項につ
     いて、それぞれどのような理解を示しているだろうか。
  ② 1947 年民法改正時から現在に至るまでの間に、「家族という共同体の中におけ
     る個人の尊重」についての考え方はどのように変化してきただろうか。
  ③ 性同一性障害特例法における生殖能力要件や外性器の形状にかかる要件につい
     て、憲法 13 条・14 条 1 項に照らしてどのように考えたらよいだろうか。
└─────────────────────────────────────────────────────────────┘
```

■文献案内

①辻村みよ子『憲法と家族』（日本加除出版、2016 年）は、家族をめぐる諸問題を、憲法学、比較憲法学及びジェンダー法学の視点から多角的に捉えている。

②白水隆『平等権解釈の新展開——同性婚の保障と間接差別の是正に向けて』（三省堂、2020 年）は、日本国憲法における同性婚の位置づけのみならず、憲法の平等権概念における間接差別の位置づけに関する理解の一助になる。

③性同一性障害特例法の問題点に関しては、大沢秀介・葛西まゆこほか編『憲法 .com』（成文堂、2010 年）105-118 頁〔齊藤笑美子執筆〕が参考になる。特例法の制定過程や取扱い実務につき、針間克己・大島俊之ほか『性同一性障害と戸籍〔増補改訂版〕』（緑風出版、2013 年）が資料も豊富でわかりやすい。

---

24) 最決 2019〔平 31〕1・23 判例時報 2421 号 4 頁についての評釈として、木村草太「性同一性障害特例法の生殖能力要件の合憲性」法律時報 91 巻 5 号（2019 年）4-6 頁参照。

事例 **10** 　**内心の自由**

　X は音楽の臨時講師として A 市立の B 中学校に任用された。任用期間は 1 年間で、勤務成績などに基づき再任され得るというものであった。

　X は着任前の 3 月に B 中学校の C 校長から職務内容について説明を受けた際、4 月の入学式で国歌（「君が代」）斉唱の際にピアノ伴奏をするよう求められた。しかし、X は「『君が代』には戦前・戦中に国威発揚に利用された経緯がある。そのことを生徒に適切に教えることなく起立斉唱を指導することは、教育上望ましくない」という理由でピアノ伴奏はできないと断わった。これに対し C 校長は、国旗・国歌法において「君が代」が国歌として定められていること、教育基本法 2 条 5 号及び学校教育法 21 条 3 号においても愛国心の涵養が教育の目標として掲げられていることなどを説明し、何とか X を説得しようとしたが、最後まで X は受け入れなかった。その後 X は C 校長から職務命令である旨を告げられた上で、入学式の「君が代」斉唱の際にピアノ伴奏を行うよう指示された。しかし、X が入学式の「君が代」斉唱の際にピアノ伴奏をしなかったことから、入学式では校長が準備していた CD の再生により「君が代」斉唱が行われた（その際、特に混乱はなかった）。

　そこで、X に対する処分権を有する Y（A 市教育委員会）は、X が C 校長の職務命令に従わなかった行為が地方公務員法 32 条及び 33 条に違反するとして、同法 29 条 1 項 1 号ないし 3 号により戒告処分を行った。X はこれを受け入れ、そのまま B 中学校で音楽の臨時講師として勤務を続けた。上記の入学式を除き、普段の授業などで X の勤務態度に特に問題はみられなかった。

　そして翌年 3 月、X は再任を希望していたが、上記の戒告処分を受けたことを理由に再任されない旨を Y から説明された。一方、X と同時期に任用されたほかの臨時講師は全員再任された。

　Y に対し、X は自身の再任を求めて訴訟を提起した。X と Y はそれぞれどのような主張ができるであろうか。

1．内心の自由に関する判例・学説

憲法19条は「**思想・良心の自由**」（以下「内心の自由」と呼ぶ）を保障している。これに関する日本の判例・学説をまとめると以下のようになるだろう。

（1）精神的自由における内心の自由の位置

精神的自由において、内心の自由は内面的な精神活動を一般的に保障し、他方で表現の自由（21条）は外面的な精神活動を一般的に保障している[1]。よって、両者によって精神活動全体がひとまず保障されているといえる。他方、信教の自由（20条）は精神的自由のうち信教にかかわる内面的・外面的精神活動を特に保障し、学問の自由（23条）は学問にかかわる内面的・外面的精神活動を特に保障すると解される[2]。

内心の自由に関連する憲法の条文の書きぶりや構成は、各国の歴史的・宗教的背景の影響を受けることが多い。たとえば、日本のように憲法で内心の自由に関する独立した条文を置くケースは珍しく、西欧の憲法では信教の自由や表現の自由の条文によって内心の自由もカバーすることが多いとされる[3]。

（2）思想・良心とは何か

おおむね「思想」は論理的な思考を、「良心」は倫理的な考え方を意味すると解されるが、あえて両者を分けて定義する実益はない（したがって思想・良心をまとめて「内心」と呼ぶことが多い）[4]。内心の範囲については広く保障を及ぼす**内心説**（広義説）と保障範囲を限定する**信条説**（狭義説）があるが、謝罪広告事件[5]から判断すると最高裁は基本的に信条説に立っているものと解される（ただし両説の差は必ずしも大きくはないとの指摘もある[6]）。

なお、事実に関する知識（犯罪の真相など）は内心に含まれないと判断されることが多い。このような知識の告白の強制は内心の自由ではなく、自己負罪拒否特権（38条1項）[7]、報道の自由に由来する取材源秘匿（21条1項）[8]、消

1）渋谷秀樹・赤坂正浩『憲法1〔第7版〕』（有斐閣、2019年）143頁。
2）精神的自由の保障に関する概念図として参照、渋谷・赤坂・同上書・144頁。
3）毛利透・小泉良幸ほか『憲法II〔第2版〕』（有斐閣、2017年）134頁、芦部信喜『憲法学III〔増補版〕』（有斐閣、2000年）98-99頁。
4）高橋和之『立憲主義と日本国憲法〔第4版〕』（有斐閣、2017年）183頁。
5）最大判1956〔昭31〕7・4民集10巻7号785頁。
6）芦部・前掲書（註3）103-104頁、毛利・小泉ほか・前掲書（註3）137頁など。
7）渋谷・赤坂・前掲書（註1）142頁。

極的表現の自由（同）[9]などの諸権利でカバーされると解されている[10]。

（3）内心の自由の保障内容は何か

（あるいは、何をすれば内心の自由を侵害することになるのか）

しばしば「内心の自由は絶対的に保障される」といういい方がされる。しかしよく考えると、その人の内心を外部から直接知ることはできないし（当の本人ですら自分の内心を理解しているか疑わしい）、何か装置などを使って内心を操作することも容易ではない（ただし、技術の発達によりその危険性は高まっている[11]）。また、そもそも人が内心で何かを考えるだけであれば他人や社会に害を及ぼすこともないので、国家が内心を侵害する動機は生じにくい。そうすると内心の自由の保障規定を置くことは無意味ということになりかねない[12]。

内心のこのような性質を踏まえ、内面的精神活動の領域のみならず、外面的精神活動の領域においても（あるいは、むしろ外面的精神活動の領域においてこそ）内心の自由侵害が問われる、と一般的な学説は解しているといえよう。もちろん、その場合は内心の自由ではなく表現の自由などの問題として処理することもできる。だが、多くの学説はそこまで割り切っておらず、そのうちの一定の問題に関しては、内心の自由の問題として取り扱っており[13]、ここに内心の自由という問題の難しさが生じる原因があるといってよいだろう。

以上のような内面的精神活動の性質を踏まえ、内心の自由の侵害の形態として、主に学説は次の四つの類型を想定してきたと整理できる[14]。

①内心を理由に不利益を加えること

②内心の告白を強制すること

③内心の操作・洗脳を行うこと

④内心に反する行為を強制すること

8）佐藤幸治『日本国憲法論』（成文堂、2011 年）220 頁。
9）毛利・小泉ほか・前掲書（註3）138 頁・153 頁。
10）ただし、マッカーシズムのような状況下では事実の告白の強制も良心の自由への侵害となり得るという指摘もある。高橋・前掲書（註4）188 頁。また、毛利・小泉ほか・前掲書（註3）138 頁。
11）松井茂記『日本国憲法〔第3版〕』（有斐閣、2007 年）423-424 頁。
12）毛利・小泉ほか・前掲書（註3）138 頁。
13）高橋・前掲書（註4）182 頁。
14）渡辺康行ほか『憲法Ⅰ 基本権』（日本評論社、2016 年）163 頁。また、毛利・小泉ほか・前掲書（註3）141-155 頁も参照。

①の典型例は、戦後直後の日本で実施された**レッドパージ**である。共産主義者であることを理由に多くの人が官公庁や会社から追放された[15]。

　②は「**沈黙の自由**」とも呼ばれる。典型例は、江戸時代に隠れキリシタンを発見するために行われた「**踏み絵**」である。現代では会社が入社希望者[16]や社員[17]の思想を調査した事件などがある。

　③の例として特定の思想を学校などで繰り返し教え込むといったことがあげられる[18]。

　④を19条の保障の対象にするかどうかに関しては慎重な意見もある[19]。最高裁も近年までこの点について正面から明言したことはなかった[20]。海外では信仰を理由とする**良心的兵役拒否**が憲法で一定承認されてきたものの[21]、日本の学説では、自分の意に反する行為を強制されない自由を認めてしまうと社会秩序が崩壊しかねないという問題が指摘されてきた[22]。

　しかし近年の判例・学説では、④の取扱いに関し変化が生じている。まず、公立小学校の卒業式における「君が代」のピアノ伴奏をせよという校長の職務命令を拒否したことを理由に、音楽教員が懲戒処分を受けた「君が代」ピアノ伴奏拒否事件[23]において、法廷意見は明確な判断を示さなかったものの、藤田反対意見はその可能性を主張した。そして、その後の一連の「君が代」起立斉唱拒否事件[24]では、起立斉唱の強制は教職員の内心を直接的に制約するも

15）最大決 1952〔昭 27〕4・2 民集 6 巻 4 号 387 頁、最判 1955〔昭 30〕11・22 民集 9 巻 12 号 1793 頁など。
16）最大判 1973〔昭 48〕12・12 民集 27 巻 11 号 1536 頁。
17）最判 1988〔昭 63〕2・5 労働判例 512 号 12 頁。
18）いわゆる「囚われの聴衆」（captive audience）や「政府言論」（government speech）といった問題として議論されている。高橋・前掲書（註 4）188-189 頁、渋谷・赤坂・前掲書（註 1）137 頁、毛利・小泉ほか・前掲書（註 3）142-143 頁。
19）小嶋和司『憲法概説〔復刻版〕』（信山社、2004 年）188-189 頁。
20）ただし、前述の謝罪広告事件（註 5）や南九州税理士会事件（最判 1996〔平 8〕3・19 民集 50 巻 3 号 615 頁）、群馬司法書士会事件（最判 2002〔平 14〕4・25 判例時報 1785 号 31 頁）などでは、実質的にこの類型の内心の自由侵害が問われていたといえる。また、麹町中学内申書事件（最判 1988〔昭 63〕7・15 判例時報 1287 号 65 頁）では、外部的行為を内申書に記載することで、内心に基づく外部的行為を結果的に抑止・制限することの是非が問われていたといえる。
21）毛利・小泉ほか・前掲書（註 3）139-140 頁。
22）佐藤・前掲書（註 8）222 頁。毛利・小泉ほか・前掲書（註 3）145-146 頁も参照。
23）最判 2007〔平 19〕2・27 民集 61 巻 1 号 291 頁。
24）最判 2011〔平 23〕5・30 民集 65 巻 4 号 1780 頁、最判 2011〔平 23〕6・6 民集 65 巻 4 号 1855 頁、最判 2011〔平 23〕6・14 民集 65 巻 4 号 2148 頁など。

のではないが、間接的な制約に該当することが認められるに至った[25]。これは重要な変化といえる。ただし「**間接的制約**」に関する合憲性審査が適切かという問題や、どのような場合であれば「**直接的制約**」になるのかといった問題は依然残されている[26]。なお、起立斉唱拒否事件の諸判決は、起立斉唱の義務づけ自体は合憲としつつも、正面からの憲法論ではなく行政法の裁量統制論の形をとって処分の違法性を審査している点が特徴といえる[27]。

2. 事例の検討

　今回の事例は、既に最高裁判決が出されている複数の事件をもとに作成した。その一つは前述の「君が代」ピアノ伴奏拒否事件である。もう一つは、公立学校の卒入学式において「君が代」の起立斉唱をせよという校長の職務命令を拒否したことを理由に懲戒処分を受け、その結果、定年後の教員が再雇用を拒否された事件である（再雇用拒否事件）[28]。いずれの事件でも、原告である教員側は、職務命令が憲法違反であること、そして懲戒処分や再雇用拒否といった不利益処分の取消しを主張した。しかし最高裁はいずれの事件でも原告側の訴えを退けている。その意味では既に決着がついた事例のように思われるかもしれない。だが、本事例に関しては以下の2点を検討してみてほしい。

　第一に、「君が代」の起立斉唱拒否とピアノ伴奏拒否では、憲法上の保護にどのような差があるのか。これまでの最高裁判決では、式典での「君が代」のピアノ伴奏は音楽教員に「通常想定され期待される」行為であり[29]、また「君が代」という「対象への敬意という要素は希薄」と評価されている[30]のに対

---

25) 横田守弘「国旗国歌訴訟の一断面」西南学院大学法学論集49巻2・3号（2017年）77頁以下で多くの判決が整理・分析されている。

26) 渡辺康行『「内心の自由」の法理』（岩波書店、2019年）176-179頁、毛利・小泉ほか・前掲書（註3）147-150頁など。

27) 実質的にはある種の憲法判断ともいえるが、正面から処分の違憲性を判断すると最高裁大法廷での判断が必要となり得るため（裁判所法10条1号）、裁量統制の形をとっている可能性がある。このような判断手法に関しては、宍戸常寿『憲法　解釈論の応用と展開〔第2版〕』（日本評論社、2014年）312-314頁を参照。

28) 最判2011〔平23〕5・30民集65巻4号1780頁（この一連の事件を「第一次訴訟」と呼ぶ）、最判2018〔平30〕7・19判例時報2396号55頁（この一連の事件を「第二次訴訟」と呼ぶ）。

29) ピアノ伴奏拒否事件の法廷意見（民集61巻1号294頁）。

30) 上述（註24）の最判2011〔平23〕6・14における大谷補足意見など。

し、起立斉唱は一般の教員にとってそのような行為とはいえないと評価されているように思われる。だが本当にそう結論づけてよいか。

　第二に、原告Xが受けた不利益は懲戒処分歴を理由とした再任拒否であり、再雇用拒否との違いを検討する必要がある。まず再雇用拒否に関して考えてみると、第一次訴訟の第一審、第二次訴訟の第一審・控訴審は、希望者のほとんどが再雇用を認められていること、再雇用制度には年金の受給年齢引き上げに伴う生活保障の趣旨があったことなどの事情を踏まえて教育委員会の裁量を限定し、原告勝訴を導いている。他方、第一次訴訟の控訴審・上告審、第二次訴訟の上告審は、上記の事情を重視せずに教育委員会に広い裁量を認め、原告敗訴を言い渡している。他方、本件の再任拒否はどうだろうか。同時期に任用された他の臨時講師は全員再任されたという事情や、Aにとっての臨時講師の賃金の重要性、そして今後のキャリアパスにとっての臨時講師の経験の重要性などを考えてみてほしい[31]。

> ### ステップアップ
>
> ①公立学校の生徒が「君が代」の起立斉唱を行わなかった事実を、教員が内申書に記載することには憲法上どのような問題があるか考えてみよう。
>
> ②公立学校における「君が代」ピアノ伴奏や起立斉唱の実施が、教職員や生徒の内心に対する直接的制約になるのはどのような場合か考えてみよう。

---

31) この点は、民間企業でいえば「期間の定めのある雇用」（いわゆる契約社員などの非正規労働者）の雇い止めと、定年後の再雇用（ないし雇用延長）拒否という、労働法にかかわる問題でもある。民間企業での雇用に関する法制度と判例については、水町勇一郎『労働法〔第8版〕』（有斐閣、2020年）174-176頁・314-318頁などを参照。

■文献案内

①注目すべき近年の学説として、「思想」と「良心」を区別し、それぞれ異なる保護を与えようとする林知更「思想の自由・良心の自由」南野森編『憲法学の世界』（日本評論社、2013年）191頁や、内心の自由の「絶対的保障」の再構成を試みる佐々木弘通「第19条」芹沢斉・市川正人ほか編『新基本法コンメンタール憲法』（日本評論社、2011年）145頁などがある。

②「君が代」訴訟の検討に関し、堀口悟郎・奥中康人「思想・良心に反する行為を拒めるか？」山本龍彦・清水唯一朗ほか編『憲法判例からみる日本』（日本評論社、2016年）92頁、蟻川恒正「起案講義憲法（第11〜13、17、18回）」法学教室403号114頁・404号100頁・405号115頁・412号135頁・413号108頁などがある。一般向けの文献としては、福岡陽子『音楽は心で奏でたい』（岩波書店、2005年）、田中伸尚『ルポ　良心と義務』（岩波新書、2012年）、「〔特集〕『内心の自由』『表現の自由』はどこへ？」世界760号（2007年）（とりわけ、藤本一勇「『国』を考える自由」は興味深い）、西原博史『良心の自由と子どもたち』（岩波書店、2006年）などがある。

③「君が代」訴訟をはじめ、内心の自由に関する近年の判例・学説を詳細に分析したものとして、渡辺康行『「内心の自由」の法理』（岩波書店、2019年）がある。そのほかには西原博史『良心の自由〔増補版〕』（成文堂、2001年）、土屋英雄『良心の自由と信教の自由〔増補版〕』（尚学社、2008年）などがあげられる。

(1)　宗教法人 O は、199X 年 6 月 27 日に N 県 M 市で、翌年 3 月 20 日に東京都の地下鉄で法人所有の施設内で生成した毒ガスを散布するなどのテロ行為を行い、多数の死傷者を出した。その後の警察の捜査により、テロ行為を指示した O の教祖 A 及びテロ行為を行った幹部 H らは逮捕された。これと並行して、検察官と東京都知事は、テロ行為に使用された化学物質の生成が殺人予備行為に当たるとして、宗教法人法 81 条 1 項を根拠として、東京地裁に O の解散命令を請求した。東京地裁はその請求を容認し、宗教法人 O の解散を命じた。当該解散命令は、O の信教の自由を侵害しないか、考察しなさい。

(2)　O の解散後も A を慕う信者 J らによって、O の後継団体 X（以下、教団 X）の施設内で宗教上の儀式が引き続き行われていた。教団 X に対する国民の不安が払拭されないことを重くみた政府は、公安調査庁による観察処分や信者の情報の報告を命ずることを可能とする法律「無差別大量殺人行為を行った団体の規制に関する法律」（団体規制法）を制定した。団体規制法による教団 X への観察処分等は信教の自由を侵害しないか、考察しなさい。

1．信教の自由の保障内容

信教の自由（憲法 20 条 1 項前段・2 項）は、①心の中で宗教を信じる・信じない自由、信仰を告白する自由、信仰に反する行為の強制からの自由（**信仰の自由**）、②自らの信仰に従った礼拝や儀式などを行う・行わない自由、宗教的行為を強制されない自由（**宗教的行為の自由**）[1]、③同じ宗教を信じる人たちで集まって宗教団体を結成する・結成しない自由ないしは宗教団体に加入する・加

1）芦部信喜『憲法学III〔増補版〕』（有斐閣、2000 年）134 頁は、「宗教的行為は、多くの場合、内面的な信仰ないし宗教的信念と深くかかわり、それに基づいて行われる。両者の保護領域は重なり合っているのである」と述べている。つまり、心の中の信仰と外部的行為とを厳格に分けることには慎重さが求められる。

入しない（脱退する）自由（**宗教的結社の自由**）を保障している。

2．信教の自由の制約

　信教の自由といえどももちろん無制約ではないが、江戸幕府がキリスト教の信仰を禁止したことに代表されるように、ある特定の宗教を信仰することそれ自体を禁止するような制約（**直接的制約**）は、信教の自由の保障を無に帰することになるため憲法違反となり、許されない。立憲主義的な憲法に基づいて信教の自由が保障されるようになった現代においては、このような極端な制約はおそらく存在しないだろう[2]。

　問題は、国家が特定の宗教の信仰を禁止することを全く意図せずに制定した法律及びそれに基づく処分等が、たまたまある特定の宗教の信者にとっては負担となる（**間接的制約**）ような場合である。ここでは、当該制約が果たして本当に間接的制約なのか、実は直接的制約ではないのかという観点から厳格に制約の合憲性を審査する必要がある。その上で、当該制約が間接的制約であるとされたときには、法律に基づく義務と信仰上の義務とが衝突することになる。ここで、いずれの義務を優先すべきかについては、信仰上の義務を考慮して法律に基づく義務を免除すると、当該宗教に報奨を与えることになり、平等原則や政教分離に違反するため認められないとする「**平等取扱説**」[3]と、信仰が真摯なものであり、かつ法律上の義務によって信仰上の義務が大きく妨げられている場合には、重大な公共の利益がある場合を除いて法律上の義務を免除すべきとする「**義務免除説**」[4]が対立している[5]。

2）なお、エホバの証人剣道受講拒否事件判決（最判1996〔平8〕3・8民集50巻3号469頁）では、学校側にエホバの証人の学生を排除する意図があったことが指摘されており（阪口正二郎「第20条」芹沢斉・市川正人ほか編『新基本法コンメンタール憲法』（日本評論社、2011年）162-163頁）、直接的制約に当たると解することもできる。

3）平等取扱説に立ったとされる判例として、日曜授業参観事件判決（東京地判1986〔昭61〕3・20判例時報1185号67頁）を参照。

4）義務免除説に立ったとされる判例として、牧会活動事件判決（神戸簡判1975〔昭50〕2・20判例時報768号3頁）、エホバの証人剣道受講拒否事件判決（最判1996〔平8〕3・8民集50巻3号469頁）を参照。もっとも、これらの判例は義務免除説に立ったものではなく、宗教に対する配慮とみる学説もある。たとえば、渋谷秀樹・赤坂正浩『憲法1 人権〔第7版〕』（有斐閣、2019年）231-232頁、阪本昌成『憲法2 基本権クラシック〔第4版〕』（有信堂、2011年）143-144頁を参照。

5）安念潤司「信教の自由」樋口陽一編『講座憲法学3』（日本評論社、1994年）192-200頁、渡辺康行ほか『憲法Ⅰ 基本権』（日本評論社、2016年）178-180頁〔渡辺康行執筆〕。

3. 宗教団体の信教の自由

（1）憲法上の宗教団体

　信教の自由は宗教的結社の自由をも保障している。そのため、同じ宗教を信じる人々が宗教団体を結成することも信教の自由によって当然に保障されることは前に述べたとおりである。憲法が定める宗教団体について、箕面忠魂碑事件判決[6] は、「特定の宗教の信仰、礼拝又は普及等の宗教的活動を行うことを本来の目的とする組織ないし団体を指すものと解するのが相当である」と定義している。

（2）宗教法人法上の宗教団体

　これに対して宗教法人法2条は、宗教団体を「宗教の教義をひろめ、儀式を行い、及び信者を教化育成することを主たる目的とする」もので、①「礼拝の施設を備える神社、寺院、教会、修道院その他これらに類する団体」及び②「〔①の団体を〕包括する教派、宗派、教団、教会、修道会、司教区その他これらに類する団体」と定義しており、憲法上の宗教団体の定義と宗教法人法上の定義の間にはずれがある[7]。もっとも、宗教法人法上の宗教団体でなくとも信教の自由の保障が及ぶことはいうまでもないだろう。

　宗教法人法1条は、「宗教団体が、礼拝の施設その他の財産を所有し、これを維持運用し、その他その目的達成のための業務及び事業を運営することに資するため、宗教団体に法律上の能力を与えること」を定めている。また、同法4条1項も、「宗教団体は、この法律により、法人となることができる」と定める。宗教団体が法人格を取得するためには、同法12条の定める手続に従って所轄庁による認証を受けなければならない。なお、宗教法人となった宗教団体は、税制上の優遇措置を受けることができる[8]。

6）最判1993〔平5〕2・16民集47巻3号1687頁。

7）〔　〕内は筆者による補足。そのため、駒村圭吾「§20」長谷部恭男編『注釈日本国憲法 (2)』（有斐閣、2017年）315頁は、「憲法上の宗教団体であっても宗教法人法上の法人格を取得できない団体が出てくる可能性がある」と指摘する。

8）もっとも、税制上の優遇措置については、法人税法2条6号、別表第二が、民法上の公益法人や特別法上の各種法人（宗教法人のほか、学校法人、社会福祉法人、商工会議所など）を公益法人等として位置づけていることによるものであり、宗教法人法が規定しているわけではない。憲法と宗教法人制度については、大石眞『憲法と宗教制度』（有斐閣、1996年）242頁以下、同「日本国憲法と宗教法人税制」『権利保障の諸相』（三省堂、2014年）105頁以下を参照。

4．宗教団体の信教の自由の制約

　宗教団体の信教の自由も、2.で述べた制約に服することになる。ここで問題となるのは間接的制約の憲法適合性であることも前述のとおりである。以下では宗教団体の信教の自由と間接的制約の憲法適合性の問題について見ていこう。

（1）オウム真理教解散命令事件

　宗教法人法81条は、宗教法人の解散命令について定めている。その中でも、同条1項1号は、「法令に違反して、著しく公共の福祉を害すると明らかに認められる行為をしたこと」を理由として宗教法人に解散を命ずることができることを規定している。オウム真理教がサリンを生成しこれを数々のテロ行為に使用したことなどはこの規定に該当するとして、検察官と東京都知事は東京地裁に解散命令を請求した。これを受けて、東京地裁はオウム真理教を解散する決定を下した。

　当該解散命令がオウム真理教の信教の自由を侵害しないかについて、最高裁は、次のように判断している[9]。解散命令は「信者の宗教上の行為を禁止したり制限したりする法的効果を一切伴わない」ものであるとしつつも、解散命令によって宗教法人の財産が処分されることになると、信者の「宗教上の行為を継続するのに何らかの支障を生ずることがあり得る」ため、「信教の自由の重要性に思いを致し、憲法がそのような規制を許容するものであるかどうかを慎重に吟味しなければならない」。このような観点から宗教法人法81条の規定する解散命令制度について検討すると、この制度は「専ら宗教法人の世俗的側面を対象とし、かつ、専ら世俗的目的によるものであって、宗教団体や信者の精神的・宗教的側面に容かいする意図によるものではなく、その制度の目的も合理的であるということができる」。そして、オウム真理教がサリンを生成し、これを用いてテロ行為を行ったということは、「法令に違反して、著しく公共の福祉を害すると明らかに認められ、宗教団体の目的を著しく逸脱した行為をしたことが明らかである」ため、オウム真理教を解散させることは必要かつ適切なものである。解散命令によって生じるオウム真理教とその信者の宗教的行

9）オウム真理教解散命令事件（最決1996〔平8〕1・30民集50巻1号199頁）。

為への支障は、「解散命令に伴う間接的で事実上のものであるにとどまる」。

　以上のように、最高裁はオウム真理教に対する解散命令はあくまでも世俗的な側面のみを対象とした規制にすぎず、信者の宗教活動に対する支障はそれに基づく間接的なものにとどまるため、憲法20条1項には違反しないとした。

（2）団体規制法に基づく観察処分の合憲性

　（1）の決定の後、宗教団体として存続したオウム真理教に対して破壊活動防止法の適用（公安調査庁長官による団体解散指定処分請求）が検討されたが、1997年2月4日に公安審査委員会はこれを棄却する決定を下した。そこで、国会は無差別大量殺人行為を行った団体の規制に関する法律（団体規制法）を1999年に制定した。この法律に基づいて、オウム真理教の後継団体アレフ等を公安調査庁が継続的に観察することや同団体に信者情報を報告すること（以下、観察処分等）を求めることが可能となった[10]。これにより、団体規制法に基づく観察処分等が信教の自由を侵害しないかが問題となる。

　この問題について、公安調査庁によるアレフの観察処分を合憲とした東京地裁判決[11] は、「観察処分……に基づく報告義務の履行や立入検査それ自体によっては、当該団体〔アレフ〕の信者は、宗教上の行為を行い、又は宗教上の団体の運営を行うことが直接に妨げられるわけではなく、当該団体や当該団体に属する信者の宗教上の活動自体を直接的に禁止したり制限したりする法的効果を伴うものではない」としながらも、報告義務によって「当該構成員の宗教的行為の自由の一内容である消極的信仰告白の自由、すなわち自己の信仰を外部的に明らかにしない自由が害されることが明らかであ」り、更に「宗教的結社の自由の一内容である、当該結社の自律的な活動に関わる情報を開示しない自由が侵害されることも明らかである」と述べている。また、これに加えて、観察処分を受けたこと等自体が「当該団体及び当該団体に属する信者の行う宗教上の活動において事実上の支障を生ずることがあり得ると考えられ、このことは、信教の自由の事実上の障害となる」としている。

　以上のように、この判決で裁判所はアレフに対する観察処分そのものは間接

---

10) 破壊活動防止法及び団体規制法に基づく団体規制制度とこれに対する学説の検討については、中島宏「団体規制法制の再検討」宗教法35号（2016年）91頁以下を参照。
11) 東京地判2001〔平13〕6・13判例時報1755号3頁以下。〔 〕内は筆者による補足。

的制約にとどまり合憲としながらも[12]、当該処分が信教の自由に対する大き
な不利益を生じさせることとなっていることを考慮して、「憲法がそのような
規制を許容するものであるかどうかを慎重に吟味し」、厳格な審査基準に基づ
いて判断している。

```
┌─── ステップアップ ───┐
```

①学校や刑事施設などの公共施設で、自分の信じる宗教上のシンボルを着用した
　り、宗教的な儀式や礼拝を行ったりすることは認められるだろうか。また、学
　校の教師など公共施設に勤めている人と生徒などの利用者との間でこうした行
　為が認められる度合いは異なるのだろうか。考察しなさい。
②信教の自由が保障の対象とする「宗教」とはいったい何だろうか、また、その
　概念は政教分離における「宗教」と同じものだろうか。考えてみよう。
③近年、信教の自由の制約には、信者個人や宗教団体に何らかの負担を課すので
　はなく、宗教団体や宗教施設の監視、カルト宗教についての政府による国民へ
　の警告・情報の提供といったよりソフトな手法が用いられるようになっている。
　こうしたソフトな手法は信教の自由を侵害しないのか、検討しなさい。

12）これに対して、宍戸常寿『憲法 解釈論の応用と展開〔第2版〕』（日本評論社、2014年）45頁は、
　　「信者の特定に足りる情報の報告を法的に義務付けることは、宗教的結社の自由の典型的な『侵害』
　　に当た」り、「少なくとも観察処分の段階では、信教の自由の直接的制約に至っている」と指摘する。

■参考文献

①近年、欧米諸国では、イスラム教徒の女性が学校などでスカーフを着用することの是非を
めぐる議論が展開されている。この議論については、内藤正典・阪口正二郎編著『神の法
vs 人の法』（日本評論社、2007 年）、クリスチャン・ヨプケ〔伊藤豊ほか訳〕『ヴェール
論争』（法政大学出版局、2015 年）を参照。

②カルト宗教への対処、宗教団体法制など近年の宗教問題を憲法学の観点から検討したもの
として、大石眞『憲法と宗教制度』（有斐閣、1996 年）、小林孝輔ほか『宗教と法──宗
教・オウム真理教事件・宗教法人法等を考える』（北樹出版、1996 年）がある。また、
信教の自由に関する概説書として、土屋英雄『思想の自由と信教の自由〔増補版〕』（尚学
社、2008 年）を参照。この分野の古典的な文献として、種谷春洋「信教の自由」芦部信
喜編『憲法Ⅱ 人権（1）』（有斐閣、1978 年）314 頁以下、法学セミナー増刊『思想・
信仰と現代』（日本評論社、1977 年）にも挑戦してみてほしい。

③ステップアップ②については、まず、日比野勤「憲法における宗教の概念」公法研究 52
号（1990 年）112 頁以下を参照。ステップアップ③の問題については、青木理ほか編著
『国家と情報』（現代書館、2011 年）がある。またこの問題に加えて、その他の信教の自
由の現代的課題については、渡辺康行『「内心の自由」の法理』（岩波書店、2019 年）に
取り組んでほしい。

政教分離

　A内閣は、昨今の経済・防災・防疫・教育等あらゆる政策の失敗や数々の
スキャンダルによりメディアや国民から強い批判を受け、内閣の支持率もこれ
までにないほど急落した。そこで、政策の失敗に対する批判から国民の目をそ
らさせるとともに、内閣の支持層にアピールする目的で内閣総理大臣A及び
国務大臣H、K、Mらは、202X年8月15日に靖国神社を参拝した。その際
Aは、「内閣総理大臣A」と記帳し、玉串料を公費から支出した。国務大臣H
らもAに従った方式で参拝を行った。キリスト教徒のXは、内閣総理大臣や
国務大臣の靖国神社への参拝は憲法の定める政教分離に違反すると考えている。
このときXはどのような訴訟を提起することができるか、考察しなさい。

1．政教分離の意義

　憲法20条1項後段、同条3項、89条は政教分離を定めている。これは、戦
前に神社神道が国教的地位を占めるまでに至り、その結果として神社神道を信
仰しない、神社に参拝しない人々に対する強烈な弾圧が行われたことへの反省
という意味をもっている。このような反省を受けて、日本国憲法は信教の自由
の保障を確実にするために、政教分離を定めている。

　もっとも、後でみるように、国家と宗教との間のかかわり合いを完全に排除
することは不可能であり、現実的でもない。たとえば、私学助成によって宗教
系の私立学校にも国の税金が給付されることまで政教分離が否定していると考
える必要はないだろう。また、宗教団体が政治的な意見を表明したり、政党を
結成または支援したりすることも憲法21条のもとでは当然に否定されないは
ずである。そこで、政教分離は国家がある特定の宗教を援助するなどの方法で
優遇するかまたは逆に、ある特定の宗教を抑圧することを禁止するものであり、
それによって信教の自由を間接的に保障するものであると一般的には理解され
ている[1]。これを**国家の宗教的中立性**という[2]。

2．政教分離の法的性質

　政教分離の法的性質については、従来、**制度的保障説**と**人権説**とが対立していた。制度的保障説は、政教分離は信教の自由を直接保障するものではなく、信教の自由の保障を確保するための制度を保障するというものである[3]。このように考えると、政教分離に違反する国家行為は信教の自由の侵害とはならないため、これをどのように争えばいいのかを検討することが課題となる。

　これに対して人権説は、政教分離は信教の自由の確立にとって必要不可欠なものであり、政教分離違反による信教の自由に対する間接的な圧迫こそが、社会における信教の自由の否定につながることから、政教分離は信教の自由の保障内容の一つであるとする[4]。人権説に立つ場合には、政教分離違反も信教の自由の侵害となるため、直接裁判所に訴えを提起することができる。

　通説・判例は、長い間制度的保障説に立ってきたが、近年では制度的保障説に対して、もともとの理解とは意味が大きく異なっているとの強い批判が提起されている[5]。とはいえ、人権説のように政教分離を信教の自由の一内容と理解することも、保障内容や救済方法が不明確であるという点から無理がある[6]。

1）津地鎮祭事件判決（最大判 1977〔昭 52〕7・13 民集 31 巻 533 頁）も、政教分離によって「間接的に信教の自由の保障を確保しようとするものである」と述べている。
2）芦部信喜『宗教・人権・憲法学』（有斐閣、1999 年）25 頁以下を参照。これに対して、政教分離は宗教団体による国家権力への干渉を防ぐものであるという意義をも含んでおり、宗教的なことがらはすべて私事にとどまるという、国家の非宗教性をも含んでいると主張する学説もある。たとえば、樋口陽一『憲法〔第 3 版〕』（創文社、2007 年）221 頁以下、小泉洋一「政教分離と信教の自由」ジュリスト 1334 号（2007 年）72 頁以下、阪本昌成『憲法 2 基本権クラシック〔第 4 版〕』（有信堂、2011 年）137-138 頁、駒村圭吾「§20」長谷部恭男編『注釈日本国憲法（2）』（有斐閣、2017 年）303 頁などを参照。この見解に従えば、憲法 20 条 1 項後段の「政治上の権力」は通説よりも厳格に解釈されることになるだろう。これに対して、大石眞『憲法講義 II〔第 2 版〕』（有斐閣、2012 年）156 頁は、宗教的なことがらをすべて私事として取り扱い、「国民の公的生活から切り離すことが、立憲主義の普遍的原理として理想化すべきものかどうかは、必ずしも明らかではない」と指摘している。
3）宮沢俊義『憲法 II〔新版〕』（有斐閣、1971 年）204 頁。また、前掲（註 1）津地鎮祭事件判決において、判例もこの立場をとっている。また、高橋和之『立憲主義と日本国憲法〔第 4 版〕』（有斐閣、2017 年）196 頁は、「学説の多くは、制度的保障説に立ちつつも、……厳格な分離を貫くべき」とする。
4）浦部法穂『憲法学教室〔第 3 版〕』（日本評論社、2016 年）148-149 頁。
5）赤坂正浩「人権と制度保障の理論」高橋和之・大石眞編『憲法の争点〔第 3 版〕』（有斐閣、1999 年）60 頁以下、石川健治『自由と特権の距離〔増補版〕』（日本評論社、2007 年）を参照。
6）同様の指摘として、只野雅人・松田浩編『現代憲法入門』（法律文化社、2019 年）230 頁〔中島宏執筆〕、辻村みよ子『憲法〔第 6 版〕』（日本評論社、2018 年）187 頁を参照。

以上のことから、政教分離は現在では信教の自由の保障を確保するための**客観法**ないしは法原則と理解されている[7]。

3．政教分離違反の争い方

　政教分離が客観法であるとすれば、その違反を信教の自由の侵害として争う（主観訴訟）ことはできない。そこで、地方公共団体の機関の行為が政教分離に違反する疑いがある場合には、地方自治法242条の2で定められている住民訴訟が活用されてきた。ここで、裁判所は政教分離違反につき、①当該行為の目的が宗教的意義をもち、②その効果が宗教に対する援助、助長、促進または圧迫、干渉等になるか否か（**目的効果基準**）を、主催者や順序作法などの宗教性といった「外形的側面」だけでなく、行為の行われる場所、行為に対する一般人の宗教的評価、行為者の意図・目的及び宗教的意識の有無・程度、当該行為の一般人に与える効果・影響、等の諸般の事情を考慮し、社会通念に従って客観的に判断することになる[8]。

　これに対して、国の機関の行為が政教分離に違反するか否かを争う制度は存在しない[9]。たとえば、内閣総理大臣の靖国神社参拝のような行為が政教分離違反か否かを正面から裁判で争うことは難しい。そこで、これを争うためには、当該国の行為によって個人の何らかの権利や利益が侵害されたことを理由に損害賠償を請求し、その中で国の行為の違憲性を主張する必要がある。それでは、どのような権利や利益の侵害を想定することができるだろうか。

4．宗教上の人格権

　内閣総理大臣による靖国神社への参拝のように、国の行為が政教分離に違反

7）赤坂正浩『憲法講義（人権）』（信山社、2011年）124頁、渋谷秀樹『憲法〔第3版〕』（有斐閣、2017年）26頁、宍戸常寿『憲法 解釈論の応用と展開〔第2版〕』（日本評論社、2014年）122頁、渡辺康行ほか『憲法Ⅰ 基本権』（日本評論社、2016年）182頁〔渡辺康行執筆〕。

8）前掲（註1）判決、愛媛玉串料事件判決（最大判1997〔平9〕4・2民集51巻4号1673頁）などはこの基準に沿って判断されたと理解されている。これに対して空知太神社事件判決（最大判2010〔平22〕1・20民集64巻1号1頁）は、目的効果基準が適用されたのか、それとも全く異なる基準が用いられたのか、学説上争いがある。

9）松井茂記『LAW IN CONTEXT 憲法』（有斐閣、2010年）287頁以下は、地方自治法上の住民訴訟と類似の、国の違法な公金支出を争う「国民訴訟」制度導入の是非について検討する。

していることを争う場合には、信教の自由の侵害のほか、**宗教上の人格権**の侵害を主張するという方法が考えられる。

自衛官合祀事件判決 [10] は、自衛隊とその OB 組織である隊友会による護国神社への亡夫の合祀申請が「静謐な宗教的環境の下で信仰生活を送る利益」すなわち宗教上の人格権の侵害の有無が争われた事例である [11]。本件において、法廷意見は、自衛隊と「宗教とのかかわり合いは間接的であり、その意図、目的も、合祀実現による自衛隊員の社会的地位の向上と士気の高揚を図ることにあった」ため、自衛隊が「特定の宗教への関心を呼び起こし、あるいはこれを援助、助長、促進し、又は他の宗教に圧迫、干渉を加えるような効果をもつものと一般人から評価される行為」ではないため、本件合祀は憲法 20 条 3 項に違反しないこと、また、合祀は護国神社が自由に行えるのであり、原告の信仰に何ら干渉するものではないことを理由として宗教上の人格権の侵害を否定している。

これに対して、伊藤反対意見は、「心の静謐の利益もまた、不法行為法上、被侵害利益となりうる」とした上で、本件合祀申請行為は自衛隊と隊友会の共同行為であり、憲法 20 条 3 項に違反し、原告の宗教上の人格権を侵害していることを認めている [12]。

5. 内閣総理大臣・国務大臣の靖国神社参拝 [13]

上記のとおり、自衛官合祀事件判決において、最高裁は宗教上の人格権の侵害を否定しているが、内閣総理大臣や国務大臣の靖国神社への参拝が政教分離違反であるという訴えも同様の方法で提起することができると考えられる [14]。

---

10) 最大判 1988〔昭 63〕6・1 民集 42 巻 5 号 277 頁。

11) 木庭顕『誰のために法は生まれた』(朝日出版社、2018 年) 340 頁以下は、ギリシャ・ローマ法の視点から、本件は「個人の精神の自由を徒党が圧迫したというもの」と指摘しており、興味深い。

12) その他、坂上意見は、本件合祀申請行為は憲法 20 条 3 項には違反しないとしつつも、「死去した近親者に関して、他者により自己の意思に反する宗教的方法で追慕、慰霊等が行われ、その結果、自己の心の静謐が害された場合」には宗教上の人格権が侵害されたといえるとしている。

13) この問題についての詳細な研究として、小泉・前掲論文 (註 2) のほか、野坂泰司「『追悼』と『祀り』」ジュリスト 1222 号 (2002 年) 68 頁以下を参照。

14) なお、松井・前掲書 (註 9) 211 頁は、このほかにも憲法 89 条が納税者訴訟を認めたものと解釈することができるのであれば、違憲の確認を求めることができる可能性を指摘している。

1985 年 8 月に中曽根康弘首相（当時）は、初めて靖国神社に「公式参拝」[15]
した。このときの参拝は、「閣僚の靖国神社参拝問題懇談会」報告書 [16] に基づ
いて行われた [17]。この報告書は、津地鎮祭事件判決の目的効果基準を援用し、
「政府は、この際、大方の国民感情や遺族の心情をくみ、政教分離原則に関す
る憲法の規定の趣旨に反することなく、また、国民の多数により支持され、受
け入れられる何らかの形で、内閣総理大臣その他の国務大臣の靖国神社への公
式参拝を実施する方途を検討すべきである」と結論づけているが、違憲の疑い
は強く残っている [18]。

　また、2001 年 8 月 13 日に小泉首相が靖国神社へ参拝したことが問題となっ
た小泉首相靖国神社参拝事件判決 [19] において、最高裁は、「人が神社に参拝す
る行為自体は、他人の信仰生活等に対して圧迫、干渉を加えるような性質のも
のではないから、他人が特定の神社に参拝することによって、自己の心情ない
し宗教上の感情が害されたとし、不快の念を抱いたとしても、これを被侵害利
益として、直ちに損害賠償を求めることはできないと解するのが相当である」
としている [20]。

　これに対して、下級審判決の中には、傍論ではあるものの小泉首相の靖国神
社参拝が政教分離違反であることを指摘するものもある。たとえば、福岡地裁
判決 [21] は、「本件参拝は、……靖国神社に合祀されている戦没者の追悼を主な

---

15) これ以前にも三木武夫首相（当時）らが「私的な」参拝を行っていた。公式参拝と私的参拝との
　　間で政教分離の問題が異なってくるかどうかも議論の余地がある。この問題については、小泉・前
　　掲論文（註 2）78-80 頁を参照。
16) https://www.kantei.go.jp「閣僚の靖国神社参拝問題懇談会」報告書（1985 年 8 月 9 日）参照。
　　また、この当時の議論については、ジュリスト臨時増刊『緊急特集・靖国神社公式参拝』（1985 年）
　　を参照。
17) 大阪高判 1992〔平 4〕7・30 判例時報 1434 号 38 頁は、傍論で当該公式参拝は違憲の疑いが強い
　　ことを指摘している。
18) 懇談会のメンバーとして公式参拝は違憲であると指摘したものとして、芦部・前掲書（註 2）95
　　頁以下を参照。
19) 最判 2006〔平 18〕6・23 判例時報 1940 号 122 頁。
20) なお、同判決において滝井補足意見は、「何人も公権力が自己の信じる宗教によって静謐な環境
　　の下で特別の関係のある故人の霊を追悼することを妨げたり、その意に反して別の宗旨で故人を追
　　悼することを拒否することができるのであって、それが行われたとすれば、強制を伴うものでなく
　　ても法的保護を求め得る」とした上で、「国及びその機関の行為によってそれが侵害されたときには、
　　その被害について損害賠償を請求し得る」が、本件上告人はこうした利益を主張していないと述べ
　　ている。

目的とするものではあっても、宗教とかかわり合いをもつものであることは否定することができない」こと、「憲法の政教分離規定は、明治維新以来国家と神道が密接に結びついて種々の弊害が生じたことへの反省の観点から設けられたものであって、神道を念頭においた規定であること」から、「一般人の意識において神道が他の宗教に比して必ずしも宗教としての認識が高くないものであるとしても、そのことをもって憲法20条3項にいう『宗教的活動』に該当するかどうかを判断するにあたって、神道の宗教的意義を否定するのは相当でないというべきである」として、首相の靖国神社参拝が憲法20条3項に違反することを示唆している[22]。

ステップアップ

①児童・生徒や親の宗教上の信念に配慮して公教育の一部の科目を免除することは政教分離に違反しないだろうか。考えてみよう。

②天皇が即位するときに行われる「大嘗祭」や「即位の礼」は政教分離に違反しないのか、検討しなさい。

③クリスマスツリーのように社会的に習俗化した儀礼やシンボルが政教分離に違反しないか否かについては、どんな基準で判断すればよいだろうか。考えてみよう。

---

21) 福岡地判 2004〔平 16〕4・7 判例時報 1859 号 76 頁。
22) その他、大阪高判 2005〔平 17〕9・30 訴務月報 9 号 2979 頁も、同様の判断を示している。

■参考文献

①政教分離違反の審査基準として、目的効果基準は妥当なものだろうか。再考する余地はないのだろうか。林知更「政教分離原則の構造」高見勝利ほか編『日本国憲法解釈の再検討』（有斐閣、2004 年）114 頁以下はこの難問に取り組んでいる。また、林知更「『国家教会法』と『宗教憲法』の間」同『現代憲法学の位相』（岩波書店、2016 年）395 頁以下は、政教分離についてより根底的な考察を行っている。

②首相の靖国参拝問題については、まずは芦部信喜『宗教・人権・憲法学』（有斐閣、1999年）、野坂泰司「『追悼』と『祀り』」ジュリスト 1222 号（2002 年）68 頁以下、小泉洋一「政教分離と信教の自由」ジュリスト 1334 号（2007 年）72 頁以下を参照。靖国神社をはじめとする戦前の国家神道の問題については、村上重良『国家神道』（岩波書店、1970 年）、大江志乃夫『靖国神社』（岩波書店、1984 年）、島薗進『国家神道と日本人』（岩波書店、2010 年）、赤澤史朗『靖国神社』（岩波書店、2017 年）を手に取ってほしい。こうした従来の文献における歴史認識に対する近年の批判として、山口輝臣編『戦後史のなかの「国家神道」』（山川出版社、2018 年）も参照。

③ステップアップ①の問題については、野坂泰司「公教育の宗教的中立性と信教の自由」立教法学 37 号（1992 年）1 頁以下、長谷部恭男「私事としての教育と教育の公共性」同『憲法の理性〔増補新装版〕』（東京大学出版会、2016 年）139 頁以下、西原博史『良心の自由と子どもたち』（岩波書店、2006 年）などに取り組んでほしい。ステップアップ②の問題については、中島三千男『天皇の「代替わり儀式」と憲法』（日本機関出版センター、2019 年）を参照。

13 表現の自由（1）
表現の自由の規制論拠

　県内有数の高級住宅街 A 地区を擁する B 市は、A 地区の美観を維持するために表札や営業用の看板、不動産売却の広告などいくつかの例外を除いて、一切の掲示物を住居や店舗の敷地内に設置することを禁止する罰則つきの条例を制定した。A 地区の住人 X は、かねて改憲問題に関心をもち、"I LOVE 9 条"という電飾の掲示を自宅 2 階ベランダに設置していたが、条例制定後 B 市長から撤去を命じられ、これに従わなかったために本条例違反で起訴された。X は本条例が憲法 21 条 1 項違反により無効であると主張しているが、X は無罪となるか。

1　「表現」と「自由」の優越的地位
（1）価値の高い／低い「表現」

　憲法の特定条文を改正すべきか否かについての直截な意見表明は、国民主権を採用し、国民投票による憲法改正を規定している日本国憲法において、最も手厚く保護されるべき公共的（政治的）な表現そのものであろう[1]。これと比較して、営業用の看板や不動産の広告はいわゆる**営利的（商業的）言論**であって、価値の低い表現とされている。本事例で描かれている架空の条例の場合、おそらく制定者の意図しない結果であろうが、価値の低い言論を保護し、価値の高い言論を規制してしまっている。憲法論の眼から見ると「不条理」なこういう結果は、現実の社会にはいくらでも転がっているだろう。

　一般に価値が低い（あるいは無い）とされる表現は、伝統的に刑事罰や規制の対象となってきたものもある。わいせつ物頒布・公然陳列罪（刑法 175 条）や名誉毀損罪・侮辱罪（同 230 条・231 条）などは、特定内容の表現がカテゴリカルに重大な法益侵害をもたらすことに着目した犯罪類型である。しかし、そ

1）参照、最大判 1986〔昭 61〕6・11 民集 40 巻 4 号 872 頁（「北方ジャーナル」事件）。

うした社会的害悪が顕著とされる表現行為であっても、人間の根源的な生への渇望をありのままに描いたり、公職候補者の実像を知らしめて有権者に判断材料を提供したり、芸術性や政治批評性に富んだ有意義な表現と踵を接している可能性はつねにあるだろう。だとすれば、罰則等の拡大適用を懼れて、価値の高い表現まで躊躇してしまう萎縮効果を除去することがきわめて重要である。そのためには、保護されるべき表現が含まれないよう定義づけで規制対象を厳密に絞り込む方法が有用とされる（「**定義づけ衡量**」）[2]。

（2）価値の高い／低い「自由」

　営利的言論の価値が低いとされる理由の一つは、これが経済活動の自由の保護対象と見えなくもない両生類的な表現行為だからである[3]。経済的自由と比較して表現の自由は憲法の権利体系上、優越的地位にあるといわれる。これを説明するには、表現の自由が他にはない独自の価値をもつことを示さなければならないが、この点は今もって諸説紛々たる状況にある[4]。だが、Ｔ・Ｉ・エマーソンによる四つの価値（①個人の自己充足〔自己実現・自律論〕、②真理の発見〔思想の自由市場論〕、③社会的決断形成への市民参加〔民主的自己統治論〕、④安定と変化との均衡）の多元的併存という指摘を踏まえて、①と③を表現の自由の核心的な価値と捉えるのが、通説的な見方であろう。有力説では、「表現の自由は、**自己実現の価値**を基本に置いた**自己統治の価値**によって支えられている」として二つの価値の重なり合いに優越的地位の根拠が求められている[5]。こうした原理論は、表現の自由によって何が保護されるか（coverage）、どの程度の保護がされるか（protection）という二つの問題に実践的指針を与える

2）参照、芦部信喜『憲法学Ⅱ』（有斐閣、1994 年）231-232 頁。

3）参照、伊藤正己『憲法〔第 3 版〕』（弘文堂、1995 年）312-313 頁。営利的言論の保護レベルを切り下げてもよい実質的理由は、政治的言論等と異なって真実かどうかの判定が容易なため規制権濫用の危険が少なく、営利的動機に基づくため規制をしても萎縮効果があまりないことである。参照、長谷部恭男『憲法〔第 7 版〕』（新世社、2018 年）215 頁。

4）参照、奥平康弘『なぜ「表現の自由」か』（東京大学出版会、1988 年）3 頁以下。最近の概観として、阪口正二郎「表現の自由の『優越的地位』論と厳格審査の行方」駒村圭吾・鈴木秀美編『表現の自由Ⅰ　状況へ』（尚学社、2011 年）558 頁以下。

5）芦部信喜『憲法学Ⅲ〔増補版〕』（有斐閣、2000 年）259-260 頁（傍点原文）。「自己実現も自己統治も、『思想の自由市場』を前提条件としている」（同 253 頁、傍点原文）ので、③もこれらに関連している。以上のような積極的議論のほかに、最近では、表現の自由は壊れやすく傷つきやすいから特に保護を必要とするのだとして、萎縮効果という固有の危険に着眼する消極的議論もある。参照、毛利透『表現の自由』（岩波書店、2008 年）。

だろう。

　表現の自由の複合的な実体的価値の高さを一つの根拠とするのが、司法審査における**二重の基準論**である。「精神的自由は民主的な政治過程に不可欠の権利であるから、それを規制する不当な立法が制定されると、民主政の過程それ自体によって矯正することは不可能である。したがって裁判所が違憲審査を行うに当たっては、民主政の過程による不当な立法の改廃を期待できる経済的自由を規制する立法の場合と異なり、合憲性推定の原則と結びついた『合理性』の基準は妥当せず、より厳格な基準によって審査されなければならない」[6]。こうした①民主政過程の特質を踏まえた立法府と裁判所の適切な機能分担とともに、②経済的自由の規制立法に対する裁判所の審査能力の限界（複雑な利益調整を伴う社会経済政策の判断は裁判所の審査に適さない）が、二重の基準の経験論的根拠となる。

2　厳格審査の諸相
（1）漠然性・過度広汎性ゆえに無効の法理

　憲法上の権利にかかわる司法審査は規制立法の文面だけをみて結論が出ることはあまりないが、表現の自由への特別な配慮は一定の文面審査を要請する。規制対象となる表現行為の定義が漠然としていたり、過度に広汎な文言で書かれている（＝規制すべき対象でないものまで対象に含まれていると読める）場合には、規制や刑罰を懼れる者に表現を思いとどまらせる萎縮効果を与えることになる。気概に溢れた表現者は必ずしも多くないとすれば、これは自由市場へ参入する表現の量に致命的な作用があるだろう。そこで、そうした漠然不明確ないし過度に広汎な文言による法令は、文面上の審査だけで違憲無効と判断される。

（2）事前抑制と検閲の禁止

　発表前あるいは受け手の受領前に、表現物の思想市場への登場自体を公権力の判断で禁圧してしまうと、自由なコミュニケーションの流れは最も深刻に阻害される。発表後になされる法的制裁の場合は、規制対象に該当するかどうか

6）芦部・前掲書（註2）215頁（傍点引用者）。

を厳格な裁判手続で判断されるが、行政権による事前抑制の場合は、規制範囲が広汎にわたり簡易な手続で行われるため、行政の裁量が濫用される危険も大きく、強い表現抑圧効果がある。こうした定型的な萎縮効果に着目して、表現に対する抑止は事後制裁を基本とし、表現の事前抑制は原則として禁止されるという法理が確立した。憲法21条2項は、事前抑制の典型である「検閲」を絶対的に禁止している。

（3）内容規制／内容中立規制の二分論

　以上のようなそれ自体で萎縮効果の認められる法令に拠らなくても、様々な形で行われる表現規制についてどういう厳格審査を行うべきなのだろうか。この点で重要なのが、内容規制と内容中立規制を区別する類型論である。内容規制とは「コミュニケーションをそれが伝達するメッセイジを理由に制限する規制」であり、内容中立規制は「そういう内容ないしメッセイジの伝達的効果と関係なしに」制限する規制とされる[7]。

　内容規制立法には、規制する政府側が自己に不都合なメッセイジや見解を思想市場から排除しようとする不正な動機が潜在している可能性が高いだろう。これは政府の正統性を調達すべき民主的な公共討議の質を直接的に歪める効果が大きい。このことは、同じく内容規制ではあるが、主題規制（「Aについての発言を禁止」）よりも観点・見解規制（「Aについて反対の立場の発言を禁止」）について一層よく当てはまる。これと比較して、内容とは無関係に表現の時、所、方法（態様）のみを規制する場合はどうだろうか。ここでは政府の側に不利益な表現のみを選別しようという隠れた動機が存在する可能性は低く、その表現方法と（メッセイジが引き起こすものではない）現実の害悪発生との間に明白な関連性が認められる場合が多い（深夜の音量規制など）と考えられる[8]。

　こうした理由から内容規制と内容中立規制には、厳格度の異なる違憲審査を行うべきだという学説が有力である。まず内容規制に対しては、（A）**厳格な基準**が妥当する。すなわち（A-1）立法目的が「やむにやまれぬ必要不可欠な公共的利益」（compelling interest）であること、（A-2）立法目的達成手段がその公共的利益のみを具体化するように「厳密に定められている」（narrowly

---

7）芦部・前掲書（註2）230頁。
8）参照、市川正人『表現の自由の法理』（日本評論社、2003年）207頁以下。

tailored) こと、という二つの要件を満たす必要がある。そして内容中立的な時・所・方法の規制に対しては、これよりやや緩和された（B）**厳格な合理性の基準**が妥当する。すなわち（B-1）立法目的が表現内容に直接かかわりのない「高度に実質的な利益」（substantial interest）を追求するものであること、（B-2）規制手段はその立法目的を達成するために必要な最小限度のものであること、が要求される。（B-2）については国家権力に規制手段の正当性、つまりより制限的でない他の選びうる手段（less restrictive alternative）が利用できないこと、を証明する重い責任が負わされる。また（B-2）に代わって、（B-3）表現者にとって情報の伝達のための「十分な他の選びうる経路」（ample alternative channels）が開かれているか、というテストも選択肢としてあり得る[9]。

3　本事例をどう考えるか

（1）問題の所在

　本事例の架空の条例は、掲示物を対象とする表現の直接規制である。文面上は一応、適用除外を含めて明確に書かれており、市による事前の許可制でもない。次に内容規制に当たるか、内容中立規制に当たるかを考えてみよう。本条例は、表札や営業用の看板、不動産広告など許される掲示物と、それ以外の許されない掲示物を区分しているが、ここには後者の「伝達されるメッセイジ」を差別的に扱う意図があるのだろうか。おそらく市の主張としては、A地区の美観を維持するには本来すべての掲示物を全面禁止するのが理想だが、それでは市民生活や経済活動に大きな支障が生じるので最低限の掲示物だけを除外したというだろう。本条例とは逆に、許されない掲示物が列挙してあれば差別的な意図かどうかは判別しやすいのだが、少数の例外を除いてある方法が一般的に禁止されると内容中立的な意図のようにも思えてくる。

9）芦部・前掲書（註5）410-413頁・434-442頁。なお（A-2）の基準では、（B-2）のいう必要最小限度性を最も厳格に求めるとともに（the least restrictive）、過少規制（つまり制約される言論と同程度に公共的利益を害する言論を相当量規制しないままにすること）も許されない。

（2）二つの解き方

　本事例は、合衆国のある判例 [10] を筆者なりに翻案したフィクションである。本事例に類似した Ladue 市条例について連邦控訴裁判所は、商業的言論を非商業的言論より好意的に、一定の非商業的言論を他の非商業的言論よりも好意的に扱っているので内容規制に当たると解した。そして、（A-1）市の主張する立法目的（①地域社会の自然美の保存、②住民の安全確保、③不動産価値の維持）は「やむにやまれぬ必要不可欠な公共的利益」というには不十分であり、（A-2）手段も利用できる「最も小さな規制方法」（the least restrictive alternative）ではないとして、厳格な基準で易々と違憲判断をした [11]。

　しかし、連邦最高裁判所はこの内容規制のアプローチを採らなかった。一つは市の内容差別的な意図はないという主張を控訴裁のように軽々と片づけられなかったからであり、もう一つは控訴裁の内容規制違憲論でいくと、適用除外を完全に除去すれば理論上は条例の欠陥が治癒されることになり得るからである。それでは量的により大きな規制が合憲扱いされることになりかねない。そこで最高裁は一応、議論の上では条例が内容中立的であることを仮定した上で、（B-3）表現者に「十分な他の選びうる表現の経路」が残されているかを検討した。すると、この条例は住民に自宅で実質的にあらゆる掲示物の表示を禁じるものであり、この閉ざされた重要な言論手段に対して十分な代替手段は存在しない。なぜなら、他人を説得する上で発言者のアイデンティティが明示されることは重要であり、自宅からの掲示物は安価で手軽な伝達形態である上に、隣近所に伝えるには他に代え難い手段だからである。したがって、ある手段全体を禁止することはたとえ内容・観点差別を完璧に免れているとしても、「あまりに多くの言論を抑圧する」がゆえに違憲なのである。

　内容規制／内容中立規制の二分論は、①時としてどちらか判別することが困難であり、②中立規制を偽装した実質的な内容規制があり得るし、③中立規制でも言論の総量を減少させる点では内容規制よりも警戒すべき理由がある、として批判されることも多い [12]。本事例は、特に①と③の懸念を顕在化させる

---

10) City of Ladue v. Gilleo, 512 U.S. 43 (1994).

11) Gilleo v. City of Ladue, 986 F.2d 1180 (8th Cir. 1993).

12) 参照、阪口正二郎「第 21 条」長谷部恭男編『注釈日本国憲法（2）』（有斐閣、2017 年）405 頁。

ものといえるが、二分論そのものを放棄する必要はないだろう。①、②について偽装が疑われる場合には裁判所が立法事実に深く切り込んで規制者側に内容中立性の立証を厳しく求めればよく、③についても連邦最高裁のように表現者が置かれた全状況を考え、独特かつ重要な「尊いコミュニケーション手段」（venerable means of communication）が奪われていないかを真剣に問えばよいのである[13]。

ステップアップ

①日本の最高裁判例は、二重の基準論を受け入れているだろうか。

②日本の最高裁判例は、表現内容中立規制に対してどのような審査基準を採っているだろうか。

③自己実現の価値と自己統治の価値は果たして（またはどのように）繋がり得るだろうか。諸学説の説明を検討しなさい。

■文献案内

表現の自由については汗牛充棟の文献があり、註であげたものに加えて以下を推奨するが、これらはほんの例示にすぎないことをお断りしておく。

①違憲審査基準論の古典として、伊藤正己『言論・出版の自由』（岩波書店、1959年）がある。

②近年の原理的考察として、長谷部恭男・中島徹編『憲法の理論を求めて』（日本評論社、2009年）に収められた阪口正二郎、川岸令和、佐々木弘通、蟻川恒正の各論攷がある。

③最近の問題状況について、阪口正二郎・毛利透ほか編『なぜ表現の自由か』（法律文化社、2017年）所収の諸論攷が有益である。

---

13) アメリカ連邦最高裁は、「自宅における個人の自由への特別な尊重は、長きにわたりわが国の文化と法の一部であった」という。これは多くの市民が大統領選で自宅の庭に支持する候補の旗を立てたりする一般的文化のことを指している。アイデンティティを明示して発言することの意義を最高裁が強調するのも、そういうノーマルな「強い個人」が表現の自由の文化を支えている実態があるからである。もしそういう文化に支えられてこそ最高裁の断固とした表現の自由擁護があるのだとしたら、全く異質の文化をもつ日本で二重の基準を定着させることの絶望的ともいうべき困難を感じさせる。萎縮しがちな「変人」を支える日本の法理論（参照、毛利・前掲書〔註5〕46頁）は、はしなくも彼我の法＝文化の落差を映し出してもいるだろう。

表現の自由（2）
表現内容規制としてのヘイトスピーチ問題

　Ｘは、あるとき、繁華街でＡ国出身者によるスリにあって嫌な思いをした経験から、今の社会に犯罪が多いのは外国人が多いからではないかと次第に思い込むようになった。そうして、Ａ国出身者が多く住むＹ市内でＡ国出身者を口汚く罵る活動をするようになった。その活動を見聞きした人々の中には、恐怖で動けなくなる者や涙が止まらない者もいた。あるとき、いつものようにＹ市内の住宅街で「Ａ国出身者を日本からたたき出せ！」と集団で叫び続けながら練り歩いたところ、市長からやめるように「勧告」を受けた。Ｙ市は昨年ヘイトスピーチ禁止条例を可決し、施行していたのである。差別的な言動を繰り返すと最終的には刑事罰が科されるＹ市条例に対して、Ｘは憲法違反の訴えをしたいと考えているが、どのような主張が可能であろうか。

1．素材となった条例

　ヘイトスピーチとは、一般に人種や民族等の集団的属性に基づいて個人や集団を誹謗する言論[1]と捉えることができる。日本においても、人種的マイノリティに向けられたヘイトスピーチが問題となり、2016 年にはヘイトスピーチ対策法[2]が制定されている。同 2 条では、ヘイトスピーチすなわち「本邦外出身者に対する不当な差別的言動」の定義がなされている。この法は、社会問題化したヘイトスピーチへの対応という点で評価できるが、ヘイトスピーチの対象からアイヌ民族などの少数者集団が除外されていることや、禁止規定や罰則規定はなく、救済の実効性が疑問視されている。

　同法が制定されるきっかけにもなった神奈川県川崎市で繰り返された在日コリアンへのヘイトスピーチに対して、2019 年 12 月、川崎市はヘイトスピーチ

1）曽我部真裕「ヘイトスピーチと表現の自由」論究ジュリスト 14 号（2015 年）152 頁。
2）本邦外出身者に対する不当な差別的言論の解消に向けた取組の推進に関する法律

規制条例を可決、成立させた[3]。冒頭の事例問題は、この条例を素材にしたものである。

　この川崎市の条例は、差別的な言動を繰り返すと、刑事裁判を経て最高50万円の罰金が科される点が特徴的である。2020年3月現在、ほかに刑事罰を科す条例や法はない。具体的には、市内の道路や広場といった公共の場所で、拡声器を使って「日本から出て行け」と叫ぶなどのヘイトスピーチに対して、①違反行為をやめるように「勧告」し、②再び同様の行為に及びそうなときにはやめるよう「命令」し、③命令に違反した者には、氏名や団体名などを公表し、捜査当局に告発すると定められている。市長は、勧告、命令、告発の各段階で、有識者で作る「差別防止対策等審査会」に原則として意見を聞かなければならず、条例の濫用を防ぐ仕組みがとられている。

２．ヘイトスピーチ規制の是非

　上記のようなヘイトスピーチに対する規制は、表現の自由の問題としては、どのように考えるべきなのだろうか。ヘイトスピーチを憎しみをもって人を傷つける表現と考えれば、その規制は当然に認められるのではないかという直感が生まれることも否定できない。しかし、結論を出す前に、まずは**表現内容規制**と**表現内容中立規制**の議論を見ておこう。

（１）表現内容規制と内容中立規制

　表現内容規制と表現内容中立規制とは何か。前者の表現内容規制とは、表現の内容や効果に着目して行われる規制である。これは、表現の中身が気に入らないという規制であるから、歴史的には、政府や公権力が自身に都合の悪い表現内容を規制することに用いられた。表現の自由が民主主義社会において果たす役割や価値を考えれば、こうした表現内容規制にはそこに潜む公権力の恣意

3）川崎市の条例については、朝日新聞2019年12月13日朝刊、毎日新聞2019年12月13日朝刊、読売新聞2019年12月29日朝刊などの記事を参照。ほかに、東京都はヘイトスピーチを認定して内容を公表する条例を2019年4月施行している。また、大阪市もヘイトスピーチを行ったと認定した個人・団体名を公表する条例を2016年7月に施行している。この大阪市の条例に対しては、表現の自由違反であるとして住民訴訟が提起されたが、合憲判断が出ている。大阪地判2020〔令2〕1・17 LEX/DB25570778参照、毛利透「大阪市ヘイトスピーチ対処条例の合憲性」法学教室476号（2020年）127頁。

性ゆえに警戒が必要になる。そのため、表現内容規制の違憲性を審査する基準は**厳格審査**を用いるべきだと考えられている。公権力は、特定の表現内容を敵視していても、それを表には出さずに正当な立法目的を掲げるであろうから、真の目的をあぶり出すために厳格に審査する必要がある。

　後者の表現内容中立規制とは、**時・所・方法に関する規制**で、たとえば夜間に住宅地でのデモを禁止するなど、表現行為の内容や効果ではなく、表現が行われる場所や時間などの外形に着目して行われる規制である。この表現内容中立規制も、表現に対する規制ではあるが、内容規制と比較すれば公権力の恣意性の点で警戒度は落ち、その違憲性審査については**厳格な合理性の基準**が用いられるべきだといわれている。

　さて、以上のように表現内容規制と内容中立規制を捉えると、ヘイトスピーチの規制はどちらに該当するであろうか[4]。

（2）ヘイトスピーチの規制

　ヘイトスピーチ規制の対象については、「公共の場」という概念に限定をかけ、たとえば、マイノリティ集住地での街頭宣伝を典型として、そうした特定個人に対するものでなくても、不特定または多数のマイノリティの人々に向けて直接訴えかける誹謗に対して刑罰で禁止することが議論されている[5]。こうした規制は、その苛烈な表現内容を問題にするのだから、基本的には内容規制だといえ、違憲審査は厳格に行うことになる。また、ヘイトスピーチの規制は特定の表現内容を差別的に取り扱うことであり、思想の自由市場を歪めること

4）表現内容規制や思想の自由市場原理といった考えは、アメリカの表現の自由理論が論じてきたものであるが、日本の憲法学説もこれを表現の自由理論の中核として受容してきた。そうすると、ヘイトスピーチを規制するか否かという問いには、表現の自由の基礎理論を変更するかどうかという重い問いかけが含まれていることは否定できず、ヘイトスピーチ規制の問題は表現の自由理論における原理レベルの選択を迫るものである。阪口正二郎「差別的表現規制が迫る『選択』——合衆国における議論を読む」法と民主主義 289 号（1994 年）44 頁は、そのことへの自覚を促す。

5）ヘイトスピーチ規制を考える際の表現の自由理論の原理的選択として、権利主体として個人を想定するか集団を想定するか、という論点もある。つまり、名誉毀損の対象が特定された個人であるのに対して、ヘイトスピーチ規制は集団を対象とするという困難性がたびたび指摘される。参照、木下智史「差別的表現」大石眞・石川健治編『憲法の争点』（有斐閣、2008 年）126-127 頁。なお、ヘイトスピーチ規制については、現行法で対処できるか否か、現行法が及ぶ範囲との重なり、新たな規制を定めることの意義、民事上の規制、刑事上の規制、行政的規制の特性や適切性、それらを合わせた重層的対応等、幅広い議論がある。

になる。すなわち、思想の自由市場の考え方からすれば、差別を禁止するという観点を国家が出してヘイトスピーチ規制をするのではなく、そうした差別の是非を国民が議論することが求められる。

　こうした点が、ヘイトスピーチの規制を論じる上での難問の一つとなる。もちろん、ある法について厳格審査基準を採ることが自動的に違憲の結論を導くわけではないが、その基準のパスが非常に難しいことは確かである。

　ヘイトスピーチを規制すべきであるとするならば、少なくとも二つの道が考えられる。一つは、厳格審査の手続の中で、立法事実の検証を行い、ヘイトスピーチの害悪について、その深刻さは社会全体で共有できるほどのものであることの論証や公権力が規制をしなければならないほどのやむにやまれぬ状況にあることの論証をしていくことである。二つ目は、ヘイトスピーチの規制が、通常、議論されている表現内容規制とは異なる性質であり、通常どおりの厳格審査を要しないと述べることである。

　第1点目については、ヘイトスピーチの実態を踏まえて、その害悪をどのように捉えるか、厳格審査における立法事実の立証が可能か否かという議論をすることになる。それは、表現のもつ影響力や被害をどのように捉えるかという議論ともかかわる。この点については、紙幅の都合から参考文献にあげる書籍や議論に譲ることにして、ここでは第2点目のヘイトスピーチ規制と表現内容規制との関係性を考えてみたい。

（3）ヘイトスピーチ規制と表現内容規制

　この点に関する興味深い指摘として、ヘイトスピーチ規制を、いわゆる「悪性」の表現内容規制と割り切るだけではなく、「良性」と「悪性」の双方の性格を併有する表現規制として把握する可能性をあげることができる[6]。すなわち、「悪性」の表現内容規制は、たとえば公権力が自らに批判的なスピーチを望ましくないものとして抑制するような通常のタイプの内容規制である。それとは異なり、ヘイトスピーチを理由とする表現内容規制は、ヘイトスピーチを

6）安西文雄「ヘイト・スピーチ規制と表現の自由」立教法学59号（2001年）35頁は、アファーマティブ・アクションとの比較で、その相違も含めて本文中の議論をする。なお、人種的マイノリティに向けられたヘイトスピーチに関する議論は、マイノリティの歴史的・社会的な位置づけにも関係するという。

浴びせられたマイノリティが自らの尊厳を傷つけられたショックや自らのスピーチの価値を否定されて黙らされてしまうことに対処する。すなわち、ヘイトスピーチ規制によって、マイノリティのスピーチが表明されるようになり、社会における豊かな情報・意見の流通が保護される。このように、ヘイトスピーチ規制は「表現の自由のための表現規制」というパラドクシカルな性格をもつ。そのため、通常のタイプの表現内容規制と異なり、公的機関がマイノリティの発言力を支持し、社会における情報・意見の多様性を実現するための表現内容規制であると考えることができる。

　以上のような見解は、ヘイトスピーチ規制について、表現内容規制を再編成するのか、ある種の別枠かは別として、一般の内容規制とは区分して議論できるのではないかという指摘にも重なるものである[7]。

　また、ほかにも、こうした見解に親和的と思われる指摘として、マイノリティ集住地の近くではヘイトスピーチをしてはいけないという規制は、表現内容規制、表現内容中立規制二分論からすると、表現内容規制プラス時・場所・方法の規制を掛け合わせた規制であり、そうした場所の限定によって厳格審査に耐えられるのではないかという指摘もある。つまり、ヘイトスピーチ一般の規制とヘイトスピーチの方法に着目する規制とでは、厳格審査基準を同様に用いても、そのパス可能性が変わるのではないかという[8]。

　以上のような見解や指摘は、ヘイトスピーチ規制を認めるという結論に必ずしもつながるわけではなく、立場もそれぞれ異なる。ここで確認すべきなのは、ヘイトスピーチ規制を考える上で、表現内容規制に厳格審査を要求する従来型の憲法解釈とどのように折り合いをつけるかという問い、言い換えれば、表現の自由についての基礎理論を維持しながら、ヘイトスピーチ規制の説明は可能であるかという問いへの回答が試みられていることである。

　以上、ヘイトスピーチ規制をめぐる学説の理論的状況を概観した。こうしたことを踏まえた上で、川崎市のヘイトスピーチ規制条例を今後の運用状況も含めて、注目していきたい。

7）座談会「表現の自由」論究ジュリスト14号（2015年）169頁〔曽我部真裕発言〕。
8）同167頁〔宍戸常寿発言〕。他方、刑事的規制には懐疑的であることも述べられている。

3．ヘイトスピーチに関係する事例

　日本におけるヘイトスピーチに関する裁判事例を少し見ておこう。まず、京都市内の学校に対する差別的な示威活動について、それを単なる不法行為ではなく人種差別撤廃条約にいう人種差別に当たると認定して、約1220万円の損害賠償と、当該学校の半径200m以内における街宣活動等の禁止を命じたものがある[9]。

　また、川崎市内の在日韓国・朝鮮人が集住する地域でヘイトデモを禁止する仮処分命令が申し立てられた事案で、ヘイトスピーチ対策法を参照して、同2条に該当する差別的言論は人格権に対する違法な侵害行為に当たり不法行為を構成すると述べ、結論としてヘイトデモの差止めを認めたものがある[10]。

```
┌─────────────────┐
│  ステップアップ  │
└─────────────────┘
```

①表現に対しては表現で対抗すべきであるという対抗言論の考えは、ヘイトスピーチの問題で妥当するだろうか。

②ヘイトスピーチ対策法の対象から外れるものの日本における少数者集団であるアイヌ民族や被差別部落民、障がい者、LGBT、女性等に対する差別的表現については、どのように考えるべきか。

③ヘイトスピーチ内に、たとえば移民問題や政治問題など社会的に重要な内容が含まれている場合、表現の自由がもつ価値（自己統治など）との関係でどのように考えれば良いか。

9）京都地判2013〔平25〕10・7判例情報2208号74頁。控訴審の大阪高判2014〔平26〕7・8判例時報2232号34頁は、理由づけを変更して原審の結論を支持した（控訴棄却）。参照、奈須祐治「ヘイトスピーチと不法行為——京都朝鮮学校事件」メディア判例百選〔第2版〕（2018年）156-157頁。上告審の最決2014〔平26〕12・9判例集未登載は上告棄却・上告受理申立て不受理。

10）横浜地川崎支決2016〔平28〕6・2判例情報2296号14頁。参照、奈須祐治「マイノリティ集住地域における特定人を標的としないヘイトデモの仮処分による差止めの可否」ジュリスト平成28年度重要判例解説（2017年）16頁。

■文献案内

①ヘイトスピーチに関する文献は多いが、問題の全体像を見渡せるものとして、師岡康子『ヘイト・スピーチとは何か』（岩波新書、2013年）がある。ヘイトスピーチの実態や被害に関する論稿と、それを踏まえた法的考察の論稿が集められた金尚均編『ヘイト・スピーチの法的研究』（法律文化社、2014年）は必読である。同様の趣旨で、別冊法学セミナー12『ヘイトスピーチとは何か──民族差別被害の救済』258号（2019年）、同13『ヘイトスピーチに立ち向かう──差別のない社会へ』260号（2019年）も読んでおきたい。アメリカにおけるヘイトスピーチの議論を、法哲学との関係でも考えさせる書として、Jeremy Waldron, The Harm in Hate Speech (Harvard University Press, 2012). 谷澤正嗣・川岸令和訳『ヘイト・スピーチという危害』（みすず書房、2015年）がある。

②内容規制と内容中立規制については、この議論の妥当性を説得的に疑う佐々木弘道「言論の内容規制と内容中立規制」大石眞・石川健治編『憲法の争点』（有斐閣、2008年）118-119頁を参照されたい。ほかに、代表的な議論として市川正人『表現の自由の法理』（日本評論社、2003年）第二編をあげる。

表現の自由（3）
出版の事前差止めとプライバシー権

　Xは、A大学大学院修士課程に所属しながら、インターネット上の動画サイトで活動している。Xは、自分の実名や所属を伏せているが、素顔で動画に登場して、政治について大学院生の目線から論じており、一部ではカリスマ的な人気を誇っていた。そのため、将来は政治家になるのではないかというのが世間の見方であり、本人もそれを公言していた。そんな中、ゴシップを扱う雑誌Yが、「動画サイトで超人気大学院生Xの衝撃的な素顔」というタイトルで、Xが既婚者Bとの婚外恋愛のもつれから、Bに対してストーカーのような行為をしているとの記事を報じようとした。同記事の掲載予定を事前に知ったXは、Yに対して、仮処分手続をもって、当該雑誌販売の差止めを求めた。

1．検閲と事前抑制

　上記設問の中心的な論点は、**プライバシー権**侵害に基づく**事前差止め**は許されるかということである。まずは、**検閲**と**事前抑制**について見ていこう。

（1）検閲──税関検査事件

　憲法21条2項前段が規定する「検閲」とは何かについて定義したのは、**税関検査事件**[1] であった。同決定では、検閲を「行政権が主体となって、思想内容等の表現物を対象とし、その全部又は一部の発表の禁止を目的として、対象とされる一定の表現物につき網羅的一般的に、発表前にその内容を審査した上、不適当と認めるものの発表を禁止することを、その特質として備えるものを指す」と示した。

　しかし、この検閲の定義に対しては、当てはまる場合が非常に限定的だという批判がある[2]。確かに、この定義は行為主体を行政権に限定しているため、裁判所が行為主体である場合は抜け落ちる。または、同定義の対象を思想内容

1）最大判 1984〔昭 59〕12・12 民集 38 巻 12 号 1308 頁。

等にしているが、これを表現行為一般とした場合に比べれば、やはり前者は限定的である。

このように最高裁判所が税関検査事件で示した検閲の定義は非常に狭いものであったが、この定義に当てはまるものは絶対的に禁止され、この定義から抜け落ちるものは事前抑制として憲法21条1項の問題になる。

（2）事前抑制——北方ジャーナル事件

事前抑制についての判断を示したのが、**北方ジャーナル事件**[3]である。同判決は、裁判所による**名誉権**侵害に基づく出版物の事前差止めが求められた事案であり、上述の税関検査事件の検閲の定義を引用して、その立場を踏襲した上で、事前抑制について論じている。それによると、表現行為の事前抑制は市場に出る前の抑制であるから表現の受け手に到達せず、公の批判の機会を減少させるものである。また、事前抑制の性質上予測に基づくものとなり、事後制裁に比べて広汎にわたり易く濫用のおそれがあり実際上の抑止的効果が大きい。このような弊害に鑑みると、事前抑制は「厳格かつ明確な要件のもとにおいてのみ許容される」。

そして、出版物の事前差止めは事前抑制に該当し、とりわけその表現物の対象が公務員であるなど公共の利害に関する事項である場合には、私人の名誉権に優先する社会的価値を含み、事前抑制は原則として許されないとした。一方で、事前抑制が認められる例外的場合があるとし、その要件を実体面と手続面で示した。

実体的要件は「表現内容が真実でなく、又はそれが専ら公益を図る目的のものでないことが明白であって、かつ、被害者が重大にして著しく回復困難な損害を被る虞があるとき」であり、こうした表現行為は被害者の名誉に劣後することが明らかなので、差止めが例外的に肯定されるとしている。

この実体的要件については、いくつかの批判がある。たとえば、表現内容の真実性と公益目的要件を「又は」で結んだことで、それぞれが独立した要件と

---

2) 奥平康弘『なぜ「表現の自由」か』（東京大学出版会、1988年）第2章は、税関検査事件が示した検閲の定義が狭すぎることを詳細に論じている。基本的な学説として、広義説として芦部信喜〔高橋和之補訂〕『憲法〔第7版〕』（岩波書店、2019年）207-208頁、狭義説として、佐藤幸治『日本国憲法論』（成文堂、2011年）256-259頁を参照されたい。

3) 最大判1986〔昭61〕6・11民集40巻4号872頁。

なり、表現内容が仮に真実でも公益目的を欠く場合には差止めが認められる可能性があるという批判である[4]。

　この点、表現内容が真実であれば、そのこと自体で当該表現には一定の社会的価値が認められ、表現の受け手にとっては有用なのであるから、主観的な意図・目的という要素を差止認容要件論に持ち込むべきではないのではないかという疑問に結びつく。また、公益目的が認められても、表現内容が真実でないことが明白であるときも差止めが許されるという点に関しては、表現の本性上、誤解や誇張や時には若干の虚偽が混じるのが通常であるから、この非真実性の判断次第では、表現活動に対する萎縮的効果を生むのではないかという疑問も投げかけられる[5]。

　北方ジャーナルの実体的要件については、谷口正孝裁判官も意見において、公人の公的問題に関する表現の場合には、表現にかかる事実が真実に反し虚偽であることを知りながらその行為に及んだときなど、**「現実の悪意」**がある場合に限り事前差止めが許容されると述べている。谷口裁判官は、誤った言論に対する適切な救済方法はモア・スピーチであるという。

　このような議論のあるところだが、北方ジャーナル事件は北海道知事選挙に立候補予定である人物の評価という公共的事項に関する表現が問題になり、原則的には差止めを許容すべきでない類型に属するものの、公益目的ではなく真実性に欠け、事後的には回復し難い重大な損失を受けるおそれがあるとして、実体的要件を満たすとされた。

2．プライバシー権侵害に基づく事前差止め

　さて、北方ジャーナル事件は事前抑制についての判断を示したが、その事案は名誉毀損に基づく事前差止めを認めるか否かというものであった。事前差止めを求める権利侵害が、名誉権に基づくものではなく、プライバシー権であったら、差止めを認める要件をどのように考えればよいのだろうか。

4）阪口正二郎「名誉毀損と事前差止め──『北方ジャーナル』事件」憲法判例百選〔第7版〕（2019年）150頁、高橋和之「表現の自由と事前差止め」憲法の基本判例〔第2版〕（1996年）105頁。他方、長谷部恭男『憲法〔第7版〕』（新世社、2018年）159頁は異なる立場を示す。

5）以上の指摘について参照、芹沢斉「北方ジャーナル事件」浦田一郎・石村修ほか編著『時代を刻んだ憲法判例』（尚学社、2012年）300頁。

（1）名誉権とプライバシー権

　まず、名誉権とプライバシー権の相違については、名誉権は北方ジャーナル事件で「人の品性、徳行、名声、信用等の人格的価値について社会から受ける客観的価値」とされ、プライバシー権は一般に「個人が自分についての情報を誰にどう提供するかを自分でコントロールできる状態」と考えられているので、ともに憲法 13 条の保障範囲に含まれるものの、両者は基本的に異なる。

　とはいえ、名誉権とプライバシー権の侵害は、事案によっては双方が同時に問題になることもある。本事例においても、婚外恋愛とストーカー的行為が真実であれば、プライバシー権侵害が第一次的には問題になるが、清廉潔白な政治家候補としての社会的評価を落とすという意味では名誉権の侵害も問題になろう。仮に真実でなければ、名誉毀損が問題になる。

　このように、名誉権とプライバシー権の侵害の重なりを考えることができるが、上述のように双方は異なる以上、その侵害による差止めを検討する際には、その相違を考慮にいれた基準が必要になろう。名誉権とプライバシー権との相違の中でも特に影響があるのは、名誉権侵害の場合には反論や謝罪広告で名誉の回復が事後的に一定程度可能であると考えられるのに対して、プライバシーはいったん公開されると、事後的な回復が困難な点ではないだろうか。こうした特性を踏まえると、プライバシー権侵害の表現物については、名誉権侵害の場合よりも事前差止めによる救済の必要性が高く、差止めの要件を緩和して考える必要性があるだろう[6]。

（2）判　例

　では、実際にプライバシー権侵害に基づく事前差止めが問題になった事案では、どのような要件が用いられているのだろうか。結論を先に述べれば、判例の立場は固まっているとはいえない。というのは、プライバシー権侵害に基づく差止めの代表的事案である **「石に泳ぐ魚」事件**[7] と **「週刊文春」事件**の両者を見比べても、プライバシー権侵害に基づく差止めの要件を明確に述べることは

6）参照、駒村圭吾『ジャーナリズムの法理』（嵯峨野書院、2001 年）263 頁、野坂泰司『憲法 基本判例を読み直す〔第 2 版〕』（有斐閣、2019 年）251 頁。なお、プライバシーの内容が種々様々であるので、その侵害の態様もそれに応じて多種多様であるから、事前差止めの要件の設定は困難を極めるだろうという指摘もある。芹沢・前掲論文（註 5）304 頁。

7）最判 2002〔平 14〕9・24 判例時報 1802 号 60 頁。

できないのである。以下で、簡単にこれらの判決をみてみよう。

　(1)　「石に泳ぐ魚」事件　　まず、モデル小説におけるプライバシー権侵害、名誉権の侵害とそれに基づく差止めが論点になった「石に泳ぐ魚」事件では、雑誌で発表された小説をそのままの形で単行本化等しないという差止めを、北方ジャーナル事件での実体的要件に従った比較衡量で認めた。具体的には、控訴審が用いた「侵害行為によって受ける被害者側の不利益と侵害行為を差し止めることによって受ける侵害者側の不利益」とを比較衡量し、「侵害行為によって被害者が重大な損失を受けるおそれがあり、かつ、その回復を事後に図るのが不可能ないし著しく困難になると認められているとき」に差止めを認めるという要件を最高裁判所が引き継いだ。

　この基準については、本判決が別媒体による再公表の差止めという厳密な意味での事前差止めではなかったとしても、名誉毀損に基づく差止要件と本件との異同をより詳細に検討する必要があり、差止めの結論自体はやむを得なくても、本件は単なるプライバシー権侵害の事例として一般化されるべきではないだろうと指摘されている[8]。学説上も、この要件をプライバシー権侵害に際した事前差止めの一般的な基準としては受け取ってはいないようである[9]。

　(2)　「週刊文春」事件　　では、もう一つの代表的な事例である「週刊文春」事件はどのような基準で判断したのだろうか。同事件は、著名な政治家が長女の離婚に関する記事をプライバシー権侵害であるとして雑誌販売の事前差止めを求めた事案である。雑誌側が保全異議の申立てをしたところ、保全異議審の東京地裁は、「石に泳ぐ魚」事件と北方ジャーナル事件を参照した上で、①本件記事が「公共の利害に関する事項に係るものといえないこと」、②本件

8）鈴木秀美「小説『石に泳ぐ魚』事件東京高裁判決」法学教室 252 号（2001 年）90 頁。

9）たとえば、曽我部真裕「プライバシー侵害と表現の自由——「石に泳ぐ魚」事件」判例プラクティス〔増補版〕（2016 年）145 頁も、各種人格権侵害を総合考慮した事例判断で一般的な要件は未だ明らかにされなかったとする。なお、本件で比較衡量の手法を用いたことについて、棟居快行「プライバシー権を理由とするモデル小説の事前差止め——「石に泳ぐ魚」事件」メディア判例百選〔第2 版〕（2018 年）151 頁は妥当としている。他方、松井茂記『表現の自由と名誉毀損』（有斐閣、2013 年）275 頁は、北方ジャーナル事件との事案の違いから利益衡量による差止可否の判断があったとしても不可思議ではないが、北方ジャーナル事件の趣旨からすれば、公共の利害に関する事実に係らない純粋の私人に関する事例であれば利益衡量で差止めを認めてしまってもよいのかと疑問を呈す。

記事が「専ら公益を図る目的のものでないことが明白であること」、③本件記事によって「被害者が重大にして著しく回復困難な損害を被るおそれがあること」という三つの要件の下で判断して差止めを認めた[10]。

　保全抗告審の東京高裁は、地裁の 3 要件について「名誉権に関するものをプライバシーの権利に直ちに推し及ぼすことができるか疑問がないわけではない」としながらも、「相当でないとはいえない」として 3 要件に依拠して判断をした。そこでは離婚が「日常生活上、人はどうということもなく耳にし、目にする情報の一つにすぎ」ず、他方で「表現の自由は、民主主義体制の存立と健全な発展のために必要な、憲法上最も尊重されなければならない権利」で、出版物の事前差止めは表現の自由に対する重大な制約であり、認めるには「慎重な上にも慎重な対応が要求される」と述べた。そして、③の要件を満たさないとして差止めを認めなかった[11]。

　この 3 要件についても次のような議論がある。すなわち、要件を定立する点で予測可能性に乏しい個別的比較衡量よりも支持される一方で、本件地裁と高裁で結論が異なっていることを考えれば予測可能性は必ずしも高いわけではない、または差止めを認める結論も導かれる点で、表現の自由を保護する配慮からはより厳格な基準を求められる可能性もある[12]。更に、要件の内訳についても、名誉毀損の場合と異なり、プライバシー権侵害の場合にもっぱら公益を図る目的であったことは免責要件ではないので、②要件は不要である[13]。併せて、事前差止めが原則禁止される北方ジャーナルの趣旨からは、違法なプライバシー権の侵害が明白で重大で回復困難な損害が生じるおそれが最低限必要であるから、①の要件には明白性が要求される[14]。

　このように「週刊文春」事件での 3 要件がプライバシー権侵害に基づく差止

10）東京地決 2004〔平 16〕3・19 判例時報 1865 号 18 頁。
11）東京高決 2004〔平 16〕3・31 判例時報 1865 号 12 頁。
12）曽我部真裕「プライバシー侵害に基づく事前差止め――「週刊文春」事件」判例プラクティス〔増補版〕（2016 年）148 頁。
13）松井茂記「プライバシーの侵害と裁判所による差止め」法律時報 76 巻 10 号 100 頁。
14）同上論文・96 頁、一井泰淳「政治家長女の離婚記事が掲載された雑誌の販売事前差止め――週刊文春事件」メディア判例百選〔第 2 版〕（2018 年）155 頁も同意する。また、本件では、③要件で差止めを認めない判断になったが、①要件との関係で同様の結論を出すべきではなかったかとの疑問が示されている。

めの要件としての一般性や盤石性を獲得しているとはいえない状況である。

　さて、冒頭の事例は北方ジャーナル事件を主人公の参考とし、「週刊文春」事件を事案の参考にして作成した。これらの議論を踏まえて3要件を当てはめると、どのような判断になるだろうか。要件の妥当性も含めて考えてみたい。

```
┌─────────────┐
│ ステップアップ │
└─────────────┘
```

①検閲概念について、どのように考えるべきか。

②名誉権、プライバシー権侵害を理由とする事前差止めについては、それぞれどのような基準が妥当だろうか。

③表現媒体がインターネットの場合、上記の議論はどのように変わるだろうか。

■文献案内

①本稿で扱った各判例に関する評釈等は非常に多いが、文中で触れたもののほか、さしあたり税関検査事件については、検閲概念との関係で奥平康弘「税関検査の違憲性」ジュリスト240号（1961年）12頁、北方ジャーナル事件については、山口いつ子「北方ジャーナル事件」長谷部恭男編『論究憲法』（有斐閣、2017年）137頁、宍戸常寿・メディア判例百選〔第2版〕（2018年）148頁、加藤和夫・最高裁判所判例解説民事篇〈昭和61年度〉（1998年）278頁をあげる。「週刊文春」事件については、立花隆『「言論の自由」vs.「●●●」』（文藝春秋、2004年）。

　この分野に関する判例、論点、諸外国の議論などを全体的に見渡す文献として、田島泰彦・山野目彰夫・右崎正博『表現の自由とプライバシー──憲法・民法・訴訟実務の総合的研究』（日本評論社、2006年）、駒村圭吾・鈴木秀美編著『表現の自由I──状況へ』（尚学社、2011年）、阪口正二郎・毛利透・愛敬浩二『なぜ表現の自由か──理論的視座と現況への問い』（法律文化社、2017年）がある。

②紙幅から扱えなかったが、表現が対象とする人物がどのような立ち位置にあるのか（「公人」か）という点も「公共の利害に関する事項」に影響を与える意味で、一つの論点になる。判例としては、「月刊ペン」事件（最判1981〔昭56〕4・16刑集35巻3号84頁）を参照されたい。参考文献として、さしあたり山田隆司『公人とマス・メディア──憲法的名誉毀損法を考える』（信山社、2008年）をあげる。

表現の自由（4）
情報社会における個人の保護

　社会人3年目のXは、充実した平穏な日々を送っていた。ある日、社内で自分のことが噂になっていると同僚から教えられた。Xが調べてみると、**インターネット（以下、ネット）のソーシャル・ネットワーキング・サービス（以下、SNS）** に掲載されているオンライン小説が原因であることがわかった。そのSNSは、ユーザーに自由に作品を投稿・閲覧してもらう形式で、誰でも無料で利用できる。

　問題のオンライン小説の主人公の外見的特徴と経歴は、Xのそれと酷似しており、本名こそ使用されていないものの、主人公のモデルがXであることを容易に特定できた。また、Xは、自分の悲惨な家庭環境を周囲に知られないよう、極力話題にするのを避けてきたが、小説の中ではフィクションを交えつつもXの育った家庭環境が詳細に叙述されていた。加えて、小説は主人公の異性関係を中心とした内容であり、Xの顔部分を用いた性的な写真、いわゆるフェイクポルノが挿絵代わりに各所に用いられていた。

　このようなオンライン小説やフェイクポルノによって、Xは社会的・精神的に大きなダメージを受けた。Xは、法的救済を得るためにどのような主張をすることが考えられるか、考察しなさい。

1．情報プライバシー権

　コンピューターの普及・発達に伴う情報化社会の到来は、プライバシー権理解に大きな影響を与えた。従来、個人のプライバシー（権）は、「宴のあと」事件において「私生活をみだりに公開されないという法的保障ないし権利[1]」とされたことからも明らかなように、個人の私生活領域への侵入を拒否し[2]、他者に「私生活をみだりに公開されな」ければ保護できると考えられていた。

1）東京地判 1964〔昭39〕9・28民集15巻9号2317頁。
2）大日方信春『憲法Ⅱ〔第2版〕』（有信堂、2018年）71頁。

しかし、ネットやSNSの普及[3]は、これらを介した個人による容易な情報発信・受信を容易にし、「個人の表現の送りてへの復権」というメリットを生む一方、匿名による投稿や個人による社会一般（不特定多数）への情報発信・受信[4]の増加により、個人情報や個人のプライバシー的事項の外部への予期せぬ流出といった問題をも生み出した。そして、国家、民間業者、ネットは、情報主体に認識されることなく、それらの情報を収集・管理・利用できる。つまり、「ネット社会」自体がプライバシー権の脅威になり得ることが、強く意識されるようになった。

　その結果、プライバシー権の保護法益も、「情報を公開されないこと」から、「情報主体が自分の個人情報の収集、訂正、削除等について管理すること」へとスライドし[5]、**「情報プライバシー権」**という新たなプライバシー権理解を生み出した。これは、「自己に関する情報をコントロールする権利」、つまり、外部に流出・提供された個人情報を保有する第三者に対し、その情報の開示・訂正・削除・公開範囲の限定などを請求できる権利のことである。第三者が保有する個人情報に情報主体自らが関与できる点にメリットがある。しかし、この権利の行使が、情報主体の個人情報を外部に流出させた他者の表現の自由への侵害になることや、この権利に基づく削除請求を可能にする個人情報の範囲や程度など具体的なことが不明確であることから、この権利の実際の行使には慎重にならなければならないケースも現実には出てくるだろう。

2．ネットにおける表現の自由とプライバシー権の保護
（1）ネットにおける表現の自由とプライバシー権の対立構造

　ネットやSNSの普及に伴いネット上でのプライバシー権侵害的な表現が問題となっている。事例にあげたオンライン小説に関してXが採り得る措置として、自分のプライバシー権がオンライン小説によって侵害されていることに基づき、SNSの運営・管理会社に対し、その小説の削除を要求することがあ

3）　総務省：https://www.soumu.go.jp/johotsusintokei/whitepaper/ja/r01/html/nd232120.html（2020年3月31日）参照。
4）　阪口正二郎・毛利透ほか編著『なぜ表現の自由か　理論的視座と現況への問い』（法律文化社、2017年）142頁。
5）　同上書・219頁。

げられる。しかしこの場合、会社による一方的なオンライン小説の削除は、その小説の作者（表現者）の表現の自由を侵害することになり、ここにネットという従来想定されていなかった表現市場における、表現の自由とプライバシー権の対立という構造が現れる。

（2）プライバシー権の保護：従来の場合とネット上との場合の比較

「宴のあと」事件は、プライバシー権侵害の3要件を示し、その一つに私生活上の事実だけでなく「私生活上の事実らしく受け取られるおそれのあることがら」も含め、モデル小説が個人のプライバシーを侵害したことを認めた。つまり、純然たる事実だけでなく、モデル小説という一種のフィクションといえる特殊なものもプライバシーを侵害し得るのであり、その場合、表現の自由が例外的に制約を受けることになる。

しかし、プライバシー権と表現の自由とが対立した場合、一般的に表現の自由が「優先」される傾向にあり、ネットという媒体の特殊性も、その傾向に特段の影響を与えていないようにもみえる。

ネットの検索エンジンが提供した検索結果（個人の前科）を、プライバシー権の侵害を根拠に削除することの是非が争われた判例[6] が、この点について参考になる。最高裁は、**検索結果**も「検索事業者の方針に沿った」「表現行為」であるから、検索結果を提供する検索事業者も「表現の自由を行使する主体」であるという前提の下、ネットを舞台とするこの事件を「表現の自由 vs プライバシー権」という従来の対立構造に当てはめた。そして、「プライバシーに属する事実が伝達される範囲とその者が被る具体的被害の程度など、当該事実を公表されない法的利益と、当該 URL 等情報を検索結果として提供する理由に関する諸事情を比較衡量する[7]」手法を用いた。その上で、個人のプライバシー（権）が表現の自由に優先されるためには、そのプライバシー（権）の保護法益が表現の自由のそれを「明らかに超えるほど」のものでなければならないという明白性要件を持ち出し、表現の自由を「優先」する従来の姿勢を明確に示した。

最高裁は、前科が「プライバシーに属する事実」であることを認めつつも、

6）最判 2017〔平 29〕1・31 民集 71 巻 1 号 63 頁。
7）憲法判例百選 I〔第 7 版〕（2019 年）139 頁。

その前科が強い社会的非難を受けるものであり、かつその情報の伝達範囲が限定的であることから、検索事業者の削除義務を認めなかった。なお、前科の公表によるプライバシー権侵害が問題になった**「逆転」事件**[8]でも、比較衡量が用いられたが、こちらはプライバシー権侵害が認められている。

では、事例のオンライン小説は、プライバシー権侵害を理由に削除され得るか。まず、オンライン小説は検索結果と異なり、純然たる「表現行為」であることから、その作者の表現の自由と主人公のモデルとされた X のプライバシー権の対立という従来の構造が立ち現れる。

次に、「宴のあと」事件において示されたプライバシー権侵害の要件を、このオンライン小説が満たすかが問題となる。この小説は、フィクションを交えつつも、主人公の特徴から X を容易に特定でき、かつ周囲に秘匿してきた悲惨な家庭環境を詳細に叙述されるなど、プライバシー権侵害の 3 要件は満たすと考えられる。加えて、社会人として平穏な生活を送る現在の X にとって、この小説は大きな社会的・精神的ダメージを与えるものである。よって、今回はプライバシー権の保護が優先されるべきであり、SNS 上の小説は、X の削除請求に基づき、管理会社によって削除されることになると考えられる。

なお、この小説がコピーされ、ネット上に驚くべき速さで拡散する可能性もある。この場合、X が検索結果の削除を検索事業者に請求できるかという点が問題となる。この点について、検索結果にオンライン小説自体に加え、X の氏名といった個人情報が表示されるような場合までも含めて、表現の自由とプライバシー権の対立の調整を考える必要があろう。

ネットにおける表現の自由とプライバシー権との衝突は、表現の自由の保護を優先することを原則とし、プライバシー権の保護は例外的な場合に限定されるということになる。しかし、従来の対立構造の鋳型を維持しつつ、検索結果をも「表現行為」に含めたことは、表現の自由の下で保護される「表現」の中身が変質し得る可能性を示すものであり、表現の自由の性質をどのように理解するのかという問い[9]も生じさせるものである。表現の自由とプライバシー権との緊張関係に関する議論は、ネットの発展に応じて行われることになろう。

8）最判 1994〔平 6〕2・8 民集 48 巻 2 号 149 頁。
9）前掲憲法判例百選（註 7）139 頁。

（3）リベンジポルノ：プライバシー権が表現の自由に優先される事例

　表現の自由の保護を「明らかに超えるほど」のプライバシー権の保護法益が認められる例外的な場合の一つが、**リベンジポルノ**である。被害者の受ける社会的・精神的損害の甚大さなどを鑑み、「私事性的画像記録の提供等による被害の防止に関する法律」（以下、リベンジポルノ防止法）は、「私事性的画像記録」（画像などのデータ）・「私事性的画像記録物」（写真などの有体物）を、その被写体の許可・同意なく「提供する等」の行為を、その目的や意図に関係なく規制する。

　事例のフェイクポルノを掲載した表現者（掲載者）が X の元交際相手などである場合、このフェイクポルノはリベンジポルノに該当する可能性がある。その場合、掲載者は、リベンジポルノ防止法 3 条に基づき、罰則を科される。なお、ネットの情報拡散性を考慮し、同法は、プロバイダ等に対するリベンジポルノの削除請求権を被害者に認めると同時に、同法 4 条に基づいた手続に従ってリベンジポルノを削除したプロバイダが、掲載者に対し法的責任を負わないことも規定している。

　ここでは、被害の甚大さという観点から、被害者やプロバイダが手厚く保護され、一方で表現の自由の尊重という基本姿勢は後退する。つまり、リベンジポルノのように、「明らかに」表現の自由よりも保護すべきと判断される保護法益でなければ、表現の自由のそれを凌駕することはできない。明白性の要件を厳格に適用した場合、プライバシー権侵害か否か微妙な、一種の「グレーゾーン」に位置する表現行為が大量にネット上に放置される可能性も出てくる。これは、表現の自由とプライバシー権との対立構造において、プライバシー権への保護が脆弱になる危険性があることを意味する。

　なお、ここではあえてオンライン小説とフェイクポルノを分離して論じたが、実際には両者を一体とみなして判断することになろう。

3．忘れられる権利

　情報プライバシー権の延長上にあるものとして、新たに**「忘れられる権利」**が主張されている。この権利は、その内容に未確定な部分を残しているが、現段階では、「自己に不利益な情報をインターネット上に投稿されたあるいは自

らが投稿した過去の事故情報について、インターネット・ポータルサイトとくに検索エンジンを運営する事業者に対して、その削除を請求する権利として構成」されている[10]。

EUでは、四半世紀ほど前から、「忘れられる権利」やそれに関連する立法の具体的な動きがあった。その動きに大きな影響を与えたのが、Google事件判決[11]である。この判決の後、EUデータ保護規則（General Data Protection Regulation：GDPR）が2016年に発効、2018年5月から適用が開始され、その17条で、「削除権」（忘れられる権利）という名称の下、「忘れられる権利」が明文化された。

翻って、日本では、「忘れられる権利」は固有の権利として確立していない。上記のネット検索結果の提供とプライバシー権の事例において、保全異議審では、「一度は逮捕歴を報道され社会に知られてしまった犯罪者といえども、……ある程度の期間が経過した後は過去の犯罪を社会から『忘れられる権利』を有する」として「忘れられる権利」に明示的に言及し、検索結果削除命令を認可した[12]。しかし、その後の保全抗告審で、東京高等裁判所は、「忘れられる権利」について名誉権ないしプライバシー権と同一に帰するものとしてその独自性を否定し、最高裁による決定でも言及されなかった[13]。

```
┌─ ステップアップ ─┐
```

① 表現の自由とプライバシー権が衝突する身近な例をあげ、考察しなさい。
② 自分の個人情報を守るための法律には、具体的にどのようなものがあるだろうか。調べなさい。
③ 「忘れられる権利」について、EUではGoogle事件以外にも関連判例がある。どのような内容の判例か。調べなさい。

---

10) 阪口ほか編著・前掲書（註4）220頁。
11) Case C-1311/12 Google v. AEPD[2014] ECR I-nyr; 中西優美子「31 GoogleとEUの『忘れられる権利（削除権）』」『EU権限の判例研究』（信山社、2015年）321-330頁参照。
12) さいたま地決2015［平27］12・22判例時報［参］2282号78頁。
13) 前掲憲法判例百選（註7）138頁。

■文献紹介

①表現の自由とその権利をめぐる様々な問題について、判例も交え、総合的に理解できる著作として、阪口正二郎・毛利透ほか編著『なぜ表現の自由か　理論的視座と現況への問い』（法律文化社、2017 年）が有益である。

②「忘れられる権利」について、奥田喜道編著『ネット社会と忘れられる権利　個人データ削除の裁判例とその法理』（現代人文社、2015 年）が有益である。この権利に関する EU での展開、具体的な事例、そして各国における動向が示されている。

③特にネット上では、個人の表現の自由への制限を可能にする物理的・技術的構造（アーキテクチャ）が用いられている。有害情報のフィルタリングなどは、その代表である。表現の自由とアーキテクチャの関係を分析し、アーキテクチャを踏まえた上で表現の自由をどのように構築するかも、今後の憲法学において重要な論点となる。この点について、成原慧『表現の自由とアーキテクチャ　情報社会における自由と規制の再構成』（勁草書房、2016 年）。

表現の自由（5）
集会の自由の憲法的価値

　A大学の学生Xは選挙の啓発活動を中心としたサークルを友人らと設立し、選挙権をもたない中・高校生もわかりやすい憲法改正問題をテーマに、護憲派の弁護士を招き講演会を開くことにした。XはY市公民館窓口で会議室の利用申請書を提出したが、公民館職員は「利用規程の『政治的活動』にあたる」ことや、改憲派との衝突も想定されるとしてXらの利用に難色を示した。

1．「集会の自由」を憲法で保障すること
（1）「集会の自由」の意義

　通信技術の進歩により表現形態が多様化する中にあっても、成田新法事件判決[1]が示すように、「集会は、国民が様々な意見や情報等に接することにより自己の思想や人格を形成、発展させ、また、相互に意見や情報等を伝達、交流する場として必要であり、さらに、互いに意見を表明するための有効な手段」である。現代社会では、集会が大衆の表現行為として重要視されなければならず、国政への参加の道が閉ざされた政治的少数派にとって意見表明の手段となる集会の自由を保障することは民主制の維持・発展の基本的要請といえる[2]。また、集会の自由は、広義の表現の自由に含まれ、伝統的な言論・出版の自由と同じく自己実現・自己統治の二つの価値を充足する機能を営むものである[3]。

（2）「集会の自由」の保障と限界

　憲法21条1項により「**集会の自由**」は保障される[4]。「集会」とは、多人数が政治・経済・学問・芸術・宗教などに関する共通の目的をもって一定の場所に集まることを意味し、集会の場所は、公園・広場などの屋外のものから公会

1）最大判1992〔平4〕7・1民集46巻5号437頁。「集会、結社の自由」は、「表現の自由」に代替せしめられない独自の価値（情感上の相互作用、連帯感、信奉心の醸成など）を担っている（佐藤幸治『日本国憲法論』（弘文堂、2011年）285頁参照）。
2）伊藤正己『憲法〔第3版〕』（弘文堂、2008年）295-296頁。
3）芦部信喜『憲法学Ⅲ〔増補版〕』（有斐閣、2000年）480頁。

堂など屋内のものにわたる[5]。集会の自由とは、集会の開催、または集会への参加を公権力によって妨害されない**「積極的集会の自由」**[6]と、集会の目的・場所・公開性の有無・方法・時間などのいかんを問わず、集会の主催または集会への参加につき、公権力による制限が禁止され、また、主催・参加を公権力に強制されない**「消極的集会の自由」**[7]を意味する。

　もっとも集会は、出版などの純粋な言論とは異なり一時的に会合する行動を伴うため、他の利用者の利益との衝突や「敵対的な聴衆」との混乱等も想定される。成田新法事件判決が論じるように、集会の自由は「公共の福祉による必要かつ合理的な制限」に服することになる。しかし、制限は単純な「公共の福祉」論や比較衡量に依らず、表現の自由の観点から必要最小限でなければならないし[8]、公権力は、「正当な理由」なく公共施設の利用を拒否してはならず、利用者の「不当な差別的取扱い」を禁じられることになる（地方自治法244条）[9]。なお、集会に用いられることが予想される国または自治体が設置した公共施設[10]を学説上、**「パブリック・フォーラム」**と呼ぶ（詳細は後述）。

2．集会の自由を保障するための法理論

(1)「パブリック・フォーラム」(public forum) 論

　表現活動（集会、演説やビラ配布）に場所は不可欠であり、市民的利益を確

4）集会・結社の自由は、内容的にも、言論・出版の自由と異なる面（集団行動への参加の自由）があること等から個別に考える見解もあるが（橋本公亘『日本国憲法〔改訂版〕』（有斐閣、1988年）252頁）、表現の自由から切り離して理解すべきではないという見解が有力である（高見勝利・高橋和之ほか『憲法Ⅰ〔第5版〕』（有斐閣、2013年）364-365頁〔中村睦男執筆〕、辻村みよ子『憲法〔第6版〕』（日本評論社、2018年）222頁などを参照）。

5）芦部信喜〔髙橋和之補訂〕『憲法〔第7版〕』（岩波書店、2019年）222頁。

6）渡辺康行ほか『憲法Ⅰ　基本権』（日本評論社、2016年）263頁〔工藤達朗執筆〕。

7）佐藤・前掲書（註1）285頁。

8）たとえば、市川正人『憲法』（新世社、2014年）161頁参照。

9）公共施設の管理者たる公権力に対し、集会をもとうとする者は、公共施設の利用を要求できる権利を有するという見解もある（伊藤・前掲書（註2）297頁）。しかし、いかなる場所、施設を整え、その利用を調整するかについて、国や自治体の裁量権を排除することはできない（戸松秀典『憲法』（弘文堂、2015年）215頁）。

10）行政目的を遂行するための手段として行政主体自身が利用するものを「公用物」（庁舎やその敷地、公務員宿舎など）、公衆の使用に供することが行政目的で、直接公衆に使用されるものを「公共用物」（道路、公園等）という（たとえば宇賀克也『行政法概説Ⅲ〔第5版〕』（有斐閣、2019年）553頁以下参照）。

保するために、場所の管理権をどのように調整するかを再検討する考え方が、アメリカの判例理論のパブリック・フォーラム論である[11]。

　この理論はパブリック・フォーラムを、①道路・公園など伝統的に表現活動と結びついた**伝統的パブリック・フォーラム**、②公会堂・公立学校講堂など国や自治体が自発的に公衆の表現活動の場として利用に供した**限定的パブリック・フォーラム**、③国有・公有財産であっても、①②以外の公共的でない広場を**非パブリック・フォーラム**と分類する。①の規制は、表現内容中立規制（時・所・方法の規制）は許されるが重要な政府利益を達成するための必要最小限度でなければならず、表現内容規制は厳格な違憲審査基準が用いられ、②の規制は、公開性を管理者はいつまでも維持する必要はないが、維持する限りは①類型と同じ基準となり、③は、規制が観点区別に基づかない限り、フォーラムの設置されている目的に照らし規制が合理的か否かで考える[12]。学説上、日本でも積極的に参考にされる[13]。

（2）最高裁判例におけるパブリック・フォーラム論

　最高裁判例において、パブリック・フォーラム論に言及した多数意見はない。私鉄駅構内のビラ配布行為等が鉄道営業法 35 条及び建造物侵入（刑法 130 条）違反が争われた駅構内ビラ配布事件判決[14]では、伊藤正己裁判官の補足意見において「一般公衆が自由に出入りできる場所は、それぞれその本来の利用目的を備えているが、それは同時に、表現のための場として役立つことが少なくない。道路、公園、広場などは……『パブリック・フォーラム』と呼ぶことができよう。……表現の場所として用いられるときには、所有権や、本来の利用目的のための管理権に基づく制約を受けざるをえないとしても、その機能にかんがみ、表現の自由の保障を可能な限り配慮する必要がある」と示された。

11）奥平康弘『憲法Ⅲ』（有斐閣、1993 年）178-179 頁。

12）芦部・前掲書（註 3）443-445 頁。

13）松井茂記『憲法〔第 3 版〕』（有斐閣、2007 年）471-476 頁、芹沢斉・市川正人ほか編『新基本法コンメンタール憲法』（日本評論社、2011 年）179-180 頁〔市川正人執筆〕、小山剛『「憲法上の権利」の作法〔第 3 版〕』（尚学社、2016 年）196-198 頁、高橋和之『立憲主義と日本国憲法〔第 5 版〕』（有斐閣、2020 年）252 頁、長谷部恭男『憲法〔第 7 版〕』（新世社、2017 年）226-230 頁など参照。

14）最判 1984〔昭 59〕12・18 刑集 38 巻 12 号 3026 頁。「大分県屋外広告物条例事件」（最判 1987〔昭 62〕3・3 刑集 41 巻 2 号 15 頁）において、伊藤裁判官は、パブリック・フォーラム論を補足意見で論じた。

3. 判例から見えてくる「集会の自由」の保障——事例を考えるヒント

（1）屋外における規制問題

　国がかかわる事例として皇居前広場使用不許可事件判決[15]がある。1952（昭和27）年5月1日のメーデーのために総評が厚生大臣に皇居外苑使用許可を求めたが不許可となり、処分取消しを求めた事例である。訴訟係属中に開催日を経過し「訴えの利益」が失われ上告が棄却されたが、最高裁は、「念のため」と実体判断を行い、公共用財産である公園の使用許否は管理権者の自由裁量に属さないが、厖大な参加予定者や長時間使用による公園の損壊、公園管理の支障及び長時間にわたる公園本来の利用の阻害を理由とした不許可処分を管理権の運用を誤ったとはいえず、また管理権に名をかりた実質的な表現規制等を目的としたものとも認められず、不許可処分を違法ではないとした。

　同判決について、集会の場所としての使用を許可にかからしめることは事前抑制にあたり、事前抑制の原則的禁止の法理により厳格な条件にのみ許されるという見解[16]、処分根拠の国民公園管理規則4条「国民公園内において、集会を催し又は示威行進を行おうとする者は、厚生大臣の許可を受けなければならない。」という規定は漠然性・過度広汎性ゆえに違憲無効とする見解もある[17]。

　自治体の事例として、広島市暴走族追放条例事件判決[18]がある。条例16条1項1号は、禁止行為として市の管理する「公共の場所」において所有者等の承諾等を得ず、公衆に不安等を覚えさせる「い集又は集会」をあげ、同17条は「公共の場所」において、「特異な服装をし、顔面の全部若しくは一部を覆い隠し、円陣を組み、又は旗を立てる等威勢を示す」場合、市長の行為の中止・退去の命令を可能としていたが、規定に反して指定暴力団準構成員である被告人が中心となり公園に集い、退去命令に従わず起訴された事例である。

　最高裁は、条例の「暴走族」を「暴走行為を目的として結成された集団である本来的な意味における暴走族の外……社会通念上これと同視することができ

15）最大判1953〔昭28〕12・23民集7巻13号1561頁。

16）樋口陽一・佐藤幸治ほか『注解法律学全集（2）憲法Ⅱ』（青林書院、1997年）28-29頁〔浦部法穂執筆〕。公物管理権の範囲にとどまる限り、概括的規定に基づく許可制であっても直ちに違憲とは言い難いとする見解もある（渡辺ほか・前掲書（註6）267頁）。

17）江原勝行「集会の自由と公園の使用許可」憲法判例百選Ⅰ〔第7版〕（2019年）173頁など。

18）最判2007〔平19〕9・18刑集61巻6号601頁。

る集団」と限定し、暴走族の集会等が平穏を害してきたこと、集会を直ちに犯罪として処罰せず、市長の中止命令違反を処罰する「事後的かつ段階的規制」であり、規制目的の正当性、手段の合理性及び規制により得られる利益・失われる利益を衡量し、憲法21条1項、31条に反しないと判示した。藤田宙靖裁判官の反対意見は、合憲限定解釈に相当の無理があり「違憲無効と判断し、即刻の改正を強いるべき事案」と論じた。同判決について、明確性を欠く条文の合憲限定解釈が制定者の意図に反し、無理があるとの批判がある [19]。

(2) 屋内における規制問題

　自治体の事例として泉佐野市民会館事件判決 [20] がある。主催者団体が過激派ということもあり、市は会館条例7条1項「公の秩序をみだすおそれがある場合」に該当するとして利用不許可とし、その取消しが争われた。

　最高裁は、「集会の自由の重要性と、当該集会が開かれることによって侵害されることのある他の基本的人権の内容や侵害の発生の危険性の程度等を較量して決せられ」、集会の自由の制約は「経済的自由の制約における以上に厳格な基準」の下にあるべきとし、単純な比較衡量ではなく2段階の審査基準を示した。対立団体との衝突による生命、身体、財産の侵害等の危険性判断については、危険事態の発生の蓋然性だけでは足りず、「明らかな差し迫った危険の発生が具体的に予見されることが必要」であり、「[平穏な] 集会の目的や主催者の思想、信条に反対する他のグループ等がこれを実力で阻止し、妨害しようとして紛争を起こすおそれがあることを理由に公の施設の利用を拒むこと」を憲法21条に反するとし、アメリカの判例法理の「**敵対的聴衆（hostile audience）の法理**」に類する理論を示した。最高裁は条例7条の合憲限定解釈を行い、主催団体が他のグループと暴力抗争を続けてきた事実から危険性は予見でき不許可を適法とした。判決について単純な利益衡量論に比べ集会の自由保護的な審査枠組みとの見解 [21] や厳格な基準の採用は正当との見解がある [22]。

19) 市川・前掲論文（註13）161頁参照。
20) 最判1995〔平7〕3・7民集49巻3号687頁。同判決は、アメリカの判例法理であるパブリック・フォーラム論を想起させる注目すべき憲法判例と評されている（近藤崇晴・ジュリスト1069号（1995年）82頁）。なお、同氏の調査官解説の注（1）では、「本判決がパブリック・フォーラムの法理を念頭に置いていることは疑いがない」（最高裁判所判例解説民事篇平成7年度（上）（1998年）282頁）と指摘する。
21) 市川・前掲論文（註13）183頁参照。

同様の事例である上尾市社会福祉会館事件判決[23]も、市が管理条例により主催団体の利用を拒否したが、最高裁は泉佐野市市民会館事件判決を踏襲し、「警察の警備等によってもなお混乱を防止することができないなど特別な事情」は認められないとして不許可処分を違法とした[24]。合法的な集会であれば妨害行為を規制し、集会の自由を保障することが正当との見解がある[25]。

近時、自衛隊のパレードに反対する団体が市役所前広場での抗議集会開催のために市長に使用許可申請したが不許可となり、その処分が違憲・違法であることを理由に国家賠償請求などを行った金沢市役所前広場訴訟がある。一審は請求を棄却し[26]、控訴審は控訴を棄却した[27]。パブリック・フォーラム論及び駅構内ビラ配布事件判決の伊藤裁判官補足意見から見て、両判決に疑問を呈する批評が見受けられる[28]。

（3）私有地における問題

例としてプリンスホテル日教組大会事件がある。ホテル側が日本教職員組合の大会等で宴会場の使用に応じたが、右翼団体の街宣活動等による他の顧客・近隣等への迷惑を理由に契約を解除し使用拒否に転じた。日教組は東京地裁に会場使用の仮処分命令を申し立て、申立てどおりの決定確定後も会場使用が拒否されたため、民事保全処分後に日教組等の原告らが債務不履行・不法行為に基づき賠償等を請求した。東京地裁は、①決定確定後の使用拒否が民事保全法の予定しない違法な所為であり、仮処分命令等は「各集会を開催する権利を保障しようとしたもの」であるから、その権利を侵害したホテル側の債務不履行・不法行為を認め、②原告らの財産的・非財産的損害、及び③謝罪広告掲載を認容した[29]。東京高裁は①を維持し、②・③を変更した[30]。私有地内の施

22）伊藤・前掲書（註2）303頁。

23）最判1996〔平8〕3・15民集50巻3号549頁。

24）泉佐野市民会館事件判決と同様に、「敵対的聴衆の法理」を採用し、この法理は最高裁において定着したと指摘がある（市川・前掲論文（註13）183頁参照）。

25）たとえば、高橋・前掲書（註13）249頁参照。

26）金沢地判2016〔平28〕2・5判例時報2336号53頁。

27）名古屋高金沢支判2017〔平29〕1・25判例時報2336号49頁。

28）木下智史「集会の場所の保障をめぐる事例」『憲法訴訟の実践と理論』判例時報2408号臨時増刊（2019年）23頁以下及び市川正人「公共施設における集会の自由に関する一考察」立命館法学373号（2017年）1頁以下参照。

29）東京地判2009〔平21〕7・28判例時報2051号3頁。

設がパブリック・フォーラムとなるか判例・学説の定説はないが[31]、私有地であっても市民が自由に利用できるのであれば、パブリック・フォーラムとして集会の自由を尊重しなければならないことがあり得るとの見解もある[32]。

┌─────────────────────┐
│ **ステップアップ** │
└─────────────────────┘

①国会や外国公館、政党事務所周辺地域における集会の制限は可能であろうか。

②集会の自由を考える際に、アメリカ合衆国連邦最高裁で展開されたパブリック・フォーラム論を学説上参考にすると何が問題となり得るか。

③本文中では触れなかったが、集会の自由と関連してパブリック・フォーラム論と表現活動に対する政府の援助・助成（「政府の言論」）について検討しなさい。

■文献案内

①国会や外国公館、政党事務所周辺地域と集会の自由に関する文献として警備法令研究会『国会議事堂等周辺地域及び外国公館等周辺地域の静穏の保持に関する法律・逐条解説』（立花書房、1989 年）及び中川律「国会周辺におけるデモ・集会の規制」阪口正二郎・毛利透ほか『なぜ表現の自由か』（法律文化社、2017 年）229 頁以下がある。それらを参考に集会の自由の規制目的・方法について検討してほしい。

②パブリック・フォーラム論は集会の自由に限らず、表現の自由を考えるにあたり様々な場面で参考にされる。更に理解を深めるには、紙谷雅子「パブリック・フォーラム」公法研究 50 号（1988 年）103 頁以下、同「パブリック・フォーラムの落日」樋口陽一・高橋和之編『芦部信喜先生古稀祝賀 現代立憲主義の展開 上』（有斐閣、1993 年）643 頁以下、及びパブリック・フォーラムと「政府の言論」について触れている中村暁生「パブリック・フォーラム」駒村圭吾・鈴木秀美『表現の自由Ⅰ』（尚学社、2011 年）197 頁以下などを参照してほしい。

30）東京高判 2010〔平 22〕11・25 判例時報 2107 号 116 頁。

31）松田浩「プリンスホテル日教組大会会場使用拒否事件控訴審判決」ジュリスト平成 23 年度重要判例解説（2012 年）24 頁参照。

32）渡辺ほか・前掲書（註 6）270 頁参照。

学問の自由と大学の自治

A市立大学では、市長主導の大学改革と称して、新たに地域学部を立ち上げることになり、元副市長である大学法人理事長が直接交渉して、実務経験豊富な市職員OBを大量に教員として採用する人事計画が内定した。研究業績が一つもない実務家メインの新学部構想に、全学教員の9割以上が反対していることが判明すると、これまで教授会や教育研究審議会の議を経て決定していた教員人事について、理事会のみで決定できることとする定款変更が市議会で可決され、B県知事の認可を受けた。このようなかたちで人事権をアカデミックな審査手続を経ずに理事会が専断的に行使することは、憲法上許されるだろうか。

1 大学の自治というコンセプト

(1) 憲法 23 条と大学

憲法23条の学問の自由条項は、広く一般人の知的探究活動を保護するだけではなく、大学を典型とする「もっぱら最も高い程度の純粋学術の研究および教授を任務とする研究教育機関」[1]に対して、特殊な保障を与えていると考えられてきた。最高裁判所の**東大ポポロ事件**判決は、「大学が学術の中心として深く真理を探求し、専門の学芸を教授研究することを本質とすること」に基づいて、「大学の教授その他の研究者の有する特別な学問の自由と自治」を憲法23条の保障対象としている[2]。

こうした大学への特別なフォーカスが、憲法上の明文を欠いているにもかかわらず、なぜ正当化できるのかは、学説上の争点となってきた。最高裁にも影響を与えた1950年代の専門的特権説は、学問の自由条項が19世紀のドイツ系諸憲法に初めて登場し、その「主体は沿革的には高等な学術研究機関、及びそ

1）宮沢俊義『憲法II〔新版〕』（有斐閣、1974年）396頁。
2）最大判1963〔昭38〕5・22刑集17巻4号370頁。

の所属者であるとされていた」という沿革的意義を踏まえ、学者・研究者が「その領域において指導的立場にあるいわば『選ばれたる人』である」ことを一つの根拠に、大学の自治への「制度的な保障」を23条の内容と解釈した[3]。1960年代にこれを批判した市民的自由説は、大学の教員研究者も一般市民と同等の真理探究の自由をもつにすぎないのだが、彼らは教育研究機関の「被用者」であるとともに高度な**専門職能**」(profession)であることに鑑みて、大学の設置者・管理者による解雇・懲戒権や業務命令権の発動を抑制し、雇用関係の内部で市民的自由を回復させる必要があり、この点に23条の特別な意味を見出した[4]。

　大学教授という地位＝身分(Status)に基づく特権としての意味を23条にもたせるのか[5]、医者や法律家と似た一つの専門職能である大学教員の雇用関係における自由を23条の本質と捉えるのか、依然として学説の争いは続いている[6]。

（2）大学の自治の主体は誰か？

　専門的特権説やポポロ判決が前提とする大学像は、教授層を中心とする教員組織の自己統治団体というものであり、これは遠く旧帝国大学の時代に形成され、2004年の国立大学法人化までは（かろうじて）生き残っていた。そこでの大学の自治は、**教授会の自治**とほぼ同義であったといえるだろう[7]。

　しかし教授会の地位は、国公立大学法人制度の導入をはじめとする一連の大学法制改革によって低下の一途をたどってきた。かつて国公立大学の教員選考については「教授会の議に基づき」行うという法律上の保障があったが（教育公務員特例法3条5項参照）、法人化した国公立大学の教員（非公務員）に、もはやその適用はない。更に、学校教育法上、国公私立大学すべてにおいて「重要な事項を審議するため」に置かれた教授会は、後に述べるように、2014年

3）法学協会編『註解日本国憲法（上）』（有斐閣、1953年）455頁以下（なお、引用中の傍点は原文）。

4）高柳信一・大浜啓吉「第23条」有倉遼吉・小林孝輔編『基本法コンメンタール憲法〔第3版〕』（日本評論社、1986年）98頁以下。なお参照、高柳信一『学問の自由』（岩波書店、1983年）。

5）参照、石川健治『自由と特権の距離〔増補版〕』（日本評論社、2007年）233頁・236頁・275頁以下。更に参照、同「制度的保障論批判」現代思想43巻17号（2015年）108頁以下。

6）参照、宍戸常寿『憲法――解釈論の応用と展開〔第2版〕』（日本評論社、2014年）177-179頁。

7）この認識を確立したのが、京都帝大澤柳事件（1913年-1914年）だった。京大事件について参照、松尾尊兊『滝川事件』（岩波現代文庫、2005年）。

法改正によってこの包括的権限を失った（学校教育法93条参照）。

　教授会の自治権が次々と法令上の根拠を失っていくのと反比例して、法人（とりわけそのトップである理事長や学長）の権限は強化され、大学の運営はアカデミックなキャリアをもたない「学外」者の意向にも敏感になりつつある。こうなるともはや憲法23条の保障する大学の自治（＝教授会の自治）はフィクションではないのか[8]、という疑問も生じるだろう。憲法学説にも、大学の自治の主体は「大学にあるとする見解と学部教授会にあるとする見解が対立しているが、基本的には大学にある」と説くものもある[9]。

　憲法上の自治権は、大学の中のどの主体がどの範囲でもつか。これは「学外」の国や地方公共団体が大学を設置した時代がほぼ終焉を迎え、代わって、国等との関係では「学内」ともいえる独立の法人（国立大学法人、公立大学法人、学校法人）が大学を設置することが普遍化した現在（学校教育法2条参照）、改めて整理し直すべき問題である。

2　大学の自治の分節化

（1）大学の自治の内容は何か？

　では、この大学の自治というコンセプトによって、どのような内容がどのような理由から保障されるべきものと考えられてきたのだろうか。最高裁ポポロ判決は、前者についてはそれなりに明晰である。第一、「とくに大学の教授その他の**研究者の人事**」については自治が認められる。つまり、「大学の学長、教授その他の研究者が大学の自主的判断に基づいて選任される」。第二、「大学の**施設と学生の管理**」については、「ある程度で大学に自主的な秩序維持の権能が認められている」（以上、傍点引用者）。

　自治の最重点が①「研究者の人事」にあるという認識は、官吏である大学教授について政府が任免権を振りかざす戦前来の大学弾圧のスタイルが、正にこの点をめぐる攻防戦であったことを反映しているだろう[10]。これと比較して、

8）国立大学法人が誕生した時点で強調されたのは、「大学の自治」に代わる「大学の自主性・自律性」であった。参照、蟻川恒正「国立大学法人論」ジュリスト1222号（2002年）60頁以下。
9）松井茂記『日本国憲法〔第3版〕』（有斐閣、2007年）499頁。
10）学生と教授を区別せずに、管理者の人事まで大学（＝教員団）が自主的に行うという認識も、澤柳事件で確立した教授会の自治をそのまま継受したものである。

②「施設と学生の管理」については一段下がった保障レベルのものとされている。最高裁判決の限界は、これらが保障されるべき理由を「大学の本質」という一言で片づけているところにある。

　「大学における学問の自由を保障するために、伝統的に大学の自治が認められている」という最高裁の説示は、その目的＝手段という捉え方について広く学説の支持を受けてきた[11]。学問の自由の主体が、まずは個々の教員研究者であることを前提とすれば、大学の自治とは彼らが大学において自律的に教育研究を行うために必要な手段として位置づけられる。そこでまず必要なのは、③「**研究教育の内容、方法、対象の決定**」について個々の教員や専門の近い同僚教員団が、専門外の素人の介入を排して自律性を確保することにある。また、これに実質的影響を与える④「**（研究教育）予算の管理**」についても、ある程度は教員団の自律的判断にゆだねる必要があるだろう。

　判例・学説であげられてきた大学の自治の内容は、主として以上の四つからなる（ただし、これ以外が不要ということではない）。果たして、これらは現在もすべて教授会（＝教員団）を主体とするものと考えるべきであろうか。

（2）「教員団の自律」と「大学（法人）の自律」の分離と相関

　以上の③と④を自治の内容に加えることが通説化してきた[12]のは、先にみた市民的自由説の貢献が大きい。この説は学問の自由の名宛人として、(a) 政府（一般統治主体）とは区別される、(b) 大学の設置者・管理者をあげる。そして、専門職能である教員団は個別の研究教育について素人である (b)、すなわち法人理事会や学長、学部長等の介入を受けずに「学内」で職能的自由を享受すべきであるから、教員団が③の自律的決定権をもつことが大学の自治の中核と考えられた。

　こうして「教員団の（法人に対する）自律」が「大学法人の（政府に対する）自律」から截然と区別されたことによって、法人化がすすんだ現在においても教授会自治コンセプトの核心を引きつぐ概念的準備ができあがっていた。この考え方をおしすすめれば、「教員団の自律」にゆだねられるべき領域は、③を中核とする専門職能の適正な本体業務の遂行に必要不可欠な事項となるはずで

---

11) 最近の例として、長谷部恭男「第 23 条」同編『注釈日本国憲法 (2)』（有斐閣、2017 年）488 頁。
12) たとえば、芦部信喜『憲法学Ⅲ〔増補版〕』（有斐閣、2000 年）225 頁。

ある。たとえば、②の中でも学生の成績管理や入学・卒業判定などは十分その枠内におさまるし（これは③に含まれる「教育対象の決定」とも重なる）、④についても研究の内容や方法を制約する「ひもつき」予算だけで科学的に公平中立な研究は不可能であるから、少なくとも予算の一部は研究者自身の創意に基づく自由な支出にゆだねるべきだろう。

　以上のような線引きによって「教員団の自律」の領域がくくり出せるとしたら、この領域は憲法23条による最も手厚い保護を受けるべきである。大学の自治の核心は正にそこであろう。また、その外縁には「大学（法人）の自律」の領域が隣接しており（たとえば②にいう施設の管理には、経営事項もからんで法人が決定すべきものが多く含まれる）、核心部分の手厚い保護が「学内」で確立しているという条件つきで、これも23条の保護を受ける大学の自治の二次的な要素と考えられる[13]。

　このように大学の自治コンセプトは、各大学の規模やミッション、組織構成等の多様性と柔軟性も勘案しながら、教員団（それも専門単位、学科・学部単位、全学単位といろいろある）と大学法人との間で適切に領域を切り分けつつ具体化されるべきものであろう[14]。

3　2014年学校教育法改正と人事の自治の行方

（1）教授会規定の法改正

　教授会自治コンセプトの凋落に伴って最も位置づけがあいまいとなってきたのは、本丸であったはずの①、すなわち人事の自治である。学長の選考について意向投票など教員団の関与が後退してきているとともに[15]、学部教授会が自ら同僚教員（あるいは学部長）を選考することさえ危うい大学が現れてきている。この傾向に拍車をかけたのが、2014年の**大学ガバナンス改革**と称される学校教育法等の改正であった[16]。

---

13) 以上について参照、松田浩「第23条」芹沢斉・市川正人ほか編『新基本法コンメンタール憲法』（日本評論社、2011年）209-210頁。
14) 参照、山本隆司「民営化または法人化の功罪（下）」ジュリスト1358号（2008年）58頁。
15) 学長選考について参照、山元一「大学の自治」小山剛・駒村圭吾編『論点探求憲法〔第2版〕』（弘文堂、2013年）207頁以下。
16) 参照、松田浩「大学の『自治』と『決定』」法学教室413号（2015年）49頁以下。

学校教育法は、戦後長きにわたって大学の「重要な事項を審議するため」の必置機関として教授会規定を置いてきたが、改正法93条2項は、学長が一定の事項について「決定」を行うに当たり「意見を述べる」機関へと教授会の役割を変更した（同3項も参照）。法律上、必ず教授会の意見を聴く必要があるのは、「学生の入学、卒業及び課程の修了」と「学位の授与」のみであり、その他の「教育研究に関する重要な事項」につき意見を聴く必要があるかは学長の定めるところ（つまりその裁量的判断）にゆだねられている。

　したがって、教員人事についても教授会審議の手続をとるかは学長判断にゆだねられ、仮にとるとしても人事の最終決定権は学長に留保されることになるだろう[17]。

（2）問い直される人事の自治の意義

　こうした状況において、大学の自治（「教員団の自律」）の中核にある教育研究の内容や方法にかかわる自律的決定（③）と、同僚教員の人事（①）との繋がりは改めて問い直す必要がある。教授会の人事権を確立した澤柳事件の渦中に、京大法科教授団が提出した意見書には、「学者ノ能力ト人物トハ、一ニ其学識ノ優劣ト其研究心ノ厚薄トニ見テ之ヲ判定セザルベカラズ。是レ同僚タル学者ヲ待テ始メテ為スコトヲ得ルモノトス」、と記された[18]。市民的自由説は、「教員研究者の実施する業務が素人の判断によって統制しえない高度に専門的なものであるならば、そもそも特定の教員研究者を、そのような業務を担当しうる適格性をもったものとして、教育研究機関に採用するに当たって、誰がその適格性の判断を下すかが問題になるが、……それは、当然、専門職能自身すなわち同僚の教員研究者である」、と説いた[19]。更に近年の学説は、「共に研究・教育活動を担う教員団の構成員を銓衡・決定する教員人事は、それによって選ばれ、迎えられた教員との相互交渉……を通して、そこでの『教育研究』

---

17) これは、「大学管理機関（理事会）が教授会を上回る実質的権限をもつことは、大学の自治にとって危険である」（傍点原文）（芦部・前掲書（註12）227頁）という憲法学のコンセンサスに真っ向挑戦する法改正であり、「この改正は大学の自治を変質させてしまいかねない」（渡辺康行ほか『憲法Ⅰ　基本権』（日本評論社、2016年）210頁〔松本和彦執筆〕）ことが危惧されている。「研究者集団の自律性を損なうことのないよう、教授会の意見を尊重する運用を行うこと」（長谷部・前掲書（註11）489頁）が求められるゆえんである。

18) 家永三郎『大学の自由の歴史』（塙書房、1962年）45頁より引用。

19) 高柳・前掲書（註4）87頁。

の在り方を直接決定づけ、変化させるための始動作用というべきものである」、と述べる[20]。

　市民的自由説は、このような自律的な内部秩序をもった研究教育機関に「学問研究共同体」（academic community）という名を与えた。そこでは「教育の内容・方法、研究の計画・方針等の大学の本体的機能の大綱およびその担い手たる教員研究者の人事等は、上から命令されて決定されるのではなく、大学を構成する諸要素の間の共働によって決定される」[21]。つまるところ人事についての「教員団の自律」は、学問研究共同体が共同体として自己同一性を確保するための必要不可欠な条件である。この条件を欠いた「大学」には、憲法23条の特別な保護を与えるべき根拠もまた消滅するだろう。

ステップアップ

①学生の自治を最高裁の東大ポポロ事件判決はどう位置づけているか検討し、諸学説の批判を踏まえて学生の自治の内容はどうあるべきか考察しなさい。

②国立大学の教授会と評議会（教育研究評議会）の権限に関する法律上の規定が、法人化の前後でどのように変化していったか調べなさい。

③国立大学の学長選考について教職員の意向投票を廃止することは、憲法論上どう評価されるべきか検討しなさい。

■文献案内

①日本における学問の自由・大学の自治研究の金字塔は、高柳信一『学問の自由』（岩波書店、1983年）である。

②高柳テーゼを引き継いで現在の状況に生かそうとする筆者の試みとして、松田浩「合衆国における『二つの学問の自由』について」一橋論叢120巻1号（1998年）84頁以下、同「『大学の自律』と『教授会の自治』」憲法理論研究会編『憲法と自治』（敬文堂、2003年）113頁以下がある。

③大学の自治をめぐる近年の動きについては、「（特集）大学崩壊」現代思想42巻14号（2014年）、「（特集）大学の終焉——人文学の消滅」現代思想43巻17号（2015年）、広田照幸ほか『学問の自由と大学の危機』（岩波ブックレット、2016年）、「（特集）生きている大学自治」世界920号（2019年）に収められた諸論攷が参考になる。

20）蟻川・前掲論文（註8）66頁。
21）高柳・前掲書（註4）94頁。

経済的自由と営業の自由

　Aは、下宿の風呂が故障したため、インターネットで銭湯（公衆浴場）を調べ、下宿の半径 2km 以内に 3 軒あることを知った。修理が終了するまで 3 軒通い、一律の入浴料金で一定の距離を保ち経営することを定める Y 県公衆浴場法施行条例があることに気づいた。Aは、銭湯の「営業の自由」を法律や条例等で縛るより、料金設定等を自由競争にゆだねれば、利用者のみならず銭湯の発展につながると考えている。条例の是非を検討しなさい。

1．経済的自由と「営業の自由」

（1）歴史の中の経済的自由

　近代市民革命以降の人権宣言や憲法に定められた「**経済的自由**」（職業選択の自由、居住・移転の自由及び財産権を総称する）は、革命前の封建社会に縛られた市民が求め、主張してきた自由である。フランス人権宣言 17 条は経済的自由とりわけ財産権を「神聖で不可侵の権利」として保障したが、自由な経済活動の結果、富の偏在や貧富の格差が拡大し、経済的・社会的弱者は困窮することになった。20 世紀に入ると経済的自由は制約を受けることになる。

（2）「営業の自由」は人権か

　憲法 22 条・29 条は経済的自由を保障し、その一つとして営業の自由を保障する。もっとも、1970 年代に営業の自由を人権としてみることに否定的な見解が経済史学者から出された。営業の自由は、歴史的に、国家による営業・産業規制からの自由のみならず、営業の「独占」からの自由であり、「公序」として追求されたものという理解である[1]。しかし、営業の自由は国家との関係における自由権であり[2]、また、それを「公序」とみなす根拠条文は見出し難

1）岡田与好「『営業の自由』と、『独占』および『団結』」東京大学社会科学研究所編『基本的人権 5 各論 II』（東京大学出版会、1974 年）129 頁以下。

2）伊藤正己『憲法〔第 3 版〕』（弘文堂、2007 年）360-361 頁参照。

く、この理解は憲法解釈上無理があると考えられている[3]。

2．憲法22条1項と「営業の自由」

(1) 憲法22条1項の保障内容

　憲法22条1項が保障する**「職業選択の自由」**とは、単に経済活動の自由にとどまらず、個人の人格的発展とも密接に関係する[4]。最高裁は、旧薬事法事件判決[5]において、「職業」とは、「人が自己の生計を維持するためにする継続的活動であるとともに、分業社会においては、これを通じて社会の存続と発展に寄与する社会的機能分担の活動たる性質を有し、各人が自己のもつ個性を全うすべき場として、個人の人格的価値とも不可分の関連を有する」と論じた。

　「職業選択の自由」は、自己の従事すべき職業を決定する自由（**狭義の職業選択の自由**）、及び自己の選択した職業を遂行する自由（**職業遂行の自由**）を保障する[6]。最高裁も、前述の旧薬事法事件判決において「職業の開始、継続、廃止において自由であるばかりでなく、選択した職業の遂行自体、すなわちその職業活動の内容、態様においても、原則として自由であること」と論じた。

(2)「営業の自由」の保障

　営業の自由は憲法上明文で規定されていないが、根拠条文について①憲法22条1項に求める立場と②憲法22条・29条に求める立場に分かれる[7]。①は、職業遂行の自由に営業の自由を含むと解する通説的な理解である[8]。②は、営業の自由は職業選択の自由と全く同じではなく、憲法22条は「営業をすることの自由」（開業の自由など）を保障し、憲法29条は「営業活動の自由」（何をいくらで誰に売るか、など）を保障すると解する有力な学説である[9]。

3）高橋和之『立憲主義と日本国憲法〔第5版〕』（有斐閣、2020年）275-276頁参照。
4）今日は自己決定権的な性格を強め、具体的ケースにおける現れ方で、経済的自由として扱うか自己決定権として扱うかを判断する必要があるとの指摘もある（高橋・前掲書（註3）261頁）。
5）最大判1975〔昭50〕4・30民集29巻4号572頁。
6）たとえば市川正人『憲法』（新世社、2014年）171頁参照。
7）営業の自由を憲法29条1項でいう財産権不可侵の中に包摂され、その枠組みの中で保障されるという見解もある（奥平康弘『憲法Ⅲ』（有斐閣、1993年）221頁参照）。
8）宮沢俊義『憲法Ⅱ〔新版〕』（有斐閣、1971年）391頁参照。②に疑問を投げかける見解は、営業の自由が職業選択の自由もしくは財産権の保障に還元されるなら独自の人権類型として設定する必要はないとする（高橋・前掲書（註3）276頁参照）。

最高裁は、小売市場事件判決[10]において、「職業選択の自由を保障するというなかには、広く一般に、いわゆる営業の自由を保障する趣旨を包含しているものと解すべき」と判示し、憲法22条1項が狭義の職業選択の自由のみならず、営業の自由ないし職業活動の自由を含めて保障すると解している[11]。

3．経済的自由の限界

（1）規制の根拠

　「公共の福祉」論の下では、すべての人権には論理必然的に「公共の福祉」による制約が内在し、権利の性質に応じてその制約の程度が異なると説明される[12]。特に経済的自由は社会権の保障と関係するため、憲法22条・29条の「公共の福祉」により政策的制約を受ける[13]。

　規制理由は、職業は性質上社会相互関連性が大きく、無制限な職業活動を許すと、社会生活に不可欠な公共の安全と秩序の維持を脅かす事態が生じるおそれが大きく、また、現代社会の要請する社会国家の理念を実現するため、政策的配慮に基づいて積極的規制が必要とされる場合が少なくないためである[14]。

（2）規制態様

　経済活動の自由の規制は、「開業の規制」と「職業遂行上の規制」に分類され、前者は職業選択の予防的規制（狭義の職業選択の自由の制約）であって、職業遂行上の規制よりも制約の程度は強いとみることができる[15]。

　開業の規制類型は、届出制（理容業など）、許可制（風俗業など）、資格制（医師など）、特許制（電気事業など）、及び国家独占（かつての郵便事業など）に分

9）樋口陽一・佐藤幸治ほか『注解法律学全集(2)　憲法Ⅱ』（青林書院、1997年）91頁〔中村睦男執筆〕、浦部法穂『憲法学教室〔第3版〕』（日本評論社、2016年）238頁など。渋谷秀樹『憲法〔第3版〕』（有斐閣、2017年）295頁は、営業とは利潤追求のために自己の計算に基づき行われる職業を指すと解するのが一般的であるので①の理解をあらためるべきとする。もっとも、営業の自由がいずれの条文の下で保障されるかは、具体的な問題の解決にさして影響を与えないとの指摘もある（長谷部恭男『憲法〔第7版〕』（新世社、2018年）241頁）。

10）最大判1972〔昭47〕11・22刑集26巻9号586頁。

11）樋口・佐藤ほか・前掲書（註9）92頁参照。

12）芦部信喜〔高橋和之補訂〕『憲法〔第7版〕』（岩波書店、2019年）101-102頁参照。

13）浦部・前掲書（註9）91頁参照。

14）芦部・前掲書（註12）234頁参照。

15）木下智史・只野雅人編『新・コンメンタール憲法〔第2版〕』（日本評論社、2019年）283頁〔木下智史執筆〕参照。

類される。ただ、規制類型は理念型であるため、届出制であっても許可制に近いものもあり、その境界はあいまいといえる[16]。また、職業遂行上の規制は、薬機法に基づく販売規制など無数にあるといえる[17]。

開業の規制は、立法事実に応じて「**消極目的規制**」と「**積極目的規制**」に区分される。前者は、国民の生命や健康上の安全や秩序維持のための消極的・警察目的規制であり、後者は、社会福祉国家理念に基づき、経済的調和のとれた発展を確保し、社会・経済的弱者保護のための積極的・政策的規制である[18]。

（3）規制と違憲審査基準――「規制二分論」

学説上、経済活動の自由の規制に対する違憲審査は、精神的自由に比べ緩やかな審査基準が適用されるという「二重の基準」論に基づき、立法府の判断の合憲性を推認する「合理性」の基準により行われると考えられてきた。この基準は、前述の消極目的規制と積極目的規制に対応して二つの基準に区分され、合憲性を判断する枠組みとなる。これは「**規制二分論**」と呼ばれ、後に触れる最高裁判例で形成された違憲審査基準である。

規制二分論の下、消極目的規制であれば、裁判所が規制目的の必要性・合理性及び「同じ目的を達成できる、よりゆるやかな規制手段」の有無を立法事実に基づいて審査する「**厳格な合理性**」**の基準**という比較的厳格な違憲審査基準が用いられる。積極目的規制であれば、いわゆる「**明白（性）の原則**」が用いられ、「規制措置が著しく不合理であることの明白である場合に限って違憲とする」という緩やかな違憲審査基準が用いられる[19]。

4．最高裁判例からみえる規制理論
（1）最高裁判例における違憲審査基準

初期の判例は規制の合憲性の説明が不十分であったが[20]、前述の小売市場事件及び旧薬事法事件において最高裁は二つの違憲審査基準を明らかにした。

16）渋谷・前掲書（註9）292-293頁参照。
17）木下・只野編・前掲書（註15）284頁。
18）芦部・前掲書（註12）234-235頁参照。
19）同上書・235-236頁参照。
20）初期の判例について芦部信喜編『憲法Ⅲ 人権（2）』（有斐閣、1978年）62頁以下〔中村睦男執筆〕参照。

小売市場事件では、小売商業調整特別措置法が同一建物内での小売市場開設許可に適正配置を課していたことが問われた。最高裁は、自由な経済活動の弊害が社会公共の安全と秩序の維持の見地から看過できない場合、「必要かつ合理的な規制」は許容されるとする。更に、憲法は、福祉国家的理想のもとで社会経済の均衡のとれた調和的発展を企図し、また生存権を保障し経済的劣位に立つ者に対する保護政策を要請しており、「個人の経済活動の自由に関する限り、個人の精神的自由等に関する場合と異なつて、右社会経済政策の実施の一手段として、これに一定の合理的規制措置を講ずること」は許容されるとする。

　以上の考え方に基づき、最高裁は、国民経済の健全な発達と国民生活の安定を期し、社会経済全体の均衡のとれた調和的発展を図るための積極的・政策的規制も「目的達成のために必要かつ合理的な範囲」にとどまる限り許容され、立法府が裁量権を逸脱し、法的規制措置が「著しく不合理であることの明白」な場合に違憲とし効力を否定できるとする。最高裁は、小売商業調整特別措置法が経済的基盤の弱い小売商の事業活動の機会の適正確保、小売商の正常な秩序の阻害要因の除去、小売市場乱立による過当競争と共倒れ防止を目的としているという立法事実を踏まえて、適正配置が手段として「著しく不合理であることが明白であるとは認められない」と判示した。

　旧薬事法事件では、薬局開設の許可基準の距離制限が問題となった。最高裁は、許可制について、「狭義における職業の選択の自由」に制約を課す強力な制限であり、「重要な公共の利益のために必要かつ合理的な措置であること」を要し、自由な職業活動が社会にもたらす弊害を防止するための消極的・警察的措置である場合には、許可制に比べて緩やかな規制である「職業活動の内容及び態様に対する規制」により十分に目的を達成できないことを要すると論じている。その上で、小売市場事件判決に比べ消極目的規制は厳格な合理性審査基準で、立法の目的審査と手段審査を行うことを示す。

　立法目的については、一部地域の薬局等の乱設による過当競争のために一部業者が経営不安定となり、「不良医薬品の供給の危険」の発生防止を主な目的とし、消極的・警察的目的規制は「必要かつ合理的」と判断した。しかし、国民の生命・健康に対する危険防止のための手段、つまり適正配置規制の審査において、「競争の激化—経営の不安定—法規違反という因果関係に立つ不良医

薬品の供給の危険」が発生する可能性は「観念上の想定」であり、確実な根拠に基づく合理的な判断とは認め難いとして、旧薬事法6条2項・4項等は憲法22条1項に反し無効とされた。

（2）規制二分論の動揺と批判

　学説は、最高裁の判断について審査基準を精緻化・客観化するものとして評価してきた[21]。しかし、規制二分論では説明が困難な事例も見受けられる[22]。その例が酒類販売免許事件判決[23]である。最高裁は、酒類販売免許制度は狭義の職業選択の自由に制限を課すため、「重要な公共の利益のために必要かつ合理的な措置であること」を要すとして旧薬事法事件判決を引用するが、租税の適正かつ確実な賦課徴収という「国家の財政目的」のため、立法府の判断が政策的・技術的裁量の範囲を逸脱し「著しく不合理なものでない限り」憲法に反しないとし、酒税法上の免許制を合憲とした。立法裁量を尊重し、一番緩やかな合理性の審査により判断を行った[24]。

　また、公衆浴場法上の距離規制の事例がある。最高裁は、1955（昭和30）年判決[25]では、公衆浴場の偏在により国民が不便を来たす、また、濫立による競争が経営を困難にし、浴場の衛生設備の低下等のおそれを防ぐ立法目的を消極目的と解して、その手段である距離制限の因果関係を不十分ながらも論じ、規制を合憲とした。他方、1989（平成元）年判決[26]では、公衆浴場は住民の日常生活に不可欠な公共的施設であり、経営困難・廃業等を防止し健全で安定した経営という目的から、その手段たる距離規制は「必要性と合理性を有している」とし、合憲とした。1989年判決は念押しで規制目的を「積極的」と触れるにとどまり、規制二分論によらずに判断を下した[27]。

21）市川・前掲書（註6）173-174頁。
22）「西陣ネクタイ訴訟」最判1990〔平2〕2・6訟務月報36巻12号2242頁、「たばこ小売業距離制限事件」最判1993〔平5〕6・25判例時報1475号59頁、「司法書士法事件」最判2000〔平12〕2・8刑集54巻2号1頁、「医薬品ネット販売事件」最判2013〔平25〕1・11民集67巻1号1頁及び「風俗案内所規制条例事件」最判2016〔平28〕12・15判例時報2328号24頁。
23）最判1992〔平4〕12・15民集46巻9号2829頁。同様の事例として最判1998〔平10〕7・16判例時報1652号52頁。
24）渋谷・前掲書（註9）297頁。
25）最大判1955〔昭30〕1・26刑集9巻1号89頁。
26）最判1989〔平元〕1・20刑集43巻1号1頁。なお、同様の事例である最判1989〔平元〕3・7判例時報1308号111頁も目的二分論によらず距離制限を合憲とした。

判例をみると、規制二分論は動揺している。ゆえに最高裁は規制目的を積極的なものから消極的なものまで千差万別と描き、規制二分論は最高裁判断を反映していないとの指摘もあり[28]、学説からの規制二分論への批判は少なくない。例として、消極目的は厳格に審査され、積極目的は緩やかな審査となる根拠が不明であり、基本的に合理性基準による一元的な審査を採る見解[29]、規制二分論をミスリーディングとした上で、政策的制約については一般に緩やかな審査が適切とする見解[30]がある。また、規制二分論の修正として、規制目的のみで判断できると考えるのは妥当ではなく、規制目的を一つの指標としつつ規制態様を考え合わせ、狭義の職業選択の自由を厳しく審査する見解もある[31]。

> ### ステップアップ
> ①「営業の自由」は自然人（個人）に保障される場合と法人（企業）に保障される場合とでは異なるであろうか。
> ②最高裁判例・学説が示した規制二分論をどのように評価すべきであろうか。

■文献案内

①営業の自由への理解と定義を再確認する上で石川健治「営業の自由とその規制」大石眞・石川健治編『憲法の争点』（有斐閣、2008年）148頁が参考になろう。ほかに、1970年代の「営業の自由」をめぐる論争は、中島茂樹「『営業の自由』論争」法律時報臨時増刊49巻7号（1977年）334頁で俯瞰できるが、論争のきっかけを知るには岡田与好『経済的自由主義』（東京大学出版会、1987年）も参考になろう。

②近時の違憲審査基準と目的二分論の関係については、木下智史「営業の自由をめぐる実践と理論の課題」『憲法訴訟の実践と理論』判例時報2408号臨時増刊（2019年）117頁が参考になる。

---

27) 工藤達郎「公衆浴場の適正配置規制」憲法判例百選Ⅰ〔第7版〕（2019年）192頁。

28) 戸松秀典『憲法』（弘文堂、2015年）320頁。また同様の見解として高見勝利・高橋和之ほか『憲法Ⅰ〔第5版〕』（有斐閣、2013年）476-477頁〔高見勝利執筆〕参照。

29) 戸波江二『憲法〔新版〕』（ぎょうせい、2000年）288頁参照。また、松井茂記『憲法〔第3版〕』（有斐閣、2007年）576頁は、消極目的規制とは、国民の生命・安全のための規制なのだから積極目的規制よりも広く立法裁量を認めるほうが素直と指摘する。

30) 佐藤幸治『日本国憲法論』（弘文堂、2011年）303頁。

31) 芦部・前掲書（註12）236-237頁。

人身の自由

　警察は A やその友人三人が窃盗車を利用し店舗から商品を盗み出す連続窃盗事件を犯している者らと疑っていた。そこでこれら窃盗事件の全容を解明するための捜査の一環として、A と友人、A の交際相手が使用する可能性のある自動車やオートバイなど計 19 台に GPS 機器を取り付けた（電池が切れたらその度に交換）。その上で、その所在を検索し移動状況を把握するという方法を用いて、6 カ月以上にわたり GPS 捜査を実施し続けたが、ここまでの過程において、彼らの承諾を得ることも、令状を取得することもなかった。このような捜査方法は適法であるのか否か、検討しなさい。

1．GPS 捜査

　GPS（Global Positioning System：全地球測位システム）とは、地上の端末から発信する電波を受けた人工衛星を使用し発信機の位置を特定できるシステムのことを指す。各都道府県の警察は、2006 年 6 月 30 日に、各都道府県警察宛に警察庁刑事局刑事企画課長が発出した「移動追跡装置運用要領の制定について」という通達及び「移動追跡装置運用要領」に基づき、**任意処分**として **GPS 捜査**を秘密裡に行ってきた[1]。ちなみに、上記の事例は装着型の GPS 捜査のものであるが、捜査対象者が車両を修理に出している際、その端末が偶然みつかることで明らかになったというものである[2]。

2．任意処分と強制処分

　この事例は、2017 年 3 月 15 日大法廷判決（裁判所 Web）をモデルにしてい

1）日本弁護士連合会「GPS 移動追跡装置を用いた位置情報探索捜査に関する意見書」（2017 年 1 月 19 日）を参照。
2）装着型（送信型と蓄積型）以外に非装着型（アクセス型とインストール型）の GPS 位置情報取得捜査といった分類に関しては、指宿信「GPS 技術と GPS 捜査の定義」指宿信編『GPS 捜査とプライバシー保護』（現代人文社、2018 年）10-11 頁参照。

るが、この判決が出るまで、GPS 捜査は、①個人のプライバシーといった重要な法的利益の侵害はないとする任意処分説、②重要な法的利益の侵害があるとする強制処分説、③それぞれ態様毎に任意処分か強制処分か分けて考える二分説と判断が分かれていた[3]。

（1）刑事訴訟法 197 条 1 項

　これは**刑事訴訟法 197 条 1 項**規定の話であるが、同条文は「捜査については、その目的を達するため必要な取調をすることができる。但し、強制の処分は、この法律に特別の定のある場合でなければ、これをすることができない。」としており、①捜査方法には任意捜査と強制捜査があること、②任意捜査が原則、③刑訴法が定める要件を満たしたときのみ強制捜査を行うことができること（**強制処分法定主義**）が示されているといわれる。任意捜査とは「刑事訴訟法の個別の条文に拠らなくても、本条によって許される」[4]という定義があるが、その両者の関係を理解するためには強制処分の意義を踏まえることが重要になる。従来の学説は、物理的な実力を用い、あるいは人に法的義務を負わせる場合としていたが[5]、相手方の意思に反して、個人の重要な権利・利益に対する実質的な侵害ないし制約を伴う場合を強制処分とするのが現在の有力説である[6]。

（2）最高裁判決の位置づけ

　この点、最高裁判決は、「**憲法 35 条**の保障対象には、『住居、書類及び所持品』に限らずこれらに準ずる私的領域に『侵入』されることのない権利が含ま

3）任意処分説として、たとえば、大阪地決 2015〔平 27〕1・27 判例時報 2288 号 134 頁、広島地福山支判 2016〔平 28〕2・16 公刊物未登載。強制処分説として、たとえば、大阪地決 2015〔平 27〕6・5 判例時報 2288 号 138 頁、名古屋地判 2015〔平 27〕12・24 判例時報 2307 号 136 頁。中島宏「GPS 捜査最高裁判決の意義と射程」法学セミナー 752 号（2017 年）12-13 頁の整理を参照。ほかにも、早瀬勝明「GPS 捜査違法判決──平成 29・3・15」論究ジュリスト 29 号（2019 年）73-80 頁。堀江慎司「GPS 捜査に関する最高裁大法廷判決についての覚書」論究ジュリスト 22 号（2017 年）138-147 頁。三島聡「GPS 捜査は強制処分であり、立法による対応が望ましいとされた事例」新・判例解説 Watch 憲法 115 号（2018 年）。二分説に関しては、池亀尚之「GPS 捜査：近時の刑事裁判例の考察と法的問題点の整理」愛知大学法学部法経論集 209 号（2016 年）77-120 頁参照。
4）後藤昭・白取祐司編『新・コンメンタール刑事訴訟法〔第 3 版〕』（日本評論社、2018 年）474 頁（後藤昭執筆部分）。この点、憲法 31 条が定める刑事手続法定主義との関係から、刑訴法上の任意捜査が法律の根拠を全く要しないのかを問題提起する、長谷部恭男編『注釈日本国憲法（3）』（有斐閣、2020 年）228-241 頁〔土井真一執筆部分〕、231 頁。
5）団藤重光『條解刑事訴訟法（上）』（弘文堂、1950 年）361 頁。
6）井上正仁『強制捜査と任意捜査〔新版〕』（有斐閣、2014 年）2 頁以下の整理を参照。

れる」とし、昭和 51 年決定を参照し[7]、「個人のプライバシーの侵害を可能と
する機器をその所持品に秘かに装着することによって、合理的に推認される個
人の意思に反してその私的領域に侵入する捜査手法である GPS 捜査は、個人
の意思を制圧して憲法の保障する重要な法的利益を侵害するものとして、刑訴
法上、特別の根拠規定がなければ許容されない強制の処分に当たる」としてい
る。

3．憲法 35 条

この判決の特徴は上述のとおり、憲法 13 条からではなく、35 条から「私的
領域に侵入されることのない権利」が含まれるとし、GPS 捜査は正にその権
利を侵害するため強制処分に当たるとしたことにある。

この点、憲法の概説書に示される 35 条の関連内容を整理すると、主に 3 点
に整理することができる[8]。① 13 条と 35 条の関係に関しては、13 条が一般的
保障であるのに対し、通信の秘密と並んで 35 条は**プライバシー**の特定態様を保
障したものとされるという点[9]。②「私生活の中心としての住居の不可侵」[10]、
「35 条の主要な目的はプライヴァシーの保護」[11] などと、35 条を個人のプライ
バシーの保障と位置づけているものが多くあるという点[12]。③従来の見解が
実体的権利に重点を置き解説してきたのに対し、その「実体的な権利・自由の
保障を前提」としながらも、「とくに刑罰権の行使にかかわる刑事手続との関
係について、その保障を解除し、合憲的な侵害を許すための手続要件を示した
ものと解」すことで手続と権利の関係を整理しようとする見解が注目されてい

7）最決 1976〔昭 51〕3・16 刑集 30 巻 2 号 187 頁。
8）山田哲史「GPS 捜査と憲法」法学セミナー 752 号（2017 年）28-32 頁、山田哲史「GPS 捜査と
　憲法 35 条」憲法判例百選Ⅱ〔第 7 版〕（2019 年）248-249 頁、大江一平「GPS 捜査が憲法 35 条の
　保障する権利を侵害する強制処分とされた事例」新・判例解説 Watch 憲法 128 号（2017 年）、酒
　巻匡「GPS 捜査は令状がなければ行うことができない強制の処分か」論究ジュリスト 30 号（2019
　年）187-193 頁、井上正仁「GPS 捜査」刑事訴訟法判例百選〔第 10 版〕（2017 年）64-69 頁参照。
9）髙橋和之『立憲主義と日本国憲法〔第 4 版〕』（有斐閣、2017 年）290 頁。山田・前掲論文（註 8）
　28-29 頁の整理を参照。
10）宮澤俊義〔芦部信喜補訂〕『全訂 日本国憲法』（日本評論社、1978 年）307 頁。
11）長谷部恭男『憲法〔第 7 版〕』（新世社、2018 年）267 頁。
12）佐藤幸治『日本国憲法論』（成文堂、2011 年）320-324 頁、辻村みよ子『憲法〔第 6 版〕』（日本
　評論社、2018 年）148 頁、263-264 頁、芦部信喜〔髙橋和之補訂〕『憲法〔第 7 版〕』（岩波書店、
　2019 年）257-258 頁も参照。

る点[13]。これらのことは、最高裁判決も親和性があるようにも読める[14]。

　ただし、GPS捜査が「私的領域への侵入」するとは何を意味するのか、判決文をめぐり、主に「①公道上のもののみならず、個人のプライバシーが強く保護されるべき場所や空間に関わるものも含めて、対象車両及びその使用者の所在と移動状況を逐一把握することを可能にする」からなのか、「②個人の行動を継続的、網羅的に把握することを必然的に伴うから、個人のプライバシーを侵害し得るもの」であるのか、「③そのような侵害を可能とする機器を個人の所持品に秘かに装着することによって行う」からなのか、どれが中核的な内容を表しているのか評価が分かれている[15]。この点、35条の主眼は「強制的な（有体物でない物も含む）情報収集からの保護」にあると解すべきとする見解は②を取り上げていることから[16]、単なる情報の取得だけではなく、その後の情報の保管や利用なども含めていると考えられる。

　この点、現在の捜査法が情報の取得時規制中心になっており、警察による情報の保存・集積・利用・連結・解析などから起因し得る問題に対応できていないということが提起されている以上[17]、13条や31条ではなく、本当に35条の条文が適切だったといえるのかという問題がある[18]。

4．GPS捜査と憲法31条

（1）最高裁判決

　当判決はGPS捜査について、令状がいる強制処分と解すべきとしつつも、刑訴法上の「検証」では捉えきれないことも否定できず、事前の令状請求や呈示が想定できないとし、これに代わる公正の担保の手段が仕組みとして確保されていないのでは、**憲法31条**の**適正手続の保障**という観点から問題が残るとしている。また、これらの問題を解消する手段の選択は、第一次的に立法府にゆ

---

13) 大石眞『憲法講義II〔第2版〕』（有斐閣、2012年）104-105頁、123-124頁。
14) この点の整理は山田・前掲論文（註8）249頁を参照。
15) この整理は、三島・前掲論文（註3）参照。詳細な分析は、山本龍彦「GPS捜査違法判決というアポリア？」論究ジュリスト22号（2017年）152頁。
16) 渋谷秀樹『憲法〔第3版〕』（有斐閣、2017年）239頁。
17) 山本龍彦「監視捜査における情報取得行為の意味」法律時報87巻5号（2015年）60頁、同号の笹倉宏紀「総説」58-59頁も参照。
18) 長谷部・前掲書（註4）237頁。

だねられているとしている。このような判断は裁判所が電話傍受、強制採尿など刑訴法に明文のない新しい捜査方法が強制処分に該当する場合、かなり柔軟な解釈を行い、根拠づけを行ってきた方向性（判例による捜査手段の事実上の創設)[19]とは別のベクトルを向いているかもしれない。しかし、「技術の進歩の速度なども勘案すると最高裁による『解釈論的解決』の方が合理性がある」という見解[20]、「監視型捜査に対する明文規定による法的規律が、何ら存在しない段階においては、既存の強制処分に落とし込んだ上で令状により規制することは、選択肢として考えられる」という見解[21]もあることを付言しておく。

（2）憲法 31 条と強制処分法定主義[22]

この点、従来の学説では、令状主義と強制処分法定主義は混同される傾向にあったが、「両者はそれぞれ独自の意義を持つ別個の存在である」とし、有力説は憲法 31 条と強制処分法定主義の規定との関係を説き、「その規定も、人の重要な権利・利益を本人の意思に反して制約することを内容とする強制処分は、国民の代表による明示的な選択を体現する法律……に根拠規定がない限り、行うことが許されない趣旨」だとしている[23]。確かにどちらも捜査権限の濫用から被疑者や国民の人権を守ろうとする目的をもつが、裁判官による個別的な抑制を目指す令状主義に対して、「強制処分法定主義は人権制約の限度と要件は国民代表である議会が定めるべきであるという民主主義的な思想を表現」しているといえる[24]。この点、裁判所の果たす役割に疑問をもち、「大量の情報を収集・分析することのできる制度的基盤」をもち、「国民間での価値観の相

---

19) 後藤・白鳥・前掲書（註 4）475-476 頁、後藤昭「法定主義の復活」法律時報 89 巻 6 号（2017 年）5 頁参照。これらの判決は最決 1980〔昭 55〕10・23 刑集 34 巻 5 号 300 頁、最決 1994〔平 6〕9・16 刑集 48 巻 6 号 420 頁、最決 1999〔平 11〕12・16 刑集 53 巻 9 号 1327 頁。
20) 前田雅英「GPS を用いた捜査の違法性と証拠排除」WLJ 判例コラム臨時号 86 号（2016 年）5 頁。
21) 緑大輔「監視型捜査と被制約利益」刑法雑誌 35 巻 3 号（2016 年）6 頁。尾崎愛美「GPS 捜査におけるプライバシー保護」情報処理学会研究報告 4 号（2017 年）の整理も参照。このような段階に対しては、立法府の重大な不作為を訴えるものとして、指宿信「情報技術と空間的プライバシー：位置情報・位置履歴の法的保護をめぐる統合的研究」< https://www.taf.or.jp/files/items/1078/File/%E6%8C%87%E5%AE%BF%E4%BF%A1.pdf > 6 頁。
22) ここの議論の整理として、中曽久雄「GPS 捜査とプライバシー権」愛媛大学教育学部紀要 64 巻（2017 年）251-253 頁、長谷部・前掲書（註 4）228-241 頁も参照。
23) 井上・前掲書（註 6）27-29 頁参照。
24) 後藤・前掲論文（註 19）6 頁は「与党の優位が顕著であり、かつ警察組織が立法過程でも大きな発言権をもつ政治状況において、合理的な立法論の場が確保できるかどうかという問題もある」という現実的側面も指摘する。

違に基づく対立を熟議によって乗り越えることを期待されている」国会こそが「憲法 31 条の下、国会における熟議に基づく立法を中心とした捜査機関統制─『熟議による適正手続』─を目指すことが、刑事手続において適正なプライバシー保護を実現するために必要」であるという見解もあり[25]、このような見解は憲法 31 条が描く刑事手続法定主義の意義を明確にするものであるといえる[26]。

　本事例のモデルである最高裁判決は GPS 捜査により直接得られた証拠やこれと密接な関連性を有する証拠の証拠能力を否定した。しかし、その余の証拠の証拠能力を肯定し、被告人を有罪と認定した第一審判決を支持したというのが、結論である。

ステップアップ

①最高裁判決の補足意見は立法がなされるまでの間、裁判官の審査を受けて GPS 捜査を実施することが全く否定されるべきものではないとした。本判決の補足意見部分を確認し、どのような場合が可能か検討しなさい。

②判決を受け、GPS 捜査に関する質問主意書が何度か提出されている（たとえば、内閣衆質 193 第 137 号、内閣衆質 196 第 435 号）。その際、政府答弁は「必要な検討を行ってまいりたい」「必要な検討を行っている」としているが、立法の方向性に進んでいないと思われる。これが今後も続いた場合の問題点と国民が採り得る法的手段を検討しなさい。

③新型コロナウイルス感染症の感染拡大を防ぐために、GPS やスマホを使用し、国民や感染者の位置情報や体調などのデータを集める動きが出ている。このような動きをそれぞれ調べ、どのような憲法上の問題が発生するかを検討しなさい。

---

25) 稲谷龍彦『刑事手続におけるプライバシー保護』（弘文堂、2017 年）5-6 頁、86 頁。
26) 長谷部・前掲書（註 4）239 頁。

■文献紹介

①著者は弁護団を率いた弁護士で、本事例でも扱った 2017 年大法廷判決が出されるまでの道程を描いた法廷ドキュメントである、亀石倫子・新田匡央『刑事弁護人』（講談社、2019 年）。

②大法廷判決が「立法の必要」を明言したことを受け、GPS 捜査（あるいは類似の監視型捜査）を規律する立法論の前提となる視点や知見を提供することを目的として編まれた、指宿信編『GPS 捜査とプライバシー保護——位置情報取得捜査に対する規制を考える』（現代人文社、2018 年）は、憲法や刑事訴訟法、比較法的視点を獲得することができる。また、本文の理解を助ける、本書刊行時期までの GPS 捜査関連判例一覧や各国立法比較一覧も具体的な巻末資料として掲載されている。

③本判決に関しては、様々な法学系雑誌で特集が組まれている。たとえば、「GPS 捜査とプライバシー——最大判 2017・3・15 を読む」法学セミナー 2017 年 9 月号、「GPS 捜査の課題と展望」刑事法ジャーナル 53 号（2017 年）など。

生存権の法的性格

202X 年、厚生労働大臣は、第一に、社会保障審議会生活保護基準部会の報告を受け、一般国民の消費水準との均衡を図り、第二に、過去 4 年間の物価動向（デフレ）を反映するために、生活保護の給付額の基準の一つである生活扶助基準を最大 10%引き下げることを決定した。

X は、単身で働きながら、子ども二人を養育する母である。自らの稼ぎが月約 13 万円であり、月 5 万円の生活扶助の給付を受けていた。A 市の福祉事務所長 Y は、今回の基準の引き下げを受けて、X に対して、生活扶助の支給額を月 3 万円に変更する決定を通知した。X は、現状でも生活は厳しく、この変更決定をどうにか裁判で争えないかと考えている。どのような主張が可能であろうか。

1．法的性格論とは

(1) 国家に対する作為の要求

憲法 25 条は、1 項で「すべて国民は、健康で文化的な最低限度の生活を営む権利を有する」と定め、2 項で「国は、すべての生活部面について、社会福祉、社会保障及び公衆衛生の向上及び増進に努めなければならない」と定めるものである。同条は、**社会権**の一種としての国民の**生存権**を保障するものであり、そのための制度の整備と運営を国家に対して求めるものと解されている。

自由権とは異なり、生存権については、こうした国家に対する作為の要求という性質のため、その法的性格ということが論じられてきた。生存権を実現するためには、法律の制定などを通じた制度の整備と運営が必要であり、それを担うのは立法府と行政府である。たとえ生存権を実現する制度がなかったり、不十分だったりしても、司法府が、生存権侵害を理由に立法府や行政府に、ある特定の制度を作れと命じることは越権行為である[1]。こう考えると、憲法 25 条は、たとえその違反が疑われる場合でも、裁判所で白黒をつけ得るよう

な裁判規範としての性格を有するものではないというべきなのではないか。

（2）プログラム規定説

　日本国憲法の制定からまもない時期には、こうした問題意識から、憲法 25 条は、国民に、国家に対する具体的な作為請求権を保障したものではなく、生存権の実現に努めるような政治のための綱領（プログラム）を定めたものであるという**プログラム規定説**が支配的であった[2]。しかし、現在では、その支持者はほとんどいない。判例・学説においては、憲法 25 条の裁判規範性は一定程度認められている。問題は、どのような場合にどの程度の裁判規範性があると考えるべきなのかである。

2．何が抽象的なのか？

（1）抽象的権利説

　現在の通説は**抽象的権利説**と呼ばれるものである。この説では、確かに、生存権の内容は抽象的であるから、憲法 25 条は国民に具体的な請求権を認めたものではなく、立法などを通じて具体化される必要があるとされる。しかし、いったん生活保護法などの生存権を具体化する法律が制定されれば、その法律と一体のものとして、憲法 25 条は裁判規範性を有することになるという[3]。

　もっとも、一口に抽象的権利といっても、何を抽象的と考えるのかによって、憲法 25 条の裁判規範としての働きも異なってくる。生存権の抽象性に関しては、①金銭や現物の措置制度か社会保険制度かのように生存権を実現する手段や仕組みが複数あることをもって抽象的であるとされる場合と、②「健康で文化的な最低限度の生活」の内容や水準が不明確であることをもって抽象的であるとされる場合がある[4]。

　学説では、②に関しては、時代と場所を特定すれば、ある程度は客観的に確定できると考えるものも多い[5]。こう考えると、裁判所は、立法府が生存権を

1）我妻栄『民法研究Ⅷ：憲法と私法』（有斐閣、1970 年）187-188 頁。

2）同上書・240-242 頁、法学協会『註解日本国憲法　上巻』（有斐閣、1953 年）487-488 頁、伊藤正己「基本的人権」国家学会雑誌 72 巻 5 号（1958 年）69-70 頁。

3）芦部信喜〔高橋和之補訂〕『憲法〔第 7 版〕』（岩波書店、2019 年）279-280 頁。

4）参照、棟居快行『憲法学の可能性』（信山社、2012 年）402-403 頁、小山剛『「憲法上の権利」の作法〔第 3 版〕』（尚学社、2016 年）117-118 頁。

5）芦部・前掲書（注 3）280 頁、佐藤幸治『日本国憲法論』（成文堂、2011 年）366 頁。

事例 21　生存権の法的性格　　163

具体化する方法や仕組みを選択した後であれば、特定の法律の規定や行政の活動が「健康で文化的な最低限度の生活」を現実に保障するものといい得るのかについて、ある程度は厳しく審査すべきことになろう。本章の事例のような厚生労働大臣による生活保護基準の引き下げについても、こうした観点からの違憲審査を主張することができる。

（2）判例における広範な立法・行政裁量論

　これに対して、①も②も抽象的だと考えるのであれば、**立法裁量や行政裁量**を広範囲に認めざるを得ないことになろう。最高裁の立場がこれである。たとえば、行政裁量に関しては、朝日訴訟判決において、最高裁は、「健康で文化的な最低限度の生活なるものは、抽象的な相対的概念であり、その具体的内容は、文化の発達、国民経済の進展に伴つて向上するのはもとより、多数の不確定的要素を綜合考量してはじめて決定できるものである」とし、「したがつて、何が健康で文化的な最低限度の生活であるかの認定判断は、いちおう、厚生大臣の合目的的な裁量に委されており、その判断は、当不当の問題として政府の政治責任が問われることはあつても、直ちに違法の問題を生ずることはない」と判示した。その上で、限定的に、「ただ、現実の生活条件を無視して著しく低い基準を設定する等憲法および生活保護法の趣旨・目的に反し、法律によつて与えられた裁量権の限界をこえた場合または裁量権を濫用した場合には、違法な行為として司法審査の対象となることをまぬかれない」としたのである[6]。

　また、立法裁量に関しても、堀木訴訟判決において、最高裁は、同様に「健康で文化的な最低限度の生活」という概念の不確定性を述べた上で、「右規定を現実の立法として具体化するに当たつては、国の財政事情を無視することができず、また、多方面にわたる複雑多様な、しかも高度の専門技術的な考察とそれに基づいた政策的判断を必要とするものである」とした。そして、「したがつて、憲法二五条の規定の趣旨にこたえて具体的にどのような立法措置を講ずるかの選択決定は、立法府の広い裁量にゆだねられており、それが著しく合理性を欠き明らかに裁量の逸脱・濫用と見ざるをえないような場合を除き、裁判所が審査判断するのに適しない事柄であるといわなければならない。」と判示

6）最大判 1967〔昭 42〕5・24 民集 21 巻 5 号 1043 頁。

したのである[7]。

3．立法が存在しない場合はどうするのか？

（1）具体的権利説

　抽象的権利説は、生存権を具体化する立法があって初めて、憲法25条の裁判規範性を認めるものである。そもそも立法がない場合には、裁判ではどうしようもない。しかし、「健康で文化的な最低限度の生活」の内容や水準をある程度確定できると考えるのであれば、それを明らかに下回る生活をしている人々が現にいるのに、立法府が適切な立法をしないというのはやはり違憲というべきではないか。このように考えて、生存権を具体化する立法が存在しない場合には、裁判所は、**立法不作為**の違憲確認判決を出すことができるという説も提唱されてきた[8]。これが**具体的権利説**と呼ばれるものである。

（2）「ことばどおりの意味における具体的権利説」

　更に、従来の具体的権利説では、憲法25条を手がかりに具体的な給付請求を認めることはできないとされてきたが、近年では、「健康で文化的な最低限度の生活」の水準をある程度は確定できるならば、原告が、それを確実に下回ることが明らかな生活水準にあり、その限定的な範囲内の金銭給付を請求してきた場合には、裁判所は、金銭給付判決を出すこともできるという「ことばどおりの意味における具体的権利説」も主張されるようになっている[9]。また、生存権の領域でも立法不作為に対する国家賠償請求訴訟が可能であるとすると[10]、これも、生存権を具体化する立法の不存在が国家賠償法上違法との評価を受ける場合には、原告が「健康で文化的な最低限度の生活」の水準以下にあることによって損害を被ったといい得る範囲内で金銭給付請求が容認されるということになろう。

7）最大判1982〔昭57〕7・7民集36巻7号1235頁。
8）髙田敏「生存権保障規定の法的性格」公法研究26号（1964年）95-96頁、大須賀明『生存権論』（日本評論社、1984年）第2部第1章及び第2章。
9）棟居快行『憲法学再論』（信山社、2001年）352頁・360頁。
10）佐藤・前掲書（註5）366頁、渡辺康行ほか編『憲法Ⅰ　基本権』（日本評論社、2016年）382頁〔工藤達朗執筆〕。

4．立法・行政裁量の統制手法

（1）判断過程審査

　以上のような従来の議論はどれも、「健康で文化的な最低限度の生活」の内容や水準という実体面に着目し、その決定については、広狭の差こそあれ、ある程度は立法裁量と行政裁量を認めるものであった。それゆえ、裁判所は、立法府や行政府の判断をある程度は尊重する必要があり、実際に憲法25条を裁判規範として機能させることには限界があるといわざるを得ない。

　こうしたことから、近年では、裁判所は、手続的な側面に着目した審査をすることで、立法府や行政府の裁量権を憲法25条の趣旨により適合的に行使させる方向を探るべきだとも主張されるようになっている[11]。本章の事例のような生活保護基準の引き下げという問題についても、こうしたアプローチが一定の有効性を発揮するであろう。

　その一つが、立法府や行政府の判断の過程に着目した審査のあり方である。裁判所は、実体面に踏み込まずとも、たとえば、行政府が、「現にある生活基準を設定するにさいし、いかなる専門的・技術的な判断要素を視野に収めたか、いかなる調査・測定をしたのかを合理的に説明する」[12]ことができるのかを問い得るはずである。このような裁判所による**判断過程審査**がより積極的に行われるようになれば、立法府や行政府の裁量権行使の際に、憲法25条の趣旨を念頭に置いて考慮されるべきことが考慮され、考慮されるべきでないことが考慮されない、ということが確保される蓋然性もより高まるであろう。最高裁も、こうした発想の審査を行うようになっている[13]。

（2）制度後退禁止原則

　また、手続的な側面に着目するもう一つの考え方が、**制度後退禁止原則**と呼ばれるものである。これは、最初の具体的な制度設計や基準設定の場面で、立法府や行政府に裁量が認められるとしても、いったん確立した制度や基準を、その利益を享受してきた者にとって不利益になる方向で後退させる場面では、

11）参照、遠藤美奈「生存権論の現況と展開」尾形健編『福祉権保障の現代的展開』（日本評論社、2018年）16-19頁。

12）奥平康弘『憲法Ⅲ』（有斐閣、1993年）248-249頁。

13）老齢加算廃止訴訟、最判2012〔平24〕2・28民集66巻3号1240頁。

正当な理由によるものであることをより厳密に説明できなければならない、とする考え方である。抽象的権利説によれば、生存権を具体化した立法は、憲法25条と一体のものと理解されることになり、その立法に基づく給付については具体的権利として裁判的救済が可能となる。そうならば、たとえば、生活保護法に基づきいったん行政府によって確定された給付水準を引き下げることは、憲法的保護の及ぶ具体的権利の侵害ともいえそうである[14]。生存権については制度後退禁止原則を憲法上の要請として理解する論者も多い[15]。

```
ステップアップ
```

①本章の事例の生活保護基準の引き下げ問題に関しては、本文で述べたように、裁判上、判断過程審査や制度後退禁止原則を主張することが有効そうである。近年の生活保護基準の引き下げの実際のあり方について調べ、具体的にはどのような主張ができそうか論じなさい。

②近年では、学説上、そもそも生存権がなぜ保障されるべきなのかという生存権の政治哲学的根拠が改めて議論されるようになっている。どのような議論があり、それが近年になって一層問われるようになった理由について論じなさい。

③生存権の裁判を通じた実現には限界がある。生存権は立法府や行政府の活動を通じてその保障を充実させていくものだから、生存権の保障という観点からどのような法律や施策が必要なのかという政策論も重要である。近年の政策には、どのようなものがあり、どのような特徴があるのかについて論じなさい。

---

14) 参照、棟居・前掲書（註4）402-405頁。

15) 棟居・同上書、内野正幸『憲法解釈の論理と体系』（日本評論社、1991年）375-378頁。また、制度後退禁止原則を憲法上の要請とすることを批判するものとして、小山・前掲書（註4）125-127頁を参照。

■文献案内

①生存権の法的性格については、本文の脚注であげた各学説の主張者の著作を参照すべきである。抽象的権利説に関しては論者によってニュアンスに違いがある。いくつかの憲法の教科書の記述内容を比べてみると有益である。判例・学説の動向を概観するものとして、尾形健「憲法25条」芹沢斉・市川正人ほか編『新基本法コンメンタール憲法』（日本評論社、2011年）が詳しい。

②生存権に関する最近のまとまった研究としては、葛西まゆこ『生存権の規範的意義』（成文堂、2011年）、尾形健『福祉国家と憲法構造』（有斐閣、2011年）、尾形健編『福祉権保障の現代的展開』（日本評論社、2018年）がある。

③生存権の政治哲学的根拠に関しては、個人の自律の概念にそれを求める議論が有力である（参照、尾形・前掲書のほか、菊池馨実『社会保障の法理念』（有斐閣、2000年））。しかし、これには厳しい批判もある（笹沼弘志『ホームレスと自立／排除』（大月書店、2008年）、辻健太「生存権と勤労の義務をめぐって」尾形編・前掲『福祉権保障の現代的展開』）。

④生存権を具体化した法制度や政策動向に関しては、憲法だけでなく、社会保障法の教科書などを参照する必要がある。たとえば、社会保障法学会編『ナショナルミニマムの再構築』（法律文化社、2012年）を参照。近年の政策の背後にあると指摘される新自由主義という思潮に関しては、デヴィット・ハーヴェイ〔渡辺治監訳〕『新自由主義』（作品社、2007年）、ミシェル・フーコー〔慎改康之訳〕『生政治の誕生』（筑摩書房、2008年）がよく参照されている。

教育を受ける権利

　Ｘは、Ｙ市の公立中学校に二人の子どもを通わせる保護者である。学校からの給食費のお知らせをみると、昨年度まで生徒一人月額 3000 円であったのに、本年度から 3300 円に値上げされていた。Ｙ市においては、財政の逼迫を理由に、本年度から、給食費として従来の材料費に加えて学校の光熱水費の一部も負担を求めることになったとのことである。Ｘは、義務教育は無償のはずなのに、ほかにも、制服や体育着代、教材費や修学旅行の積立金など多くの費用負担があることに疑問をもっていた。学校の光熱水費まで支払うのは納得できないと感じている。Ｘは、給食費の値上げ分を支払う義務はないと主張できるであろうか。

1. 教育を受ける権利

（1）学習権

　憲法 26 条 1 項は、「すべて国民は、法律の定めるところにより、その能力に応じて、ひとしく教育を受ける権利を有する」と定め、国家に対して、法律の制定を通じて、学校教育制度などの教育条件を積極的に整備・運営することを求めるものである。このような意味において、**教育を受ける権利**は**社会権**の一種である。

　この規定は、**学習権**という概念によって下支えされていると解されている[1]。たとえば、旭川学力テスト事件判決において、最高裁も、憲法 26 条について、「この規定の背後には、国民各自が、一個の人間として、また、一市民として、成長、発達し、自己の人格を完成、実現するために必要な学習をする固有の権利を有すること、特に、みずから学習することのできない子どもは、その学習要求を充足するための教育を自己に施すことを大人一般に対して要求する権利

1）兼子仁『教育法〔新版〕』（有斐閣、1978 年）195 頁以下、奥平康弘「教育を受ける権利」芦部信喜編『憲法Ⅲ　人権(2)』（有斐閣、1981 年）382 頁以下。

を有するとの観念が存在していると考えられる」[2]と判示している。

（2）「能力に応じて、ひとしく」の意味

学習権という概念の意義は、それによって教育制度の整備・運営に関する立法府と行政府の政策的な裁量権の行使をある程度方向づけようとする点にある。

この点で重要なのが、国民各自が「その能力に応じて、ひとしく」教育を受ける権利を有するということの意味をどのように理解するのかである。この規定は、かつては、教育機会の享受において学力や健康などの能力に関係のない人種や性別、経済的地位などによって差別されないという形式的な教育の機会均等を要請するものと解されていた[3]。この限りで、憲法 26 条は、教育制度を、学力を基準に能力主義的に設計し、もっぱらエリートの社会的選抜のために機能させることも問題のないものとの理解を生む余地を残すものであった[4]。

しかし、憲法 26 条が個々人の成長・発達に必要な学習の機会を保障するものならば、もっぱら能力主義的な教育制度の設計は、憲法 26 条の趣旨に反するであろう。学説上も、「能力に応じて」という文言をすべての子どもの「能力発達上の必要に応じた」[5]教育を保障するものと読み替える考え方が有力に主張されるようになった。こう考えれば、学力や健康などの能力不足を理由に教育の機会を閉ざすことは問題であり、たとえば、障害のある子どもにもその成長・発達に必要な教育の機会を実質的に保障する制度の構築が求められることになる。

2．義務教育の無償

（1）無償の範囲

以上のように、教育制度の整備・運営については、学習権の概念によって嚮導されねばならないが、それでも立法府と行政府の政策的判断にゆだねられている部分は広い[6]。ただし、憲法 26 条 2 項では、「すべて国民は、法律の定めるところにより、その保護する子女に普通教育を受けさせる義務を負ふ。義務

2）最大判 1976〔昭 51〕5・21 刑集 30 巻 5 号 615 頁。
3）法学協会『注解日本国憲法 上巻』（有斐閣、1953 年）500-501 頁、宮澤俊義〔芦部信喜補訂〕『全訂 日本国憲法』（日本評論社、1978 年）274 頁。
4）参照、堀尾輝久『現代教育の思想と構造』（岩波書店、1971 年）第二部。
5）兼子・前掲書（註 1）231 頁。

教育は、これを無償とする」と定められており、この限りで立法府と行政府の裁量は狭められている。たとえば、義務教育制度を設けないことは違憲である。

　もっとも、**義務教育の無償**の範囲については争いがある。というのも、義務教育については、国公立学校の授業料の不徴収（教育基本法5条4項、学校教育法6条但書）と教科書の無償（義務教育諸学校の教科用図書の無償に関する法律1条1項）が定められているが、子どもの保護者はその他の教材費や修学旅行費などを負担せねばならず、これらの合憲性が問題になるからである。

（2）最高裁の立場

　教科書代金返還請求事件判決において、最高裁は、義務教育が国家的要請だけなく、子どもを教育すべき親の責務にも発するものであるという理由で、その費用の一切を当然に国が負担するわけではないとし、憲法26条2項後段は、「子女の保護者に対しその子女に普通教育を受けさせるにつき、その対価を徴収しないことを定めたものであり、教育提供に対する対価とは授業料を意味するものと認められるから、同条項の無償とは授業料不徴収の意味と解するのが相当である」[7]と判示した。

（3）授業料無償説と修学費無償説

　学説上は、主に**授業料無償説**と**修学費無償説**が対立してきた。一方で、授業料無償説は、授業料不徴収のみが憲法上の要請であり、その他の費用の公費負担は立法政策の問題だとするものである[8]。他方で、修学費無償説は、授業料の不徴収に限らず、教科書や教材費などの修学に必要な全費用の無償が憲法上の要請であるとするものである[9]。この二つの説の間には、主に三つの点で考え方の違いがみられる[10]。1点目は親の教育の自由についてである。前者は、

6）ただし、教育を受ける権利には、親や教師の教育の自由などの自由権としての側面もあり、特に教育内容の決定に関して制度構築のあり方が憲法上限定されると考えられている。参照、中川律「教育に関する基本権」松井幸夫・永田秀樹編『憲法教室』（法律文化社、2012年）131頁、同「教師の教育の自由」法学セミナー712号（2014年）18頁。

7）最大判1964〔昭39〕2・26民集18巻2号343頁。

8）奥平・前掲論文（註1）379頁、樋口陽一・佐藤幸治ほか『注解法律学全集（2）憲法Ⅱ』（青林書院、1997年）178-179頁〔中村睦男執筆〕、米沢広一『憲法と教育15講〔第4版〕』（北樹出版、2016年）118頁。

9）永井憲一『憲法と教育基本権〔新版〕』（勁草書房、1985年）91頁、廣澤明「公教育の無償性」日本教育法学会編『教育法の現代的争点』（法律文化社、2014年）62頁。

10）参照、米沢・前掲書（註8）118頁以下、廣澤・前掲論文（註9）60頁以下。

親の教育の自由が認められるべきならば、その責任に見合った費用負担を求めても不合理ではないとするのに対し、後者は、親の教育の自由は費用負担を条件に認められるわけではないと主張する。2点目は貧困家庭への援助のあり方についてである。前者は、授業料以外の修学費については、所得制限つきの給付措置という社会保障の仕組みによる対応であるべきだと主張する。これに対し、後者は、所得制限つきの給付措置による対応には、細かな所得調査などのコストがかさみ、スティグマも生じさせる可能性などがあるので、修学費を全部無償にするほうが良いと考える。3点目は無償とされる修学費の範囲についてである。前者は、その範囲が明確ではないと考えるのに対し、後者は、どのような場合に例外的に私費負担が許されるのかという観点から理論的に画定できると主張する。授業料無償説が現在の通説であるとされている。

3．憲法解釈論と憲法政策論の区別
(1) 法原理的義務説の位置づけ

　憲法学の領域では、**憲法解釈論**と**憲法政策論**の区別ということが論じられてきた[11]。ここでいう憲法解釈論とは、ある国家の行為が合憲か違憲かを判断するための厳密な意味での憲法の条文解釈のことであり、憲法政策論とは、憲法の趣旨や理念からみてより望ましい政策や法制度の提案のことである。さて、なぜ、この話題を持ち出したのかというと、授業料無償説と修学費無償説のそれぞれの代表的論者が示す憲法解釈論と憲法政策論の区別に関するスタンスの違いに、両説の問題意識の差異が端的に反映されているからである。

　このスタンスの違いは、もう一つの有力説である**法原理的義務説**の位置づけ方の違いとして顕在化した。法原理的義務説とは、裁判的救済を直ちに求め得るのは授業料の無償までであるが、その他の修学費の無償施策の実現についても、単なる立法政策の問題ではなく、国は「憲法上、国民の教育を受ける権利に対応している法原理的義務」を負うと主張するものである[12]。

---

11) 参照、奥平康弘「試論・憲法研究者のけじめ」法学セミナー369号（1985年）8頁、内野正幸『憲法解釈の論理と体系』（日本評論社、1991年）、市川正人「憲法論のあり方についての覚え書き」立命館法学271・272号上（2000年）57頁。
12) 兼子・前掲書（註1）236頁。

こうした法原理的義務説について、修学費無償説の側は、自説と同趣旨のものであると位置づけた[13]。これに対して、授業料無償説の側は、法原理的義務説について、裁判規範として機能するとされているのが授業料の無償までであるところから、それ以上の無償化をいう部分を憲法政策論であると理解し、憲法解釈論のレベルでは授業料無償説と同じであると位置づけた[14]。そして、修学費無償説の側の理解は、憲法解釈論と憲法政策論をごちゃ混ぜにし、その結果、憲法研究者が本来的に為すことを期待されている憲法解釈論としての自説の「切れ味」を損なうものであると批判したのである[15]。

（2）区別の必要性と留意点

　確かに、憲法解釈論と憲法政策論の区別は必要である。それらを渾然一体とすることは議論を混乱させるだけである。修学費無償説が法原理的義務説と同趣旨とするならば、そこには憲法政策論的含意が含まれるものとして理解せざるを得ず、必然的にその憲法解釈論としての「切れ味」は鈍らざるを得ない。

　ただし、2点ほど留意すべきことがある。第一に、きちんと区別される限り、憲法政策論の重要性は否定されるわけではない[16]。たとえば、法原理的義務説については、近年でも憲法の理念に基づいた制度の実現を強調する点でその独自の意義が評価されている[17]。第二に、憲法解釈論と憲法政策論の区別は相対的なものにとどまるものである。たとえば、生存権の領域でよく議論される制度後退禁止原則は、憲法の理念からみて望ましい政策が実現した場合に、その部分に関して後退禁止という裁判上救済可能な特別の保護を与えようとするものである。憲法解釈論と憲法政策論の中間に位置するような議論である[18]。

---

13) 永井・前掲書（註9）91-92頁。なお、法原理的義務説の主張者の自己認識に関しては、兼子仁による同書の「ブックレヴュー」法律時報57巻12号（1985年）126頁を参照。
14) 奥平・前掲論文（註1）379頁。
15) 奥平・前掲論文（註11）11頁。
16) 市川・前掲論文（註11）66頁以下。
17) 成嶋隆「公教育の無償性原則の射程」日本教育法学会年報41号（2012年）121頁、125-126頁、世取山洋介「公教育の無償性と憲法」世取山洋介・福祉国家構想研究会編『公教育の無償性を実現する』（大月書店、2012年）469-470頁。
18) 制度後退禁止原則については、本書の「事例21　生存権の法的性格」を参照。

4. 授業料無償説の「切れ味」?

　最後に気になるのが、授業料無償説は、憲法解釈論としてそれほど「切れ味」が鋭いのかということである。冒頭の給食費の値上げの事例について、どのような結論を示し得るであろうか。表面的には、学校の光熱水費だとしても給食費なのだから問題なさそうである[19]。では、たとえば、調理実習費として、食材費に加えて学校の光熱水費の一部の負担を求めることはどうか。更に、清掃費として学校の光熱水費の一部の負担を求めることはどうか。ここまでくると、実質的に授業料を徴収しているのと同じだともいうことができそうな気がしてくる。

　しかし、この点の見通しは暗い。なぜなら、公立学校の授業料は、「公の施設」の使用料（地方自治法225条）であり、前記の最高裁判決によれば「教育提供に対する対価」であるとされるが、その具体的価額は、教育提供に要する費用のどのくらいを保護者に負担させるのが妥当なのかという観点から政策的に決定されるものだからである[20]。授業料の不徴収とはいっても、教育提供に要する費用のどの部分を私費負担に変更することを禁止するのかは自明ではない[21]。授業料無償説は私費負担の拡大に歯止めをかける論理を備えていないのである。

　こう考えると、修学費無償説を憲法解釈論として研ぎ澄ますほうが明るい見通しを得ることができるかもしれない。授業料という内容空疎な概念を放棄し、たとえば、「学校教育活動との実質的関連性」[22]という観点から公費負担と私費負担の境界線を明らかにするのである。こうした方向性がうまく行けば、冒頭の事例の答えは、その境界線をどこに設定すべきなのかによることになるであろう。

19）学校給食法11条及び同法施行令2条の解釈により、学校給食の経費のうち、学校の設置者は、施設設備費とその修繕費、人件費を負担し、保護者は、材料費と光熱水費を負担するとされる。また、「学校給食の実施に関する事務処理および指導の指針について」（1973〔昭48〕6 文部省体育局）では、光熱水費については学校の設置者が負担することが望ましいとされる。

20）参照、神田修・兼子仁編『教育法規辞典』（北樹出版、1999年）186-187頁、長谷部恭男『憲法〔第7版〕』（新世社、2018年）293頁。

21）地方財政法27条の4及び同法施行令52条では、市町村は、「市町村の職員の給与に要する経費」と「市町村立学校の建物の維持及び修繕に要する経費」についてのみ、住民に転嫁することが禁止されている。

22）成嶋・前掲論文（註17）125頁。

①教育を受ける権利については、本文で論じた社会権としての側面に加えて、自由権としての側面も議論されている。どのような議論なのか調べよ。

②私立学校に関しては義務教育段階でも授業料の徴収が認められていることは、憲法26条2項後段に違反しないのかについて論じよ。

③憲法改正により高等教育段階まで無償化するという主張について論評せよ。

■文献案内

①教育を受ける権利全般については、堀尾輝久『現代教育の思想と構造』（岩波書店、1971年）、兼子仁『教育法〔新版〕』（有斐閣、1978年）、奥平康弘「教育を受ける権利」芦部信喜編『憲法Ⅲ 人権 (2)』（有斐閣、1981年）、内野正幸『教育の権利と自由』（有斐閣、1994年）は必読である。

②義務教育の無償の範囲については、奥平・永井論争のテクストに直接に当たる必要がある（奥平「教育を受ける権利」前掲書、同「試論・憲法研究者のけじめ」法学セミナー369号（1985年）8頁、同『ヒラヒラ文化批判』（有斐閣、1986年）Ⅳ、永井憲一『憲法と教育基本権〔新版〕』（勁草書房、1985年）、同「義務教育の無償性をめぐる議論」法律時報59巻11号）。また、ステップアップの考察に役立つものとして、廣澤明「公教育の無償性」日本教育法学会編『教育法の現代的争点』（法律文化社、2014年）、中川律「教育の無償化は憲法改正によって実現されるべきものなのか?」阪口正二郎・愛敬浩二ほか編『憲法改正をよく考える』（日本評論社、2018年）。

③憲法解釈論と憲法政策論については、奥平康弘「試論・憲法研究者のけじめ」前掲論文、内野正幸『憲法解釈の論理と体系』（日本評論社、1991年）、小林直樹『憲法政策論』（日本評論社、1991年）、市川正人「憲法論のあり方についての覚え書き」立命館法学271・272号上（2000年）57頁などがある。教育に関する憲法政策論として、中川律「教育制度の憲法論」佐々木弘通・宍戸常寿編『現代社会と憲法学』（弘文堂、2015年）。

　A 県立の高校に教員として勤める X さんは、A 県教職員組合の組合員でも
あり、現在は支部長を務めている。A 県知事は、財政赤字を理由に、条例を
改正し公立学校の教職員の給与を削減する方針を打ち出した。A 県教職員組
合はこれに反発し、加盟教職員全体に、年次有給休暇を一斉に請求した上で反
対集会に参加するように求めたが、それに対して、ストライキの遂行をあおっ
たとして、X さんも含め、A 県教職員組合の委員長や、執行委員、支部長な
どが、地方公務員法違反で起訴された。憲法の観点から、この事件はどのよう
に評価できるか、検討しなさい。

1．合憲限定解釈に至るまでの道
（1）労働基本権の制限
　労働基本権として、**団結権**、**団体交渉権**、**争議権**の三つをあげることができる
が、公務員の種類によって、どのような権利をもつことになるのかは異なって
いる。法によって、これらの三権をすべてもたないと定められているのが、警
察官、消防職員、刑事施設に勤務する職員、自衛官、海上保安庁職員である
（国家公務員法 108 条の 2 第 5 項、地方公務員法 52 条 5 項、自衛隊法 64 条 1 項）。
こうした制限は、国民生活への重大な影響が生じかねないことを理由に定めら
れているが、少なくとも「労働組合の結成はそれ自体として国民生活に影響を
及ぼすものではない」ため、「団結禁止は憲法 28 条違反というほかない[1]」と
いう批判がある。
　また、非現業公務員[2] の労働組合（職員団体）については、組合員の範囲や
組合規約などについての詳細な要件を満たした上で登録しない限り、当局との
交渉ができないなどの制約（国公法 108 条の 3 以下、地公法 53 条以下）や、労働

1）西谷敏『労働法〔第 3 版〕』（日本評論社、2020 年）589 頁。

協約を締結することができないという制約（国公法 108 条の 5 第 2 項、地公法 55 条 2 項）が課されている。更に、「最大の問題[3]」と強く批判されているのが、すべての公務員に対し、一切の争議行為を禁止する規定（国公法 98 条 2 項、地公法 37 条 1 項、特独法 17 条、地公労法 11 条）の存在であり、参加者には免職等の可能性が定められている上、非現業の公務員に対しては、争議行為を「そそのかし、あおり」などした者について罰則が予定されている。

戦後、憲法が定める労働基本権と、上のような公務員に対するその制限を定める規定との間には、つねに緊張した関係が生じていた。

（2）前 史

米ソ冷戦の進行に伴い、GHQ が対日占領政策の転換を図る中で、公務員を含めた、日本の労働組合運動もまた、大きな影響を受ける[4] こととなった。1947 年には 2・1 ゼネストに対して中止命令が出され、それは更に、マーカット覚書によってゼネストの全面禁止に至り、そして 1948 年にはマッカーサー書簡に基づいて、すべての公務員の争議権と団体交渉権を禁じる政令 201 号が公布され、同年の国家公務員法改正や公共企業体労働関係法の制定へと繋がっていった。また、1949 年にはドッジ・ラインに基づき、国会では超均衡予算が成立するとともに、26 万人強の整理解雇を予定する行政機関職員定員法が制定され、そして、復興金融金庫の融資打ち切りによって、民間企業においても大量の人員整理が行われた。占領軍と政府による、労働運動への強硬姿勢に対し

2）非現業公務員を定義するために必要となる、現業公務員の定義は、相当困難であるが、初代人事院総裁を務めた浅井清は「いったい、現業とは、職種からみると、積極的にいえば、肉体的、機械的、技術的勤務を内容とするものであり、消極的にいえば、公権力の行使を内容としないものである」と述べている。浅井清『国家公務員法精義〔全訂新版〕』（学陽書房、1970 年）54 頁。現業の国家公務員は、公社に勤務する労働者と並び（三公社五現業と表現され、それぞれ、国鉄・電信電話・専売、郵政・林野・印刷・造幣・アルコール専売を業務の対象としていた）、公共企業体等労働関係調整法によって規律され、その 17 条によって争議権を有さないこととされていた。現在、同法は特定独立行政法人の労働関係に関する法律に姿を変えているが、争議行為禁止規定はそのまま維持されている。1980 年代の中曽根内閣による三公社民営化や、2000 年代初頭の小泉政権が推進した郵政民営化によって、その対象とされる範囲は縮小したものの、1990 年代の橋本行革は、中央省庁の現業サービス部門を独立行政法人化したにとどまるため、国立印刷局や造幣局の職員などは、この制度の対象となり、争議権を有さないとされている。

3）西谷・前掲書（註 1）589 頁。

4）この時代を生きた労働法学の泰斗による証言として、蓼沼謙一『戦後労働法学の思い出』（労働開発研究会、2010 年）39-60 頁を参照されたい。

て、諸組合は頑強に抵抗したものの、最終的には押し切られるに至った。

　労働者による反発は、法廷闘争という形でも現れたが、正に状況を生み出した政令201号自体が争われた政令201号事件（最大判1953〔昭28〕4・8刑集7巻4号755頁）を皮切りに、国鉄檜山丸事件（最判1963〔昭38〕3・15刑集17巻2号23頁）に至るまで、戦後最初期の、公務員の労働基本権をめぐる最高裁判決は、「公共の福祉」や憲法15条の規定を根拠にして、十分な理由を示すこともなく[5]、その制限を合憲と判断するものであった。

（3）合憲限定解釈による転換

　訴えに対して「なで切り」を続ける最高裁の論調は、1960年代半ばに、大転換を遂げた。それが、**全逓東京中郵事件**（最大判1966〔昭41〕10・26刑集20巻8号901頁）が示した、合憲限定解釈の採用である。この事件は、全逓信労働組合役員であるXらが、1958年の春闘に際して、東京中央郵便局の職員らに、勤務時間内に行われる職場集会への参加を呼びかけたことが、郵便法79条1項が定める郵便物不取扱罪の教唆に当たるとして起訴されたものである。一審は、公労法17条に関して、労働組合の正当な行為に違法性阻却を認める労組法1条2項を適用し、Xを無罪とする判断を下した。しかし、控訴審は、労組法1条2項の適用を認めず破棄差戻しとしたため、Xが上告した。

　上告審において、最高裁は、まず、「憲法自体が労働基本権を保障している趣旨にそくして考えれば、実定法規によって労働基本権の制限を定めている場合にも、労働基本権保障の根本精神にそくしてその制限の意味を考察すべき」であるとし、「憲法15条を根拠として、公務員に対して……労働基本権をすべて否定するようなことは許されない」と述べ、従来の判断から転換を示した。公務員の労働基本権に対して、どのような制約が合憲とされるかについては、①「制限は、合理性の認められる必要最小限度のものにとどめなければならない」こと、②「制限は……その職務または業務の停廃が国民生活全体の利益を害し、国民生活に重大な障害をもたらすおそれのあるものについて、これを避けるために必要やむを得ない場合について考慮されるべき」であること、③

5）そのため、この時期の判決に対しては「『なで切り論法』として、学界・下級審・国際世論・労働運動から批判が続出」した。木下智史・只野雅人編『新・コンメンタール憲法〔第2版〕』（日本評論社、2019年）351頁〔倉田原志執筆〕参照。

「違反者に対して課せられる不利益については、必要な限度をこえないよう」にし、「とくに、勤労者の争議行為等に対して刑事制裁を科することは、必要やむを得ない場合に限られる」こと、④「制限することがやむを得ない場合には、これに見合う代償措置が講ぜられなければならない」ことの4条件を示し、争議権を制限する「公労法17条1項の規定が違憲でないとする結論そのものについては、今日でも変更の必要を認めない」が、「争議行為が労組法1条1項の目的のためであり、暴力の行使その他の不当性を伴わないときは……正当な争議行為として刑事制裁を科せられないものであり、労組法1条2項が明らかにしているとおり、郵便法の罰則は適用されない」という方針を採用し、具体的事実関係に照らして認定判断させるため、破棄差戻しと判示した。

全逓東京中郵事件が示した判断枠組みは、続く**東京都教組事件**（最大判1969〔昭44〕11・16刑集23巻5号305頁）において、「争議行為そのものに種々の態様があり、その違法性が認められる場合にも、その強弱に程度の差があるように、あおり行為等にもさまざまの態様があり、その違法性が認められる場合にも、その違法性の程度には強弱さまざまのものがありうる」ため、争議行為とあおり行為の双方で強い違法性が確認できる場合にのみ、刑事罰を科すべきである、という**「二重のしぼり」**論に精緻化された。

2．1972年の全農林警職法事件「逆転判決」以降

（1）「逆転判決」の構造

全逓東京中郵事件が示した方針は、しかし10年すら維持されず、**全農林警職法事件**（最大判1973〔昭48〕4・25刑集27巻4号547頁）において、再び変更される。時の最高裁長官は、全逓東京中郵事件に際して、反対意見で、公労法に「違反してなす争議はすべて違法なものであり、従って正当な争議行為とはいい得ないことは極めて明白」と気炎を揚げた石田和外であった。

この事件は、国家公務員である、全農林労働組合の役員Xが、1958年、警察官職務執行法改正法案反対のための時間内職場集会へ参加することを呼びかけたことが、国家公務員法に違反するとして起訴されたものである。一審は、全逓東京中郵事件以来の方針を踏襲し、強度の違法性がないとしてXを無罪とする判断を下した。しかし、控訴審は、争議行為を「政治スト」と判断する

ことでXを有罪としたため、Xが上告したものである。

　最高裁は、まず、公務員の争議行為等を容認すれば「民主的に行なわれるべき公務員の勤務条件決定の手続過程を歪曲することともなつて、憲法の基本原則である議会制民主主義……に背馳し、国会の議決権を侵す」おそれがあるとした上で、公務員には労働基本権に対する「制約に見合う代償措置として……勤務条件についての周到詳密な規定を設け、さらに中央人事行政機関として準司法機関的性格をもつ人事院を設けている」ため、「公務員の争議行為の禁止は、憲法に違反することはない」とする。国公法による規制と罰則については、「何人であつても、この禁止を侵す違法な争議行為をあおる等の行為をする者は、違法な争議行為に対する原動力を与える者として……とくに処罰の必要性を認めて罰則を設けることは、十分に合理性がある」ものであり、更に「二重のしぼり」論などは、「いうところの違法性の強弱の区別が元来はなはだ曖昧であるから刑事制裁を科しうる場合と科しえない場合との限界がすこぶる明確性を欠く」もので、「このように不明確な限定解釈は、かえつて犯罪構成要件の保障的機能を失わせることとなり、その明確性を要請する憲法31条に違反する疑いすら存する」として、全逓東京中郵事件の枠組みを退けた上で、Xの上告を棄却した。

（2）その後の判例の展開

　全農林警職法事件の「逆転判決」以来、同様の見地から、地方公務員の争議行為禁止やその処罰規定を合憲とする岩手県教組学力テスト事件判決（最大判1976〔昭51〕5・21刑集30巻5号1178頁）や、全農林警職法事件の枠組みが現業職員や公社職員にも妥当するとして、全逓東京中郵事件の判例変更を明示した全逓名古屋中郵事件判決（1977〔昭52〕5・4刑集31巻3号182頁）などを経ながら、「逆転判決」の判断枠組みは、現在に至るまで維持されてきている。その中で、全農林人勧処分事件（最判2000〔平12〕3・17判時1710号168頁）では、「代償措置」が機能しない場合において、争議権制限の正当性が争われたが、最高裁は、**人事院勧告**が凍結されていたとしても、代替措置が本来の機能を果たしていなかったとはいえないとして、国家公務員法の適用を認めている。争議権制限の根拠となる代償措置について、安易にそれを認める最高裁の姿勢には異論も多く存在する[6]。

3. 現状と課題

　労働法学の大家、西谷敏は「憲法による争議権保障と法律による全面禁止を整合的に解釈することは、本来不可能である」と断じた上で、公務員の労働基本権をめぐる判例の展開について、「1966年以来の最高裁による合理的限定解釈が、憲法28条との平仄をあわせるために公務員法の文言から逸脱したとすれば、1973年以降の多数意見は、逆に現行公務員法制と平仄をあわせるために憲法28条の法文から甚だしく乖離する」ものとなっており、「いずれがより深刻な問題をはらむかは明らか[7]」だと述べる。

　更に、その西谷自身が述べるように、近年「公務の民間化」が進められてきており、そのような「『量的な民間化』の進行は、あらゆる公務員の行う公務は特殊な性格をもち民間企業の業務とは異質であるという命題と矛盾[8]」するが、それは最高裁の判断の、その前提が崩れることを意味するのではないだろうか。また、公務員制度改革では、能力等級制度の導入が主張されることもあるが、それは各省庁の労働条件決定権限拡大＝人事院の権限縮小、すなわち「代償措置」の弱化を意味するものでもある。公務員制度をめぐる新たな動きの中で、公務員の労働基本権についてもまた、合わせて再考する必要があるだろう。

6）代替措置論の機能不全を示しつつ、適正手続保障の次元に接続する論として、渡辺賢『公務員労働基本権の再構築』（北海道大学出版会、2006年）、とりわけ138-150頁を参照のこと。
7）西谷・前掲書（註1）591頁。
8）西谷敏「民間労働関係の動態と公務労働」西谷敏・晴山一穂ほか編『公務の民間化と公務労働』（大月書店、2004年）72頁。

①公務員と一口でいっても、様々な公務員が存在している。公務員法などの概説
　書を参考に、どのような分類があり得るのかを調べなさい。

②全逓東京中郵事件判決と東京都教組事件判決、全農林警職法事件と全逓名古屋
　中郵事件判決について、それぞれの両者の間でどのような違いがあるのか、比
　較しなさい。

③ PFI や PPP という言葉が注目され、公務労働の捉え方についても変化が生じ
　つつある。そのような変化の中、公務員の位置づけはどのように変化すると
　いえるだろうか。

■文献案内

①利益団体政治の観点から、労働組合を中心に、その戦後の展開を論じるものとして、久米
　郁男『労働政治　戦後政治の中の労働組合』（中央公論新社、2005 年）がある。公務員
　の労働基本権を考えるに際して、戦後労働組合史を理解することは欠かせない。

②戦後に展開された、公務員の組合運動の、一つの軸を担ってきたのが日本教職員組合（日
　教組）であった。たとえば小熊英二『＜民主＞と＜愛国＞　戦後日本のナショナリズムと
　公共性』（新曜社、2002 年）354-393 頁などを通じて、やや変則的な方向から、日教組
　やその時代について知ることは、公務員の労働運動を理解するためにも資するはずである。

③全農林警職法事件判決への「逆転」について、十分に理解するためには、その背景として、
　最高裁判所裁判官の構成を含めた、日本における戦後司法史について、知ることが欠かせ
　ない。日本国憲法を比較の中で分析する樋口陽一『比較のなかの日本国憲法』（岩波書店、
　1979 年）のうち、特に 131-195 頁は、「裁判官像」を軸に、公務員の労働基本権が激
　しく争われた時代の司法を描いている。

事例 24　選挙権と被選挙権の法的性格

　衆議院議員総選挙小選挙区に**立候補**しようとするＡは、公職選挙法 92 条 1 項 1 号の規定どおり供託金 300 万円を供託した。Ａにとって 300 万円は決して安い金額ではなく、選挙に立候補するために苦労して工面したお金だった。しかし選挙には落選し、更にＡの得票数が立候補した選挙区における有効投票総数の 10 分の 1 に達しなかったため、Ａがおさめた**供託金**は公選法 93 条 1 項 1 号の規定によって没収されることになった。Ａは、被選挙権をもつ国民ならば、金銭的な代償なく立候補が認められるべきであると考え、これらの公選法の規定は憲法に違反すると出訴した。裁判所は、どのように判断するか。

1．選挙権

（1）選挙権とは

　選挙権は、憲法 15 条 1 項で「公務員を選定し、及びこれを罷免することは、国民固有の権利である」とされ、同 3 項で「公務員の選挙については、成年者による普通選挙を保障する」と定められている。選挙は、「有権者の集合体（選挙人団）によって、国会議員等の公務を担当する者（公務員という国家機関）を選定する集合的な行為」であり、選挙権（投票権）とは、「この行為に各有権者が一票を投ずることによって参加することができる権利」のことである。つまり、「国民の参政権のうちでは、議員を選挙する選挙権が最も一般的で重要なもの」と理解されている[1]。

　この選挙を自由・公正に実現するための基本原則として、①普通選挙、②平等選挙、③自由選挙、④秘密選挙、⑤直接選挙があげられる。このうち、普通選挙については憲法 44 条但書で、秘密選挙は、15 条 4 項で明示的に保障されている。平等選挙、自由選挙及び直接選挙については、憲法上の規定はないが、

1）芦部信喜〔高橋和之補訂〕『憲法〔第 7 版〕』（岩波書店、2019 年）271 頁。

近年ではこれらを含む五原則すべてが「憲法上の要請」であると解されている[2]。

選挙権を行使するための要件は、公職選挙法9条1項によって「日本国民で年齢満18歳以上の者は、衆議院及び参議院議員の選挙権を有する」（2015年改正）とされている。その一方で、11条1項では①削除（2013年改正より）[3]、②禁固以上の刑に処せられその執行を終わるまでの者[4]、③禁固以上の刑に処せられその執行を受けることがなくなるまでの者（刑の執行猶予中の者を除く）、④法律で定めるところにより行われる選挙、投票及び国民審査に関する犯罪により、禁固以上の刑に処せられ、その刑の執行猶予中の者、⑤選挙犯罪により刑に処せられ、選挙権・被選挙権が停止された者の選挙権を停止している。

（2）選挙権の法的性格

（1）二元説　選挙権の法的性格についての通説は、選挙権が権利であると同時に義務でもあると解する二元説である[5]。二元説は、選挙権の中に権利と公務（義務）の両方の性質があると考える。つまり、選挙権とは「選挙人団を構成する一員、すなわち選挙人として、選挙に参加することができる資格または地位」であるとした上で、選挙権の法的性格は、「選挙人は、一面において、選挙を通して、国政についての自己の意志を主張する機会を与えられると同時に、他面において、選挙人団という機関を構成して、公務員の選挙という公務に参加するものであり、前者の意味では参政の権利をもち、後者の意味では、公務執行の義務を持つから、選挙権には、権利と義務との二重の性質があるものと認められる」という[6]。

（2）権利一元説　権利一元説では、選挙権の本質を権利的性格にのみ限定

2）辻村みよ子『憲法〔第6版〕』（日本評論社、2018年）317頁以下。

3）2000年改正までは禁治産者、2013年改正までは成年被後見人が選挙権及び被選挙権を有しないとされていた。この規定について、裁判所は「成年被後見人は選挙権を有しないと定めた公職選挙法11条1項1号は、憲法15条1項及び3項、43条1項並びに44条ただし書に違反する」と判示した。東京地判2013〔平25〕3・14判例時報2178号3頁。

4）本号の合憲性の疑いについて、倉田玲「公職選挙法第11条第1項第2号の憲法適合性の欠如」立命館法学352号（2013年）182-218頁。

5）辻村の分類では、このほかに「選挙権を選挙という公の職務を執行する義務（公務）と解する公務説」（選挙権公務説）や「選挙権の権利性を否定して国家機関権限と解する権限説」（または個人の選挙人資格請求権のみ承認する請求権説）があげられている。辻村・前掲書（註2）。

6）辻村・前掲書（註2）313頁以下。

して考える。これは、フランス革命期以来の「人間としての権利」と「市民としての権利」の区別を前提とし、選挙権を意思決定能力をもった**主権者**としての市民の権利とするものである。従来の二元説などが選挙権の内容から投票権を排除し、選挙権の公務性から権利の制約を認めてきたことを批判してきた[7]。

ただし、この二つの説の理論的対立は、「解釈論上の実益の乏しさから両説の論争は低調なものとなっている[8]」と評されるように、近年では二元説を採っても裁判においては厳格審査を適用することで、選挙権を権利として保障することが可能となってきている。

2．被選挙権

被選挙権については、「選挙人団によって選定されたとき、これを承諾し、公務員となりうる資格[9]」であると説明されてきた。そして、「被選挙権は必ずしも立候補を前提とするものではない。しかし、立候補制度をとる選挙制度の下では、立候補できなければ有権者団によって選定されることもないため、被選挙権と立候補の自由は同じものとして扱いうる[10]」として、憲法44条の選挙に関する資格の平等についての規定は、選挙権だけでなく、被選挙権をも含んでいると解されている[11]。しかし、被選挙権の法的性格を「資格」ではなく「権利」として解するための「明文上の根拠規定がないため、その根拠条文には争いがある」とされている[12]。

（1）　権利能力説　　従来の通説は、被選挙権についても、権利としての「被選定権」（公務員に選出される権利）ではなく権利能力と解してきた[13]。これを権利能力説という。判例でも、「選挙犯罪の処刑者に対して選挙権と被選挙権

7）辻村みよ子『「権利」としての選挙権』（勁草書房、1989年）6頁以下。
8）御幸聖樹「選挙権・被選挙権の本質と選挙の公正」憲法判例百選Ⅱ〔第7版〕（2019年）317頁。
9）清宮四郎『憲法Ⅰ〔第3版〕』（有斐閣、1979年）103頁。
10）御幸・前掲論文（註8）。
11）芦部・前掲書（註1）273頁。
12）御幸・前掲論文（註8）では、①憲法13条の幸福追求権の補充的補償対象と解する説（佐藤幸治『日本国憲法論』（成文堂、2011年）194-195頁）、②憲法14条の政治的不差別の保障に含まれると解する説（小嶋和司『憲法概説』（信山社、1987年）340頁）、③憲法15条1項が選挙権と表裏一体のものとして保障すると解する説（奥平康弘『憲法Ⅲ』（有斐閣、1993年）400頁）などが紹介されている。
13）辻村・前掲書（註7）313頁以下。

の停止を定める公職選挙法 252 条の合憲性が問題になった事件で被選挙権の性格が論点となり、「公職の選挙権が国民の最も重要な基本的権利の一である」ことは認めながら、選挙の公正の保持のために被選挙権及び選挙権を停止することは、「これを以て不当に国民の参政権を奪うものというべきではない」と判示した[14]。しかし、「被選挙権も広義の**参政権**の一つであり、権利性がないわけではない[15]」というように、現在は権利としての性格を認める考え方が一般的である。

(2)　立候補権説　　最高裁は、労働組合員の立候補権に関する 1968 年の三井美唄炭鉱事件大法廷判決で、「立候補の自由は、選挙権の自由な行使と表裏の関係にあり、自由かつ公正な選挙を維持するうえで、きわめて重要である」、「憲法 15 条 1 項には、被選挙権者、特にその立候補の自由について、直接には規定していないが、これもまた、同上同項の保障する重要な基本的人権の一つと解すべきである」と指摘した[16]。

近年では被選挙権の内容を立候補権として捉え（立候補権説）、被選挙権を基本的権利と解して、憲法上の選挙原則をこれにも適用しようとする見解が有力となっている[17]。従来の二元説のように、公務性を基礎とする公務員選定資格との関連で被選挙権を捉える場合には被選挙権の権利性は承認されないが、立候補権説では国政参加権の一態様としての立候補の権利を認めることができる[18]。

(3)　主権的権利説　　主権的権利説では、立候補は、主権者にとって議員の選出と同様に重要な主権行使の一形態であり、被選挙権も立候補による主権行使の権利として捉えられる。したがって被選挙権は、選挙権と同様、15 条 1 項を根拠として、立候補権を中心とする主権者の個人的権利として理解されることになる。このほか、「自ら公職者として国政に参与する権利」の一側面として、被選挙権を憲法上の権利（憲法 13 条の幸福追求権の内実をなすもの）と解

14)　最大判 1955〔昭 30〕2・9 刑集 9 巻 2 号 217 頁。
15)　芦部・前掲書（註 1）273 頁。
16)　最大判 1968〔昭 43〕12・4 刑集 22 巻 13 号 1425 頁。本件についての詳細は、岡田順太「労働組合の統制権と政治活動の自由」憲法判例百選 II〔第 7 版〕（2019 年）312 頁。
17)　野中俊彦・中村睦男ほか『憲法 I〔第 5 版〕』（有斐閣、2012 年）543 頁〔高見勝利執筆〕。
18)　辻村・前掲書（註 13）。

する見解も存在する。このように、被選挙権の本質を、選挙権と同様、主権者の権利として捉え、その中心的な内容を立候補の自由に求めるとすれば、立候補の自由を制約する現行法上の諸規定の合憲性が問題となる[19]。

　選挙は、「選挙される資格」の存否のほかに、「資格のある者が立候補する」権利が、各人になければ、選挙自体は成立しないからである。むしろ、「立候補の自由」を起点に考えれば、「資格要件」それ自体は厳格審査の対象と考えることができる[20]。

```
┌─ ステップアップ ─┐
```

①強制投票制が日本に導入される場合、どのような問題があるかについて、権利一元説の立場から検討しなさい。

②2015年改正により投票年齢が18歳以上に引き下げられたが、被選挙権は衆議院議員選挙25歳以上、参議院議員選挙30歳以上のままである。この状態について、合憲・違憲それぞれの立場から論じなさい。

③立候補者の「立候補の自由」を制限している現行法上の規定を調べなさい。

■文献案内

①選挙権についての網羅的研究書として、辻村みよ子『「権利」としての選挙権』（勁草書房、1989年）、同『選挙権と国民主権――政治を市民の手に取り戻すために』（日本評論社、2015年）がある。杉原泰雄『国民主権と国民代表制』（有斐閣、1983年）も参照。

②被選挙権の法的性質については、湯浅墾道「被選挙の法的性をめぐる近時の議論」選挙研究24巻2号（2009年）、小倉一志「選挙供託制度に関する憲法上の問題点：被選挙権との関連で」札幌法学21巻2号（2010年）、倉田玲「選挙権と被選挙権の制約（特集 政治改革と選挙制度の課題）」憲法研究（信山社、2019年）。

19）辻村・前掲書（註13）。
20）加藤一彦『憲法〔第3版〕』（法律文化社、2017年）163頁参照。

政治構造の枠組み

事例 25　**国民代表制の原理**

　支持母体の業界団体に便宜を図るよう、政権党の有力政治家が、関係省庁に圧力をかけていたことが明るみに出て、事件は一大政治スキャンダルへと発展した。政権党 A 党の大臣数名が辞任して離党するに至った。世論の批判が高まる中で衆議院の解散総選挙が実施され、野党 B 党が政権の座についた。しかし、辞任した元大臣らは、地元の小選挙区から無所属で立候補し、支持母体の業界団体から手厚い支援を受けて全員が当選した。元大臣らをめぐっては、選挙後に更に新たな疑惑が発覚し、選挙区内でも辞職を求める声が高まったが、いずれもが辞任を拒んでいる。これでは政治責任の追及ができず問題だと考えた B 党の若手議員 X らは、地方議会の議員の解職請求制度にならい、衆議院小選挙区選出議員の解職請求を可能とするための法案の準備に着手した。

1.　代表民主制と直接民主制
（1）地方自治法における解職請求制度
　国または地方の公職にある者——典型的には選挙された議員や首長——を、国民や住民の請求に基づき、任期満了前に罷免する仕組みを**リコール**と呼ぶ。地方自治法は、地方公共団体の議会の議員（80条）、長（81条）などについて、リコール（解職請求）を制度化している。同様の手続で、地方公共団体の解散請求も可能である。**直接請求**と呼ばれる仕組みである。解職請求は、憲法15条1項が国民固有の権利として保障する公務員の選定罷免——リコールを想起させる——の具体化とみることもできる。

　地方自治法によると、選挙権を有する者（有権者）は、自らが所属する選挙区（選挙区がない場合は地方公共団体の全体）で有権者総数の3分の1以上の署名を集めれば、地方公共団体の選挙管理委員会に対して議員の解職を請求できる。有権者数が40万人を超える場合には、署名の条件が緩和される（80条1項）。選挙管理委員会は、この請求を選挙区（選挙区がない場合は地方公共団体

全体）の有権者の投票に付さなければならず（80条3項）、「過半数の同意」（賛成）があった場合には、議員はその職を失う（83条）。

この解職制度の意義について、少し掘り下げて考えてみよう。

（2） 代表民主制と直接民主制

以下では、選挙された代表（議員）に一定期間政治の運営をゆだねる仕組みを、代表民主制あるいは間接民主制と呼ぶことにする。これに対して、市民自らが政治的な意思決定を行う仕組みが、直接民主制である。一定以上の人口規模をもった政治団体で、有権者がつねに直接、政治的な意思決定を行うことは困難であるが、重要事項について例外的に、国民投票や住民投票（レファレンダム）のような仕組みを導入すること——**半直接制**——は十分に可能である。

リコールは、特定の争点の当否ではなく、公職にある者（議員）の適否が有権者により判断されるという点で、選挙とともに代表民主制（間接民主制）に属する仕組みであるとみることもできる[1]。しかし、上述のような代表民主制の定義を前提にすると、有権者の発意に基づき任期の途中に代表を罷免する仕組みは、代表民主制とは異質の制度ということもできる。特に、特定の公約の遵守の有無などを争点にリコールが行われれば、直接民主制的な要素が強まる。

日本国憲法は、憲法改正についての国民投票制度を規定するが（96条）、このように憲法が明文で定めている以外に、代表制の例外をなす仕組みの導入は可能か。憲法15条1項を直接の根拠として、地方自治法の解職請求制度に倣い、事例のような国会議員の解職請求制度を導入することは、憲法上許されるだろうか。憲法上の有権者と議員の関係（憲法43条）を踏まえ、考えてみたい。

2. 全国民の代表と自由委任

「日本国民は、正当に選挙された国会における代表者を通じて行動し……」と規定する憲法の前文は、代表民主制を前提としているようにみえる。更に、「選挙された全国民を代表する議員」（43条）が、国権の最高機関である国会の両院を構成し、立法権を行使するものとされる。この「全国民を代表する議員」という理念は、議会の成り立ちと深くかかわっている。

1）野中俊彦・中村睦男・高橋和之・高見勝利『憲法Ⅱ〔第5版〕』（有斐閣、2012年）4頁〔高橋和之執筆〕、大石眞『憲法講義Ⅰ〔第3版〕』（有斐閣、2014年）86頁等を参照。

議会の起源は、中世ヨーロッパに遡る。当時の議会では、議員は身分や都市の代表であり、国王が課税への同意を求めるような場合に、必要に応じ召集された。議会に派遣される際、議員は選出母体の指示（訓令）に縛られるものとされ、指示に反した場合は召喚されるものとされた。**命令的委任**と呼ばれる仕組みである。こうした仕組みは、常時集会して審議を行う、今日のような議会には馴染まない。また、議員が選出母体の意向に縛られたままでは、審議を通じて合意を生み出し、国民全体の政治的意思を形成して行くことも難しい。そこで議員は、いったん選挙されれば、選出母体からは独立し、**全国民の代表**として自由に活動すべきであるとの原則が採られるようになる[2]。このような考え方を、かつての命令的委任に対し**自由委任**と呼ぶ。

　今日でも、ドイツ連邦共和国基本法やフランス第五共和国憲法には、命令的委任を禁止する規定が置かれている。日本国憲法にこのような規定はないが、「全国民を代表する議員」という文言の中に同じ趣旨を読み込むことは可能である。「議院で行つた演説、討論又は表決」について議員の免責を定める憲法51条が、併せて根拠としてあげられることもある。最高裁判所も、国会議員は「特定の階級、党派、地域住民など一部の国民を代表するものではなく全国民を代表するものであつて、選挙人の指図に拘束されることなく独立して全国民のために行動すべき使命を有する」と述べている[3]。

　日本国憲法15条1項は、文言上、公務員の「**選定罷免**」を国民固有の権利として保障しており、リコールを許容しているようにみえる。現に地方自治のレベルでは、解職請求の制度が存在する。選定罷免権が具体化されているとみることもできる。しかし憲法43条を、「全国民の代表」の原義に忠実に、自由委任の趣旨を宣言したものと解するならば、任期中に国会議員を罷免する仕組みの導入は難しいであろう。特定の地域ではなく全国民を代表する国会議員については、地方公共団体の議会の議員や長の場合とは異なり、事例のような解職請求制度の導入は憲法上許されないと解するのが、自由委任を前提にした場合の自然な結論であるように思われる。この場合、「罷免」はもっぱら選挙を通じて行われることになる。

2）芦部信喜〔高橋和之補訂〕『憲法〔第7版〕』（岩波書店、2019年）309頁などを参照。
3）最大判1983〔昭58〕4・27民集37巻3号345頁。

「全国民の代表」の主眼は部分代表＝命令的委任の否定にあり、当然にすべてのリコール制を排除するものではないとの見解もある[4]。しかしこれに対しては、個別の争点についてリコールが行われるなら、政策全体について有権者の合意を調達するという代表制の妙味が失われるので、やはりリコール制は憲法上認められないとの指摘もなされている[5]。

3. 全国民の代表の2側面と選定罷免権

　一方で、15条1項のような日本国憲法に特有の規定を手がかりに、リコール制度を導入することは可能であると論じる余地もある。その場合には、「全国民を代表する議員」という規定を、自由委任の趣旨を含んだ原義とは異なる形で、解釈する必要がある。

　学説上、国会議員が全国民を代表するという規定は、相異なる二つの側面から理解し得ることが、かねてより指摘されてきた。議員が地域や職能など部分の代表であることを禁止すると同時に、全国民の意思を反映すべしという積極的要請をも含むというのである[6]。前者は、**禁止的規範的要請**、後者は**積極的規範的要請**といわれる。

　全国民の代表の原義が禁止的規範的要請（自由委任）であることは、既にみたとおりである。もっとも自由委任は、法的なフィクションにすぎないともいえる。議員が選挙される以上、選ぶ者と選ばれる者の間にある種の関係性が生まれることは避けられない。しかし、そうしたフィクションを成り立たせていたのが、制限選挙という仕組みであった。一定の財産を有する男性のみが選挙権をもち、自分たちと同じ階層の中から議員を選ぶという仕組みのもとでは、選挙された議員が有権者の意向や利益を損ねる行動をとることは考えにくい。有権者は議員を信頼すればよかったのである。

4）樋口陽一『憲法〔第3版〕』（創文社、2013年）324頁。もっとも樋口も、選挙区制を前提に、全国民の代表たる議員の選挙区への従属を一定限度を超えて強化する仕組みは、違憲であるとも述べている（同上書・325頁）。事例のような制度は許容されないことになろう。

5）長谷部恭男『憲法〔第7版〕』（新世社、2019年）355頁。ただし長谷部は、43条ではなく51条の免責特権の規定から、リコール制は憲法上認められないとしている。リコールをめぐる学説については、長谷部恭男編『注釈日本国憲法(3)』（有斐閣、2020年）343-345頁〔駒村圭吾執筆〕も参照。

6）二つの側面につき、樋口・前掲書（註4）324-329頁を参照。

ところが、一定年齢に達したすべての者が、財産の区別なく同じように選挙権をもつ普通選挙の仕組みが導入されるようになると、事情は変化する。一握りの資産家や経営者、地主だけでなく、財産をもたない農民や労働者も同じように1票をもち、自分たちの代表を議会に送り出すことが可能となった。有権者の利害は複雑化し、もはや議員を信頼すれば足りるというわけにはゆかない。自分たちの考えや利益を政治に反映させるために、有権者は議員に対して、自分たちの考えや利益を代弁するように求める。また議員の側も、再選を意識して、そうした要求に応じるようになる[7]。自由委任という法的なフィクションはなお維持されているものの、事実のレベルでは、「全国民の代表」のあり方に無視できない変化が顕在化するのである。

　こうした有権者と議員との関係こそが代表本来のあり方だと考えるなら、積極的規範的要請を基盤に、全国民の代表を理解することも可能である。「議員は選挙民から独立することによってではなく、選挙民と結びつくことによって国民代表とならなければならない」[8]ということである。

　積極的規範的要請は、あくまで「全国民の代表」を前提にしており、部分代表の容認を当然に意味するわけではない。とはいえ、「全国民の意思」の反映は、容易な作業ではない。「国民」の表情は複雑であり、全国的に数年に一度実施される選挙でのみ、その実相を捉えることはできない。積極的規範的要請から出発するなら、日本国憲法は、自由委任という原則に拘泥せず、様々なレベルで有権者と代表との結びつきを確保するための手法を、憲法の規定に反しない限度で許容しているとみることもできよう。15条1項の「選定罷免」の権利の具体化は立法府にゆだねられており、国政レベルでの解職請求制度の導入も、積極的規範的要請に適うものとして憲法上許容される、と解する余地があろう[9]。

　なお、上記の積極的規範的要請よりも更に踏み込んで、リコールのような制度の具体化が憲法上要請されているとする見解もある。この立場は、日本国憲法の「国民主権」(**人民主権**)の原理は、国会による決定が主権者自身による

---

7) 高橋和之『現代憲法理論の源流』(有斐閣、1986年) 398-399頁を参照。
8) 渡辺良二『近代憲法における主権と代表』(法律文化社、1988年) 223頁。
9) 辻村みよ子『憲法〔第6版〕』(日本評論社、2018年) 346-347頁・351頁の指摘も参照。

決定と同視し得るような内実を備えることを要請していると解し、主権者（人民）の意思・利益は「各市民の意思・利益の集積」であるとする。また、主権者（人民）とその単位は自らの「意思・利益に反して行動する代表の責任を追及し、罷免しうる立場になければならない」[10]と説く。

4. 解職制度の意義

　ここまで憲法解釈論として、国会議員の解職制度の導入の可否を検討してきたが、最後に、この仕組みの意義についても、少し考えてみよう。導入が憲法上可能だとしても、実際導入すべきかどうか、またどの様な形で制度化すべきか、慎重な考慮が必要となる。

　事例ではXらは、有権者の直接的政治参加の仕組み（解職請求）により、議員の政治責任を追及しようとしている。事例にもあるように、選挙だけを通じて、「罷免」の機会が十分に保障されるわけではない。選挙された代表や政治制度への信頼が低下し、政治への幻滅が強まる今日、全国民の代表を補完するものとして、有権者の積極的な政治的役割に期待することにも相応の理由があろう。日本国憲法15条1項の規定から、日本国憲法は、選挙に限らず積極的な役割を果たし得る主権者像を想定している、とみることもできる。

　一方で、このような仕組みにはリスクも伴う。1名の議員のみが当選する小選挙区制の場合でも、当選者が過半数の票を得ることは希である。少数党の、あるいは組織的な基盤のない議員が当選した場合、「多数派」がそうした議員を排除するための手段として、解職請求に訴える懸念もある。一つの選挙区から複数の議員が当選する仕組みの場合は、特にそうである。

　また、有権者と議員の関係性が強まることには弊害もある。関係が緊密になるほど、議員は「部分代表」の性格を強めるかもしれない。利益誘導や利益政治は民主主義のもとでは避け難いが、それがゆきすぎれば種々の病理を生み出す。この点を意識して、「禁止的規範的要請」の意義をあえて強調する見解も学説上有力である。解職請求の成立は希であろうが、そうした仕組みが存在するだけでも、議員は支持母体の意向に反する振る舞いをしにくくなるかもし

---

10) 杉原泰雄・只野雅人『憲法と議会制度』（法律文化社、2007年）30頁・84頁〔杉原泰雄執筆〕。

れない。そこには、民意からの離反を防止するというプラスの側面と同時に、「部分代表」や利益政治を顕在化させるというデメリットもあるかもしれない。

ステップアップ

①代表のあり方は主権原理ともかかわる。杉原泰雄『憲法 II 統治の機構』（有斐閣、1989 年）161 頁以下を読み、主権論とリコール制度の関係を検討しなさい。

② 43 条の解釈を踏まえ、衆参両院の比例代表選挙で採られる政党間移動禁止の制度（国会法 109 条の 2、公職選挙法 99 条の 2）について検討しなさい。

③日本国憲法のもとで、国政の重要事項をめぐる国民投票（レファレンダム）の導入が可能かどうか、憲法 41 条の規定も踏まえ、検討しなさい。

■文献案内

①杉原泰雄『国民主権の研究』（岩波書店、1971 年）は、フランス憲法史の実証的研究を基盤に国民主権と人民主権の区別を明らかにした。著者は、その検討を踏まえ、直接民主制的な制度を積極的に位置づける憲法解釈を展開した。

②権力の民主化を説く人民主権論に対し、立憲主義という異なる立ち位置から議論を展開したのが樋口陽一『近代立憲主義と現代国家』（勁草書房、1973 年）である。特に、298 頁以下の指摘は①との対比でも、重要である。

③代表による熟議の意味、直接民主制がはらむ問題につき、理論的に掘り下げ検討しているのが毛利透『民主政の規範理論』（勁草書房、2002 年）である。

国会の法的地位

　20XX年、政府は、未知の新型ウイルス感染症の拡大防止のため、約500億円を使って布マスクを各世帯に2枚ずつ配布する方針を固めた。衆議院議員であるAは、この政策に懐疑的である。国会議員としてどのような行動をとることができるだろうか。

1．日本国憲法における国会の位置づけ

　日本国憲法は、国会に対して「**国権の最高機関**」（41条）、「**唯一の立法機関**」（41条）、そして「**全国民の代表**」機関（43条）の三つの地位を与えている。

　これらの地位は、明治憲法における帝国議会の位置づけとは対照的である。明治憲法では、君主主権原理の下（明治憲法1条）、天皇が統治権を総攬することとされており（同4条）、帝国議会は天皇の立法権を単に「協賛」するにすぎない機関だった（5条）。

　したがって、日本国憲法が国会の法的地位について手厚いのは、そのこと自体、国民主権原理を採用しているという日本国憲法の特質の現れなのである。

　そこで次に問題になるのは、日本国憲法は、具体的にどのようなことを国会に期待しているのか、ということである。このうち、代表機関という地位規定は、国民と国会の関係づけに関係していた（事例25）。他方で、「国権の最高機関」や「唯一の立法機関」という地位規定は、どのような形の国会中心政治を実現するか、という問題に直結する。

2．国権の最高機関
（1）政治的美称説

　「国権の最高機関」規定の争点は、この文言によって何か法的な権限が国会に新たに付与されるのか否か、という問題だった。これについて通説は、最高機関規定には法的意味がないと解釈する。そもそも、国民主権原理の下では、

「最高」なのは国会ではなく有権者である。また、権力分立原理の観点からしても、衆議院には他律的解散が予定され、また国会の制定した法律が裁判所の違憲審査に服することから、国会が「最高」であるとはいえない。したがってこの用語は、憲法が国民主権原理に転換したことを印象づけるためのものにすぎないとみるべきであり、法的には無意味な、政治的な美称（つまり「お世辞」）にすぎない、というのが通説である**政治的美称説**の理解である。

（2） 統括機関説

　これに対し、かつての有力説である「統括機関説」は、最高機関規定から「統括機関」としての役割を国会に導こうとした。この説は次のように考える。憲法の規定に従って各々の国家機関がバラバラに活動していては、単一の国家法人の行為としては統一性に欠けるので、かつての君主のように、これらを統括する役割が必要になるが、それを担うのが最高機関たる国会だ、と。そして統括機関として国会は他機関の行為に対して指揮命令できる、と解した。

　統括機関説は、参議院法務委員会と最高裁との間で争われた**浦和事件**（事例32）でも援用された。委員会側は、統括機関であることを理由に、裁判所の個別の判決をも批判できると主張した。

　もっとも、国会は裁判所からも抑制と均衡を受けるとの理由で、政治的美称説が通説になっていくことになる。

（3） 通説への批判

　他方で、通説である政治的美称説は、そのような解釈が国会の形骸化を招いたのではないかと批判される。このような問題意識から、統括機関説とは異なった根拠で、「最高機関」に法的意味を見出そうとする学説も提示される。

　たとえば、総合調整機能説は、他の国家機関の権限を総合調整する機能を導き出そうとする説である。また、最高地位責任説は、国会は三権の中でも最高の責任を負う地位にあるため、そのことから総合調整機能が与えられるほか、所在不明の権限を国会がもつという推定も生まれるとする。

　これに対して通説は、総合調整という権限は不明確であると反論する。対抗説の主張は、結局は国会の既存の権限を総合調整的に使うという機能を提示するにとどまり、それを新たな権限と呼ぶ必要はない、と。また、新たな権限を国会に推定できるとしても、それは最高機関性に由来するわけではない、とも

批判する。更に、最高機関性の解釈は行政権（65条）その他の憲法規定の理解とも連動すべきことも指摘する。

3．唯一の立法機関

　国会を立法機関とする41条は、内閣に行政権を、裁判所に司法権を与える規定（それぞれ65条・76条）と並んで、権力分立に関する基本的な条文である。その上で、「立法」とは何か、「唯一」という限定がついていることの意味は何かが問われることになる。

（1）「唯一」の意味

　唯一という規定は、国会だけが立法権なる権限を独占し（**国会中心立法の原則**）、そして立法過程においても国会の議決だけで立法すなわち法律の制定ができるべきである（**国会単独立法の原則**）、と意味するものとして解釈されている。ここにも明治憲法との違いが現れている。明治憲法では、立法権は議会以外の機関によっても行使が可能で（独立命令・緊急勅令）、かつ法律の成立にも議会の議決に加え天皇の裁可が必要とされたのである。「唯一」の規定は、これらを否定することを意味している。

　ただし国会中心立法の原則には憲法上の例外も設けられていて、国会の両議院が内部事項について議院規則を制定することや、裁判所が内部規律や事務処理について裁判所規則を制定することは可能である。また、行政機関も、法律を執行するための命令（**執行命令**）と法律の委任を受けて制定される命令（**委任立法**）に限って、立法を行えるものと解されている。

　国会単独立法の原則は、両議院が法律案を可決するだけで法律が成立すると規定する憲法59条1項にも対応する原則である。法律の成立後に主任の国務大臣の署名と内閣総理大臣の連署（74条）や、天皇による**公布**（7条1号）が憲法上予定されているが、これらはあくまで法律の成立の要件ではない。また、法律案を内閣が提出することがこの原則に反するかが問題とされるが、通説は、閣法（内閣の提出した法律案）の成否は最終的に国会にゆだねられているので許されると解する。なお、この原則の憲法上の例外として、**地方自治特別法**（95条）についての住民投票がある。また、法律案の制定過程に**国民投票**（諮問的であれ拘束的であれ）を実施することの合憲性も論点となり得る。

（2）立法権の意味：法規

　次に立法権とは何かが問題となる。通説は、形式的意味の立法と実質的意味の立法を区別し、前者を「法律」の形式で法を定立すること、後者を一定の内容を有するものとしての法律（実質的意味の法律）を制定することであると解しつつ、憲法 41 条にいう「立法」は後者を指すと解している。

　それでは実質的意味の法律とは何か。伝統的には「**法規**」と理解された。法規とは、本来は法命題を意味したが、次第に国民の権利義務に関する法規範を指すものと解されるようになった[1]。また、国家と国民との公法関係に関しては、国民の権利を制限し義務を課す、一般的・抽象的な内容の法規範であると理解されてきた。典型的には課税や刑罰などがこれに該当する。

　現行法制度でも、上記の意味での法規制定が国会に専属することを前提として、法規事項にかかわる内容を内閣が政令で制定する場合には、法律の根拠が必要であるという規定が存在する（内閣法 11 条）。

（3）実質的意味の立法を考える意味

　実質的意味の立法という概念は、君主制の下での議会の役割をかろうじて確保するために機能した、という歴史的経緯がある。つまり、君主も命令によって法を制定することができる中、国民代表である議会がせめて国民の権利義務に関する事項だけは確保できるようにするためであった。これにより、行政府が国民の権利を制限するような活動を行う場合には、法律に根拠がなければならない、という法律の留保（**侵害留保**）の原則も確立した。

　しかし他方で、この概念は、議会が確保した権限以外の事項については君主・行政府が自由に活動できる、ということも帰結した。つまり、法規以外の事項については君主・行政府は議会の決定から自由に活動することができることになるのである。

　ちなみに前述の内閣法 11 条の反対解釈として、権利制限・義務賦課を内容としない政令は、法律に基づかないで制定することができることになる。褒章条例がその例としてしばしばあげられる。このような解釈が国民主権の下でも妥当すべきかが問題となる。

1）芹沢斉・市川正人ほか編『新基本法コンメンタール憲法』（日本評論社、2011 年）294 頁〔石川健治執筆〕。

（4）議　論

　もっとも、通説も君主制適合的な解釈さながらではない。法規概念が維持されるのは、「法規」に当たる事項を国会が法律によってのみ定めなければならないというように、国会の専属所管事項を確保するためである。そしてこれに加えて、国会はそれ以外の事項についても法律の形式で決定することができる、というのが君主制的解釈とは異なる点である。この事項は、行政府による法制定も可能であるという意味で、競合所管事項ということができる。そして「法律の優位」の原則により、競合所管事項について一度法律が制定されれば、行政府は国会の判断に従わざるを得なくなるのである。

　更に、学説は「法規」の範囲を拡大しようとも試みる。つまり、権利制限だけではなく権利付与的内容の法規範の制定も含まれるとか、より広く一般的抽象的法規範の制定が広く国会の専属所管事項であるというのである。より進んで、そもそも法規概念を国民主権原理の下で用いる必要はないとして、立法権を形式的意味の法律を制定することであると解する考え方も有力に主張されている。

　他方で、国会の専属所管事項が広がると、立法権の独占の意義も薄まるという指摘もある。また、現行憲法の下では、結局、専属所管事項も競合所管事項も合わせれば国会が立法できる範囲は広大となり、むしろ一定の事項についてはしっかりと立法を義務づけるという議論が必要だとも指摘される。この観点から、法律を通して国会が定めなければならないのは、国政上の重要事項であり、それも十分に行政府を規律できるような密度で定めなければならない、という考え方（本質性理論または重要事項留保説）が注目されている[2]。

4．国会と行政府の関係

　これまで、憲法41条が定める国会の法的地位について、通説とそれをめぐる議論について概観した。これら議論の焦点は、一言でいえば、国政における国会の役割のあり方にある。その中には、国民生活における法律の役割や、国会と裁判所の関係も含まれるが、とりわけ国会と政府との関係という観点が重

2）新正幸「法律の概念」大石眞・石川健治編『憲法の争点』（有斐閣、2008年）。

要である。

　そもそも議会の権限は「ほとんどは行政統制のためのもの」である[3]。このように捉えると、国会の諸権限は、二つの行政統制方法に分類される。第一が決定権的統制、第二が運営統制である。

　決定権的統制とは、政府の活動内容を事前に決定することによる統制である。一度国会が決定すると、政府は法的にそれに違反できなくなる。法律の制定が典型例であるが、それ以外にも、予算、条約承認がこのタイプの統制方法に含まれる。この統制は、内閣以下の行政活動に対する法的コントロールと言い換えることもでき、行政権の内容を法律の執行と捉えることとも対応する。

　運営統制とは、政府の活動を監視し、事後的に批判するという統制方法である。議院内閣制を採用する日本国憲法の下では、質問・質疑、委員会調査、問責決議といった手法がここに含まれる。これら統制権限は端的に政府統制権と呼ぶことができ、内閣に対する政治的コントロールをその内実とし、最終的には選挙がその統制による制裁を担保する。

　このような二つの統制権限・機能は、憲法41条に象徴的に示されている。すなわち、立法機関規定は法的コントロールの代表として立法権を取り上げるものであり、最高機関規定は政府統制の政治的機能を総称したものと解することができる[4]。

　このように考えた場合、最高機関という**「政治的美称」**が「政治的皮肉」とならないようにするため、政府統制のための政治的機能を活性化させるための制度設計が必要である。特に、議院内閣制の下では議会多数派が内閣を構成することになるため、政府統制は議会少数派によって主に担われなければならない。そこで、委員会の活動として審査と調査を明確に区別するなど、立法手続と政府統制手続を区別する必要があるほか[5]、本会議における口頭質問制度の憲法的位置づけの明確化や国政調査権の活性化など（事例32参照）、議会によ

3）小嶋和司「行政の議会による統制」同『憲法と行政機構』（木鐸社、1988年）297頁（初出1965年）。
4）イギリス最高裁が2019年9月の議会長期閉会を違法と判断した判決は、議会主権原則（立法権の優位）と議会責任原則（責任政府の原則）を並列で掲げた。*R (Miller) v PM, Cherry v AG for Scotland* [2019] UKSC 41. また長谷部恭男編『注釈日本国憲法 (3)』（有斐閣、2020年）480頁〔宍戸常寿執筆〕は、情報監視審査会の設置を「国会による行政監督の強化を明示的に……最高機関性に根拠づけた」例としてあげる。
5）勝山教子「委員会の二重の機能と政府の統制」公法研究72号176頁（2010年）。

る政府の責任追及の制度を確保する必要がある。

┌─── ステップアップ ───┐

①通説は、実質的意味の立法には抽象性・一般性が求められるとしている。この
　要件には行政統制という観点からどのような意義があるのか、考えてみよう。
②委任立法には、どのような統制が可能か。司法的統制に関する日本の判例の現
　状と、国会的統制に関する諸外国の例を調べてみよう。
③日本における質問制度を、諸外国と比較してみよう。

■文献案内

法解釈・憲法解釈において、全体への視点を背景にして行う重要性はしばしば指摘されるが、
憲法 41 条の解釈については特にその要請が強い。41 条とその他の国会権限のあり方との
解釈の循環については、註 4）の長谷部編〔宍戸寿常執筆〕を参照。関連して、統治構造の
全体を把握するために、飯尾潤『日本の統治構造』（中公新書、2008 年）、大山礼子『政治
を再建するいくつかの方法』（日経新聞出版社、2018 年）。しばしば援用されるイギリス政
治の現状については、高安健将『議院内閣制――変貌する英国モデル』（中公新書、2018
年）。

政党法制

A党に所属するXは、拘束名簿式比例代表制により実施された国政選挙に
立候補した。Xは、立候補にあたりA党が提出した候補者名簿の第5位に登
載されたが、選挙の結果A党の獲得議席数は4議席であったため、惜しくも
次点で落選してしまった。その後、A党の候補者名簿の第1位と第2位に登載
されて当選した議員2名が、翌年に実施される別の国政選挙に立候補するため
議員を辞することになったので、公職選挙法の規定に従ってこの欠員を補充す
るためにA党の候補者名簿の第5位であったXと第6位であったYが繰上当
選となるはずであった。しかし、欠員が発生する直前にA党によるXの除名
届が選挙会によって受理されていたので、最終的に繰上当選となったのはA
党の名簿順位第6位のYと第7位のZであった。これに対しXは、A党によ
るXの除名は無効であるとして裁判所に提訴した。この事案に含まれる憲法
上の問題について考察しなさい。

1　政党の法的取扱い

　政党とは一般に政治的目的を有する結社を指すが、現代においては特に何ら
かの政策を掲げて政治権力の獲得を目指す政治結社を意味することが多い。最
高裁の判例[1]では、政党は「政治上の信条、意見等を共通にする者が任意に
結成する政治結社」であると定義されている。

　日本国憲法は**結社の自由**を明文で保障しているが、政党については何の規定
も置いていない。ただし、最高裁は、「政党を無視しては到底その円滑な運用
を期待することはできないので」、「憲法は、政党の存在を当然に予定している
ものというべきであり、政党は議会制民主主義を支える不可欠の要素」である
と述べ[2]、政党が国家意思の形成に深くかかわる公的な存在であることを確認

1）最判 1988〔昭 63〕12・20 判例タイムズ 694 号 92 頁。
2）最大判 1970〔昭 45〕6・24 民集 24 巻 6 号 625 頁。

している。確かに、現在ほとんどの国会議員は政党を足場にして議席を獲得しており、議院内閣制のもとで国政は与野党の対立を中心に展開し、政党の決定が事実上政府の決定となって国民を拘束している。

このような公的機能を有する政党には何らかの法的規律が必要であるとされ、実際、**政党助成法**に基づいて政党には国庫から助成金が交付されるとともに、**政治資金規正法**により政党の政治資金は法的規制の対象となっている[3]。他方で、国民の自由な政治活動を保障するためには、私人によって自由に結成される私的結社としての政党の側面を軽視してはならないとされ、かような性質を重視すれば政党に対する国家の介入は慎重でなければならないことになる。

政党はこのように「2つの相矛盾する性格をもつ存在」[4]であるため、その法的規律のあり方について憲法学として固有の検討が必要とされるのである。

2 比例代表制

比例代表制とは、2名以上の議員を選出する選挙区において、党派の得票数に応じて議席を配分する選挙制度であり、多様な有権者の意思を議会の党派構成にできる限り反映させることを目的としたものである。衆議院では「政策本位」・「政党本位」の旗印のもとで実施された1994年の政治改革以降、一定の議席について**拘束名簿式比例代表制**が採用されている(1996年総選挙から適用)。他方、参議院では衆議院に先立ち1982年に一定の議席について拘束名簿式比例代表制が導入されたが、2000年の法改正以降は**非拘束名簿式比例代表制**が採用されている(2001年通常選挙から適用)。

拘束名簿式では、政党が事前に届け出た候補者名簿の順位に従って当選人を決定するのに対して、非拘束名簿式では、政党が事前に届け出た候補者名簿の中で候補者個人の得票数が多い順に当選人を決定する。そのため、拘束名簿式では、有権者が投票用紙に記入した政党名のみがカウントされて政党の獲得議

---

3)　日本では包括的に政党を規律する「政党法」は制定されていないが、1990年代に制定・改正された政党関連諸法律は「実質的には政党法の性格をもつ」とも評されている。加藤一彦『政党の憲法理論』(有信堂、2003年)328頁、杉原泰雄・只野雅人『憲法と議会制度』(法律文化社、2007年)319頁を参照。

4)　林知更「政党の位置づけ」小山剛・駒村圭吾編『論点探求 憲法〔第2版〕』(弘文堂、2013年)288頁。

席数が決定されるのに対して、非拘束名簿式では、有権者は政党名か名簿の候補者名のどちらかを記入し、どちらを記入しても政党の得票としてカウントされて獲得議席数が決定される。

　名簿式比例代表制は政党の選択を意識した投票行動を有権者に促す選挙制度ではあるが[5]、参議院においては過度の政党化が生じているとの批判が大きくなったため、有権者が政党だけでなく名簿登載の候補者も選択できる非拘束名簿式に改正されたのである。

3　党籍変更と議席喪失

　2000年の法改正の際、衆議院または参議院に所属する比例代表選出議員は、自身が選挙時に候補者名簿に登載されていた政党ではない政党に移籍した場合、その移籍先の政党が選挙時に候補者名簿を提出していたときは、議席を失うことになった（公職選挙法99条の2、国会法109条の2）。議席の剥奪は既存政党へ移籍した場合に限られるので、選挙時に存在しなかった政党へ移籍する場合や無所属議員となる場合には議席は保持される。

　名簿式比例代表制は政党間で議席の獲得を争う選挙制度であるから、選挙を通じた有権者による信任は、個々の議員よりも候補者名簿を提出した政党に与えられるのだと考えることも可能である。このような理解からすれば、議員が当選時に所属していた政党から離脱し、更に、選挙時に別の候補者名簿に基づいて有権者からの信任を獲得した政党に移籍すれば、当該議員に対する有権者からの信任は失われたものとみなされるので、議席を剥奪することが許されるという論理になる[6]。

　もっとも、国会議員が議席を失ってまで党籍を変更する可能性はきわめて低いので、この制度の趣旨は選挙後の党籍変更の抑止にあるとも考えられる[7]。実際、この制度のもとで議席を喪失した議員はおらず、このような仕組みの合

5）所属政党を投票の参考にすることはあっても選挙の対象はあくまで個々の議員であり、政党の私的結社としての性格を維持したままで政党のみを選挙における選択の対象とする制度を認めることは憲法上許されないとの見解もある。高橋和之「国民の選挙権 vs. 政党の自律権」ジュリスト1092号（1996年）53-54頁を参照。
6）上脇博之『政党国家論と国民代表論の憲法問題』（日本評論社、2005年）168頁。
7）木下智史・只野雅人編『新・コンメンタール憲法〔第2版〕』（日本評論社、2019年）467頁。

憲性が裁判で争われたこともないが、学説においては制度導入前からその合憲性について議論がなされてきた。

（1）違憲説

　このような制度の評価は、憲法が規定する「全国民を代表する」議員についての解釈によって結論が異なるとされる。議員は特定の利益集団や選挙区などの選出母体から独立して国民全体の意思を形成する役割を果たすべきであるとする「**自由委任の原則**」を重視する立場においては、議員の党籍変更と議員資格喪失とを直接結びつける制度は違憲となる。

　議員が所属政党を離れる理由は政党の側の公約違反である可能性もあり、有権者からの信任を裏切ったのが議員なのか政党なのかを客観的に判定することは困難であるから、党籍を変更した議員が職にとどまるべきか否かは次の選挙で有権者が判断するべき事柄であるというのが違憲説の主張であり、多数説となっている。

（2）合憲説

　自由委任の原則の意義は認めながらも、投票を通じて有権者が示した意思に議員はできる限り忠実に行動するべきであるとの立場もある。特に拘束名簿式比例代表制においては、有権者は政党が決めた候補者名簿を介して政党とその政策を選択するのであるから、名簿に登載されて議員となった者が有権者の示した意思としての政党に縛られるのはむしろ好ましいということになる。

　党籍変更と議席喪失とを直結させる制度については、これが憲法上許容されるだけでなく、憲法上要請されるとする学説もある。その主張によれば、「政党およびその公約を媒介として『人民』とその単位に対する議員の従属が維持されている」限りにおいて、議員には所属政党を変更する自由はなく、「政党の変更や党議拘束・政党公約の違反を理由とする除名により議員の地位を喪失することが原則」[8]となる。

　また、学説の中には、党籍変更に際し議員が自ら所属政党を離党した場合と所属政党から除名された場合を区別するべきであるとの見解もある。前者の場合には、候補者名簿に対して示された有権者意思から議員個人の責任で離脱す

8）杉原泰雄『憲法Ⅱ』（有斐閣、1989年）170頁。

ることを意味するので議席の剥奪が許容されるのに対して、後者の場合には、有権者が選択した名簿を政党の一存で変更することを意味するので、当該議員の議席剥奪は許されないと主張されている[9]。

4　繰上補充制度

　党籍変更と議席喪失との関係と並んで問題になるのが、比例代表選出議員に欠員が生じた際に同じ政党の候補者名簿に登載されて次点となった者が繰上補充されて議員となる制度である。この制度は、参議院選挙に拘束名簿式比例代表制が導入される際に採用され、衆議院でも比例代表制の導入に伴って組み込まれた（公職選挙法112条2項・4項）。ただし、前の選挙で次点となった名簿登載者が所属政党から除名されたり自ら離党したりして党籍離脱した場合には、繰上補充の対象から除外される（同法98条3項）。

（1）日本新党事件

　冒頭の設問は、1992年に行われた参議院通常選挙において日本新党（当時）が提出した候補者名簿に登載されて当選した比例代表選出議員2名が、翌年に実施される衆議院総選挙に立候補するにあたり公職選挙法90条の規定に従って辞職扱いとなったことによって生じた問題である。本件訴訟においてXは、A党による除名は違法無効であると主張した。

　第一審の東京高裁は次のような理由により、A党によるXの除名は公序良俗に反して無効であり、当該除名を有効なものとしてなされた選挙会の当選人決定も無効であるとした[10]。すなわち、①拘束名簿式比例代表制による選挙において投票が行われた後に名簿登載者を除名することは、国会議員の選定過程の最も重要な部分にかかわるものであって公的ないしは国家的性質を有しているので、単に政党の内部事項にとどまるとはいえない。また、②そのような公的性質を有する除名が事実に基づいてなされるためには、除名対象者に対する告知・聴聞の機会の提供など、民主的かつ公正な適正手続が必要であるが、本件除名処分ではそれがなされなかった。

　これに対し最高裁は、私的結社としての政党の**内部的自律権**を尊重すべきで

9）たとえば、西原博史「政党国家と脱政党化」法律時報68巻6号（1996年）158頁以下を参照。
10）東京高判1994〔平6〕11・29判例時報1513号60頁。

あり、政党が下した除名処分の内容に選挙会（＝行政権）が介入してその有効性を審査すべきではないので、公職選挙法が定める形式要件を満たして提出された除名届を無効とすることはできないとした[11]。

（2）学説の評価

　裁判では、政党内の決定プロセスに選挙会が立ち入って除名の適法性を審査することが許されるのかという法律解釈の問題として処理され、繰上補充制度の合憲性に関する審査は行われなかった。しかし、本来争うべきは、有権者が投票によって選択した名簿順位の変更を政党の内部的自律権にゆだねることが憲法上許されるのかという問題であり、選挙の対象は政党ではなく個々の議員であると考えるならば、選挙後に政党が一方的に名簿の順位を変更することは国民の選挙権の侵害になるとの主張が有力である[12]。

　他方、除名は議席の剥奪ではなく、あくまで当選人になり得る資格の喪失を意味するので、その限りにおいて政党内部の決定にゆだねることも憲法上許されるとする見解もある。また、議員の自発的な離党と政党による除名とを区別し、前者の場合は候補者名簿に対して示された有権者意思から議員個人の責任で離脱することを意味するので、繰上当選を認めないことが許されるとする学説もある。

5　参議院の比例代表名簿特定枠

　最高裁が 2014 年の大法廷判決[13] で参議院選挙における投票価値の較差を違憲状態であると判断したことを受けて、国会は較差縮小のため 2015 年の法改正の際に人口の少ない隣接する二つの選挙区を一つの合同選挙区とした。「合区」と呼ばれるこの仕組みは 2016 年通常選挙から実施されている。しかし、特定の県だけが参議院議員を選出できなくなったことに批判の声が高まり、**合区**された選挙区（県）で立候補できなくなった候補者の救済を主な目的として、2018 年の法改正で導入されたのが「**特定枠**」と呼ばれる制度である。

　上記のとおり 2001 年以来、参議院選挙の比例代表制は非拘束名簿式で行わ

11）最判 1995〔平 7〕5・25 民集 49 巻 5 号 1279 頁。

12）高橋・前掲論文（註 5）を参照。

13）最大判 2014〔平 26〕11・26 民集 68 巻 9 号 1363 頁。

れているが、新たに採用された特定枠においては、非拘束式の候補者名簿とは別に政党が優先する候補者に順位を付した名簿も作成し、この名簿の順に当選人が決定する。非拘束名簿式に拘束名簿式を接ぎ木した制度といえるが、名簿に登載された候補者名を書くことの意味が有権者にとってこれまで以上にわかりにくくなるだけでなく、特定枠の具体的な人数を各政党が自由に決めることができるために、その人数があまりに多く設定された場合には非拘束名簿式比例代表制の制度趣旨に反する可能性もある[14]。

ステップアップ

①政党内部の役員等の選任について民主的手続を法的に義務づけた場合に生じ得る憲法上の問題について検討しなさい。
②衆議院の小選挙区選挙においては、政党届出の候補者には政見放送を認める一方で、無所属及び政党要件を満たしていない政治団体の候補者にはこれを認めていない。この制度に憲法上の問題はないか検討しなさい。
③現行の政党助成法は憲法違反であるとの主張について検討しなさい。

■文献案内

①党籍変更と議席剥奪との関係及び繰上補充制度に関する学説上の議論については、上脇博之『政党国家論と国民代表論の憲法問題』(日本評論社、2005年)が詳しい。
②林知更「政党の位置づけ」小山剛・駒村圭吾編『論点探求 憲法〔第2版〕』(弘文堂、2013年)では、政党法制に内在するジレンマについて原理的な考察がなされている。
③加藤一彦『政党の憲法理論』(東信堂、2003年)では、政党法制研究が盛んなドイツの制度・学説が詳しく紹介されるとともに、戦後日本の政党法制の歴史的展開が整理されている。

---

14)「特定枠」の問題点について詳しくは、上田健介「参議院選挙制度と議員定数訴訟の課題」憲法研究5号(2019年)177-180頁を参照。

第二院としての参議院の役割

　参議院の選挙区選挙について、議員一人あたりの人口が少ない一定数の選挙区を隣接区と合体させた後その選挙区の議員定数を削減する一方、議員一人あたりの人口の多い一定数の選挙区の定数を増やすことによって、全体として選挙区間の1票の較差を縮小することを目的とした公職選挙法の改正が行われた。この法改正に含まれる憲法上の問題について考察しなさい。

1　参議院の組織原理

（1）憲法が求める参議院の役割

　日本国憲法は、「国会は、衆議院及び参議院の両議院でこれを構成する。」（42条）とし、二院制を採用することを明記している。また、「両議院は、全国民を代表する選挙された議員でこれを組織する。」（43条）と定め、両議院ともに同じ構成原理に基づいて組織されるものとしている。

　アメリカ合衆国のような連邦制国家においては、連邦全体の利益とは質的に異なる各州固有の利益が存在すると考えられているので、連邦全体の利益を代表する連邦議会下院の選挙では**人口比例原則**に基づいて議員を選出するのに対して、各州の利益を代表する連邦議会上院の選挙では人口の多寡に関係なく各州から一定数の代表者を選出することに合理性があるとされている。それに対して、日本の二院制の場合、憲法上両院の構成に違いを設けることが求められていないため、代表原理の観点から両院の役割に違いを見出すことは容易ではない。したがって、衆議院と参議院がそれぞれ果たすべき役割については、他の憲法条項を手掛かりに解釈を通じて導き出す必要がある。

　まず、憲法は**議院内閣制**の指標とされる政府の対議会責任制を定めている。ただし、内閣の首長たる内閣総理大臣の指名は衆議院の議決が参議院の議決に優越するものとされ、衆議院だけが法的効力を伴う**内閣不信任決議権**を有している。更に、内閣は衆議院に対してのみ**解散権**を有している。このとから、両

院のうち内閣と直接的な信任関係にあるのは衆議院であると解される。

　また、衆議院議員は任期4年とされ、解散によって任期満了前でも議席を失うことがあるため、衆議院は短期的な民意に影響されやすい傾向にある。それに対して、参議院議員の場合は任期が衆議院議員よりも長い6年とされ、3年ごとの**半数改選**であるため選挙ごとに構成員の総入れ替えがないので組織としての継続性が確保されている。更に、参議院には解散制度がなく選挙は必ず定期的に行われるので組織としても議員の身分としても安定している。その結果、参議院は衆議院よりも時々の情勢に過敏になる必要性が低く、長期的な視野から政策の立案や評価を行い、衆議院が拙速な決定を下せばそれに再考を促すことが可能である。つまり、参議院には時間の観点からみた「**再考の府**」として、内閣と一体化して政策を推進しようとする力学が働く衆議院を抑制したり補完したりする役割があると考えることができるのである。

（2）選挙制度における参議院の代表原理

　選挙制度を定める法律のレベルでは、衆議院選挙と参議院選挙はそれぞれ異なる代表原理に依拠して設計されてきた。憲法は、「選挙区、投票の方法その他両議院の議員の選挙に関する事項は、法律でこれを定める。」（47条）と規定し、選挙制度を構築する一次的責任を国会にゆだねている。選挙を実施するための選挙区の形成や議席の配分には技術的要素も多く、各議院の選挙制度のあるべき姿を憲法の文言から一義的に導き出すことは困難であるため、選挙制度の具体的な内容を国会の裁量にある程度ゆだねることは避けられない。

　その結果、法律によって定められた参議院の選挙制度は、当初から全国を一つの選挙区とする全国区と都道府県ごとに選挙区を設置する地方区の2本立てとされ、地方区での選挙には地域代表的な機能も付与された。憲法制定過程において二院制の採用を強く主張した日本政府に対してGHQは両院議員ともに公選とすることを条件に二院制を容認したが、そのときの議論でも第二院の構成原理に「地域別」代表の要素を取り入れることは可能であると考えられていた[1]。このような参議院における「地方区」（現在は「選挙区」）の性格は、1982年に全国区が廃止され比例代表制が導入されて以降も基本的に変わって

1）高見勝利「『全国民の代表』と『地方の府』」『戦後日本憲法学70年の軌跡』法律時報増刊（2017年）52頁。

いない。

最高裁も 1983 年の大法廷判決[2] において、憲法が二院制を採用していることを根拠に、「参議院地方選出議員の選挙の仕組みについて事実上都道府県代表的な意義ないし機能を有する要素を加味したからといつて、これによつて選出された議員が全国民の代表であるという性格と矛盾抵触することになる」わけではなく、「地方自治を担うべき普通地方公共団体である都道府県を基盤とする地域代表の性質を加味して議員定数を配分していることは、衆議院とは異なる代表原理を採用することにより、国民全体のうちに存する各種の利益を多面的に代表させるような仕組みであると理解することができる」と述べている。

2　参議院の地域代表的性格と投票価値の平等の要請

（1）都道府県選挙区

憲法は、選挙の場面で国民が政治的価値において平等に扱われることを要請している。このような**投票価値の平等**の要請は、必然的に人口比例主義を基本とする選挙制度を求めるはずである。ところが、参議院については定数が限られている中で都道府県を単位に 3 年ごとの半数改選制で選挙が行われているため、地域間の人口較差が投票価値の不均衡として大きく反映され続けてきたのである[3]。

参議院選挙における投票価値の平等に関して最高裁の基本的スタンスが初めて示されたとされる上記 1983 年大法廷判決は、「参議院議員については、衆議院議員とはその選出方法を異ならせることによつてその代表の実質的内容ないし機能に独特の要素を持たせ」ることが許容されるので、「投票価値の平等の要求は、人口比例主義を基本とする選挙制度の場合と比較して一定の譲歩、後退を免れない」と述べていた。

しかし、近年の最高裁は、かつてと比べて投票価値の平等をより重視するようになり、参議院の都道府県代表的性格から導き出されるその「譲歩、後退」を安易に認めなくなっている。とりわけ 2012 年の大法廷判決[4] は投票価値の

2）最大判 1983〔昭 58〕4・27 民集 37 巻 3 号 349 頁。
3）たとえば、1992 年に実施された参議院通常選挙の際には最大較差は 6.59 倍にまで達していた。
4）最大判 2012〔平 24〕10・17 民集 66 巻 10 号 3357 頁。

不均衡を厳しく審査し、「憲法の趣旨、参議院の役割等に照らすと、参議院は衆議院とともに国権の最高機関として適切に民意を国政に反映する責務を負っていることは明らかであり、参議院議員の選挙であること自体から、直ちに投票価値の平等の要請が後退してよいと解すべき理由は見いだし難い」と述べている。更に同判決は、かつての最高裁判決では参議院の選挙区の単位として合理性を認めていた都道府県について、「地方における一つのまとまりを有する行政等の単位ではある」ものの、これを「参議院議員の選挙区の単位としなければならないという憲法上の要請はなく、むしろ、都道府県を選挙区の単位として固定する結果……投票価値の大きな不平等状態が長期にわたって継続している」ので、現行の「仕組み自体を見直すことが必要になる」と判示している。

　このような審査の厳格化の背景として、同判決は「制度と社会の状況の変化」を理由としている。具体的には、①両院ともに政党に重きを置いた仕組みを採用しており同質的な選挙制度となっていること、②国政運営における参議院の役割が増大していること、③衆議院では選挙区間の人口較差が2倍未満となることを基本とする区割り基準が定められていること、をあげている。

　その後、国会は較差是正の措置を講じたが、小幅な改正にとどまっていたため最高裁の厳格な審査は続いた[5]。そこで国会は、2015年の公職選挙法改正の際に更なる較差縮小のため、冒頭の設問のように、島根県と鳥取県、高知県と徳島県という隣接する二つの選挙区を一つの合同選挙区（「**合区**」と呼ばれる）とし、全国で10増10減の定数改定を行ったのである[6]。

（2）合同選挙区についての評価

　投票価値の不均衡を是正するという目的に照らせば、合区は肯定的に評価され得る。実際、最高裁も2017年の大法廷判決[7]において、2015年の「改正は、長期間にわたり投票価値の大きな較差が継続する要因となっていた……仕組みを見直すべく、人口の少ない一部の選挙区を合区するというこれまでにない手

5）2012年判決を受けて4増4減の較差是正が行われ、この定数配分に基づき2013年に実施された参議院通常選挙（選挙時の最大較差は4.77倍）についても最高裁は、同様の枠組みを用いて投票価値の不均衡が違憲状態にあるとの判断を示した。最大判2014〔平26〕11・26民集68巻9号1363頁。

6）この改正により、選挙区間の最大較差は2.97倍となった。

7）最大判2017〔平成29〕9・27民集71巻7号1139頁。

法を導入して行われたものであり、これによって選挙区間の最大較差が……縮小した」が、この改正は、「都道府県を各選挙区の単位とする選挙制度の仕組みを改めて、長年にわたり選挙区間における大きな投票価値の不均衡が継続してきた状態から脱せしめるとともに、更なる較差の是正を指向するものと評価することができる」と述べている。

　しかし、合区の対象となった県選出の議員や地元住民だけでなく将来合区の対象となり得る県の住民等からも反対の声があがった[8]。合区されていない県の有権者は引き続き都道府県を単位に議員を選出することができるのに対し、合区の有権者だけそれができないのは憲法が定める平等原則に反するとする学説もある[9]。

　したがって、憲法の要請である投票価値の平等は追求しながらも、特定の選挙区の有権者に不公平感を抱かせることがないような選挙制度が今後求められることになるだろう。具体的には、都道府県単位の選挙区ではなく地域ブロックごとの大選挙区にするという案[10]や、選挙区制を廃止し完全な比例代表制を導入するという案等、様々な提案がなされている

3　両院の権限と参議院の問責決議

　憲法上、予算の議決、条約の承認、及び内閣総理大臣の指名については、両院が異なる議決を行った場合、または、衆議院での議決の後に一定期間経過しても参議院が議決を行わない場合、最終的に衆議院の議決を国会の議決とする

8）たとえば、2016 年に全国知事会は、「参議院選挙における合区の解消に関する決議」を発表し、その中で「合区制度は、合区した県の間で利害が対立する問題が生じた場合に、国政に両県民の意思を十分に反映することが困難になると指摘されているほか、合区対象地域の固定化に加え、今後、人口の減少や大都市への一極集中が進めば、合区対象となる県が全国へと広がり、その結果、人口が少ない地方には議員定数が十分に割かれず、地方創生・人口減少対策などの国政の重要課題の解決において、人口減少に直面している地方の実情が国政へ反映しにくくなる状況が生じる」と述べている。その他、合区への政治的反発を詳しく紹介するものとして、新井誠「議会上院の選挙制度構想——参議院議員選挙区選挙の合区解消に向けた一考察」法学研究 91 巻 1 号（2018 年）285 頁以下を参照。

9）それに加えて、立法者による具体的な制度形成は最初に立法者が下した基本決定（この場合は、都道府県を単位とする選挙区）に適合していなければならないとする「体系適合性の要請」ないし「首尾一貫性の要請」に反しているとの指摘もある。詳しくは、上田健介「参議院選挙制度と議員定数訴訟の課題」憲法研究 5 号（2019 年）175-177 頁を参照。

10）竹中治堅『参議院とは何か』（中央公論新社、2010 年）350-353 頁。

ものとされているため、参議院に対する衆議院の優越は大きい。しかし、法律案については、両院が異なる議決を行った場合、衆議院において出席議員の3分の2以上の多数で再可決されて初めて成立するとされているので、衆議院の優越はさほど大きくない。3分の2という議席数は連立政権の場合も含めて与党だけでは容易にクリアできるものではないので、他国の二院制議会と比較すると日本の両院は対等に近いともいわれる。

　また、憲法は、国会が内閣の責任を追及する手段の一つとして、内閣に対する不信任決議権を衆議院に付与している。これは解散の可能性とワンセットに衆議院だけに認められた権能である。他方、参議院では、同じく内閣に対する責任追及の手段として内閣総理大臣や国務大臣に対して**問責決議**を可決することがある。しかし、憲法上参議院に解散制度はなく、また国務大臣の任免権は内閣総理大臣にあるので、内閣総理大臣や国務大臣に対する参議院での問責決議は政治的意味しかもたず、衆議院による不信任決議のような法的効果を伴うものではないとされている。

　ただし、両院の多数派が異なる「**ねじれ国会**」の場合には、国務大臣に対して参議院で問責決議が可決された後、政府がこれを無視すれば参議院の多数派である野党が審議拒否で応じるので、審議を進めたい政府・与党としては当該国務大臣の辞任という形で事態の収拾を図ることがしばしば起こる[11]。内閣によって解散させられることのない参議院が内閣を総辞職にまで追い込むような問責決議の運用は憲法の趣旨に反していると思われるが[12]、憲法には「内閣は……国会に対し連帯して責任を負ふ。」と定められており、国会の一部である参議院における責任追及の政治的な結果として国務大臣が辞任することは憲法上許容されていると解される。

11）浅野一郎・河野久編著『新・国会事典〔第3版〕』（有斐閣、2014年）146頁。
12）たとえば、原田一明「議会の調査・監督機能」公法研究72号（2010年）161頁を参照。

①参議院に間接選挙制を導入することは現行憲法上可能か検討しなさい。

②参議院の「都道府県代表的な意義ないし機能」（1983年最高裁大法廷判決）を重視して、参議院選挙において、各都道府県から一律に一定数の議員を選出する選挙制度を導入した場合にどのような憲法上の問題が生じるか検討しなさい。

③憲法59条2項を改正し、参議院で否決された法律案の衆議院における再議決要件を3分の2から2分の1に引き下げるとする憲法改正提案の是非について検討しなさい。

■文献案内

①高見勝利『現代日本の議会制と憲法』（岩波書店、2008年）及び同『政治の混迷と憲法──政権交代を読む』（岩波書店、2012年）は、デモクラシー・モデル、憲法制定過程、選挙制度、政党システム、両院と内閣との関係等を踏まえて、参議院の性格や位置づけを多角的に分析している。

②只野雅人『代表における等質性と多様性』（信山社、2017年）は、他国における二院制及び議会上院とも比較しながら、日本国憲法全体の規範構造の中で参議院のあるべき姿を模索している。

③参議院の問責決議の運用とその性格については、大西祥世『参議院と議院内閣制』（信山社、2017年）第5章、及び大山礼子『日本の国会』（岩波書店、2011年）第4章が詳しい。

事例 29 両議院の選挙制度と較差訴訟

直近に行われた衆議院議員総選挙において、小選挙区制における選挙区間の最大較差は 1.99 倍（A区 55 万 3000 人：B区 27 万 7000 人）であった。人口の多いA区では、住民らが当該選挙無効を求めて出訴した。裁判所は、当該選挙を無効と判示することができるかどうかについて、検討しなさい。

1．選挙制度

（1）選挙制度

選挙制度は、「**主権者**の意思を反映させて議会における多数派形成を左右するものであり、デモクラシーの実現にとってきわめて重要な機能を果たしている[1]」といわれる。日本においては、憲法 15 条 1 項で定められた国民の選挙権の行使の機会を提供するための制度であり、憲法 44 条で平等についての規定が置かれ、衆議院・参議院それぞれの議員を選出するための制度を公職選挙法で定めている[2]。

（1）**選挙区制**　**選挙区**とは、有権者によって組織される選挙人団を、住所・居所などによって地域ごとに分ける場合の区域のことである。**小選挙区制**は、全国を複数の選挙区に分け、選挙区ごとに一人の議員を選出する制度であり、**大選挙区制**は選挙区ごとに二人以上の議員を選出する制度である。このほか、日本に独特な制度として各選挙区の定数を三人から五人程度とする**中選挙区制**[3]が衆議院について長く採用されてきた[4]。

（2）**比例代表制**　**比例代表制**は、得票数に比例して議席を配分する方法で

1）辻村みよ子『憲法〔第 6 版〕』（日本評論社、2018 年）353 頁。
2）選挙区割りについては、公職選挙法別表のほか総務省 https://www.soumu.go.jp/「選挙の種類」参照。
3）大選挙区制の一種である。芦部信喜〔高橋和之補訂〕『憲法〔第 7 版〕』（岩波書店、2019 年）311 頁。
4）辻村・前掲書（註 1）。

あり、多数代表や少数代表に比べて民意反映機能に優れており合理的な制度だといわれる。単記移譲式は、単記投票で得られた得票のうち、当選のために必要かつ十分な当選基数をこえる票を得票順に他の候補者に移譲することができる方法である。名簿式とは、政党が作成した候補者名簿について投票を行い名簿上の候補者間で投票の移譲をする方法である。名簿式には①政党の名簿に投票し、予め指定された名簿の順位に従って当選人を確定する絶対拘束式、②名簿に投票するが、選挙人が名簿上の候補者の順位を変更したら、名簿上の１候補を指定して投票したりすることが認められる単純拘束式、③候補者や政党を複数の名簿から選んで投票できる非拘束式がある。

（2）衆議院議員選挙

　大選挙区制、中選挙区制を経て、現行の制度は1994年の公職選挙法改正で導入された小選挙区比例代表並立制である。日本で1994年に導入された制度では、総定数500人を小選挙区選挙300人と比例選挙200人（2000年以降、定数480人、各300人と180人に変更）に分割し、小選挙区選挙では有効投票数の最多数を得た者が当選する一方で、比例代表選挙では、各党の得票をブロック単位で集計してドント式で議席配分を行い、名簿登載者の上位から順に当選者を決定する。この制度では、有権者は各自２票を投票し、小選挙区選挙では候補者１名の氏名を自書し、比例代表選挙では政党等の名称または略称を自書する方式が採用された。更に政党候補者に限って小選挙区と比例区への重複立候補が認められ、小選挙区で落選した候補者が比例区で当選できるようにされた。この重複立候補制については、その後、有効投票の一定割合（衆議院小選挙区選挙の場合は10分の１）の得票に満たなかった者が除外されるなどの法改正が行われた。2016年改正では、定数465人（小選挙区選出議員289人、比例代表選出議員176人）に削減され、これにより2020年の見込人口による計算上は、最大較差２倍以上の選挙区がなくなる予定である[5]。

（3）参議院議員選挙

　参議院議員選挙については、戦後は全国区と地方区の二本立ての選挙制度が採用され、（後者の一部で実際上定数一人になる選挙区が存在したほかは）おもに

5）総務省 https://www.soumu.go.jp/「衆議院小選挙区の区割りの改定等について」参照。

中選挙区制で選挙が行われてきた。1982 年の公職選挙法改正で、両者がおのおのの比例区と選挙区に変更され、比例区について初めて拘束名簿式比例代表制が導入された。その後、2000 年に参議院議員の定数が 252 人から 242 人に削減され、そのうち 146 人が選挙区選出議員、96 人が比例代表選出議員とされた（公職選挙法 4 条 2 項）ほか、比例代表選出議員の当選者を得票数の多い順に決定する非拘束名簿式比例代表制が導入された（同法 95 条の 3 第 3 項）。2018 年改正により、比例代表の定数を増加させた上で「特定枠」が導入され、政党が特定の候補者を優先的に当選させることができるようになった。

2. 投票価値の平等と議員定数不均衡

(1) 議員定数不均衡訴訟とは

　議員定数不均衡による投票価値の不平等（「一票の較差」）とは、人口の多い選挙区よりも、人口の少ない選挙区のほうが 1 票あたりの影響力が大きくなってしまっている状態をいう。今日では、投票価値の不平等が選挙における平等原則に違反しているとして平等な投票価値を実現することを求める訴訟が続いている。投票価値の不平等が生じている場合とは、たとえば「有権者数 20 万人の A 選挙区でも衆議院議員 5 人、有権者数 100 万人の B 選挙区でも衆議院議員 5 人を選出するとなれば、投票用紙は平等に一人 1 枚だが、議員一人あたりの有権者比の単純計算では、A 区と B 区の投票価値の較差は 5 対 1 になる[6]」。このような状態では、制限選挙を排除したとしても、選挙制度の不備により実質的に一人 1 票という原則が歪められているといえる。一票の較差に関する問題点は、①選挙権の平等の観念には、従来から一般的に認められてきた投票の数的平等である一人 1 票の原則（公職選挙法 36 条）にとどまらず、各投票が選挙の結果に対してもつ影響力の平等、すなわち、投票価値の平等も含まれること、②選挙権及び投票価値の平等は、表現の自由と同様に民主制を支える重要な権利であること、したがって、厳格な司法審査が必要であること、③選挙法は、徹底した人格平等の原則を基礎としているので、投票価値の平等の意味は、一般の平等原則の場合の平等の意味よりも、はるかに形式化されたものであり、

6）渋谷秀樹・赤坂正浩『憲法 2 統治〔第 6 版〕』（有斐閣、2016 年）286 頁〔赤坂正浩執筆〕。

220　政治構造の枠組み

国民の意思を公正かつ効果的に代表するために考慮される非人口的要素（例：行政区画を一応の前提として定められる選挙区制）は、定数配分が人口数に比例していなければならないという大原則の範囲内で認められるにすぎないこと、が指摘されてきた[7]。

(1)　衆議院議員選挙における較差訴訟　現在まで、衆議院議員選挙における較差訴訟についての最高裁の判断は、違憲判決が2件、違憲状態が4件、合憲7件、却下（訴えの利益なし）が1件となっている。最高裁は、中選挙区制による最大格差1対4.99が生じた選挙について、当該議員定数配分規定を違憲としながらも、選挙自体は無効としない旨判示した[8]。この頃の最高裁は、「最大格差3倍を目途に、憲法違反の状態に至っているか否かの判断を行ってきた[9]」。1994年の小選挙区比例代表並立制の導入以降は、「主に問題となるのは小選挙区部分の議員定数不均衡であった[10]」。その後、衆議院議員選挙区画定審議会設置法3条が最大格差2倍未満を基本とするよう規定していたにもかかわらず、1999年判決では最大格差2.309倍を合憲としている[11]。2007年大法廷判決以降は、「最大格差と較差が2倍を超える選挙区の数の推移に着目して、憲法判断が行われるようになっている[12]」。また、2016年の法改正では、10年ごとの国勢調査結果に基づきアダムズ方式により各都道府県に定数を配分し、最大格差を2倍未満とする新方式が導入された。「同方式による定数配分がなされるまでの経過措置の下で行われた2017年10月の衆議院議員総選挙時の区割りを最高裁は合憲と判断している（最大判平成30・12・19民集72巻6号1240頁）[13]」。

(2)　参議院議員選挙における較差　参議院議員選挙では、「全国一区の比例区があり、定数不均衡が生じることはあり得ないが、選挙区では選挙区割りがあり、それも長年、完全に都道府県を単位とし、それぞれに最低2議席を配分

7）芦部・前掲書（註3）144頁以下。
8）最大判1976〔昭和51〕4・14民集30巻3号223頁。高田篤「議員定数不均衡と選挙の平等」憲法判例百選Ⅱ〔第7版〕（2019年）320頁。
9）只野雅人「議員定数不均衡と改正の合理的期間」憲法判例百選Ⅱ〔第7版〕（2019年）325頁。
10）君塚正臣『司法権・憲法訴訟論 下巻』（法律文化社、2018年）175頁。
11）最大判1999〔平成11〕11・10民集53巻8号1441頁。
12）只野・前掲論文（註9）。
13）同上。

してきたため、衆議院以上に、都道府県間の人口もしくは有権者数に大きな較差が生じていた[14]」。最高裁は、1964年判決で定数配分は立法政策の問題であると判示した。1973年の東京高裁でようやく**投票価値の平等**が憲法14条の要請であると認めながら最大格差5.08倍について違憲状態と判示したが、最高裁では合憲と判示された[15]。その後、1996年判決においては、最大格差6.59倍を著しい不平等状態としながらも合憲判決を下し[16]、2012年[17]及び2014年[18]にも違憲状態判決が出されたものの、現在まで「違憲」判決は1件も出ていない。

（2）選挙無効判決の手法

　日本の議員定数不均衡訴訟は、公選法204条の民集訴訟で違憲性が争われている。1976年判決で採用された事情判決の法理（行訴法31条）を用いて「違憲状態」が続いたが、最高裁は当該選挙を「無効」とし、やり直しを宣言する判決を出したことはない。しかし、反対意見の中には選挙「無効」を主張するものがある。衆議院議員選挙についての1976年判決の反対意見では、当該選挙の無効が主張されていた[19]。高裁レベルでは、衆議院議員選挙について2013年の広島高裁[20]と広島高裁岡山支部判決[21]、参議院議員選挙についても同年の広島高裁岡山支部判決[22]で、選挙無効が言い渡されている。これらの判決では、「議員定数不均衡事案において、最高裁の少数意見が将来効判決に言及することや、下級審がそれを判示することは、日常的なこととなってい

---

14) 君塚・前掲書（註10）187頁。
15) 同上書・188頁。東京高裁1973〔昭48〕7・31行集24巻6=7号726頁、最判1974〔昭49〕4・25判例時報737号3頁。
16) 最大判1996〔平8〕9・11民集50巻8号2283頁。
17) 最大判2012〔平24〕10・17民集66巻10号3357頁。徳永貴志「参議院における議員定数不均衡」憲法判例百選Ⅱ〔第7版〕（2019年）326頁。
18) 最大判2014〔平26〕11・26民集68巻9号1363頁では、四人の裁判官の反対意見が付されている。
19) この反対意見のように、選挙区割りを定める公職選挙法別表を選挙区ごとに個別に捉える考え方を可分説という。これに対して、別表の選挙区割りは不可分一体であるとみなす考え方を不可分説という。最新のものでは、最大判2014（平26）11・26集民248号69頁の山本裁判官の反対意見がある。
20) 広島高判2013〔平25〕3・25判例時報2185号36頁。
21) 広島高岡山支判2013〔平25〕3・26判例集未登載。
22) 広島高岡山支判2013〔平25〕11・28判例集未登載。

る[23)]」と評されるように、判決の効力が過去に遡及するのではなく、将来に向けて発生する将来効判決による**選挙無効**の判断が行われている。

ほかには差止請求訴訟[24)]、義務付け・違憲確認訴訟[25)]及び損害賠償請求訴訟[26)]の方法で訴訟が提起されてきたが、成功しなかった[27)]。

較差のある選挙区に限って、選挙違憲無効判決を下す時期に達している[28)]が、それでも国会が無視する場合には、不可分説に戻って選挙全体を無効として残ったほうの議院もしくは最高裁が選挙区割りのやり直しを検討することも（最終手段として）考えられるべきであろう[29)]。

ステップアップ

① 「合区」の合憲性について検討しなさい。

② 2019年参議院選挙から導入された「特定枠」について調べなさい。

■文献紹介

① 憲法訴訟について、芦部信喜『憲法訴訟の理論』（有斐閣、1973年）、高橋和之『体系憲法訴訟』（岩波書店、2017年）、など。

② 議員定数不均衡訴訟について、君塚正臣『司法権・憲法訴訟論（上・下）』（法律文化社、2018年）には最新の文献まで網羅されている。最も新しい文献では、駒村圭吾・待島聡史編『統治のデザイン――日本の「憲法改正」を考えるために』（弘文堂、2020年）〔大村華子・吉川智志執筆〕。

---

23) 君塚正臣『司法権・憲法訴訟論 上巻』（法律文化社、2018年）475頁。

24) 東京地判1976〔昭51〕11・19行集27巻11=12号1772頁、東京高判1977〔昭52〕4・25行集28巻4号337頁など。

25) 東京地判1976〔昭51〕11・16判例時報832号3頁など。

26) 東京地判1977〔昭52〕8・6判例時報859号3頁。

27) 君塚・前掲書（註23）480頁以下。

28) 加藤一彦『憲法〔第3版〕』（法律文化社、2017年）159頁。

29) 君塚・前掲書（註23）493頁。

条約の国会承認手続

内閣は、国家安全保障会議で戦闘機に使うエンジンの部品を、Ａ国からの要請に基づき、輸出することを決定する条約をＡ国との間で締結した。しかしながら、現在Ａ国は戦争に参加をしていることから、内閣は本件条約の締結に急を要しており、国会の事前の承認を得ていなかった。しかしその後、政権交代が起こり、新内閣は日本国憲法の掲げる平和主義を「武力によらない平和」の実現であるとし、防衛費を大幅に削減した。そのため、本件条約について事後に国会の承認を得ることができなかった。この場合、本件条約の効力はどうなるか。

1．条約とは何か

条約とは、その名称のいかんを問わず、広義もしくは実質的な国家間における法的な合意文書を意味する[1]。したがって、条約には「憲章」、「規約」、「協定」、「議定書」、「規程」、「取極」、「交換公文」、「宣言」、「声明」なども含まれ、実定法上、これらは国際約束[2]と称する。

内閣は、全権委任状、批准書、大使及び公使の信任状等の外交文書の作成、外交使節の任免等の外交関係の事務を行う（憲法73条2号）。これに加え内閣は、上記のような条約の締結権を有している（憲法73条3号）。

内閣が条約の締結権を有している背景には、明治憲法において天皇大権の一つであった条約締結権[3]を、実質的には、全権委員として国務大臣、特に外務大臣に委任していた歴史的経緯がある[4]。この点は、日本国憲法の制定過程においても尊重され、GHQの民政局員らは、「内閣は事前のまたは事後の承

1）条約法に関するウィーン条約第2条1（a）には、「条約とは、国の間において文書の形式により締結され、国際法によって規律される国際的な合意（単一の文書によるものであるか関連する二以上の文書によるものであるか問わず、また、名称のいかんを問わない。）をいう」と規定されている。

2）外務省設置法4条4号・5号。

3）明治憲法13条「天皇ハ戦ヲ宣シ和ヲ講シ及諸般ノ条約ヲ締結ス」。

認による国会の同意を得て、条約、協定及び国際協約を締結することができる」[5] とし、国会という民主的統制を加えつつも、内閣に条約締結権を与える条文を起草した。

ただし、条約が国民の権利・義務に直接影響を及ぼすことを考慮して、内閣が条約締結権を民主的統制のもとで行使し、単独で秘密条約等を締結することなく[6]、国民全体の利益となるような条約を実現するために、国会の承認を必要とすることを明記している（憲法73条3号但書）。条約の効力は、条約の採択後に内閣の任命する全権委員の調印（署名）をし、内閣が批准し、批准書を寄託または交換することで発生するのが原則である[7]。しかし、条約によっては、調印により条約締結が成立する場合もあるため、国会承認は、調印、批准を基準として「事前」あるいは「事後」に得ることとなる[8]。

2．国会承認がない行政協定の課題

ただし、内閣の迅速で能率的な外交処理を考慮すれば、すべての条約に対して国会の承認は必要とは考えられない[9]。

国会の承認が必要な国会承認条約と国会承認の要件から除外され、同条2号として締結される**行政協定**を区別する基準について、政府は大平三原則[10]を採用している。国会による承認を必要とする国際約束として、①法律事項を含

4）たとえば、1886年3月6日に批准書交換がなされた日布渡航条約は、井上馨（外務大臣）を全権委員として任命していた。御委任状案並ニ決議、外務省編纂『日本外交文書第19巻』（日本国際連合協会、1886年）462頁。

5）Hussey Papers, 19-C-3-68. 国会図書館所蔵。

6）たとえば、自衛隊の有事の指揮権は米軍司令官が有しているという口頭密約が締結されたなどという教訓に基づく。第196回参議院憲法審査会会議録1号 2018年2月21日5頁。

7）条約締結の方法には、批准のほかに、憲法7条8号の天皇による認証を受けない受諾、承認後、あるいは、既に多国間で成立・発効している条約への加入後、受諾書、承認書または加入書の交換または寄託をすることで効力を発生するものもある（条約法に関するウィーン条約16条）。また、公文の交換によって効力を発生する二国間条約などもある（条約法に関するウィーン条約13条）。

8）当時、外務事務官・条約局長であった西村熊雄の発言、第8回国会衆議院外務委員会会議録7号 1950年11月1日12頁。

9）佐藤功『憲法（下）〔新版〕』（有斐閣、1984年）888頁。佐藤は、実質的に条約ではない外交上の取極め四つを示している。第13回国会参議院外務委員会会議録11号 1952年3月12日3頁、芦部信喜〔高橋和之補訂〕『憲法〔第7版〕』（岩波書店、2019年）326頁。

10）1974年2月20日衆議院外務委員会で大平正芳（外務大臣）が行った答弁に基づく基準である。第72回国会衆議院外務委員会会議録5号2頁。

む国際約束（既存及び新規の法律を含む）、②財政事項を含む国際約束（既に国会審議を経て成立した予算以上、法律で承認されている以上の財政支出義務を負うものを指す）、③政治的に重要な国際約束（二国間あるいは国家間一般の基本的な関係に、国際約束の批准を契機として新たに法的効力をもたらす）がある。

1952年に締結された日米安全保障条約3条に基づく行政協定は、米国による施設及び区域の使用許可、軍属及びその家族を含む在日米軍関係者が日本の法令から適用除外され、特権の付与や義務の免除等が定められている。しかしながら、本行政協定は、国会承認を得ることなく締結されたため、その合憲性が争われた。最高裁は、本行政協定が日米安全保障条約3条の委任の範囲内として締結されたものであり、国会承認を必要としないと判断を下した[11]。ほかにも、1996年「日米安保共同宣言」では、防衛範囲が「日本周辺地域において発生しうる事態」に拡大され、「極東」（日米安全保障条約6条）から「アジア太平洋地域」に及ぶことが改定された。しかし、政府は本宣言が現行の同条約を前提としており、いかに同条約が以前からアジア太平洋地域の安全のために機能してきたかを説き、「何ら改正しているものでない」との主張を繰り返した[12]。

また、1997年に改定された「日米防衛協力のための指針」では、「後方地域支援」という新たな防衛協力概念を規定していた。国会では国会承認が必要であると指摘を受けたが、政府は、本指針が日米両国に対して何ら立法上あるいは行政上、予算上の措置を義務づけるものではなく、両国の協力を進めていく上でのガイダンス的な性格ゆえに、国会承認を必要としないと答弁した[13]。2015年4月27日に再改定された「日米防衛協力のための指針」も、憲法9条に違反する集団的自衛権を認めるものであったにもかかわらず、政府は国会承認を必要としないと主張した。しかし、本指針が事実上拘束力をもち、米国に対する軍事協力を先行して約束をすることは否定できない[14]。こうした国会承認を必要としない行政協定などの外交文書によって、憲法や国会承認を受け

---

11) 最大判1959〔昭34〕12・16刑集13巻13号3224頁。
12) 第136回国会参議院予算委員会会議録13号1996年4月24日2頁。
13) 第140回国会衆議院安全保障委員会会議録10号1997年6月10日29頁。
14) 山内敏弘『「安全保障」法制と改憲を問う』（法律文化社、2015年）22頁。

た条約の根幹部分への実質的変更を加えることは、「国会承認手続きを脱法する手法」[15] そのものであり、憲法違反といえよう。したがって、国会は、国会承認がない行政協定の本質が憲法の趣旨に鑑み、議会民主主義を侵害するものか否かを慎重に審議しなければならない。

３．衆議院の優越

条約に対する国会承認において、参議院が衆議院で議決された条約を受領後、議決に至らず、協議会でも意見の一致に至らなかった場合には、予算に関する憲法 60 条 2 項の規定を準用し、衆議院の優越が定められている（憲法 61 条）。しかし、同条 1 項に規定されている衆議院の先議権は認められないため、内閣は先にどちらの議院に提出することも可能である。したがって、国会法 85 条には両議院の立場からの規定がある。

衆議院の優越が認められている趣旨は、条約は相手国が存在するため、迅速に効力発生を確定することが期待されているためであり [16]、通例は、衆議院での先議がほとんどであった。しかし、国会審議の効率化を図るため、参議院先議が行われていることもあるが、条約を参議院で不承認とした場合には、衆議院で審議されることが無くなるため、憲法 61 条の趣旨に鑑みれば、衆議院先議が望ましい [17]。

衆議院の優越により、条約が承認された事例として、1960 年日米安全保障条約、日米原子力協定改正議定書や在日米軍駐留経費負担特別協定などがある [18]。

４．国会承認を得られなかった条約の効力
（１）　事　前

内閣は、万やむを得ない事由がある場合を除き [19]、原則として「事前」の

---

15) 水島朝穂「憲法と新ガイドライン下の『有事法制』」社会批判社編集部編『最新有事法制情報──新ガイドライン立法と有事立法』（社会批判社、1998 年）11-12 頁。
16) 宮澤俊義〔芦部信喜補訂〕『全訂 日本国憲法』（日本評論社、1978 年）469 頁。
17) 中内康夫「条約の国会承認に関する制度・運用と国会における議論──条約締結に対する民主的統制の在り方とは」『立法と調査』No. 330（参議院事務職企画調整室、2012 年）10-11 頁。
18) 同上書・12-13 頁。その他の条約の自然承認の事例が列挙されている。

国会承認を得なければならない[20]。国会承認が得られない場合には、内閣は条約を締結するための手続を継続することができず、条約は未成立となる。

（2） 事　後

　問題は、内閣が既に署名及び批准を行い、国際法上、条約が成立していたにもかかわらず、国会承認が得られなかった場合の国際法上の条約の効力についてである。なお、国内法上の条約の効力については、憲法規範に従い、当然に効力を失う。

　①条約とは、当事国の合意に基づき、署名または批准によって効力を有する。条約が成立している以上、国際法上は効力を生じているため、一方当事国の事情によって条約の効力を無効にすることは法的安定性を欠く。したがって、内閣には、条約の取消しまたは改廃を求めるなどの政治的責任は問われるが、国際法上、条約としての効力は有効である[21]（有効説）。

　②条約を国内法的効力と国際法的効力とに区別して、一方に国会承認の効力が及ばないとすることは合理的理由がない。なぜなら、憲法上、国会の権能として事後の承認を認めているように、不承認も認めなければ、内閣に対する国会の民主的統制という憲法趣旨に違反する。また、国会承認を要件とする憲法規定は条約締結の相手国は当然に知り得ることである[22]（無効説）。同様に、国会承認が、条約の法的効力に影響を及ぼすという観点から、国会の事前と事後の不承認の容認を区別することは妥当ではない。したがって、国会が不承認とした条約については、国内法及び国際法上、無効となる[23]。

19）西村熊雄によれば、万やむを得ない事由がある場合に加え、内容軽微なものを含むと解している。第8回国会衆議院外務委員会会議録7号1950年11月1日12頁。また、当時、内閣法制局長官であった大出峻郎は、万やむを得ない事由として、「緊急を要して国会の承認を得る余裕がないような場合など合理的な理由がある場合」は、事後承認も認められると解している。第129回国会衆議院予算委員会会議録9号1994年5月25日7頁。したがって、「時宜によっては」とは、内閣に自由裁量を認めている規定ではない。杉原泰雄『憲法Ⅱ　統治機構』（有斐閣、1989年）237頁。

20）条約締結を急ぐのであれば事後承認の形式で参加することが一方法であるという提案に対して、当時、外務政務次官であった伊藤隆治は「事後承認を得ますことは本当にやむを得ない場合に、政府としてはいたしたいのでありまして、すべてのことが國會中心である今日は、できる限りそういうことは避けて、……参加直前に國會のご承認を得たいと熱望いたしておるわけであります」と発言している。第2回国会衆議院外務委員会会議録11号1948年6月28日3頁。

21）佐藤・前掲書（註9）891-892頁、橋本公亘『日本国憲法〔改訂版〕』（有斐閣、1986年）538頁。

22）杉原・前掲書（註19）240-241頁。

23）宮澤・前掲書（註16）566頁、清宮四郎『憲法Ⅰ〔第3版〕』（有斐閣、1979年）447頁。

③「**条約法に関するウィーン条約**」46 条 1 項但書きには、「違反が明白であり
かつ基本的な重要性を有する国内法の規則に係るものである場合」には、条約
の無効を認めている。つまり、国際法上においても、相手国が客観的具体的情
況において一般的及び必要な調査を行えば当然に知ることのできた、国家の最
高法規である憲法のような、基本的かつ重要性を有する国内法に明白な違反が
あるような条約の法的拘束力は認められていない。したがって、国会の承認が
得られない場合には、条約は無効となる[24]（条件付無効説）。

5. 国会の条約修正権

　条約締結は、内閣が相手国と交渉を重ね、その条約文を作成する権能を有し
ている。したがって、国会が一方的に**条約の修正**を求めることは、相手国との
関係上許されるものでなく、内閣固有の権能を侵害する。要するに、国会によ
る条約修正の意思表示は、不承認の意思表示と同一視できるため、国会の修正
権を否定している（多数説）。

　一方で、憲法 73 条 2 項但書きにいう、国会承認権による民主的統制の観点や、
憲法 61 条が両院協議会の手続を要求している観点から、国会による条約修正
権を肯定する見解もある[25]。この学説で問題となるのは、条約には相手国の
合意が必要であるため、国会による修正に従って、内閣が相手国と再交渉を行
う法的義務を負うのかということである。この点について、現代社会における
条約は、具体的及び直接的に国民の権利義務を規制する場面が増加しているこ
となどから、国会による審議の重要性に鑑み、一定の範囲で国会の修正権を認
める。

---

24) 芦部・前掲書（註9）326 頁、深瀬忠一「国会の条約承認」芦部信喜・池田政章・杉原泰雄編『演
　　習憲法』（青林書院新社、1973 年）463-464 頁、田畑茂二郎『国際法講義上〔新版〕』（有信堂高文社、
　　1982 年）310 頁。渋谷秀樹『憲法〔第 3 版〕』（有斐閣、2017 年）568-569 頁。
25) 佐藤・前掲書（註9）896 頁、芦部・前掲書（註9）326 頁。

①国会承認を経ずに行政取極めとして締結されてきた日米安全保障条約を拡大するガイドライン等を憲法9条との関係で考察しなさい。

②条約の国内的効力について、憲法と条約の関係を考察しなさい。

③条約が違憲審査の対象となり得るのか考察しなさい。

■文献案内

①日米安全保障条約の締結までの経緯について、古関彰一『「平和国家」日本の再検討』（岩波現代文庫、2013年）、古関彰一・豊下楢彦『沖縄、憲法なき戦後──講和条約三条と日本の安全保障』（みすず書房、2018年）、日米間での行政取極の締結の背景となる1952年から2016年に至るまでの政府による9条解釈の変遷について、浦田一郎『政府の憲法9条解釈──内閣法制局資料と解説〔第2版〕』（信山社、2017年）、有事法制以降の日米安保と憲法の関係性について、山内敏弘『立憲平和主義と有事法の展開』（信山社、2008年）、山内敏弘『「安全保障法制」と改憲を問う』（法律文化社、2015年）、浦田一郎「憲法平和主義の現状と展望──自衛隊加憲論の前提として」法学館憲法研究所報17号（2017年11月）が有益である。

②学説整理として、宮澤俊義〔芦部信喜補訂〕『全訂 日本国憲法』（日本評論社、1978年）、清宮四郎『憲法Ⅰ〔第3版〕』（有斐閣、1979年）、野村敬造「憲法と条約」ジュリスト638巻（1977年）、江橋崇「占領の憲法学──条約優位説の生成と展開」法学志林83巻4号（1986年）、齋藤正彰「国際人権訴訟における国内裁判所の役割──憲法学の視点から」国際人権11巻（2000年）、国家形成にかかわる基本条約についての考察として、江橋崇「主権理論の変容」公法研究55巻（1993年）が有益である。

③学説整理として、清宮四郎『憲法Ⅰ〔第3版〕』（有斐閣、1979年）、佐藤功『憲法（下）〔新版〕』（有斐閣、1984年）、小林直樹『憲法講義（下）〔新版〕』（東京大学出版会、1981年）、砂川事件における条約の違憲審査について、横田喜三郎「条約の違憲審査権──砂川判決を中心として1・2」國家學會雑誌73巻7・8号（1960年）が有益である。

予算の議決

事例 **31**

　大学で憲法の講義を履修した X は、2019 年に、法然が開基したことで名高い京都の知恩院に対して、国宝重要文化財等保存・活用事業費補助金が交付されていることを知って、これは財政面からも政教分離について定めている、憲法に違反するのではないかと、ふと疑問に思った。X が、上のような平成 31 (2019) 年度予算について、憲法に違反すると考えた場合、どのような法的手段をとることが可能か、考察しなさい。

1. 憲法が規定する予算制度

（1）財政と憲法

　財政は、伝統的に、「国家がその任務を達成するために必要な財力を調達し、管理し、使用する作用」と定義されてきた[1]。後に述べるように、この領域は憲法学よりも、むしろ行政法学において、より詳細に検討がなされてきたが、戦後、経済学の「スター」の一人であった大内兵衛が、「財政は国家の顔である」と述べたように、国家のすべての政策には、財政的裏づけが不可欠であり、したがって、憲法が構築しようとする財政規律システムについても、見落とすことは許されない。憲法での財政に関する規定は、明治憲法（大日本帝国憲法）時代のものから、現在の日本国憲法のものへと、その姿を大きく変化させている。まず、その比較から、この章を始めよう。

（2）日本国憲法における財政の規定とその比較

　現在の日本国憲法の規定においては、財政についての**国会議決原則**が徹底されている。近代立憲主義国家であれば、これは当然のことではあるが、明治憲法[2] では不十分なものにとどまっていた。明治憲法では、予算そのものが、

1）雄川一郎・塩野宏ほか編『現代行政法大系　10 財政』（有斐閣、1984 年）1 頁〔金子宏執筆〕参照。
2）明治憲法においては、章のタイトルに「財政」の語が用いられず、「会計」という表現が採用されている。

行政行為の一種として天皇大権に属するものとされ、議会はこれに協賛する権限を有するにすぎなかった。更に、当時の政府は明治憲法の 64 条 2 項[3] を、事後承諾があれば予算の超過支出や予算外支出が認められる条項と解し、議会による財政統制は不十分なものにとどまっていた。この反省から、日本国憲法では、財政条項の冒頭の 83 条において国会議決主義を強く打ち出し、また、85 条において、国費支出や債務負担に関して、国会議決原則が適用されることを改めて確認する構造になっている。

国家の収入である租税に関して、近代立憲主義国家は、なべて**租税法律主義**を採用する。日本国憲法も例外ではなく、そのことは 84 条に規定される。租税法律主義自体は、明治憲法においても同様のものが 62 条に規定されていたが、明治憲法の 62 条 2 項[4] はその例外を定め、結果として、国民生活に大きく関係する専売料金や、電話料金、鉄道運賃などは、変更に際して一切国会の議決を要さないものと考えられていた。日本国憲法においては、それらに対する規定は置かれないものの、「財政の憲法」ともいわれる財政法が、3 条[5] で課徴金等の法定主義を定めている。

上のような違いのほか、日本国憲法において規定されなかったものとして、天皇の緊急勅令制度[6] や、施行予算制度[7] などがある。全体として、日本国

3）「予算ノ款項ニ超過シ又ハ予算ノ外ニ生シタル支出アルトキハ後日帝国議会ノ承諾ヲ求ムルヲ要ス」と規定されていた。

4）「但シ報償ニ属スル行政上ノ手数料及其ノ他ノ収納金ハ前項ノ限ニ在ラス」と規定されていた。

5）財政法 3 条は「租税を除く外、国が国権に基いて収納する課徴金及び法律上又は事実上国の独占に属する事業における専売価格若しくは事業料金については、すべて法律又は国会の議決に基いて定めなければならない」と規定する。しかし、財政法制定の翌年、1948 年に制定された「財政法第三条の特例に関する法律」によって、「現在の経済緊急事態の存続する間に限り」、財政法 3 条は直接適用されないことになった。なお、現在も「経済緊急事態」のための物価統制令は有効であるため、財政法 3 条は適用されない。ただし、国有鉄道運賃法などが制定されることにより、戦後、重要な領域では、財政法 3 条が定める方針が採用されてきた。なお、経済的効率性等の観点から、これらの法制度とそれに基づく運用を再検討するものとして、寺前秀一「もう一つの憲法論議」高崎経済大学地域政策学会『地域政策研究』10 巻 2 号（2007 年）17-31 頁を併せて参照いただきたい。

6）「天皇ハ公共ノ安全ヲ保持シ又ハ其ノ災厄ヲ避クル為緊急ノ必要ニ由リ帝国議会閉会ノ場合ニ於テ法律ニ代ルヘキ勅令ヲ発ス」という 8 条の規定をもとに、緊急勅令によって、租税制度の変更などが行われてきた。有名な 1931 年の金兌換停止も緊急勅令によってなされている。

7）71 条は「帝国議会ニ於テ予算ヲ議定セス又ハ予算成立ニ至ラサルトキハ政府ハ前年度ノ予算ヲ施行スヘシ」と規定し、予算が不成立となった場合などには、政府は前年度予算を施行できるとした。戦後は施行予算制度に代わり、財政法が規定する暫定予算制度が実施されている。

憲法やその下での戦後の財政法制は、戦前への反省から、「新憲法の精神に基づく国会至上主義」的な設計・運用がなされてきた[8] といえるだろう。

2. 財政法学と財政規律の確保
(1) 行政法（各論）としての財政法

　既に述べたとおり、財政に関する法制度は、憲法学よりも、行政法学において、より詳細に検討されてきた。行政法の体系のうち、伝統的に、財政法[9] は、警察法や公物法と並んで、行政法各論[10] に配され、検討の対象とされてきた。財政法は、その用いる手段の作用によって、**財政権力作用**と**財政管理作用**に分けることができるとされる。財政権力作用は、「国家に必要な財力の調達を目的として、統治権に基づいて国民に命令し、強制する作用[11]」のことである。警察法での警察の作用などと類似するものであり、財政下命（所得税法に基づく確定所得申告義務の賦課など）や財政許可（旧たばこ専売法に基づくたばこ販売の許可など）、財政強制（国税徴収法に基づく強制徴収など）、財政罰（印紙税法に基づく印紙貼付懈怠に対する罰金など）などに分けて理解される。財政管理作用は、「調達された財力を管理・処分・支出する作用[12]」のことであり、内部的な財産の管理や、現金の管理などがその中心に置かれる。もちろん、予算[13] の定立など、財政についてプランニングを行うことも財政管理作用に含まれるし、また、内部的なものだけに限定されるわけではなく、私人や地方公

8）少し距離を置き、この潮流を別の角度から批判的にも検討する今村都南雄『官庁セクショナリズム』（東京大学出版会、2006 年）76 頁を、併せて参照いただきたい。

9）ここでは法律名としてではなく、行政法各論に配される、一分野としての財政法を指している。財政法という名は様々な使われ方をするため、何を指しているのか、注意が必要である。

10）しかし、現在では、行政過程論や特殊法論などの隆盛と、その「中二階的な行政法各論」への批判によって、各論としての行政法が、総合的に取り上げられることは少なくなった。行政法各論として、財政法に言及する教科書は小高剛『行政法各論』（有斐閣、1984 年）以降、出版されていない。もっとも、近年は、原田大樹による、「参照領域理論」を活用した、行政法各論の再生が試みられていて、注目に値する。原田が提示する論については、さしあたり、原田大樹『行政法学と主要参照領域』（東京大学出版会、2015 年）を参照のこと。

11）小村武『予算と財政法〔5 訂版〕』（新日本法規、2016 年）7 頁。

12）同上書・7 頁。

13）予算は、歳出予算と歳入予算からなるが、このうち、歳入予算はあくまで、歳入の「目安」にすぎず、したがって、予算によって、徴税額が決定される等のことはない。このように、私人らに対して、権力的に作用しないため、予算は財政管理作用として位置づけられる。

共団体に対する金銭の給付なども財政管理作用に含まれている。

　一読して明らかなとおり、財政権力作用に属するものは、そのほとんどが、領域としては租税法に位置づけられるものである。伝統的には、現在、租税法として扱われている、財政権力作用を中心とする領域も併せて、行政法では各論に財政法（広義の財政法）が配されてきた。しかし、租税法の、行政法からの分化が進むと、財政法は広義の財政法としてではなく、財政管理作用がその中心を占める、狭義の財政法へと変容するよう、強いられる [14] ことになった。

（2）予算と（憲法）訴訟

　予算の定立が財政管理作用に位置づけられるとすると、定められた予算や、そしてそれに基づく公金の支出に対して異論がある場合、訴訟を提起することは可能なのだろうか。結論からいえば、国の予算に関しては、例外的なケースを除き、訴訟を提起することは難しい。裁判制度について定める裁判所法は、裁判所が「法律上の争訟」を裁判すること（裁判所法 3 条 1 項）を規定するが、最高裁は教育勅語事件（最判 1953〔昭 28〕11・17 行集 4 巻 11 号 2760 頁）において、「法律上の訴訟」に該当するためには、それが「当事者間の具体的な権利義務ないし法律関係の存否に関する紛争」であることと、「法律の適用によつて終局的に解決し得べきもの」であることが必要であると判示している。そのため、生活保護を受給する者が、生活保護費引き下げ [15] を争うなどのようなケースを除き、予算について訴訟で争うことは困難である。

　ただ、「法律上の争訟」に該当しないものであったとしても、法律に特別の定めがあれば（客観訴訟としての民衆訴訟）、訴訟を提起することが可能である。

14）租税法独立の功労者、金子宏は「諸外国においても、租税法はすでに一つの独立の学問分野として扱われて……それを財政法というより広い学問分野の一つにとり込むことは、その発達にブレーキをかけることになりかねない」と述べ（雄川・塩野編・前掲書（註 1）4 頁）、そしてその言葉のとおり、租税法は、金子らの尽力により、日本においても圧倒的な発展を遂げた。残された、狭義の財政法の領域は、しかし、租税法に比してその発展が低調である。租税法が旅立った後、どのような変化が必要であるのか、財政法の検討が急務である。分化した対象を統御し、マクロな財政決定の領域に着目することでリバイバルを企図する、上田健介、片桐直人、そして藤谷武史らの試みが注目される。それに関して、さしあたり、上田健介「財政法学の展開と行方」法律時報 91 巻 12 号（2019 年）4-11 頁を参照いただきたい。

15）なお、生活保護費については、厚生労働大臣が基準を定め、それをもとにして、予算が決定されることになる。予算は、いわば、基準に基づく生活保護政策を裏づけるものであり、両者は表裏一体の関係であるが、予算について争うのではなく、朝日訴訟（事例 21 を参照）のように、厚生（労働）大臣が定めた生活保護基準を争うなどするのが一般的ではないかと思われる。

地方公共団体の公金支出については、地方自治法に基づき、**住民監査請求**を経た上で、**住民訴訟**を提起することが可能（自治法242条以下）であり、また、実際に、それによって多くの憲法訴訟が展開されてきた。憲法は財政の章に、政教分離にかかわる規定を配している（89条）が、住民訴訟の形で提起された訴訟で、89条に違反すると判断されたケース[16]もあり、その存在感は大きい。

（3）財政法と赤字国債

　狭義の財政法の根幹をなすものが、「財政の憲法」である財政法であり、そしてその周囲を、会計法や、予算決算及び会計令、国有財産法、物品管理法、国の債権の管理等に関する法律、補助金等に係る予算の執行の適正化に関する法律、特別会計に関する法律、そしてそれらに関する施行令などが取り巻いている。これら以外にも、特例を定める数多くの法令が存在し、また、上にあげた法律についても、それぞれが有機的に結びついて[17]おり、どのような規制が存在するか、理解することは容易ではない。

　中心に置かれる財政法は、会計年度独立の原則や、総計予算主義、そして統一的収支の原則など、財政を貫く基本原則を定めているが、国家財政の状況から、現在最も頻繁に議論されているものが、4条が定める、**均衡財政主義**である。この条項は、戦前、戦費調達のため、大規模な公債発行が連続したことの反省として、規定された。4条は、国債の発行は、公共事業費などに限り、国会の議決を経た上で発行する（いわゆる建設国債）ことが可能であるとし、原則として、歳出が公債や借入金以外の財源によって行われるべきことを定めている。しかし、特別法を制定することによって、1965年からしばしば、**特例公債**（いわゆる赤字国債）が発行され、現在ではその発行は常態化し、更に特例法も、単年度のものから、5年など複数年にわたるものへと姿を変え、特例公債の発行は一層容易なものになってしまっている。広く知られたように、日本では、国が抱える公債残高が累積していることが問題となっており、その解消のため、どのようにして財政規律を確保するか、財政法制を見直す必要があるだろう。

16）詳細に関しては、事例12を参照いただきたい。
17）一例をあげれば、物品の管理処分については物品管理法が規律するが、その際に行われる契約手続や代金の支払いなどに関しては、会計法が規律するところとなっている。

3. 決算制度の問題点

　日本国憲法では、91 条に決算の規定を置き、決算について、会計検査院が検査を実施し、その報告を、内閣が次年度の国会に提出することとしている。以前は、決算提出の遅れが常態化していたが、近年では改善が進み、2018 年度の決算は、2019 年 11 月に国会に提出されている。

　しかし、決算の結果が、続く予算編成において、十分に活かされているとは言い難い。予算編成過程を眺めてみれば、おおよそ 11 月中くらいまでには、既に財務省主計局による査定が完了しており、12 月末には政府案が閣議決定されてしまう。各省庁の概算要求に間に合うように決算を提出することができれば、次年度の予算編成に活かすことができるが、そのためにはたとえば各省庁で、班から概算要求案を上げる 5 月（わずか 1 カ月後！）に間に合うように決算が提出される必要があり、現実的には（会計の観点からも）不可能である。

　決算や、会計検査院の検査結果をどのように活用し、そしてそれを財政コントロールに接続していくのか、有効な枠組みを再検討する必要がある。

ステップアップ

①国の財政に対して、明治憲法と日本国憲法では、規定する内容について、どのような違いがあるのだろうか。本文で述べたこと以外について、調べ、比較しなさい。

②特例公債の発行が続き、公債残高が増加することで、どのような問題が生じ得るのだろうか。国債がどのように発行され、保有されるのかも踏まえ、検討しなさい。

③会計検査院の検査では、どのような指摘がなされているのだろうか。最新の決算検査報告[18] から、一つ事項を選び、何が、どのように問題とされているか、調べなさい。

---

18) 最近の決算検査報告は、会計検査院のホームページで確認できる。「個別の検査結果」という章を中心に検討を進めることもできるし、また、決算検査報告の中には、「国民の関心の高い事項等に関する検査状況」という節が存在するので、そこを中心に、関心があるものについてのリサーチを行うとスムースだろう。

■文献案内

①膨張が止まらないといわれる、日本が抱える財政赤字について、他の先進諸国と比較しつつ、予算制度論と公務員制度論の二つの方向から、その対処策を検討する、田中秀明『日本の財政　再建の道筋と予算制度』（中央公論新社、2013 年）は、日本の財政法制を理解する入門書としても最適である。

②財政について理解を深めるためには、当然、法学的なアプローチだけでは限界がある。大内兵衛門下の佐藤進による佐藤進・関口浩『財政法入門〔新版〕』（同文舘出版、2019 年）は、財政学史・思想史を含む「伝統的な」財政学の教科書が、弟子の手によりアップデートされたものであり、一読を勧めたい。

③財政法制度の再検討を行うにあたっては、②のような書籍によって財政学を理解し、その上で①の書籍のように、他の先進諸国と比較を行い、その上で日本の制度を検討する必要がある。読みこなすには骨が折れるものの、井出英策・ジーン・パーク編『財政赤字の国際比較』（岩波書店、2016 年）などにチャレンジすることを勧めたい。

議院の権能と国政調査権

　20XX年、国有地売買の決裁文書が書き換えられた問題について、衆議院で証人喚問が開かれたが、その際、証言を求められた証人は、ほとんどの質問について「自己が刑事訴追を受けるおそれ」がある（議院証言法4条）として証言しなかった。そのため、議院証言法を改正し、自己負罪拒否特権を制限すべきだ、国会は国権の最高機関なのだし、そのくらいしないと証人喚問の効果も上がらない、との議論が強くなった。このような改正は許されるか。

1．議院自律権

　国会は二つの議院から構成されている。両議院それぞれが独立した法的主体であるからには、それを保障するための自律権が必要である。議院自律権は、一般に組織自律権、運営自律権、財務自律権に分けられる[1]。以下ではこれらのうち憲法上の明文規定があるものについてみていく。

（1）組織自律権

　議院自律権のうち、内部組織に関する議院自律権に分類されるのは、会期前に逮捕された議員についての釈放要求（50条）、議員の資格に関する争訟の裁判（55条）、議長その他の役員の選任（58条1項）といった権限である。

（2）運営自律権

　運営自律権には、規則制定権のほか、院内の秩序維持のための懲罰権（憲法58条2項）が含まれる。

　58条2項前段は、「会議その他の手続及び内部の規律」のための規則制定権を両議院に対して認めている。もちろん、両議院も会議をするにあたり憲法の規定に従う必要があるが（たとえば憲法56条や57条）、それ以外の部分について、両議院は、規則等の形式で議事手続などの内部事項について決定できる趣旨と

1）大石眞『議会法』（有斐閣、2001年）155頁。

解されている。

憲法は定足数や会議の公開など以外について両議院の自律的判断にゆだねている。このことは、明治憲法51条が、議院の規則制定権を、憲法のみならず「議院法」にも従属させたのと対照的である。しかし、現行憲法下でも、国会法が制定され、設置するべき委員会の名称、議決の手続として委員会主義を採ることなど議院の内部事項の根本的な部分を定めている。そこで次のことが問題になる。国会法は両議院の規則制定権を侵害して違憲なのだろうか、あるいは国会法が作られた以上、法律が議院規則に優位したというべきであろうか。

これについて通説は、国会法のうち議院の自律にゆだねるべき部分は、議院の専属的かつ排他的な所管事項であり、国会法のこの部分は、両議院の「紳士協定」ほどの意味しかもっていない、と解する（**紳士協定説**）。その結果、国会法に抵触する議院規則ができたとしても、後者が優位することになる。

（3）議院自律権に対する司法審査

議院自律権に含まれる事項は、司法権の限界の一つに数えられ、司法審査の対象とはならない。判例には、「両院の自主性を尊重」するため議事手続についての事実を審理しなかったものがある[2]。

（4）決　議

両議院はそれぞれ独自の会議体であるため、独自に意思決定を行うことができる。憲法は56条に議案一般の議事決定手続について基本的事項を規定しているが、これは法律案の議決のために行われるほか、議院の意思表明のための決議の議決のためにも行われる。

決議には、たとえば功労者を表彰する内容のものがあるほか、政治的に重要なものとしては、個別の議員に対する辞任勧告決議、個別の大臣への不信任決議、委員長の解任決議、参議院における首相問責決議などがある[3]。これらは特に法的な効果を生じさせるものではないものの、政府に対する立憲的な意味があるはずのものである[4]。他方で、衆議院が**内閣不信任決議案**を可決したり、

2）警察法改正事件（最大判1962［昭和37］3・7民集16巻3号445頁）。
3）このほか附帯決議もあるが、これは委員会で採決されるにとどまるものであり、必ずしも議院の意思表明の一種ではない。
4）原田一明「議会の調査・監督機能」公法研究72号（2010年）160頁。

内閣信任決議案を否決したりした場合、内閣は憲法69条に基づく対応を取らなければならないという意味で、法的な効果が生じることになる。

2. 国政調査権

　憲法62条は、両議院に対して国政調査権を保障している。議院の権限とされるが、実際は両議院議長の承認の下、委員会によって行使されている。

　国政調査の方法としては、強制権を伴って証人喚問や書類の提出要求を行えるほか（議院証言法）、強制権を伴わない書類提出要求（国会法104条）などがある。態様としては、各会期の冒頭で各委員会が決定した概括的な調査事項を議長が承認する例となっているほか、その範囲で証人喚問が行われる場合には、慣例により委員会の全会一致が必要とされている。問題は、国政調査権の性質すなわちあるべき使い方である。

（1）浦和事件と補助的権能説・独立権能説

　国政調査権の性質が最初に争われたのは、1948（昭和23）年から翌年にかけて参議院法務委員会と最高裁とで繰り広げられた、通称「**浦和事件**」と呼ばれる憲法争議においてである。

　きっかけは、浦和充子を被告人とする浦和地方裁判所の刑事裁判である。被告人は将来を悲観して三人の子どもと無理心中を図ったが、自分だけ死にきれずに自首した。裁判所は被告人に対し執行猶予つきの有罪判決を下した。

　この頃、参議院法務委員会は、裁判所における封建的要素を調査しており、この刑事事件についても子どもの命を軽く扱ったのではないかという観点から調査の対象とした。調査では、浦和や担当検察官その他の関係者を証人喚問し、また担当裁判官には最高裁を通じて判断の経緯を照会した。結果的に、委員会は判決を批判する内容の報告書を作成した。

　このような国政調査の行使を批判したのが最高裁であったが、その際援用したのが補助的権能説である。つまり、本来、国政調査権は国会の権限行使（立法権）を補助するために行使されなければならないところ、今回は個々の具体的裁判について批判する目的で調査されたのであり、国政調査権の範囲を逸脱するのみならず、司法権の独立に対する侵害であるというのである。

　参議院法務委員会がこれに再反論した。そこで援用されたのが憲法41条の

国権の最高機関規定であり、そこから、立法準備のために限らない、国政全般に対して調査批判するための国政調査が可能である、というのである。ここでは、統括機関説のような考え方に基づき、独立権能説が主張された。

　以上が浦和事件の経緯である。その後司法権の独立の観点からも、最高裁の立場が支持されるようになり、その結果、補助的権能説が通説化していくことになる。裁判例の中にも補助的権能説を採るものがある[5]。

（2）国政調査権論争のその後

　その後、憲法41条の最高機関性につき**政治的美称説**が定着するとともに、補助的権能説が通説となるが、しかしそもそも立法権の範囲も広いのであるから、両説の結論は結局のところ変わらないことになるという指摘がある。

　また、そもそも議院内閣制の下における政府統制のための補助的な調査こそが国政調査であり、その意味では独立権能であるとする説（新独立権能説）、国民の**知る権利**に奉仕するためのものであるとする説、また**プープル主権論**を基礎に国民の国政監視機能を行うものが国政調査であるとする説も登場した。

　これらは国政調査権の目的として新たに提示する趣旨であるが、通説からすれば、これらはすべて機能として実現されると解されることになる[6]。そして結局のところ、国政調査権の限界を確定すること（特に司法権と人権との関係で）が重要だということになる。

（3）国政調査権の限界

　国政調査権には、司法権との関係、行政権との関係、そして基本的人権との関係で限界があるとされる。

　司法権との関係では、浦和事件でも確認されたように、具体的な事件についての調査は司法権の独立を侵すため許されない。他方で、係争中の事件に対する並行調査は、公職者の政治責任の究明のためであれば許されると考えられる。二重煙突事件で東京地裁は、ある刑事事件に関して捜査機関から証言を取る行為が、直ちに裁判官に予断を抱かせるものではないと述べた[7]。

5）日商岩井事件（東京地判1980〔昭55〕7・24判例時報982号3頁）。
6）木下和朗「国政調査権の意義と限界」大石眞・石川健治編『憲法の争点』（有斐閣、2008年）202頁。
7）東京地判1956〔昭31〕7・23判例時報86号3頁。

行政権のうち検察との関係でも、これが準司法機関であることから、司法権の独立に準じた配慮が必要とされる。特に、捜査に圧力・妨害を加える目的での国政調査は禁止される。他方で、並行調査は、司法権の独立や刑事司法の公正を害しない限り原則として許されるという裁判例がある（日商岩井事件）。

　行政権一般に対する国政調査については、これこそが国政調査の本来的な対象であり、行政上の秘密との関係で調整がなされるとしてもそれは最小限であるべきである。国会法や議院証言法では、行政府が秘密の提示を拒否する場合、理由の疎明と内閣の声明という２段階の手続を経る。内閣は諾否の判断を比較衡量によるとしているが、具体的な判断基準は示しておらず、また結局は内閣自身が結論づけるものであるため、課題である。なお、両議院の情報監視審査会が特定秘密の提出を求めた場合にも同様の手続がある。

　基本的人権との関係では、思想良心の自由、信教の自由などを侵害する質問はできず、証人は証言拒否ができる。また、自己負罪拒否特権の保障も及び、議院証言法は４条で、そのような場合の証言拒否を認めている。国政調査権における人権保障の重要性に関しては特に、戦後アメリカのマッカーシズムの経験が考慮に入れられるべきであろう。

（4）国政調査権の運用

　とはいえ、補助的権能説と独立権能説の相違点は、今でも重要性をもっているどころか、現在の国政調査権のあり方にも影響しているように思われる。

　補助的権能説を単純化すると、要するに国政調査は原則として立法調査であるべきだという考え方に収斂する。ところで、議会法の通則として、立法準備のための「審査」と、国政「調査」が区別されるところ、日本の国会法以下の法令では、この区別はあまり意識されていないと指摘される。たとえば常任委員会の権限は「審査」であるが、これは「広義の審査」であり「調査」を含むと解されている[8]。また、国政調査権の方法を定める国会法103条や議院証言法１条では、「議案その他の審査」または「国政に関する調査」というように、両者が並列に述べられているのだが、両者がともに国政調査の一環になるのは、ここにいう「審査」が「特定の議案の審査に伴う調査」を意味すると解釈され

8）鈴木隆夫「わが国の委員会制度と特別委員会の性格」法律時報22巻9号（1950年）。

242　政治構造の枠組み

るからである[9]。このようにして、審査と調査の垣根がなくなるという仕組みになっている。

その上で、通説は憲法 62 条の国政調査について、「議案その他の審査」も「国政に関する調査」も含むと解するのであるが、これによって補助的権能説は補強されることになる。というのも、会議体であれば「自然権」のように当然にもっているはずとされる「審査＝審査に伴う調査」をも、通説は、わざわざ 62 条の射程に入れることで、国政調査権が潜在的にもっている独立権能性を希釈しているのである。

その結果、補助的権能説の下で国政調査は案件の審査と径庭がないものとなり、決定権的統制（事例 26）の一部として解消されていくことになる。

他方で、独立権能説的な立場からすれば、特別委員会による具体的な事項に対する調査について、強制力を当然に伴って行うことこそが国政調査権の行使であると主張される[10]。また、調査事項を具体化し調査報告書を作成することや、委員会活動における審査と調査の区別をすることによってこそ、政府統制の実質をあげることができ、「政治ショー」とか「政治的糾弾の場」とも批判される証人喚問を実効化できると主張される[11]。なお、これらの政府統制の担い手として、少数派の役割が期待される[12]。

（5）最近の国政調査権制度改革

補助的権能か独立権能かのどちらの説を採るかは、議案審査と国政調査とが「相互補完的に機能してこそ委員会や議院の役割が十全に果たされる」[13] といえるかどうか、あるいはいかなる国会運営の条件下であればそういえるのか、にかかるであろう。この点に関し、最近の国政調査権制度での新たな試みとして二つをあげる。2011 年に、**東京電力福島原子力発電所事故調査委員会法**に基づいて国会に設置された、専門家から構成される「国会事故調」は、両院の議院運営委員会の合同協議会に国政調査の行使を要請することができるとした。国

9）長谷部恭男編『注釈日本国憲法（3）』（有斐閣、2020 年）837 頁〔川岸令和執筆〕。
10）孝忠延夫『国政調査権の研究』（法律文化社、1990 年）78 頁。
11）大石眞「憲法問題としての『国会』制度」同『憲法秩序への展望』（有斐閣、2008 年）164 頁（1998 年初出）。
12）村西良太「少数派・反対派・野党会派」法律時報 90 巻 5 号（2018 年）。
13）長谷部編・前掲書（註 9）837-838 頁〔川岸令和執筆〕。

会法上の国政調査権という体裁が取られているが、非党派的な専門的第三者機関を通した国政調査のあり方を示唆している。

　他方で、政府統制のための国政調査については、野党など少数派の役割が期待されるところ、1998 年に衆議院で導入された**予備的調査制度**が注目される。この制度では、委員会や 40 名以上の議員は、法制局や調査局に対して予備的調査を行わせ、報告書を議院に提出させることができる。あくまで予備的なものなので、官公署には協力を要請するにとどまるものであるが、多くの成果をあげたと評価されているものの、今後の活用が課題である。

ステップアップ

①議院自律権にかかる事項を国会法で定めることにどのような実害があり得るか、考えてみよう。

②かつて、証人喚問で国会に呼ばれた後、自殺した人がいる。どのような背景があったのか、調べなさい。

③これまでの予備的調査の実例について、どのようなものがあり、どのような成果があったのか、調べなさい。

■文献案内

①戦後直後の、国政調査への熱量は何だったのかを考えるためにも、出口雄一「憲法秩序の変動と解釈の担い手——浦和事件と『憲法争議』」法律時報 90 巻 11 号（2018 年）、山田隆司『戦後史で読む憲法判例』（日本評論社、2016 年）などを参照。

②議会法制の内在的なところから考察するために、向大野新治『議会学』（吉田書店、2018年）、浅野一郎・河野久編『新・国会事典〔第 3 版〕』（有斐閣、2014 年）、白井誠『国会法』（信山社、2013 年）、大石眞『議会法』（有斐閣、2001 年）などが有用である。

③国会事故調の報告書は、東京電力福島原子力発電所事故調査委員会「国会事故調報告書」（徳間書店、2012 年）として出版されているほか、下記のウェブサイトに掲載されている（https://warp.da.ndl.go.jp/info:ndljp/pid/3856371/naiic.go.jp/）。またこれについては、岡田順太「国政調査権と国会事故調」法学セミナー 712 号（2014 年）も参照。

議院内閣制と衆議院解散制度

69 条限定説は可能か？

　内閣総理大臣 A について、自らが主催する「総理と過ごすクルージングの旅」という一人当たり 10 万円の費用がかかる旅行企画に対し、A 後援会会員らを一人当たり 5000 円で招待したという疑惑がもたれた。このことについて、野党 B 党衆議院議員の X らは、国会で追及していたところ、国会での答弁に窮した A の内閣が「国民に信を問う」として、憲法 69 条の手続を経ないで衆議院の解散に打って出た（いわゆる 7 条解散）。これに対し X らは、憲法 69 条の手続を経ない解散は同条に違反し、無効であるとして、衆議院議員たる地位の確認と、解散の翌月分以降の議員歳費の支払いを求める訴訟を提起した。この衆議院の解散が憲法に違反するのか、検討しなさい。

1．議会解散の意義（議院内閣制）

　議会の解散とは、その任期が終了する前にすべての議員の地位を失わせることである。解散制度は様々な国で存在するが、その権限主体は内閣ないし政府[1]であることが通例である。政府が議会の解散を行うことは、**議院内閣制**の指標の一つとして捉えられている。

　しかし、そもそも議院内閣制とは、議会と行政府の組織上の分立を前提にしつつ、行政府の存立が議会の意思に依存し、行政府の活動は議会に対して責任を負うものとして理解されてきた統治システム（一元的議院内閣制[2]）である。

1）イギリスの場合、従来、議会の解散は国王大権の行使として理解されており、厳密には政府の権限とはいい切れない。そのイギリスにおいて 2011 年に、解散権行使を制約する法律が制定されている。さしあたり、植村勝慶「解散権制約の試み──イギリス庶民院の解散制度の変更」憲法研究 2 号（2018 年）149 頁。

2）これに対し、行政府あるいは大臣が、君主と議会の両者に責任を負うものは、二元型議院内閣制と呼ばれるが、この場合は通例、行政府の存立は君主の意思に依り、議会解散権も通例は君主が行使する。したがって、共和制を採用しているか、少なくとも君主が政治権力を行使できない国家においては二元型を想定できない。なお、大統領のほかに内閣が存在するような国においては二元型の想定が可能である。

しかし同時に、歴史的には前記のように内閣ないし政府が議会の解散権をもってきたから、この解散権の存在も議院内閣制の重要な要素とする理解となり得たのである。前者のように、内閣が議会に対し責任を負うことを議院内閣制の本質であるとする理解は、**責任本質説**と呼ばれ、他方、解散権の行使を後者のように位置づけた上でこれをもって内閣による議会に対する対抗手段とみて、両者のパワーバランスにおける均衡を議院内閣制の本質であるとする理解は、**均衡本質説**と呼ばれてきた。

　注意すべきは、これは議院内閣制に対する見方の問題であって、どちらが超国家的に正常な議院内閣制かという議論ではない、ということである。ある国でどのような議院内閣制が採用されているかは、その国がどのような憲法をもっているかによって異なる。したがって、議院内閣制の本質理解と、議会解散権の性質や限界との関係は、結局、その国の憲法がそれぞれどのような統治制度を定めているか、に還元される。また、いうまでもないことであるが、均衡本質説が内閣による対議会の責任を否定するはずもなく、責任本質説も、議会の解散を主要な要素とする議会と内閣の均衡の存在自体を否定して議会の解散があるような議院内閣制は絶対に許されないとしているわけではない。更に、議院内閣制において責任関係が論じられるときは、あくまでもその相手方は議会にすぎず、国民ではない、ということに留意すべきである。

　日本においては、まずは、憲法66条3項において内閣がその行政権の行使について国会に対して責任を負うと定められていることが、議院内閣制を示す条項として指摘され得る。更に、憲法67条1項が内閣総理大臣について国会が国会議員の中から指名すると定め、68条が国務大臣の過半数について国会議員の中から選ばれなければならないとし、内閣の成立が国会の判断や構成に依存する一方、69条が議会における**内閣不信任**と議会の解散が連動し得ることを示している。

２．衆議院の解散権の所在
（１）解散を行う実質的権限の主体を直接明示する規定はない

　憲法69条は、その条文を素直に読めば、どのような場合に内閣総辞職となるのか、を定めた規定である。同条では内閣総辞職のための要件として、①衆

議院で内閣不信任決議の可決か信任決議案の否決があった場合に、②「十日以内に衆議院が解散されない」ことがあげられている。しかし、**衆議院の解散**をなし得る権限をもつのはどの機関であるのかについて、明示はされていない。

　一方、憲法7条3号は、天皇の**国事行為**の一つとして、「衆議院を解散すること」があげられている。この規定は、形式的には天皇が衆議院を解散する主体であることを示してはいるが、天皇は「国政に関する権能を有しない」(4条1項)ことから、天皇の国事行為にはすべて内閣の助言と承認が必要である。

　衆議院の解散に関する条文はその他に45条と54条があるが、45条は衆議院解散の効果として衆議院議員が失職すること、54条は解散後に総選挙をしなければならないことを定めるものであるから、解散それ自体については、69条と7条3号を手がかりにして検討することになる。

　以上、確認されなければならないのは、衆議院を解散する主体は誰かについて、69条は明示しておらず、7条3号は天皇としていることである。いいかえれば、常識的に主体として理解されている内閣は、必ずしも憲法の条文上は明確ではなく、ましてや多くの政治家が口にするような「解散は内閣総理大臣の専権事項」でもない。

　以上を踏まえると、衆議院の解散の実質的決定権者は誰なのか、という点と、解散権の行使は一切の制限なく決定権者がなし得るのか、という点とが、問題になる。

(2)　なぜ内閣が解散権者か？

　ただ、結論的には、少なくとも内閣が衆議院解散の主体であることについては学説上の異論はない。そこで、以上のようにそれが条文上明示されていないことから、何ゆえに内閣が主体となるのか、すなわち、内閣が解散権の主体であることに関する憲法上の根拠をどこに求めるのか、については、いくつかの学説が存在する。

　一つは、7条に列挙された天皇の国事行為が、内閣の「助言と承認」によってなされなければならないものであるために、この内閣による「助言と承認」を実質的な決定権限と理解し、ゆえに内閣に解散の決定権限があるとする(7条説)。この説は、細かく見れば、天皇の国事行為が本来的に形式的儀礼的な行為にすぎないのか、本来は形式的儀礼的な行為であるわけではなく、内閣の

助言と承認という実質的決定によって天皇の行為が形式化・儀礼化すると見るのか、という点でさらに分かれる。

次に、この7条説を批判する形で、69条こそが、衆議院解散権の主体が内閣であることを示す根拠条文であるとする説（69条説）がある。この説は、そもそも7条は「国政に関する権能を有しない」（4条）はずの天皇の国事行為を定める条項であることから、その実質的決定権が他の条項に根拠づけられるものと考え、衆議院の解散についてはそれを示すのが69条しかない[3]とする。

更に、7条に衆議院解散の実質的決定権限の根拠を求めない考え方として、それを65条に求める考え方（65条説）がある。65条は行政権の行使主体を内閣とする条文であるが、いわゆる行政控除説（事例34参照）に立ち、衆議院の解散は立法でも司法でもない以上、内閣の権限となる、と理解する[4]。

加えて、憲法が議院内閣制を採用していることを根拠にする説（制度説）[5]もある。

（3）各説の難点

これらの諸説に対しては、そのいずれに対しても、難点が指摘されているところである。

まず7条説に対しては、7条がそもそも天皇の国事行為を定める規定であり、これが本来的に形式的儀礼的行為であるとすると、内閣の助言と承認も形式的儀礼的行為をサポートするにすぎないことになり、ここから内閣の実質的決定権限を導き出すことに無理があるという批判がある。また、本来は形式的儀礼的行為ではないとすると、天皇は国事行為を通じて国政に関する権能をもつことになってしまい、国民主権主義を踏まえた4条の理解に反することになるとも批判される。このようなことから、7条説以外の各説は、7条に実質的決定権限を根拠づけることはできないと考えている。

69条説に対しては、本節冒頭で述べたように、69条それ自体は内閣総辞職の要件を示した規定だと理解するのが素直であるから、文理解釈上の難点が

3）小嶋和司『憲法と政治機構』（木鐸社、1988年）69頁。

4）入江俊郎『憲法成立の経緯と憲法上の諸問題』（入江俊郎全集刊行会・第一法規、1976年）473頁以下。

5）この説の主唱者とされる清宮四郎『憲法Ⅰ〔第3版〕』（有斐閣、1979年）235頁がよく参照されているが、概説書の類でより明確なのは伊藤正己『憲法〔第3版〕』（弘文堂、1995年）465頁。

残っている。加えて、この説は結局、69条の場合にのみ内閣が衆議院を解散し得ることになるが、のちにみるように、この点も批判されるところである。

65条説については、いわゆる行政控除説を前提にしており、控除説それ自体が議論の対象となるものであるし、控除説の前提たる「全国家作用」は国民に対する権力作用であって、権力分立原理はその領分を分配するものであると考えれば、機関相互作用とは概念的には区別される[6]ことから、控除説と解散を結びつけることに批判がある。

制度説についても、議院内閣制のあり方は様々であるところ、憲法が議院内閣制を採用しているというだけで内閣に解散権があることを帰結できるのかという、疑問がもたれている。

このようにいずれの考え方も、何がしかの難点を抱えているといわざるを得ないが、憲法上内閣が衆議院を解散する実質的決定権限をもっていることについては、一致している。結局、議論の実益としては、内閣が衆議院を解散する際の手続上の制約の有無の問題となる。

3．衆議院の解散に対する手続上の制約の有無

(1) 諸学説の位置

内閣による衆議院の解散を根拠づける上記の諸説のうち、69条説は、その根拠条文の規定からすれば、衆議院による内閣不信任決議案の可決または信任決議案の否決がない限り、内閣は衆議院を解散することができない、という手続上の制約があると理解することにならざるを得ない。したがって、上記の69条説とは、内閣による衆議院の解散は69条の要件を満たした場合にのみ有効になし得るという、69条限定説ということになる。

69条限定説は、内閣による衆議院の解散を、あくまでも議会側の内閣に対する憲法上定められた最高の責任追及手続に対して対抗的になし得るにすぎないものとして捉えていることになる。この説によれば、議会と内閣の関係を均衡的な関係として捉えるとしても、それを完全にフラットなものとはみず、議会の解散が内閣の主導で行われることを抑制している点で、若干の議会優位を

6）小嶋・前掲書（註3）142頁以下。

想定していることになる。

　69 条限定説以外は、内閣の独自の決断で衆議院の解散に踏み切ることが可能である。69 条はあくまで内閣総辞職の要件を定めたものであって、内閣に衆議院解散の実質的決定権を附与する規定でなく、また、内閣による衆議院解散について、同条所定の場合に限定する趣旨を定めたものではない、という理解になる。7 条説、65 条説、制度説のいずれもそのように理解している（この 3 説は、69 条非限定説といえる）。

　69 条限定説の主眼は既にみたように、衆議院の解散について内閣にフリーハンドを与えず、内閣に対する議会の優位を保持することにある。他方、69 条非限定説は、解散の効果として必然的に行われる衆議院の総選挙が、国民自身による政府に対する評価の意味をもつことから、国政上の重要な問題について国民の意思を問うために解散が行われる必要性もある、と考えている。69 条非限定説によれば、民主的契機を考えた場合には必ずしも議会のみを想定する必要はなく[7]、国民の意思を確認する手立てもまた民主政にとって重要なモメントである。国民に対する政治部門の責任の取り方の一つともいえよう。69 条所定の手続に限定すると、内閣がもともと衆議院の多数派により設立されたもの（67 条参照）であることからすれば、与党からの内閣不信任決議案への賛成が生じない限り衆議院の解散はあり得ない。内閣としては前回の総選挙で国民の判断を受けていないような重大な政策判断について民意を確認したいが、69 条限定説だとその場合に与党が倒閣に走らねばならない、というねじれた手続を求められる不都合が生じる。以上のような考慮もあり、69 条非限定説が多数説になっている。

　なお、69 条説の系譜に属する説で、69 条の場合以外に内閣による解散権の行使は認められないとしつつ、衆議院が自律的に解散することを認める説（自律解散説）もあるが、憲法にそのような規定が存在しないことや、衆議院の多数派が解散を支持するなら、通常は内閣も同様の立場となり、また仮に内閣がそれを支持しなくても多数派により不信任となり得る[8]ために実益がないこ

7) この考え方は、「国民内閣制」論において顕著に表れる。高橋和之『国民内閣制の理念と運用』（有斐閣、1994 年）参照。
8) 長谷部恭男『憲法〔第 7 版〕』（新世社、2018 年）400 頁。

とから、この説の支持は少ない。

（2）衆議院の解散が 69 条の場合に限定されるかについての判例

　この点についての著名な事件として、いわゆる**苫米地事件**（最大判 1960〔昭35〕6・8 民集 14 巻 7 号 1206 頁）がある。この事件は、第三次吉田内閣が 1952年 8 月 28 日に内閣不信任決議等がないまま衆議院の解散を決定してなされた**「抜き打ち解散」**に対して、当時衆議院議員であった苫米地義三が、衆議院議員としての地位の確認と解散がなければ 4 年の任期が満了するはずだった月までの歳費の支払いを求める訴訟を提起した事案である。

　最高裁は、**統治行為論**（事例 39 参照）を採用し、衆議院の解散は「極めて政治性の高い国家統治の基本に関する行為」であるから、裁判所の審査権に服しない、として、衆議院の解散が 69 条の場合に限定されるかにつき、判断しなかったが、他方、下級審は次のように判断している。

　「天皇に……純理論的には総体としての国民のみが有し得る筈の衆議院解散の権限を形式上帰属せしめ、天皇をして後述の如く政治上の責任を負ふ内閣の助言と承認の下にこれを行使せしむとするにあると解するのが相当であ」り、69 条の規定は「69 条所定の場合に限り解散ができるとする趣旨の規定でもない」。「従つて衆議院で内閣の不信任決議案の可決も信任決議案の否決もないのに本件解散が行はれたからと言つて本件解散が憲法に違反するものとは言へない」（東京地判 1953〔昭 28〕10・19 行集 4 巻 10 号 2540 頁）。

4．解散根拠（動機）などの制限

　69 条非限定説に立つ多くの論者は、内閣による衆議院の解散について、文字どおり完全なフリーハンドを認めているわけではないことに注意が必要である。衆議院の解散が上述したように国民の意思を確認するという民主的契機を備えており、そのために 69 条所定の手続に限定されるべきでないとするなら、そのような民主的契機に反する運用は解散権の濫用的な行使ということになる。

　そこで、①衆議院で内閣の重要案件が否決された場合、②内閣が基本政策を根本的に変更したり、連立などで内閣の性格が政治的に改変されたりした場合、③総選挙時に争点とされなかった重大な政治的課題を実行しようとする場合、④任期満了が接近している場合などに、解散権の行使は限定されるべき

だ[9]）、とするのが趨勢である。ただし、これらの制約は習律上の制約であると考えられている[10]。69条非限定説のうち、内閣による自由な解散を認める立場は、主観的には議会と内閣の均衡を重視しているとのことだが、行政国家現象の下では、むしろ議会よりも内閣が優位に立つことを保障する結果になってしまい[11]、それをも「均衡」といっていいのか注意が必要であろう。

ステップアップ

①衆参同日選挙を目的とする衆議院の解散は、どう評価すべきか。

②衆議院で可決された法案を参議院が否決したことを理由に、衆議院を解散した事例がある（いわゆる郵政解散（2005年））。これはどう評価すべきか。

③いわゆる苫米地事件について、「抜き打ち解散」がどのような経過をたどって解散に至ったのか調べ、その事実に対し、一審判決、二審判決がそれぞれどのように判断したのか、確認しなさい。

■文献案内

①小島慎司「苫米地事件」論究ジュリスト17号（2016年）34頁は「抜き打ち解散」を、加藤一彦『議会政の憲法規範統制 議会政治の正軌道を求めて』（三省堂、2019年）第6章は、憲法制定過程と1948年の解散を、それぞれ振り返ってその現代的意義を探る。

②まずは、芹沢斉・市川正人ほか編『新基本法コンメンタール憲法』（日本評論社、2011年）378頁〔井上典之執筆〕、上田健介「衆議院解散権の根拠と限界」大石眞・石川健治編『憲法の争点』（有斐閣、2008年）242頁。特に後者の末尾にある〔参考文献〕のリストは、いわゆる解散権論争の当事者の論考をほぼ網羅し、その一部は本稿の脚注に表れている。

③議院内閣制について、まずは樋口陽一「議院内閣制の概念」小嶋和司編『憲法の争点〔新版〕』（有斐閣、1985年）180頁。これに対し、高見勝利「議院内閣制の意義」大石眞・石川健治編『憲法の争点』（有斐閣、2008年）218頁が、「議院内閣制」という用法も含めて再検討を図る。学説では責任本質説的な理解が主流と思われるが、註7）で示した高橋和之『国民内閣制の理念と運用』及び同『現代立憲主義の制度構想』（有斐閣、2006）は、均衡本質説に立つものといえる。

9）深瀬忠一「衆議院の解散——比較憲法史的考察」宮沢俊義先生還暦記念『日本国憲法体系 第四巻統治の機構Ⅰ』（有斐閣、1962年）204-206頁参照。また、芦部信喜〔高橋和之補訂〕『憲法〔第7版〕』（岩波書店、2019年）346頁。

10）長谷部・前掲書（註8）402頁。

11）参考、樋口陽一『比較憲法〔全訂第3版〕』（青林書院、1993年）502頁。

内閣と執政権論

日本国憲法は、権力分立制をとり、国会を「国の唯一の立法機関である」（41条）とし、「行政権は、内閣に属する。」（65条）、「すべて司法権は、最高裁判所及び法律の定めるところにより設置する下級裁判所に属する。」（76条1項）と定めている。権力の集中を排し、国民の権利・自由を保護するために、国家作用を立法、行政及び司法の三つに分け、それぞれを国会、内閣及び裁判所に分配し、相互に抑制と均衡を保たせようとしている。

このためには、立法、行政及び司法について、実質的な定義を示す必要がある。従来、行政の実質的定義については、**積極説**（**目的実現説**）もみられたが、長く**控除説**（**消極説**）が通説的地位を占めてきた。しかし、近年、控除説に対する批判的検討がなされ、その通説的地位が揺らいでいる。ここでは、その理由や背景及び批判的見解の内容を考察してもらいたい。

1．控除説と積極説（目的実現説）

3分割された国家作用のうち、内閣には行政が配分された（なお、分割される国家作用が、全国家作用なのか、国家の国民に対する支配作用なのかは注意が必要である）。

控除説によれば、行政権は、「すべての国家作用のうちから、立法作用と司法作用を除いた残りの作用である」とされる。控除説は、国家作用の分化の過程の歴史的沿革に適合し、「さまざまな行政活動を包括的に捉えることができる」といわれる[1]。

若干、敷衍すると、次のようにもいわれる。すなわち、国法（法規範）の定立作用と定義される立法権との関係において行政権を定義すると、行政権は

1）以上、芦部信喜〔高橋和之補訂〕『憲法〔第7版〕』（岩波書店、2019年）334頁。ただし、芦部は、「現代福祉国家における行政概念としては、消極に失するうらみがある」という（同上書・334頁）。

もっぱら国法の執行・適用となるが、行政権の作用はそれのみに限られるものではない。憲法 73 条には、「法律を誠実に執行」すること（1 号）だけでなく、外交関係の処理（2 号）、条約の締結（3 号）、予算の作成（5 号）など立法や司法、更には、国法の執行という意味での行政にも属さない作用が掲げられている。これらの三権に属さない残余の作用は、三権のほかに何らかの作用を認めるのでなければ行政権に含めるほかはない[2]。

次に、積極説に立つ代表的見解は、「近代的行政は、法のもとに法の規制を受けながら、現実具体的に国家目的の積極的実現をめざして行われる全体として統一性をもった継続的な形成的国家活動として理解すべき」ものであるとする[3]。これは目的実現説と呼ばれる。これに対して、控除説の側からは、「行政の特徴や傾向の大要を示すにとどまり、必ずしも多様な行政活動のすべてを捉えきれていないのではないか」と評される[4]。

2．行政権が帰属する内閣の政治的性格

憲法 65 条の行政権の定義をめぐる議論は長く停滞していたが、ともに積極説の一種である**執政権説**と**法律執行説**が登場した。その背景には、戦後の高度経済成長が終焉し、成熟社会に移行したことにより、経済成長の果実の分配に腐心するだけであった政党政治に創造的な政策形成が求められるようになったことや冷戦の終結により国際政治の構図が激変したことがある。このような状況認識を踏まえ、内閣の政治的性格を強調し、新たな行政システムを提示した重要な文書として、1997 年の「**行政改革会議最終報告**」がある[5]。

その基本理念は、「戦後型行政システムを改め」、「より自由かつ公正な社会を形成するにふさわしい 21 世紀型行政システムへと転換すること」であり、21 世紀型行政システムの特性として、①総合性・戦略性、②機動性、③透明性、④効率性・簡素性があげられる。次いで、以下のように、現状分析と課題が示される。「『行政各部』中心の行政（体制）観と行政事務の各省庁による分

2）以上、佐藤功『憲法（下）〔新版〕』（有斐閣、1984 年）810-811 頁。
3）田中二郎『新版 行政法 上巻〔全訂第 2 版〕』（弘文堂、1974 年）5 頁。
4）芦部・前掲書（註 1）334 頁。塩野宏『行政法 I〔第 6 版〕』（有斐閣、2015 年）53 頁以下も参照。
5）首相官邸 https://www.kantei.go.jp/jp/「行政改革会議」の『最終報告』（1997 年 12 月 3 日）。

担管理原則は、従来は時代に適合的であったものの、国家目標が複雑化し、時々刻々変化する内外環境に即応して賢明な価値選択・政策展開を行っていく上で、その限界ないし機能障害が露呈しつつある。いまや、国政全体を見渡した総合的、戦略的な政策判断と機動的な意思決定をなし得る行政システムが求められている」。そして、以下のような処方箋が示される。「これを実現するためには、内閣が、日本国憲法上『国務を総理する』という高度の統治作用・政治作用、すなわち、行政各部からの情報を考慮した上での国家の総合的・戦略的方向付けを行うべき地位にあることを重く受け止め、内閣機能の強化を図る必要がある」。「内閣が『国務を総理する』任務を十全に発揮し、現代国家の要請する機能を果たすためには、内閣の『首長』である内閣総理大臣がその指導性を十分に発揮できるよう、『内閣』の機能強化が必要」であり、そのためには、①「合議体としての『内閣』が、実質的な政策論議を行い、トップダウン的な政策の形成・遂行の担い手となり、新たな省間調整システムの要として機能できるよう、『内閣』の機能を強化する」。②「内閣が内閣総理大臣の政治の基本方針を共有して国政に当たる存在であることを明らかにするため、『内閣総理大臣の指導性』をその権能の面でも明確にする」。③「以上の強化方策を実効あらしめるため、『内閣及び内閣総理大臣の補佐・支援体制』について、内閣なかんずく内閣総理大臣の主導による国政運営が実現できるようにするとの観点から、抜本的変革を加え、その強化を図る」とされる。

　次に、行政改革会議の委員として最終報告の作成にも大きな影響を与えたと思われる佐藤幸治の見解をみてみよう。佐藤は、控除説により三権に属さない残余の作用として憲法65条の行政権に算入されぼやけてしまった内閣の**執政**（政治・統治）作用を改めて析出し、行政権を再定義する。すなわち、「憲法は、国会をもって『国権の最高機関』にして『国の唯一の立法機関』としており（41条）、国会を『政治』の中心と捉えることが本筋である」。「しかし、そのことは、内閣も重要な『政治』の一翼を担うことを否定するものではない」。「現代国家において、議会のみが『政治』を担うのは困難で」あり、「内閣が継続的な総合戦略・総合調整の役割を担い、国政のイニシアティブをとる必要がある。議会は、国民の様々な考え方が表出する、いってみればヘトロジュニアスな集団であり、まさにそこに議会の存在理由があり、また、議会は往々にして

会期制によって活動期間が分断され、国際・国内関係の情報を迅速かつ体系的に収集・分析する場としても限界があり、そういうところに、継続的かつ機敏な総合戦略・総合調整機能を期待することが困難だからである。そういう意味において、議会は、むしろチェック機関にして、最終的に決定する場として重要な役割を担っているというべきではないか」とする[6]。そして、憲法65条の行政権を「国のとるべき適切な方向・総合的な政策のあり方を追求しつつ、法律の誠実な執行を図る作用」とし、このことは、憲法73条1号の「法律を誠実に執行し、国務を総理すること」の中に確認的に示されているという[7]。

この見解は、従来の控除説のように外交関係の処理（2号）、条約の締結（3号）、予算の作成（5号）などの憲法73条の諸権限を憲法65条の行政権に含めないが、法律に根拠のない行政指導をどのように説明するかは不明である。

3．執政権説

執政権説の代表的論者である石川健治は、「執政権論の採否が、従来の統治機構論を更新するための鍵を握っている」とし、憲法65条の「行政権」を「執政権」、憲法72条の「行政各部」を「行政権」とする読み替えを提唱する。

すなわち、行政の「控除説的な理解の背景にあるのは、オットー・マイヤーに代表される、強引かつ図式的な憲法史理解」であり、「君主の広汎な政治権力」、つまり「**執政権（Regierungsgewalt）**」から司法事項と立法権を控除した後「残された国家作用についても、近代公法学は、これを新たに行政（Verwaltung）と名称変更して、これを『法律による行政』の原理の下に置こうと企てた」。「かくして、絶対君主が総攬した包括的な国家作用は、執政という自由で創造的な『政治』の作用（ius politiae）から、『法』の論理──司法・立法──のフィルターを介して、経営管理的なルーティーン・ワークとしての『行政』へと、蒸留される。これがいわゆる控除説の正体である」。「問題は、『政治』を『法』で包み込もうとするこのプロジェクトに、無理はないのか、である。無理は、当然、ある。というよりも、無理を承知でこの企てに賭けた

6）佐藤幸治「日本国憲法と行政権」『京都大学法学部創立百周年記念論文集 第2巻』（有斐閣、1999年）62-63頁。
7）佐藤幸治『日本国憲法論』（成文堂、2011年）480頁。

のが、近代公法学である」。「たとえ、司法や立法を引き算されたとしても、執政は執政である」。「かつて君主が総攬した国家指導的な『政治』の作用は残る」。「マイヤーに代表される行政法学は、この作用の存在を、それと知りつつ封印した。自由で創造的な国家指導作用も、『法律による行政』のなかに押し込んだ」。「それにもかかわらず、『政治』の創造的な作用は、『法』の網を突き破ろうとする」。「『統治行為』のカテゴリーを承認するか否かは、法治主義によって封印されていた執政権というカテゴリーを承認するか否か、と同義である」。「統治行為のカテゴリーを」「維持するというのが日本の公法学における通説である以上、それは、執政権論に踏み込んだことにほかならない」が、「日本の憲法学の言説空間では、執政権をめぐる言説に対しては、強い磁場が働き、その結果、創造的な『政治』の作用の存在が、抑圧され続けている」とする。そして、執政を封印してきた言説の磁場を解く危険を指摘しつつ、「『執政』という議論の場を設定すること」の意義を強調する[8]。

この執政権論は、行政協定や自由裁量論の説明に寄与すると解されるが[9]、「内閣が通常政治をリードしていると認識することと、それを憲法上内閣の権限であると解釈することは全く次元が異なる。」といった批判がある[10]。

4．法律執行説

法律執行説の代表的論者である高橋和之は、従来の控除説は、君主が主権者として全権力を握っていた絶対君主制を出発点とし、その後、立法権と司法権が独立していった立憲君主制をモデルとしており、国民主権を採用した日本国憲法には妥当しないということを強調する。

すなわち、国民主権モデルによれば、「立法とは憲法の下での**始源的法定立**（始源的法、すなわち、憲法の定める『法のプロセス』を開始する法としての『法律』の制定）であり、行政とは法律の『執行』である」。ただし、執行とは、「行政権のあらゆる行為が究極的には法律に根拠をもたねばならず」、行政は下

8）石川健治「政府と行政」法学教室 245 号（2001 年）74 頁以下。
9）石川健治「統治と行政」樋口陽一・石川健治ほか『憲法を学問する』（有斐閣、2019 年）66 頁以下参照。
10）毛利透「行政権の概念」小山剛・駒村圭吾編『論点探求　憲法』（弘文堂、2005 年）297-298 頁。

位規範が上位規範を具体化するという意味で「法律の実現として現れるということを表現するものであり、内閣が国会の決定を受動的に執行するにすぎないということではない」。また、「内閣は、自己の政策をもち、その実現に必要な法律案を国会に提案し、法律制定を獲得して政策を遂行していくことが期待されているが、その政策遂行が、法的には法律の執行という形態をとって現れるということである」。憲法65条のポイントは、「国会に法律の執行権を否定することと、内閣の活動に法律の根拠を要求すること」にあるという[11]。

　このような法律執行説は、国会を政策決定過程に、行政各部を政策遂行過程にそれぞれ位置づけ、内閣を両者を媒介するものと位置づけることにより、憲法65条の行政権に内閣の政治的性格を読み込むものである。また、内閣が国会に対して政治責任を負うことにより（憲法66条3項）、独立した責任主体として自己の政策をもつこと、憲法72条の内閣総理大臣が内閣を代表して国会に提出する「議案」に法律案が含まれることを前提としている。

ステップアップ

①行政改革会議最終報告を受け、1998年に中央省庁等改革基本法が制定された。その後、内閣府設置法が制定され、内閣法や国家行政組織法が改正された。行政改革会議最終報告の内閣の機能強化、内閣総理大臣の指導力強化はどの程度実現しているか調べなさい。また、その功罪についても考察しなさい。

②内閣の機能強化、内閣総理大臣の指導力強化にもかかわる国民内閣制論とは、いかなる主張なのか調べなさい。また、首相公選論についても考察しなさい。

③現在、どのような独立行政委員会が設置されているか調べなさい。また、独立行政委員会の合憲性について論じなさい。

11）高橋和之『立憲主義と日本国憲法〔第5版〕』（有斐閣、2020年）402頁。

■文献案内

①中央省庁改革の法制面については、宇賀克也「中央省庁等改革基本法に見る行政改革」法
　学教室217号（1998年）4頁以下、塩野宏『行政法Ⅲ〔第4版〕』（有斐閣、2012年）
　49頁以下。現状については、青木遥・野中尚人『政策会議と討論なき国会』（朝日選書、
　2016年）。

②国民内閣制論については、高橋和之『国民内閣制の理念と運用』（有斐閣、1994年）、同
　『現代立憲主義の制度構想』（有斐閣、2006年）。これを批判的に検討するものとして、
　樋口陽一「責任・均衡・二大政党制・多数派デモクラシー」ジュリスト884号（1987
　年）124頁以下、高見勝利「岐路に立つデモクラシー」ジュリスト1089号（1996年）
　40頁以下、同『国民内閣制論についての覚え書き』ジュリスト1145号（1999年）40
　頁以下。首相公選論については、大石眞ほか編『首相公選を考える』（中公新書、2002
　年）。

③独立行政委員会については、駒村圭吾「内閣の行政権と行政委員会」大石眞・石川健治編
　『憲法の争点』（有斐閣、2008年）228頁以下。

司法権の概念

国の機関による公金支出をめぐる不祥事が相次ぐ中、X県弁護士会は、国の違法な財務行為を防ぐために、次のような訴訟制度を提言した。国民は、国の違法な財産上の行為について、会計検査院に対し、検査を請求することができる。会計検査院は、検査の結果、当該行為に違法性があると判断した場合、関係する国の機関に対し、必要な措置を講じるよう命じなければならない。請求を行った国民は、会計検査院の命令や国の機関の措置に不服がある場合、裁判所に対し、当該行為の差止めや違法の確認などを求める訴えを提起することができる。このような訴訟制度の創設が憲法上認められるか、検討しなさい。

1．司法権の概念

（1）司法権に関する通説的理解

憲法76条1項の「**司法権**」の意味について、これまで学説では、「具体的な争訟について、法を適用し、宣言することによって、これを裁定する国家の作用」[1] という定義が広く受容されてきた。通説によれば、ここにいう「具体的な争訟」という要件が司法権の中核をなし、これは**事件性の要件**ともいわれるが、裁判所法3条1項の「**法律上の争訟**」も同じ意味であるとされる。そして、同項の「法律上の争訟」の意味について、判例[2] では、①当事者間の具体的な権利義務ないし法律関係の存否に関する紛争であって、かつ、②それが法令の適用により終局的に解決することができるものに限られる、と説明されているとし、この説明を前提に司法権の限界などの問題が論じられてきた[3]。

（2）客観訴訟の位置づけ

このように通説によれば、司法権の対象は「具体的な争訟」＝「法律上の争

---

1) 清宮四郎『憲法Ⅰ〔第3版〕』（有斐閣、1979年）335頁。
2) 最判1981〔昭56〕4・7民集35巻3号443頁（「板まんだら」事件）など。
3) 芦部信喜〔高橋和之補訂〕『憲法〔第7版〕』（岩波書店、2019年）347-357頁。

訟」と把握されることになるが、ここで一つ問題となるのがいわゆる「**客観訴訟**」の位置づけである。客観訴訟とは、行政事件訴訟法の定める訴訟類型のうち、国民の権利利益の救済を目的とした**主観訴訟**と異なり、行政の適正な運営の確保を目的とした訴訟制度とされる。民衆訴訟（行政事件訴訟法5条）と機関訴訟（同6条）がこれに当たり、前者の例として、選挙訴訟（公職選挙法203条・204条など）や住民訴訟（地方自治法242条の2）など、後者の例として、地方公共団体の長と議会の間の訴訟（同176条7項）などがあげられる。従来、こうした客観訴訟については、上記①の要件を満たさないことから、裁判所法3条1項の「法律上の争訟」ではなく、同項の「その他法律において特に定める権限」として認められたものと説明されてきた。

しかし、こうした説明に対しては、なぜ司法権に含まれない権限を裁判所に法律で付与することが憲法上許されるのかという疑問が生じる[4]。司法権に含まれない権限を法律で裁判所に付与することは、憲法76条に反しないのか。行政権について控除説の立場に立てば、司法権に属さない権限は行政権に含まれるはずであるが、客観訴訟を扱う権限を裁判所に付与することは憲法65条に反しないのか。これまで客観訴訟の場で違憲審査が行われてきたが、客観訴訟を裁く権限が司法権に含まれないのであれば、付随的審査制を採用したとされる憲法81条の範囲を逸脱するのではないか。更に、司法権に含まれない権限を法律で裁判所に付与することが許されるとしても、これを無制限に認めてもよいのか。従来こうした問題は必ずしも自覚的に検討されてこなかったが、近年、こうした問題も視野に入れつつ、司法権概念の見直しの議論が盛んに行われている。ここでは、その中でも代表的な二つの見解を取り上げることにしたい。

2. 司法権概念の見直し

(1) 事件性の要件の理論的正当化

まず、事件性の要件を司法権の「本質的要素」に据えながら、上記問題に自

4）問題の所在について、野坂泰司「憲法と司法権」法学教室246号（2001年）42頁以下、南野森「司法権の概念」安西文雄ほか『憲法学の現代的論点〔第2版〕』（有斐閣、2009年）169頁以下など参照。

覚的に取り組むものとして、佐藤幸治の見解がある[5]。佐藤は、司法権を担当する裁判所を「法原理部門」と位置づける見解を主張する。それによれば、司法権の独自性は「公平な第三者（裁判官）が、関係当事者の立証と推論に基づく弁論とに依拠して決定するという、純理性の特に強く求められる特殊な参加と決定過程」であるところにあり、これに最もなじむのは「具体的紛争の当事者がそれぞれ自己の権利・義務をめぐって理をつくして真剣に争うということを前提に、公平な裁判所がそれに依拠して行う法原理的決定に当事者が拘束されるという構造」である。この構造は、近代立憲主義の理念、すなわち自己決定の原則及びデュー・プロセスの原則と結びついており、事件性の要件はこれらの原則を担保する役割をもつとされる。

では、客観訴訟はどのように位置づけられるのか。この点、佐藤によれば、裁判所が司法権を独占的に行使することは、裁判所が本来的司法権ならざる権限を行使してはならないことを意味するわけではなく、本来的司法権を核として、その周りに法政策的に決定されるべき領域が存在し、客観訴訟の創設はこの領域に該当する。しかし、客観訴訟の創設がすべて立法政策にゆだねられるわけではなく、①付与される作用は裁判による法原理的決定の形態になじみやすいこと、②その決定には終局性が保障されることが憲法上の条件として求められることになる。①の条件については、具体的には、「事件性・争訟性」を擬制するだけの内実を備えていることとの説明が加えられている。

このようにこの説は、事件性の要件の理論的正当化を図りつつ、客観訴訟が認められる条件の提示を試みているが、この説に対しては、上記①の条件は不明確であり、事件性の擬制という議論は迂遠であるなどの批判がある[6]。また、次にみる高橋和之からは、本来的司法権でない権限を立法政策上付与することが憲法上なぜ可能と考えるかの説明がないとの指摘がなされている[7]。

（2）事件性の要件の不要化

これに対し、事件性の要件を司法権の定義から外すことで問題解決を図るも

5）佐藤幸治『憲法訴訟と司法権』（日本評論社、1984年）第1章第1節、同『現代国家と司法権』（有斐閣、1988年）第I論文、250-255頁。

6）野坂・前掲論文（註4）44-45頁。

7）高橋和之『体系憲法訴訟』（岩波書店、2017年）35頁。

のとして、高橋和之の見解がある[8]。高橋は、司法の観念は権力分立原理の目的との関連で捉えられるべきであると主張する。それによれば、権力分立原理の目的は法の忠実な執行の確保にあり、立法が法定立、行政が法律の執行であるのに対し、司法とは法執行に際して生じる争いを裁定する作用である。そして、同じく法律の解釈・適用を行う行政との区別を踏まえて、司法とは「適法な提訴を待って、法律の解釈・適用に関する争いを、適切な手続の下に、終局的に裁定する作用」と定義される[9]。事件性の要件が登場しないことが特徴であるが、その理由は司法の観念は法的性格の観点から捉えられるべきであり、作用の及ぶ対象は別個の問題として考えられるべきだからであるとされる。

この定義では「適法な提訴」が司法権の発動条件とされるが、憲法上の権利や法律上の権利の侵害を争う者は憲法32条の裁判を受ける権利により提訴権をもつ。問題は実体的権利を付与することなく提訴権のみを付与することが許されるかであり、客観訴訟はこの場合に当たるが、この説では行政が法律の執行と理解され、行政の対象は法律の内容に依存することから、この種の提訴権を法律で付与しても行政権を侵害することにはならず、立法政策の問題とされる。そして、裁判所法3条1項の「法律上の争訟」とは裁判を受ける権利が存在する場合、同項の「その他法律において特に定める権限」とは法律で提訴権が認められた場合と整理されるが、後者も司法権の一部として認められることになるため、司法権に属さない権限を裁判所に付与するという問題は生じず、客観訴訟の場で違憲審査が行われても付随審査制とも矛盾しないことになる。

このようにこの説は、従来の枠組みを大幅に変更することで客観訴訟をめぐる問題の解消を図ろうとするが、それだけに、この説に対しては、日本国憲法上の司法の観念に合致するかは疑問であるなどの批判が示されている[10]。また、佐藤からは、客観訴訟を司法権に含めるにもかかわらずその裁判を認めるか否かを立法政策の問題とするのは憲法76条1項と適合的なのか、民事訴訟の位

---

8) 高橋和之『現代立憲主義の制度構想』（有斐閣、2006年）第Ⅶ論文、第Ⅷ論文、高橋・前掲書（註7）第1章第1節。
9) もっとも、最近、高橋は、氏の変更などの非訟事件の裁判権を司法権に含めるために、「争い」という要素を削除した定義も提案している。高橋・前掲書（註7）49頁。
10) 高見勝利『芦部憲法学を読む』（有斐閣、2004年）269頁、野坂・前掲論文（註4）46頁。

置づけが不明確ではないかなどの指摘がなされている[11]。

3．国民訴訟

（1）国民訴訟の意義

　地方自治法は、住民が地方公共団体の公金支出の違法性を争う仕組みとして**住民訴訟**を設ける（242条の2）。住民訴訟は、自己の法律上の利益にかかわりなく地方公共団体の住民という資格で提起できるものであり、民衆訴訟の一つとして客観訴訟に位置づけられるが、政教分離原則をめぐる事件[12]を中心に地方公共団体の行為の違憲性を争う手段としても重要な役割を果たしてきた。他方、現在、国の公金支出については、住民訴訟のように国民がその違法性を争う訴訟制度は存在していないが、公金支出をめぐる不祥事が相次ぐ状況に対し、国の公金支出に対する法的統制の手法として、国レベルでの住民訴訟、すなわち**国民訴訟**の創設が弁護士会などから求められてきた。学説の中にも、現行の主観訴訟では国の行為の違憲性を争うことに限界があることから、国の行為の違憲性を争う手法として、その必要性を説く見解がみられる[13]。具体的な制度設計としては、たとえば、2005年に日本弁護士連合会が提言した法案[14]では、国民は、国の違法な財産上の行為について、会計検査院に対し検査及び措置を請求した上で、会計検査院の措置や国の措置に不服がある場合に、裁判所に対し当該財産上の行為の差止めや違法の確認などを求める訴えを提起できるものとされている。

（2）国民訴訟の可能性

　国民訴訟は、住民訴訟と同様、一般に客観訴訟に位置づけられるが、従来の見解では、客観訴訟の制度化に対する憲法上の限界が必ずしも明らかでなかった。この点、佐藤説の場合、客観訴訟を認めるには先の二つの条件の充足が求められるため、国民訴訟の創設もこれらの条件を満たす必要がある。特に①の

11）佐藤幸治『日本国憲法と「法の支配」』（有斐閣、2002年）98頁。

12）最大判1997〔平9〕4・2民集51巻4号1673頁（愛媛玉串料訴訟）、最大判2010〔平22〕1・20民集64巻1号1頁（空知太神社事件）など。

13）渋谷秀樹『憲法〔第3版〕』（有斐閣、2017年）698頁。

14）この法案（公金検査請求訴訟法案）については、松倉佳紀・播磨益夫「公金検査訴訟法案について」自由と正義57巻3号（2006年）39頁以下参照。

条件を満たすかが問題となるが、この点の検討にあたっては、特定の国の財務上の行為を対象に提起されるものとなっているか、関連法令の解釈を争うものとなっているかといった点などが考慮事項となり得るように思われる[15]。他方、高橋説の場合、国民訴訟を創設するために国の公金支出の違法性を争う提訴権を法律で国民に認めたとしても、司法権に属さない権限を裁判所に付与することにはならないものと考えられる。ただし、法律による授権の限界として、国会が行政のコントロール権を裁判所に全面的に移譲することは許されないとされている点には留意が必要である[16]。加えて、憲法上の権限配分の問題として、憲法上の機関である会計検査院の地位・権限との関係も考慮事項となる可能性がある。

国民訴訟をめぐっては、先述のようにその創設を求める声がある一方、仮に憲法上可能だとしても限定的に導入したほうが政策的には妥当との評価もみられる[17]。更に、裁判所がその処理に忙殺され、本来の役割である国民の権利保護の任務を果たせなくなるという問題が生じる余地も指摘されている[18]。国民訴訟の創設が望ましい効果をもたらすといえるかは、これらの点と共に、現在の裁判所のあり様も踏まえて、検討する必要があるように思われる。

ステップアップ

①司法権の概念について、本章で取り上げた見解のほかに、どのような見解が学説で主張されているか。文献案内も参考にして調べなさい。

②消費者裁判手続特例法（消費者の財産的被害の集団的な回復のための民事の裁判手続の特例に関する法律）の定める共通義務確認訴訟と司法権との関係について検討しなさい。

③内閣総理大臣の異議制度（行政事件訴訟法 27 条）の合憲性について検討しなさい。

---

15) この点、駒村圭吾「非司法作用と裁判所」法学教室 326 号（2007 年）44 頁参照。

16) 高橋・前掲書（註 7）35 頁注（9）参照。

17) 松井茂記「『国民訴訟』の可能性について」高田敏先生古稀記念『法治国家の展開と現代的構成』（法律文化社、2007 年）405-407 頁。

18) 村上裕章『行政訴訟の解釈理論』（弘文堂、2019 年）86 頁。

■文献案内

①本章で取り上げた二つの学説のうち、佐藤の見解については、佐藤幸治『憲法訴訟と司法権』（日本評論社、1984年）第1章第1節、同『現代国家と司法権』（有斐閣、1988年）第Ⅰ論文、高橋の見解については、高橋和之『現代立憲主義の制度構想』（有斐閣、2006年）第Ⅶ論文・第Ⅷ論文、同『体系憲法訴訟』（岩波書店、2017年）第1章第1節で詳しく知ることができる。また、概説書である佐藤幸治『日本国憲法論』（成文堂、2011年）、高橋和之『立憲主義と日本国憲法〔第5版〕』（有斐閣、2020年）の裁判所の章で各見解の概要を知ることができる。

②上記学説以外による司法権概念の見直しの試みとしては、野中俊彦「司法の観念についての覚書き」杉原泰雄先生古稀記念『二一世紀の立憲主義』（勁草書房、2000年）425頁以下、野坂泰司「憲法と司法権」法学教室246号（2001年）42頁以下、中川丈久「行政事件訴訟法の改正」公法研究63号（2001年）124頁以下、宍戸常寿「司法のプラグマティック」法学教室322号（2007年）24頁以下などがよく参照される。学説の整理としては、南野森「司法権の概念」安西文雄ほか『憲法学の現代的論点〔第2版〕』（有斐閣、2009年）169頁以下、長谷部恭男『憲法の円環』（岩波書店、2013年）第13章、毛利透「客観訴訟と司法権」曽我部真裕ほか編『憲法論点教室〔第2版〕』（日本評論社、2020年）180頁以下などが参考になる。

③国民訴訟については、松井茂記「『国民訴訟』の可能性について」高田敏先生古稀記念『法治国家の展開と現代的構成』（法律文化社、2007年）351頁以下、村上武則「『国民訴訟』創設への道」阪大法学53巻3・4号（2003年）627頁以下がある。国民訴訟を題材に司法権に関する学説を検討するものとして、駒村圭吾「非司法作用と裁判所」法学教室326号（2007年）41頁以下、巻美矢紀「演習」法学教室447号（2017年）118頁以下が参考になる。

事例 **36** 司法の独立

　X地方裁判所の判事であったYは、ツイッターのアカウントを利用し、実名と職名を明かした上で、社会的に重要と思われる訴訟を紹介する投稿を日常的に行っていた。ある時、Yが、大きな社会問題となっていた悪質商法をめぐり消費者保護団体が企業を相手取りZ地方裁判所に訴訟を提起したことを報じたインターネット上の記事を「ついに！」との文言を付して紹介する投稿を行ったところ、当該企業より「現職の裁判官が一方当事者の訴訟提起を支持するようなもので許されない」との抗議がX地方裁判所に寄せられた。このような場合にこの投稿を理由にYに懲戒処分を行うことが許されるか、検討しなさい。

1．司法の独立の意義
（1）裁判官の職権の独立

　公正な裁判の実現と国民の人権保障にとっては、**司法の独立**が不可欠である。そのためには、裁判所の組織全体が立法府・行政府から独立している「**司法府の独立**」も重要であるが、何よりも個々の裁判官が独立して職権を行使する「**裁判官の職権の独立**」が確保されなければならない。憲法76条3項は「すべて裁判官は、その良心に従ひ独立してその職権を行ひ、この憲法及び法律にのみ拘束される」と定め[1]、裁判官の職権の独立を保障するが、このことは、実際に裁判を担当する個々の裁判官が、その職権行使について、司法府外だけでなく司法府内からも命令・指示その他の干渉を受けてはならないことを意味する。

　裁判官の職権の独立を確保するために、憲法は**裁判官の身分保障**を行ってい

1）同項にいう「良心」の意味については、伝統的に「主観的良心説」と「客観的良心説」が対立してきた。通説は「客観的良心説」であるが、最近では「特権説」も主張されている。南野森「司法の独立と裁判官の良心」ジュリスト1400号（2010年）11頁以下参照。

る。まず、憲法 78 条は、前段で、裁判官を罷免できる場合を①裁判により心身の故障のために職務を執ることができないと決定された場合と②公の弾劾による場合に限定し、後段で、行政機関による裁判官の懲戒処分を禁止している。また、憲法 79 条 6 項と 80 条 2 項は、定期に相当額の報酬を受け、在任中は報酬を減額されないことを裁判官に保障している。なお、憲法 80 条 1 項の定める下級裁判所裁判官の再任制度について、最高裁は、後述の宮本判事補事件の際に、再任は任命権者の裁量にゆだねられるとの見解を示したが、これでは裁判官の身分が不安定になるため、学説では再任が原則であると解されている[2]。

(2)「司法の危機」と裁判官の官僚的統制

憲法が裁判官の職権の独立を保障しているからといって、実際にそれが守られてきたことを意味するわけではない。特に 1970 年前後の「**司法の危機**」の時代には、職権の独立が深刻に脅かされる事態が幾重にも生じた[3]。1960 年代半ば以降、下級審や最高裁で公務員の争議権などを保護する姿勢が示されたことに対し、自民党などから「偏向判決」批判のキャンペーンが展開された。中でも若手法曹を中心に憲法擁護を目的に結成された青年法律家協会（青法協）が激しい攻撃の標的とされ、次第に司法府内からも思想統制とみられる動きが生じるようになった。1969 年には長沼事件を審理中の担当裁判官に対し地裁所長が判決内容を示唆する書簡を送る事件（平賀書簡事件）が起き、1971年には青法協所属の判事補が再任を拒否される事態（宮本判事補事件）にまで至った。この時期以降、司法行政権を通じた最高裁（事務総局）による裁判官の官僚的統制が強化され、言動・判決などを理由とする任地・昇進・昇級差別、裁判官会同・協議会を通じた判決内容の統制などが行われてきたのではないかと指摘されている[4]。

2）たとえば、芦部信喜〔高橋和之補訂〕『憲法〔第 7 版〕』（岩波書店、2019 年）360 頁。
3）「司法の危機」については多くの文献があるが、比較的最近のものとして鷲野忠雄『検証・司法の危機 1969 ～ 72』（日本評論社、2015 年）がある。
4）たとえば、木佐茂男ほか『テキストブック現代司法〔第 6 版〕』（日本評論社、2015 年）第 3 章第 3 節、新藤宗幸『司法官僚』（岩波書店、2009 年）第 3 章など。当事者によるものとして、安倍晴彦『犬になれなかった裁判官』（日本放送出版協会、2001 年）。

2. 裁判官の懲戒と最高裁

(1) 裁判官の懲戒

　先述のように、憲法78条後段は行政機関による**裁判官の懲戒処分**を禁じるが、これは裁判官の懲戒処分を司法府の自律にゆだねた趣旨と理解されている。そして裁判所法49条は、裁判官の懲戒を「裁判によって」行うものと定め、懲戒事由を「職務上の義務に違反し、若しくは職務を怠り、又は品位を辱める行状があったとき」に限定している。その裁判手続は裁判官分限法で定められ、地裁・家裁・簡裁の裁判官の懲戒に関する事件については高裁が、高裁・最高裁の裁判官の懲戒に関する事件については最高裁が裁判権を有し（3条）、当該裁判官に対し監督権を行う裁判所の申立てにより手続が開始される（6条）。懲戒処分の種類は、戒告または1万円以下の過料に限定されている（2条）。

　過去に懲戒処分が行われた例としては、事件放置、記録紛失などの職務に関する事案、万引き、酒気帯び運転、痴漢などの刑事事件に関する事案が典型的なものといえるが、中には裁判官の職務外の表現活動を理由に懲戒処分が行われた事例もある。1998年の**寺西判事補事件**[5]では、仙台地裁の判事補が特定の法案に反対する市民集会で発言した行為が裁判所法52条の禁止する「積極的に政治運動をすること」に該当するとし、同法49条の定める「職務上の義務」違反を理由に懲戒処分が行われた。そしてそれから20年後の2018年にツイッターでの投稿を理由に懲戒処分が行われた事例として注目を集めたのが、次にみる**岡口判事事件**である。

(2) 岡口判事事件

　この事件は、東京高裁の判事がツイッター上の実名が付されたアカウントで判決が確定した担当外の民事訴訟に関する投稿[6]を行ったところ、当該訴訟の原告より東京高裁に抗議がなされ、東京高裁が懲戒の申立てを行ったものである。これに対し、最高裁は、全員一致で、問題の投稿が裁判所法49条の定

5）最大決1998〔平10〕12・1民集52巻9号1761頁。
6）その内容は、犬の返還請求に関する民事訴訟を報じたインターネット上の記事のリンクを貼った上で、「公園に放置されていた犬を保護し育てていたら、3か月くらい経って、もとの飼い主が名乗り出てきて、『返して下さい』／え？あなた？この犬を捨てたんでしょ？3か月も放置しておきながら……／裁判の結果は……」と記したものであった。

める「品位を辱める行状」に当たるとし、判事を戒告とすることと決定した[7]。その際、最高裁は、裁判官には「職務を離れた私人としての生活においても、その職責と相いれないような行為をしてはならず、また、裁判所や裁判官に対する国民の信頼を傷つけることのないように、慎重に行動すべき義務」があることを指摘し、裁判所法の定める「品位を辱める行状」について「職務上の行為であると、純然たる私的行為であるとを問わず、およそ裁判官に対する国民の信頼を損ね、又は裁判の公正を疑わせるような言動」との定義を示した。そして、問題の投稿について「裁判官の職にあることが広く知られている状況の下で、判決が確定した担当外の民事訴訟事件に関し、その内容を十分に検討した形跡を示さず、表面的な情報のみを掲げて、私人である当該訴訟の原告が訴えを提起したことが不当であるとする一方的な評価を不特定多数の閲覧者に公然と伝えたもの」と理解した上で、こうした行為は裁判官が「その職務を行うについて、表面的かつ一方的な情報や理解のみに基づき予断をもって判断をするのではないかという疑念を国民に与える」とともに、「原告の訴訟提起行為を一方的に不当とする認識ないし評価を示すことで、当該原告の感情を傷つけるもの」であると評価し、「品位を辱める行状」に当たると判断した。

3. 最高裁決定の検討

(1) 裁判官の職権の独立と市民的自由

　岡口判事事件で最高裁は全員一致で懲戒処分を行ったが、裁判官の職権の独立を保障する憲法の趣旨からすれば、裁判官の懲戒処分は慎重に行われなければならず、裁判所法の定める懲戒事由も限定的に解釈・適用される必要があるものと考えられる。特に「品位を辱める行状」という懲戒事由については、この要件が広く解釈されると、各裁判官が監督権者により「全生活にわたって強い監督を受けているという意識」をもたざるを得ず、このことが「本来の職務

7）最大決 2018〔平 30〕10・17 民集 72 巻 5 号 890 頁。なお、3 名の裁判官の補足意見が付されている。本決定の評釈として、市川正人・民商法雑誌 155 巻 4 号（2019 年）804 頁以下、上田健介・法学教室 461 号（2019 年）156 頁、曽我部真裕・新・判例解説 Watch 24 号（2019 年）25 頁以下、堀口悟郎・法学セミナー 768 号（2019 年）124 頁、見平典・論究ジュリスト 29 号（2019 年）115 頁以下、山元一・平成 30 年度重要判例解説（2019 年）10 頁以下、大林啓吾・判例評論 731 号（2020 年）8 頁以下などがある。

である裁判における判断にも影響を及ぼすであろう」との指摘がなされている[8]。また、職務外の行為を理由に懲戒処分が行われる場合には**裁判官の市民的自由**の制約の問題も生じる。裁判官も一個人として表現の自由が保障されることはいうまでもなく、職務外の表現活動を理由に懲戒処分が行われる場合には憲法21条との適合性が問われる[9]。この場合、表現の自由の優越的地位に鑑みれば、たとえ裁判官の表現活動には職務の特殊性に基づく制約が伴うのだとしても、なお一定の厳格度を伴った審査が行われる必要があろう。加えて、表現の自由の制約に際しては萎縮効果の防止が強く求められることから、懲戒事由は明確性を欠くものであってはならないことにも注意しなければならない。

（2）最高裁決定に対する疑問

この点、岡口判事事件における懲戒処分に対しては「やや無理」[10]、「かなり強引」[11]との評価が示されており、どこまで慎重に処分がなされたのかとの疑問が生じる。まず、最高裁が示した「品位を辱める行状」の定義は抽象的かつ広汎なものであるため、裁判官の私生活上の活動が大幅に抑制され、裁判官の表現活動に著しい萎縮効果をもたらすおそれがあるといえる。これに対し、学説では、裁判官の職権の独立や市民的自由・表現の自由への影響を考慮して、「品位を辱める行状」の範囲を限定する解釈が示されている[12]。また、憲法21条との適合性の問題に関して、問題の投稿は「表現の自由として裁判官に許容される限度を逸脱したものといわざるを得ない」と判示されるにとどまり、実質的な審査が行われなかった点も問題である。司法に対する国民の信頼の維持と表現の自由との衡量がなされた形跡がうかがわれず、前者が一方的に優先されてしまった可能性も否定できない[13]。更に、問題の投稿が「品位を辱める行状」に当たるとの判断にも様々な問題点が指摘されており、特に最高裁がこ

8）毛利透「意見書」判例時報2392号（2019年）107-108頁。

9）表現の自由の問題については、木下昌彦「意見書」判例時報2392号（2019年）110頁以下が詳細な検討を加えている。

10）渡辺康行「『裁判官の市民的自由』と『司法に対する国民の信頼』の間」辻村みよ子先生古稀記念『憲法の普遍性と歴史性』（日本評論社、2019年）764頁。

11）市川・前掲論文（注7）818頁。

12）たとえば、見平・前掲論文（注7）122-123頁は、その範囲は主に「①司法・裁判の中核的価値である『公正中立』および『個人の尊重』に対して直接否定的な含意を有する言動、②権力・地位の濫用に当たる言動、③違法な言動」に限られるべきとの見解を示す。

の投稿を原告の訴訟提起行為を不当と評価したものと理解した点には無理があったとの評価が示されている[14]。加えて、裁判手続が非公開とされた点や事前に懲戒事由が明示されなかった点など、手続の適正さにも疑問が残る[15]。

（3）裁判官の外見上の中立性・公正性

　最高裁による「品位を辱める行状」の広汎な定義には、裁判に対する国民の信頼の維持のために裁判官の外見を重視する最高裁の姿勢が示されているといえる。この点、寺西判事補事件決定は、「司法に対する国民の信頼は、具体的な裁判の内容の公正、裁判運営の適正はもとより当然のこととして、外見的にも中立・公正な裁判官の態度によって支えられる」と判示していた。このように裁判官に外見上の中立性・公正性を求める議論に対しては、裁判官の中立性の要請は裁判官が適正な手続の中で「憲法・法律の純粋な解釈作業」を行えば自動的に満足されるとし、裁判官に「フルタイムの『中立性』」を求めることに批判的な見方がある一方[16]、現代司法においては「機械的な法解釈や法適用を行うだけでは済まされない」とし、裁判官に「『フルタイム』の中立性と公正性」を求めることは一般論としては妥当との評価もみられる[17]。

　しかし、仮に裁判官の職務外の言動が裁判に対する国民の信頼に影響を及ぼすことがあり得るとしても、外見上の中立性・公正性の維持を過度に求めることは、裁判官の私生活上の活動を必要以上に抑制させ、かえって本来あるべき裁判の中立性・公正性を損なう可能性があることも否定できない。とりわけ違憲審査の場面で少数者の自由を保護する裁判官の役割を念頭に置けば、「司法の危機」の時代になされた「〔裁判官〕が人間として十全の市民的自由を保障されないでいて、一般国民の市民的自由をまもることができるはずがない」[18]との指摘は、今なおその重要性を失っていないように思われる。

---

13) 市川・前掲論文（註7）816頁。この点、寺西判事補事件では、裁判所法51条の積極的な政治運動の禁止が憲法21条に適合するかについて、いわゆる猿払基準に依拠した審査がなされた。但し、その判断手法に対しては批判も多い。たとえば、奥平康弘「判批」判例評論488号（1999年）180頁など。

14) 山元・前掲論文（註7）11頁、渡辺・前掲書（註10）760頁など。

15) 市川・前掲論文（註7）817-818頁、曽我部・前掲論文（註7）28頁など。

16) 棟居快行『憲法学再論』（信山社、2001年）475頁。

17) 山元・前掲論文（註7）11頁。

①憲法76条3項の「良心」の意味をめぐる学説上の議論について検討しなさい。

②裁判官の懲戒手続が非公開で行われることに憲法上の問題はないのか。寺西判事補事件決定の法廷意見と反対意見も参考にしつつ、検討しなさい。

③裁判員制度と裁判官の職権の独立との関係について検討しなさい。

■文献案内

①岡口判事事件最高裁決定については、脚注7）及び10）で掲げた判例評釈及び文献があるほか、「特集・分限裁判を考える」判例時報2392号（2019年）97頁以下が同事件で提出された研究者の意見書などを収めている。当事者によるものとして、岡口基一『最高裁に告ぐ』（岩波書店、2019年）がある。

②「司法の危機」の時代を含む最高裁の戦後史を元司法記者が物語風に描いた書物として、山本祐司『最高裁物語（上・下）』（講談社、1997年）がよく知られる。行政学の立場から「司法官僚」による裁判官統制の現状と問題点を分析したものとして、新藤宗幸『司法官僚』（岩波書店、2009年）がある。ダニエル・H・フット〔溜箭将之訳〕『名もない顔もない司法』（ＮＴＴ出版、2007年）は、日米の司法制度の比較分析を通じて「名もない顔もない」日本の裁判所の特徴を描き出す。

③本章では取り上げることができなかったが、1980年代初めにあるべき裁判官像をめぐって憲法学の樋口陽一と刑事訴訟法学の小田中聰樹との間で重要な論争が繰り広げられた。樋口の見解については、樋口陽一『比較のなかの日本国憲法』（岩波書店、1979年）131頁以下、樋口陽一・栗城壽夫『憲法と裁判』（法律文化社、1988年）60頁以下など、小田中の見解については、小田中聰樹『続現代司法の構造と思想』（日本評論社、1981年）226頁以下、同『現代司法と刑事訴訟の改革課題』（日本評論社、1995年）26頁以下などで学ぶことができる。

18）高柳信一「司法権の独立と裁判官の市民的自由」池田政章・守屋克彦編『裁判官の身分保障』（勁草書房、1972年）78頁。

事例 **37** **違憲審査制の類型**

　野党の衆議院議員であるXは、憲法53条に基づく臨時会の召集を政府に求めた。しかし、政府は要求を無視し、内閣官房長官が「あと2カ月もすれば通常国会が召集されるので、それをもって代えることで与党の了解をいただいた」と記者会見で述べるにとどまった。明らかな憲法違反が行われているにもかかわらず（那覇地判2020〔令2〕6・10判例集未登載参照）、野党としてはなすすべがないと感じたXは、政治部門から独立して憲法判断を専門的に行う「**憲法裁判所**」を設置し、政府の判断をチェックさせることが必要と考えた。現行憲法下でそのような機関を設置することは可能か、検討しなさい。

1．違憲審査権と司法権

（1）ドイツ型とアメリカ型

　政府などの行為が憲法に違反しているかどうかを判断する権限を違憲審査権という。日本においては、裁判所に司法権（76条1項）とともに、**違憲審査権**（81条）が与えられているが、諸外国にはこれらの権限を異なる機関に担当させるところもある。ドイツには、司法権を有する裁判所（司法裁判所）から独立して憲法判断を専門に行う連邦憲法裁判所が置かれている。司法裁判所で憲法に関する解釈が必要になった場合、その間の訴訟を中断し、連邦憲法裁判所に判断をゆだねることになる。更に特徴的なのが議会で成立したばかりの法律の憲法適合性を審査する権限である（**抽象的審査制**）。こうした仕組みが置かれているのは、かつてナチスが当時のワイマール憲法（1919年）の民主的手続に則り独裁体制を構築し、憲法を無効化してしまったことへの反省がある[1]。その意味で、連邦憲法裁判所には、**憲法の番人**として憲法秩序を守る役割（**憲法保障**）が強く期待されている（「闘う民主制」）。

1）議会が行政府に無制限の立法権限を与えるなどした全権委任法（1933年）の制定が有名である。長谷部恭男・石田勇治『ナチスの「手口」と緊急事態条項』（集英社、2017年）など参照。

これと対照的なのがアメリカであり、裁判所は司法権とともに違憲審査権も行使するが、違憲審査権だけを単独で行使することはできない。あくまでも個別具体的な法的紛争が生じ、その当事者が訴訟を提起し、その事件の解決に必要な場合に限って違憲審査権が付随的に行使されるにすぎないのである（**付随的審査制**）。そこで、アメリカの違憲審査は、個人の権利や法的利益を守ること（**私権保障**）を重視していると評される。

　もっとも、付随的審査制であっても、訴訟を提起する時期や当事者の範囲を広く認めたり、客観訴訟という訴訟類型を法律で積極的に認めたりすることで、憲法保障的意義が強まっていくので、抽象的審査制との違いは相対的である。

（2）日本の違憲審査制

　日本の場合、最高裁判所が司法権の最上級審裁判所であるとともに（憲法76条1項）、終局的な憲法判断を行う裁判所という位置づけがなされている（憲法81条）。そして、最高裁は、憲法81条が「米国憲法の解釈として樹立せられた違憲審査権を、明文をもつて規定したという点において特徴を有する」[2] として、アメリカ型の付随的審査制を採用していると解している。そのため、たとえば、1952年に第三次吉田内閣が行った衆議院解散の有効性が争われた苫米地事件[3] では、形式的には衆議院議員の歳費をめぐる具体的な法的紛争の形態をとらざるを得なかった。これに先立つ**警察予備隊違憲訴訟**で最高裁は、抽象的審査制には「憲法上及び法令上何等の根拠も存しない」[4] などと判示しており、その際、最高裁には司法裁判所の役割とは別に憲法裁判所としての役割が与えられているとの主張（憲法裁判所併存説）を否定している。

　通説も付随的審査制説を支持しており[5]、その根拠としては、①81条が6章「司法」の章に位置づけられていること、②81条がアメリカ合衆国の司法審査制に由来すること、③抽象的審査制を採用する国の憲法には、提訴権者や手続などについての規定が置かれていることなどがあげられている。

2）最大判1948〔昭23〕7・7刑集2巻8号801頁。なお、刑集に7月8日とあるのは誤記である。
　中村睦男ほか編著『教材憲法判例〔第5版〕』（北海道大学出版会、2020年）4頁。
3）最大判1960〔昭35〕6・8民集14巻7号1206頁。
4）最大判1952〔昭27〕10・8民集6巻9号783頁。
5）芦部信喜（高橋和之補訂）『憲法〔第7版〕』（岩波書店、2019年）391頁。

（3）法律による抽象的審査制の導入

　もっとも、学説には憲法裁判所併存説に立ちつつ訴訟手続を定める法律がないので出訴できないとするものや[5]、法律でそうした機能を最高裁に与えることは憲法が禁止しているわけではないとするもの（法律事項説）もある。確かに警察予備隊訴訟で最高裁は「法令上」の根拠が存しないと述べており、逆に法律でそのような制度を導入することは理論的に可能なようにも思われる[6]。

　そこで、現行憲法の下で最高裁判所に「憲法裁判所」的な役割を担わせるとして、具体的にどのような制度を導入することが可能か検討してみたい。

　なお、ドイツのように最高裁とは別の機関として憲法裁判所を置くことは、憲法76条2項が禁止する特別裁判所の設置に当たるので憲法改正が必要になる。違憲審査制のあり方を考える際には、そうした「憲法改正論と法制度改革論議、現行憲法の解釈論とを十分に区別して論じる必要があ」る[7]。

2.「憲法裁判所」の実現への課題

（1）多忙な最高裁判所と憲法判断の負担

　日本国憲法は、最高裁判所を司法裁判所の最上級審裁判所に位置づけているため、下級裁判所の判断に不服がある全国の訴訟当事者から事件が持ち込まれる構図になっている。近時の最高裁が新規に受理した民事・行政事件は、年間7000件前後で推移しており[8]、これを15名の裁判官で処理することを考えれば、「憲法裁判所」を構想する前に、その負担軽減を考えなければならない[9]。

　1950年代、最高裁自身が公表した機構改革案では、現行15名の最高裁の裁判官を減員し、①法令解釈・適用と②事実認定という裁判所の機能のうち、最

5）佐々木惣一「国家行為の純粋合憲性に対する最高裁判所の決定権」法学論叢 61 巻 4 号（1955 年）1-30 頁など。

6）今日まで形成されてきた憲法秩序を変更することになるため、憲法改正が必要とする見解として、戸松秀典『憲法訴訟〔第2版〕』（有斐閣、2008 年）53 頁。

7）辻村みよ子『憲法〔第6版〕』（日本評論社、2018 年）459-460 頁。

8）最高裁判所「平成 30 年度司法統計」1-1 民事・行政事件の新受・既済・未済件数。

9）民事事件については 1996 年の民事訴訟法改正で上告理由が制限されている。ただ、最高裁の元判事であった滝井繁男は、最上級審裁判所としての役割が裁判官の多忙さの要因であるとしつつ、上告理由が制限されたことを理由に簡単に事件を処理できない胸のうちを明かす。滝井繁男『最高裁判所は変わったか——一裁判官の自己検証』（岩波書店、2009 年）47 頁。

高裁は①のみを担当して、②の機能は下級裁判所に任せようとしていた[10]。これに対して国会からは、ドイツの連邦憲法裁判所のように憲法判断を最高裁に集中させる仕組み（**具体的規範統制**）の提案がなされた[11]。これは、付随的審査制の枠組みを維持しながら、最高裁が憲法の番人の役割も十分果たせるようにしたものである。その際、最高裁の負担を考慮し、裁判官を30名に増員しつつ、そのうち限定された9名の裁判官で大法廷を組織して憲法判断を担わせるとした。憲法の議論をするのに30名の裁判官全員では多すぎるとの考えであるが、最高裁の裁判官なのに憲法判断に関与できない者が生じるという点に憲法上の問題はないのか疑問は残る。また、こうした具体的規範統制については、憲法81条の違憲審査権が下級裁判所にも与えられているとする判例[12]との整合性を検討する必要もある。

（2）司法消極主義の克服

そして、裁判所が、国会や内閣の判断を尊重して違憲判断を避ける傾向（司法消極主義）にも目を向けなければならない（→事例38）。かつての最高裁長官を務めた横田喜三郎は、三権分立の原理と民主主義の理論を根拠として、「憲法判断は慎重に」と述べている[13]。せっかく「憲法裁判所」を設けても、こうした裁判所の姿勢が変わらなければ、宝の持ち腐れになる危険性もある。

（3）裁判所の政治機関化への危惧

もちろん「憲法裁判所」の設置が、そうした司法消極主義を転換するきっかけになるとの期待もある[14]。ただ、ドイツの連邦憲法裁判所が憲法の番人として積極的に憲法判断を行ってきた背景には、戦前のナチス政権に対する反省と東西冷戦下での政治的緊張関係があり、これと異なる状況で日本の裁判所が積極的な憲法判断をすれば、「政治的対立に巻き込まれるおそれが大きく、法原理機関としての冷静で中立公平な態度を保持できるか、司法部として国民の

---

10) 「資料：最高裁判所の機構改革について」ジュリスト70号（1954年）4頁。
11) 第19回国会衆法務委員会上訴制度に関する調査小委員会及び違憲訴訟に関する小委員会連合会議録22号（昭和29年10月12日）1頁〔小林小委員長発言〕。この提案は、後の裁判所法の一部を改正する法律案（第26回国会閣法89号）につながるが、同法案は審議未了で廃案となっている。
12) 最大判1950〔昭25〕2・1刑集4巻2号73頁。最高裁は、憲法81条が「下級裁判所が違憲審査権を有することを否定する趣旨をもっているものではない」としている。
13) 横田喜三郎『違憲審査』（有斐閣、1968年）9-16頁。
14) 伊藤正己『裁判官と学者の間』（有斐閣、1993年）137頁。

信頼を保持できるかが問題となる」[15)]との見解もある。寺西判事補事件[16)]で最高裁が示した政治的に無色透明な裁判官像は極端にしても（→事例36）、国民が政治と裁判官の「距離」をどう想定しているのかも考慮する必要がある[17)]。また、裁判官の任命方法次第で、政権の追認機関に堕する危険もある[18)]。

3.「憲法の番人」[19)] に求めるもの

　近年の最高裁の動向については、裁判官の世代交代などとともに、「我が国の社会・文化の状況、国民の法意識等々が変化するにつれ裁判官の『良識』にも変化が生じ、そのことを通じて、最高裁内部で漸次かつ連続的に行われてきた」[20)] ともいわれ、特に憲法上の権利救済については、「1990年代と比べるなら、判例における実効的救済のメニューは充実している」[21)] とも評される。

　また、「憲法判断は、経験的素材に基づき十分熟慮されたものであることが望ましい」[22)] とされる中で、具体的な事件の文脈に照らしつつ考察することで、緻密な審査基準の手法・作法を構築し、憲法規範の意味を探り出していく付随的違憲審査制の意義も再評価されている。

　そして、国会が制定した法律に対する違憲判決が少ないのは、必ずしも最高裁が違憲判決に消極的なわけではなく、少なくとも政府提出法案については**内閣法制局**が法律家の目線で事前審査を行っているからとの指摘が注目される[23)]。

　そうした観点からすると、現在の最高裁も「憲法の番人」として一定の役割

---

15) 千葉勝美『違憲審査――その焦点の定め方』（有斐閣、2017年）192-193頁。

16) 最大決 1998〔平 10〕12・1民集 52巻 9号 1761頁。

17) 憲法の運用における政治と裁判所の関係について、日米独の比較分析を行ったものとして、宍戸常寿「憲法の運用と『この国のかたち』」長谷部恭男編『「この国のかたち」を考える』（岩波書店、2014年）137-162頁。

18)「特集・憲法解釈と人事」法律時報 1075号（2014年）掲載の諸論文を参照。

19) 全体主義体制への地慣らしをした「憲法の番人」論として、カール・シュミット〔田中浩・原田武雄訳〕『大統領の独裁』（未來社、1974年）を参照。

20) 藤田宙靖『最高裁回想録――学者判事の七年半』（有斐閣、2012年）122頁。

21) 笹田栄司『「人権の実効的救済」についての覚書』佐藤幸治・泉徳治編『行政訴訟の活発化と国民の権利重視の行政へ』（日本評論社、2017年）137頁。

22) 佐藤幸治『日本国憲法論』（成文堂、2011年）626頁。

23) 阪田雅裕『「法の番人」内閣法制局の矜持――解釈改憲が許されない理由』（大月書店、2014年）42-46頁。ただし、川﨑政司「立法における法・政策・政治の交錯とその『質』をめぐる対応のあり方」井田良・松原芳博編『立法実践の変革』（ナカニシヤ出版、2014年）66-69頁も参照。

を果たしているといえる。結局のところ、憲法裁判所という「箱モノ」を作れば問題が解決するわけではない。「何を」「誰に」「どう」託すか、そして、その活動を「どこ」でチェックするのかを具体的に検討しなければならない。その意味では、何も「裁判所」にこだわる必要はなく、たとえば、議会（特に上院）にその役割を一定程度担わせるという選択肢も考え得るのである[24]。

┌─── ステップアップ ───────────────────────────────────┐

①抽象的審査制と付随的審査制の長所と短所をわかりやすくまとめなさい。

②憲法裁判所を設置（または抽象的審査制を採用）する国の憲法を調べ、どのようなことが条文に規定されているか比較し、法令にどのようなことを明記する必要があるのか考察しなさい。

③内閣法制局が「憲法の番人」と呼ばれることがあるのはなぜか、最高裁判所の役割や位置づけとの違いを含めて、調べなさい。

└──┘

■文献案内

①全般的な解説として、畑尻剛「憲法訴訟と憲法裁判」大石眞・石川健治編『憲法の争点』（有斐閣、2008年）272-273頁、国立国会図書館調査及び立法考査局編『違憲審査制の論点〔改訂版〕』（国立国会図書館、2016年）がある。また、憲法裁判についての研究書として、宍戸常寿『憲法裁判権の動態』（弘文堂、2005年）、新正幸『憲法訴訟論〔第2版〕』（信山社、2008年）、君塚正臣『司法権・憲法訴訟論（上・下）』（法律文化社、2018年）をあげておく。

②近時示された憲法学者による改革案として、畑尻剛「憲法裁判所設置問題も含めた機構改革の問題──選択肢の1つとしての憲法裁判所」公法研究63号（2001年）110-123頁、戸波江二「憲法裁判の発展と日本の違憲審査制の問題点」ドイツ憲法判例研究会編『憲法裁判の国際的発展──日独共同研究シンポジウム』（信山社、2004年）56頁、笹田栄司『司法の変容と憲法』（有斐閣、2008年）18-20頁などがある。

③憲法改正を前提とした憲法裁判所の構想として、読売新聞社が公表した改憲試案（1994年11月3日付読売新聞）、その解説として読売新聞社編『憲法：21世紀に向けて──読売改正試案・解説・資料』（読売新聞社、1994年）112-128頁。また、「衆議院憲法調査会報告書」（平成17年4月15日）407-413頁。

24）ドイツ連邦参議院の存在意義から日本の参議院の役割を再評価する試みとして、加藤一彦『議会政治の憲法学』（日本評論社、2009年）132-137頁。

　A県では、条例で「道路、公園、広場その他屋外の公共の場所において集団示威運動、集団行進又は集会を行おうとするときは、その主催者は、あらかじめ、公安委員会の許可を受けなければならない」と規定し、それに違反した者に対する罰則を設けていた。Xは、A県庁の正面玄関前構内において、無許可での集団行進を主催したところ、上記規定に違反するとして起訴された。

　Xは、訴訟において、①公共の場所での集団行進等を禁止する上記規定は、集団行進の自由を保障した憲法21条に違反しているため無効である、②仮に上記規定が合憲だとしても、A県庁正面玄関前構内は「屋外の公共の場所」に当たらないため、本件集団行進はそれに違反しない、と主張した。これに対して、裁判所は、上記規定は合憲であると判断した上で、A県庁正面玄関前構内は「屋外の公共の場所」に当たらないという理由で、Xを無罪とした。

　この判決について、憲法判断の手法という観点から論評しなさい。

1．ブランダイス・ルール

　本事例は、いわゆる「**憲法判断回避の準則**」に関する問題である[1]。憲法判断回避の準則とは、裁判所は事件の解決にとって必要でない憲法上の争点について判断を下すべきではない、という原則のことである。なぜ不必要な憲法判断をしてはならないのかといえば、それは主として次のような理由による。

　第一に、**付随的違憲審査制**のもとにおいて裁判所に求められる役割は、何よりも具体的事件の解決である。したがって、憲法判断も、具体的事件の解決に必要な限度にとどめられるべきである。

　第二に、憲法判断を行う必要性のない訴訟においては、憲法上の争点に関する主張・立証が十分に行われず、熟慮に欠けた憲法判断（たとえば「不完全な

1）なお、本事例は広島県公安条例事件（最判1970〔昭45〕7・16刑集24巻7号434頁）を素材にしたものである。

当事者の違憲論に応答し、その論旨に関する限り、違憲といえないから合憲という判断」[2]）が下されるおそれがある。しかも、付随的違憲審査制のもとでは、誤った憲法判断が下されると、同一の憲法問題が争点となる訴訟が再び提起されない限り、それを変更し得ないため、その影響は甚大である。

　第三に、とりわけ**法令違憲**の判断は、民主的基盤に乏しい裁判所が、国民の代表機関である議会が制定した法律を無効にするものであり、その意味で**民主主義**と対立する面がある。民主主義は、基本的人権の尊重等と並ぶ憲法の基本原理であるから、それと対立するような判断はなるべく避けるべきである。

　こうした憲法判断回避の準則を定式化したものとして有名なのが、アメリカのアシュワンダー判決[3]におけるブランダイス裁判官の意見である。ブランダイスは、これまでの判例法理を整理すれば、次のような準則を見出すことができる、と説いた（いわゆる「**ブランダイス・ルール**」）[4]。

①裁判所は、談合的な非対立的訴訟手続においては、立法の合憲性について判断をしない。

②裁判所は、憲法問題を、それを決定する必要が生ずる前に、前もって取り上げない。

③裁判所は、憲法に関する準則を、それが適用される明確な事実が要求する以上に広く公式化しない。

④裁判所は、憲法問題が記録によって適切に提出されていても、もし事件を処理することができる他の理由が存在する場合は、その憲法問題には判断を与えない。

⑤裁判所は、法律の施行によって侵害をうけたことを証明しない人の申立てに基づいて、その法律の効力に判断を下さない。

⑥裁判所は、法律の利益を利用した人の依頼で、その法律の合憲性に判断を下さない。

⑦国会の法律の効力が問題になった場合は、合憲性について重大な疑いが提起

2）時國康夫『憲法訴訟とその判断の方法』（第一法規、1996 年）161 頁。
3）Ashwander v. Tennessee Valley Authority, 297 U.S. 288 (1936).
4）訳は基本的に芦部信喜『憲法訴訟の理論』（有斐閣、1974 年）44 頁に拠った。なお、ブランダイス・ルールの背景事情について、長谷部恭男『続・Interactive 憲法』（有斐閣、2011 年）213 頁以下参照。

されても、裁判所が憲法問題を避けることができるような法律の解釈が可能かどうかを最初に確かめることは、基本的な原則である。

これらのうち、日本の憲法学説が特に注目してきたのは、「法令解釈による憲法判断の回避」を要請する第四準則・第七準則である[5]。この法令解釈による憲法判断の回避は、理論上は、通常の法解釈による憲法判断の回避（これを「狭義の憲法判断回避の準則」と呼ぶ）と、合憲限定解釈による違憲判断の回避に分けることができる。前者は、法令を合憲とも違憲とも判断せず、憲法判断自体を避けるものであるのに対し、後者は、法令の違憲部分を限定解釈によって除去することで、合憲判断を示すものである。以下では、日本における関連判例の検討を通して、それらの内容を説明しよう。

2．狭義の憲法判断回避の準則

狭義の憲法判断回避の準則に関する判例としては、何よりも**恵庭事件判決**（札幌地判 1967〔昭 42〕3・29 判例時報 476 号 25 頁）が有名である。

この事件は、自衛隊演習場付近で酪農を営んでいた被告人らが、自衛隊の連絡用通信線を切断した行為について、「自衛隊の所有し、又は使用する武器、弾薬、航空機その他の防衛の用に供する物を損壊し、又は傷害した者は、5 年以下の懲役又は 5 万円以下の罰金に処する」と定める自衛隊法 121 条に違反するとして起訴されたものであり、被告人らは、自衛隊が憲法 9 条等に違反するため、自衛隊法 121 条も違憲無効であると主張した。

同事件の公判においては、自衛隊の合憲性をめぐって被告人側と検察側との間で激しい議論が展開されたが、札幌地裁が下した結論は、被告人らが切断した通信線は自衛隊法 121 条にいう「その他の防衛の用に供する物」に当たらないため無罪、というものであり、自衛隊及び自衛隊法 121 条の合憲性については全く判断が示されなかった。

憲法判断をしなかった理由について、札幌地裁は、次のように説いている。

5）第四準則と第七準則の区別については、芦部・前掲書（註 4）293-307 頁、新正幸『憲法訴訟論〔第2版〕』（信山社、2010 年）261 頁参照。もっとも、ブランダイス・ルール自体は日本の判例法理ではないため、少なくとも日本国憲法の解釈論としては、各準則の区別にこだわる実益は乏しいだろう。

すなわち、「違憲審査権を行使しうるのは、……具体的争訟の裁判に必要な限度にかぎられる」。「刑事事件にそくしていうならば、当該事件の裁判の主文の判断に直接かつ絶対必要なばあいにだけ……憲法適否に関する審査決定をなすべき」である。したがって、「自衛隊法121条の構成要件に該当しないとの結論に達した以上、もはや、弁護人ら指摘の憲法問題に関し、なんらの判断をおこなう必要がないのみならず、これをおこなうべきでもない」と。

　憲法判断の回避に関する同判決の一般論については、不必要な憲法判断が「禁止」されるとまで解するのは行きすぎだという批判はあるものの、おおむね学説の賛同を得ているといってよい。しかし、同判決が通信線を「その他の防衛の用に供する物」に当たらないと判断した点については、不合理な法解釈であるとの批判が強い。というのも、自衛隊が用いていた、射程が10km以上にも及ぶカノン砲は、観測部隊等が目標の位置等を伝えるための通信線なしでは、「砲弾のない大砲と同様に無用の長物となる」からである[6]。

　「法律解釈による憲法判断の回避が是認されるためには、最小限、その法律解釈は法の文言と立法目的から判断して合理性をもつものでなくてはならない」(傍点原文)[7]。いくら憲法判断を回避するためとはいっても、不合理な法解釈が許されるわけではないのである[8]。むしろ、不合理な法解釈は、実質的に「法律の書き直し」となり、かえって議会の立法権に抵触することとなる。

3. 合憲限定解釈

　合憲限定解釈とは、「通常の解釈によるならば法令の規定が違憲の瑕疵を含むという憲法判断に至った場合に、法令の適用範囲等をより限定する解釈を採用することで、法令の規定を合憲とする裁判の方法」[9]である。

---

6) 安念潤司「憲法訴訟論に対する至って控え目な疑問」戸松秀典・野坂泰司編『憲法訴訟の現状分析』(有斐閣、2012年) 357頁。当時、防衛庁関係者からも、「近代戦を知らぬしろうとの判断もはなはだしい」という反論が加えられたという (芦部信喜「判批」憲法判例百選Ⅱ〔第7版〕(2019年) 359頁)。

7) 芦部・前掲論文 (註6) 359頁。

8) なお、恵庭事件では、不合理な法解釈を施さずとも、いわゆる「統治行為論」によって、自衛隊の合憲性に関する判断を回避できた可能性がある。芦部・前掲書 (註4) 240-250頁参照 (ただし、芦部自身はこの点に否定的である)。

9) 宍戸常寿「合憲・違憲の裁判の方法」戸松・野坂編・前掲書 (註6) 72頁。

一例をあげれば、**税関検査事件判決**（最大判 1984〔昭 59〕12・12 民集 38 巻 12号 1308 頁）は、「風俗を害すべき書籍、図画」等の輸入を禁ずる規定について、「右にいう『風俗』とは専ら性的風俗を意味し、右規定により輸入禁止の対象とされるのは猥褻な書籍、図画等に限られるものということができ、このような限定的な解釈が可能である以上、右規定は、何ら明確性に欠けるものではなく、憲法 21 条の規定に反しない」と説いている。

　合憲限定解釈は、法解釈の一種である以上、法令の文言や立法趣旨等との関係で合理的なものでなければならない。また、限定解釈後の法令を合憲と判断する以上、違憲部分を完全に除去し得るものでなければならないし、特に明確性が強く要求される規定（表現の自由を制限する規定や罰則規定等）の場合には、国民が容易に理解し得るものでなければならない。

　税関検査事件判決においても、「表現の自由を規制する法律の規定について限定解釈をすることが許されるのは、〔①〕その解釈により、規制の対象となるものとそうでないものとが明確に区別され、かつ合憲的に規制し得るもののみが規制の対象となることが明らかにされる場合でなければならず、また、〔②〕一般国民の理解において、具体的場合に当該表現物が規制の対象となるかどうかの判断を可能ならしめるような基準をその規定から読み取ることができるものでなければならない」[10] と説かれている[11]。

4．憲法判断回避の準則は「準則」か？

　これまで憲法判断回避の準則について説明してきたが、これを「準則」つまりルールと呼ぶことは、実はミスリーディングかもしれない。

　というのも、通説は、事件を解決する上で憲法判断が必要ない場合でも、「裁判所は、事件の重大性や違憲状態の程度、その及ぼす影響の範囲、事件で

10）この説示だけをみると、法令の文言や立法趣旨等との関係で合理的な解釈であることは要求されていないかのようであるが、もちろんそうではない。同判決は、この説示の前段落において、立法の変遷や刑法の規定などに鑑みて、当該限定解釈が「十分な合理性を有する」ことを確認している。
11）学説上、この説示は、「表現の自由を規制する法律の規定について限定解釈」する場合のみならず、合憲限定解釈一般に妥当するものと捉えられている。もっとも、特に②については、表現の自由を制限する規定や罰則規定のように、萎縮効果を防ぐべく明確性が強く求められる規定にだけ妥当するものと理解することも可能だろう。

問題にされている権利の性質等を総合的に考慮し、十分理由があると判断した場合は、回避のルールによらず、憲法判断に踏み切ることができる」[12] と解している[13]。つまり、不必要な憲法判断の回避は、「原則」として求められるにとどまり、一定の場合にはその「例外」が認められるということである。

　また、上記「例外」に当たらないにもかかわらず、事件の解決に必要のない憲法判断を下した場合、その裁判は法的瑕疵を帯びるのかといえば、そこまで主張する学説はほとんどみられない[14]。仮にその裁判が適法なのだとしたら、憲法判断回避の準則は、法的規範ではなく、裁判所の「心構え」[15] のようなものにすぎないというべきだろう。

　もっとも、憲法判断回避の準則が「心構え」にすぎないとしても、それは同準則が無意味だということまで意味するものではない。憲法学の観点から裁判所の行為規範を枠づけることには、相当の意義があるものと思われる。

12）芦部信喜〔高橋和之補訂〕『憲法〔第7版〕』（岩波書店、2019年）393頁。前述のとおり、恵庭事件判決は、事件の解決にとって不必要な憲法判断が「禁止」されると解した点で、行きすぎだと批判されている。

13）学説の整理として、新・前掲書（註5）262-267頁参照。

14）安念・前掲論文（註6）358頁。

15）浦部法穂『憲法学教室〔第3版〕』（日本評論社、2016年）407頁。

①憲法判断回避の準則に関するアメリカの判例について調べなさい。

②堀越事件判決（最判 2012〔平 24〕12・7 刑集 66 巻 12 号 1337 頁）は、国家公務員法 102 条 1 項が禁ずる「政治的行為」について、「公務員の職務の遂行の政治的中立性を損なうおそれが、観念的なものにとどまらず、現実的に起こり得るものとして実質的に認められるもの」をいうと解したが、同判決の千葉勝美補足意見によれば、これは合憲限定解釈ではないという。いかなる点で合憲限定解釈と異なるのか、同判決を読んで検討しなさい。

③ブランダイス・ルールの第五準則（当事者適格）に関連して、法令の違憲性を主張するために、第三者の人権を援用することができるか、という論点がある。この点について、日本の判例はどのような見解を採っていると考えられるか。第三者所有物没収事件判決（最大判 1962〔昭 37〕11・28 刑集 16 巻 11 号 1593 頁）、オウム真理教解散命令事件決定（最決 1996〔平 8〕1・30 民集 50 巻 1 号 199 頁）、広島市暴走族追放条例事件判決（最判 2007〔平 19〕9・19 刑集 61 巻 6 号 601 頁）等を読んで考察しなさい。

■文献案内

①憲法訴訟論に関する初期の代表的研究として、芦部信喜『憲法訴訟の理論』（有斐閣、1973 年）、時國康夫『憲法訴訟とその判断の手法』（第一法規、1996 年）。特に芦部の『憲法訴訟の理論』は、この分野の金字塔であり、同書を読まずして憲法訴訟論を語ることはできない。

②憲法訴訟論に関する近年の代表的な体系書として、新正幸『憲法訴訟論〔第 2 版〕』（信山社、2010 年）、高橋和之『体系 憲法訴訟』（岩波書店、2017 年）、戸松秀典『憲法訴訟〔第 2 版〕』（有斐閣、2008 年）。また、第一線の研究者らによる、憲法訴訟論に関する近年の論文集として、戸松秀典・野坂泰司編『憲法訴訟の現状分析』（有斐閣、2012 年）。

③憲法訴訟論の「使い方」を実践的に解説したものとして、岡山大学法科大学院公法系講座編『憲法 事例問題起案の基礎』（岡山大学出版会、2018 年）、駒村圭吾『憲法訴訟の現代的展開──憲法的論証を求めて』（日本評論社、2013 年）、小山剛『「憲法上の権利」の作法〔第 3 版〕』（尚学社、2016 年）、宍戸常寿『憲法 解釈論の応用と展開〔第 2 版〕』（日本評論社、2014 年）、曽我部真裕・赤坂幸一ほか編『憲法論点教室〔第 2 版〕』（日本評論社、2020 年）、永田秀樹・松井幸夫『基礎から学ぶ憲法訴訟〔第 2 版〕』（法律文化社、2015 年）。

平和主義 (1)
集団的自衛権の行使問題

　Xは、2011年3月11日の東日本大震災の後に自衛隊が懸命に救助活動をしている姿を見て、自分も災害救助活動をしたいと考え自衛官となった。ところが、2015年に安保関連法が成立し、国民を守るとは思われない集団的自衛権の行使が可能となった。この安保関連法により自衛隊法も改定され、防衛出動命令が発令され得る事態を定める自衛隊法76条1項に2号として「我が国と密接な関係にある他国に対する武力攻撃が発生し、これにより我が国の存立が脅かされ、国民の生命、自由及び幸福追求の権利が根底から覆される明白な危険がある事態」(「存立危機事態」)が追加された。意味のない軍事活動に従事させられるなどまっぴらだし、集団的自衛権の行使は憲法9条に反すると考えるXは、同号の定める防衛出動命令に服する義務のないことの確認を求める訴訟を提起しようと考えている。このような訴訟が可能か、考察しなさい。

1．日本国憲法の平和主義
(1) 日本国憲法の平和主義の意義

　日本国憲法は前文で、平和への強い決意と国際平和を構築するための日本のスタンスを表明している。第一に、「平和を愛する諸国民の公正と信義に信頼して、われらの安全と生存を保持しようと決意した」と謳う。「攻められたらどうするのか」と不信から出発するのではなく、日本から諸国民との信頼関係を築いていくことに努める、と決意したのである。第二に、「われらは、全世界の国民が、ひとしく恐怖と欠乏から免かれ、平和のうちに生存する権利を有することを確認する」と述べ、日本国民は「全世界の国民」が**平和的生存権**を有することを自覚していると宣言する。第三に、「専制」「隷従」「圧迫」「偏狭」といった国際平和を阻害する要因を除去することに力を注ぐと明らかにしたのである。

　そして憲法9条1項で戦争と武力による威嚇・武力の行使の放棄を、2項で

戦力の不保持と交戦権の否認を規定する。徹底した非軍事平和主義である。非軍事平和主義は、国内的には軍事や軍部による国民の人権侵害を抑止し[1]、軍部の政治への介入を阻止する点で[2]、また対外的には他国の軍備拡大を理由に自国も軍備拡大をするという軍拡合戦（「安全保障のジレンマ」）に陥ることを防止する点で[3]、今日においてもリアリティを有するといえよう。

（2）非軍事平和主義の歴史的背景

　非軍事平和主義は、15 年にわたるアジア・太平洋戦争でアジアの人々に多大な被害を及ぼし、また日本国民も核兵器の被害をはじめ悲惨な体験をしたことへの反省に基づく。その意味では特殊日本的といえるが、同時に平和を求める世界史的な動向も踏まえており、その延長線上に位置づけることもできる。

　戦争放棄を規定したものとして、古くは「フランス国民は征服の目的をもって、いかなる戦争をも行うことを放棄し」と定めた 1791 年フランス憲法がある。そして第一次世界大戦後には、国際連盟規約（1919 年）が戦争を制限し、1928 年の戦争抛棄に関する条約（不戦条約）は、「国際紛争解決の為戦争に訴ふることを非とし、……国家の政策の手段としての戦争を抛棄する」と定める。もっとも国際法上、「国際紛争を解決する手段としての戦争」や「国家の政策の手段としての戦争」とは、侵略戦争を意味するとされていた。第二次世界大戦後の国際連合憲章（1945 年）は、原則として加盟国の武力行使と武力による威嚇を禁じた上で（2 条 4）、自衛権の発動としての武力行使を、現実の武力攻撃が発生した場合で安全保障理事会が必要な措置をとるまでの暫定的なものに限って認めている（51 条）。もっとも国際連合憲章は、42 条で集団安全保障に基づく強制措置を規定するように「軍事による平和」を是認しており、非軍事平和主義に立脚する憲法 9 条との「断絶」が確認されなければならない[4]。

　憲法 9 条の成立について、戦勝国である連合諸国による、敗戦国日本への

1）たとえば、樋口陽一は憲法 9 条に「自由の基礎」としての意義をみる。樋口陽一『個人と国家――今なぜ立憲主義か』（集英社新書、2000 年）211 頁以下。
2）石川健治「民主主義・立憲主義・平和主義――憲法に自衛隊を明記するとはどういうことか」法律時報 91 巻 2 号（2019 年）94 頁参照。
3）カント『永遠平和のために』第 3 項項にて「常備軍は、時とともに全廃されなければならない」とする一つの理由は、「無際限な軍備の拡大」の問題である。カント〔宇都宮芳明訳〕『永遠平和のために』（岩波書店、2015 年）17 頁。
4）樋口陽一「戦争放棄」『講座 憲法学 2 主権と国際社会』（日本評論社、1994 年）115 頁以下参照。

「武装解除」要請を国内法制度化したものだという理解が一部にある[5]。だが、実は戦前の日本においても、植木枝盛や中江兆民に始まる非戦思想は脈々と存在し、憲法9条の誕生に影響を与えていた[6]。また敗戦直後の日本国民が「戦争のない社会」を切望し、憲法9条を歓迎したことも事実である。

2．戦後日本の安全保障政策の変遷
（1）再軍備の開始

憲法制定過程での政府の9条解釈は、当時の吉田茂首相が「戦争抛棄に関する本条の規定は、直接には自衛権を否定して居りませぬが、第9条2項に於て一切の軍備と国の交戦権を認めない結果、自衛権の発動としての戦争も、又交戦権も抛棄したものであります。」（1946年6月26日参議院本会議）と答弁したように、日本も自衛権はもつが、9条2項の戦力保持規定により自衛戦争もできない、というものであった。

しかし、東西「冷戦」が激化する中、中華人民共和国の成立（1949年）、朝鮮戦争の勃発（1950年）を受け、アメリカは対日占領政策を変更する。1950年、マッカーサーが警察予備隊の創設を指令することで日本の再軍備が始まる。1951年、日本は片面講和という形でサンフランシスコ平和条約を締結して独立を回復するとともに、日米安全保障条約を締結して米軍の駐留を受け入れる。1952年には、警察予備隊が保安隊・警備隊に発展改組される。

1954年、日米相互防衛援助協定（MSA協定）が結ばれ、日本は防衛力増強の義務を負うこととなり、保安隊・警備隊は自衛隊へと改組される。自衛隊は、「わが国の平和と独立を守り、国の安全を保つため、直接侵略及び間接侵略に対しわが国を防衛することを主たる任務」とする（旧自衛隊法3条）と、正面から防衛目的を掲げる組織である。これにつき政府は、自衛のためとはいえ「戦力」をもつことは憲法上禁止されているが、「憲法は自衛権を否定していない。自衛権は国が独立国である以上、その国が当然に保有する権利である」とする。そして、「自衛のための必要最小限度の実力」（自衛力）をもつことは9

5）たとえば、篠田英明『ほんとうの憲法——戦後日本憲法学批判』（ちくま新書、2017年）58頁。
6）憲法9条の理念や思想に通じる国内外の歴史をたどったものとして、山室信一『憲法9条の思想水脈』（朝日新聞出版、2007年）。

条に違反せず、自衛隊は「自衛のための必要最小限度の実力」であって、「戦力」ではないとした。同時にその限界の確定にも努めざるを得ず、自衛のための実力行使3要件として、「①わが国に対する急迫不正の侵害があること、②これを排除するために他の適当な手段がないこと、③必要最小限度の実力行使にとどまるべきこと」が示され、自衛隊は「専守防衛」の組織として定着する。自衛隊法の成立に際し、参議院では「自衛隊の海外出動を為さざることに関する決議」という付帯決議も出されている。また、「自衛のための必要最小限度の実力」という議論の一つの帰結として、政府も「他国に加えられた武力攻撃を阻止することをその内容とするいわゆる集団的自衛権の行使は、憲法上許されない」と限界を設定したのである（1972年10月14日）。

1960年、岸信介内閣は安保反対闘争を押しきり、新安保条約を締結した。以来、条約自体は改定されないものの、1978年に策定された日米防衛協力のための指針（ガイドライン）により、日米間の軍事協力関係は拡大していく。

（2）「冷戦」の終結と自衛隊の海外活動

1989年11月に「冷戦」は終結したが、1990年に湾岸戦争が勃発すると、日本の「国際貢献」として自衛隊の海外派遣を求める声が生じ、政府は湾岸戦争終結後に海上自衛隊の掃海艇をペルシャ湾に派遣する。

1996年に日米安保共同宣言が発表され、「アジア・太平洋地域」の安全を担うという日米安保体制の新たな意義づけが行われた。1997年には、新しい日米防衛協力のための指針（新ガイドライン）が策定され、1999年にそれを実施するために周辺事態法などが制定される。これにより、「日本周辺地域で日本の平和と安全に重要な影響を与える事態」（周辺事態）に際して、自衛隊は米軍の軍事活動を後方支援（物資の補給・輸送、兵員の輸送、傷病者の治療、通信、空港・港湾の提供・整備等々の活動）をすることとなる。

2001年9月にアメリカで同時多発テロがおこると、アメリカはアフガニスタンへの攻撃を始め、これを受け日本政府はテロ対策特別措置法を制定し、米軍支援のために海上自衛隊をインド洋に派遣する。2003年3月、米軍等はイラクが大量破壊兵器を保持しているとして、国連安全保障理事会の決議のない中でイラクへの攻撃を開始した。そして日本政府は、イラク復興支援特別措置法を制定して、戦時下の他国領土に自衛隊を派遣する。自衛隊は、給水や道路

補修といった人道復興支援活動と、米軍等への燃料補給や兵士輸送といった安全確保支援活動を行った。

（3）憲法9条解釈の変更と「安保関連法」

2014年7月1日、安倍晋三内閣は閣議決定にて従来の政府の憲法9条解釈を変更し、「武力の行使」の新3要件を示した。すなわち、「①我が国に対する武力攻撃が発生した場合のみならず、我が国と密接な関係にある他国に対する武力攻撃が発生し、これにより我が国の存立が脅かされ、国民の生命、自由及び幸福追求の権利が根底から覆される明白な危険がある場合において、②これを排除し、我が国の存立を全うし、国民を守るために他に適当な手段がないときに、③必要最小限度の実力を行使することは、従来の政府見解の基本的な論理に基づく自衛のための措置として、憲法上許される」と、集団的自衛権の行使に道を開いたのである。

2015年4月には日米防衛協力のための指針が更に改定され、それを受けて**安保関連法**が強い反対運動の中、2015年9月に成立する。これにより、国際平和共同対処事態や重要影響事態での後方支援活動、新3要件のもとでの存立危機事態への対処として武力行使（集団的自衛権の行使）が可能となった。

3．自衛隊をめぐる学説・判例

（1）憲法9条をめぐる解釈学説

戦争放棄を定める憲法9条1項は、「国際紛争を解決する手段としては」と留保が付されているため不戦条約と同様に解し、1項が放棄しているのは侵略戦争であって、自衛戦争は放棄していないとする立場（A説）がある。それに対し、1項において自衛・侵略を問わず一切の戦争を放棄したと解する立場（B説）がある。もっともA説は、9条2項の「前項の目的を達するため」の解釈をめぐって立場が分かれる。多数説は、1項の「正義と秩序を基調とする国際平和を誠実に希求」することと解し、2項の戦力不保持や交戦権の否認により、結局あらゆる戦争ができないとする（Ai説）。他方、「前項の目的」を侵略戦争放棄と限定的に解することで、2項が禁じているのは侵略戦争のための戦力にとどまり自衛戦争は放棄していないとする立場（Aii説）もある。

日本国憲法には、66条2項の文民条項を除いて、宣戦の権限や軍の指揮権

など戦争や軍隊を予定した規定が存在しないことから、Aii 説には無理がある
といえよう。自衛隊違憲論が憲法学の通説であった[7]。

　ところが近年、自衛隊を合憲とする見解も有力に主張されている。「穏和な
平和主義」を説く論者は、一方で 9 条の文言は一義的に答えを定めた「準則」
ではなく、解釈を特定の方向に導く「原理」の条項だとし、他方で絶対平和主
義は「善き生き方」（道徳的選択）に基づくものだと批判し、防衛サービスとし
ての自衛のための実力組織の保持を容認する[8]。また別の論者は、憲法 13 条
は国民の生命や自由への権利を最大限尊重するよう政府に求めているとし、外
国からの武力攻撃に対して、それを排除するための必要最小限度の武力行使は
その要請に応えるものだとする[9]。

（2）自衛隊裁判

　自衛隊の合憲性を争ったものとして、北海道の二つの裁判が有名である。一
つは、恵庭町で酪農を営んでいる兄弟が自衛隊の激しい実弾射撃演習に悩まさ
れ、ついに自衛隊の電信線を切断したことが、自衛隊法 121 条の防衛用器物損
壊罪に当たるとして起訴された**恵庭事件**である。札幌地裁は、電信線は自衛隊
法 121 条の「その他の防衛の用に供する物」に該当しないとして被告人を無罪
とし、結論が出た以上、憲法判断に立ち入るべきでないとして憲法判断を回避
した[10]。もう一つは、長沼町でのミサイル基地建設に反対する住民が、基地
建設のための保安林指定解除処分の取消しを求めて争った**長沼事件**である。札
幌地裁は、わが国は、独立国としての「固有の自衛権自体までも放棄した」わ
けではないが、「軍事力による自衛」については、全面的に否定しているとし
て自衛隊を違憲とした[11]。ところが控訴審は、統治行為論を用いて自衛隊の
憲法適否の問題は司法審査の範囲外にあるとして一審判決を破棄し[12]、最高

---

7)　小林直樹『憲法第九条』（岩波新書、1982 年）43 頁以下参照。自衛戦争合憲説の問題点については、
　　芦部信喜〔高橋和之補訂〕『憲法〔第 7 版〕』（岩波書店、2019 年）58 頁参照。
8)　長谷部恭男『憲法と平和主義を問いなおす』（ちくま新書、2004 年）160 頁以下。長谷部を批判的
　　に検討するものとして、麻生多聞『憲法 9 条学説の現代的展開──戦争放棄規定の原意と道徳的読
　　解』（法律文化社、2019 年）43 頁以下。
9)　木村草太『自衛隊と憲法──これからの改憲論議のために』（晶文社、2018 年）56 頁以下。
10)　札幌地判 1967〔昭 42〕3・29 下刑集 9 巻 3 号 359 頁。
11)　札幌地判 1973〔昭 48〕9・7 判例時報 712 号 24 頁。
12)　札幌高判 1976〔昭 51〕8・5 行集 27 巻 8 号 1175 頁。

裁は取消しを求める訴えの利益は失われたとするだけで、自衛隊の合憲性問題には立ち入らなかった[13]。

　最高裁が自衛隊の合憲性について判断を行わない中、その後、裁判の中心は自衛隊の海外活動へと移る。とりわけ**自衛隊イラク派遣違憲訴訟**の名古屋高裁判決は、航空自衛隊の行う安全確保支援活動は「他国による武力行使と一体化した行動」で武力行使にあたり、「政府と同じ解釈に立ち、イラク特措法を合憲とした場合であっても、武力行使を禁止したイラク特措法2条2項……に違反し、かつ、憲法9条1項に違反する活動を含んでいる」と判示した[14]。

（3）集団的自衛権行使の違憲性

　集団的自衛権の行使に対して、憲法学研究者の圧倒的多数は憲法違反とする[15]　従来の政府の自衛隊を正当化する論理の核心は「わが国に対する急迫不正の侵害がある」場合に限って実力行使を容認する（**個別的自衛権**）という点であり、その論理的帰結として集団的自衛権は行使できない、というものであった。それゆえ、集団的自衛権を容認するというのは、自衛隊を正当化する論理を捨て去り、自衛隊を「戦力」とみなすことになる。憲法9条2項に反することは明白である。そもそも、他国への武力攻撃によって「我が国の存立が脅かされ、国民の生命、自由及び幸福追求の権利が根底から覆される明白な危険がある場合」とはいかなる場合なのか想定できず、権力行使を抑制する機能を欠いているといわざるを得ない。このような存続危機事態における防衛出動命令に従うことに同意できない自衛官が、命令に服する義務のないことの確認を求める、あるいは命令に従わなかったときに受けることになる懲戒処分の予防を目的とする、このような訴訟の道はあるのではなかろうか[16]。

13）最判 1982〔昭 57〕9・9 民集 36 巻 9 号 1679 頁。

14）名古屋高判 2008〔平 20〕4・17 判例時報 2056 号 74 頁。

15）たとえば、水島朝穂『ライブ講義 徹底分析！集団的自衛権』（岩波書店、2015 年）51 頁以下。長谷部恭男編『検証・安保法案──どこが憲法違反か』（有斐閣、2015 年）1 頁以下。青井未帆『憲法と政治』（岩波新書、2016 年）41 頁以下。

16）奥野恒久「自衛官による『平和安全法制整備法』違憲訴訟」新・判例解説 Watch 23 号（2018 年）27 頁以下参照。

① 「憲法9条は敗戦後の占領下でマッカーサーに押しつけられた」という主張に
　ついて考察しなさい。

② 1990年を境に「専守防衛」だった自衛隊が、海外活動を進めることになる。
　この転換の背景について考察しなさい。

③ 安保関連法の主な内容を調べた上で、その合憲性について考察しなさい。

■文献案内

① 日本国憲法の制定過程については、古関彰一『平和憲法の深層』(ちくま新書、2015年)。

② 1990年代以降の自衛隊の動向を概観したものとしては、前田哲男『自衛隊——変容のゆ
くえ』(岩波新書、2007年)。1990年代の日本の政治・社会の激変の構造を分析したも
のとして、渡辺治『講座 現代日本Ⅰ 現代日本の帝国主義化——形成と構造』(大月書店、
1996年)。和田進『戦後日本の平和意識——暮らしの中の憲法』(青木書店、1997年)は、
国民意識を分析する。

③ 集団的自衛権や「安保関連法」を扱ったものとして、木村草太『集団的自衛権はなぜ違憲
なのか』(晶文社、2015年)、長谷部恭男・杉田敦編『安保法制の何が問題か』(岩波書店、
2015年)、別冊法学セミナー新・総合特集シリーズ7『安保関連法総批判——憲法学か
らの「平和安全」法制分析』(2015年)。専門的なものとして、浦田一郎『集団的自衛権
限定容認とは何か——憲法的、批判的分析』(日本評論社、2016年)、山内敏弘『「安全
保障」法制と改憲を問う』(法律文化社、2015年)。

平和主義（2）
日米安保体制

　最高裁は、憲法9条2項が禁じる「戦力」とは、「わが国がその主体となっ
てこれに指揮権、管理権を行使し得る戦力をいうものであり、結局わが国自体
の戦力を指し、外国の軍隊は、たとえそれがわが国に駐留するとしても、ここ
にいう戦力には該当しない」と述べている[1]。この判断の是非を検討しなさい。

1. 安全保障から見た日米安保条約――変容・拡大の歴史[2]
（1）敗戦、占領、そして新憲法の制定

　現在、日本国内には米軍が継続的に駐留している（在日米軍）。多くの在日
米軍が駐留しているので有名なのは沖縄だが、それ以外の地域にも米軍は駐留
している（たとえば、東京の赤坂には米軍のヘリポートやホテルが現在も存在して
いる）。究極的には他国の指揮命令に従うはずの外国軍が自国内に常駐するこ
とは、決して「自然」なことではない。この問題は、日本の敗戦直後までさか
のぼる。1945年、連合国に敗れた日本では、アメリカを中心とする**GHQ（連
合国軍総司令部）** が占領統治を開始した。日本には米軍などが進駐し、旧日本
軍は武装解除された。したがって、この時点で日本の安全保障は実質的に米軍
が担当していた。独立後の日本の安全保障の基本的なルールを定めたのが、
1946年に制定された日本国憲法である。その9条では「戦争の放棄」と「戦
力の不保持」が定められた。

（2）旧安保条約の成立

　日本は1951年の**サンフランシスコ講和条約**によって独立する運びとなった。
日本は1950年に**警察予備隊**を創設していたものの、独立後も引き続き米軍を
駐留させることを選択した。そのための法的根拠が、講和条約と同日に日米間
で結ばれた**日米安全保障条約**（旧安保条約）である。その主たる内容は、日本は

1）砂川事件（最大判1959〔昭34〕12・16刑集13巻13号3225頁。）
2）吉次公介『日米安保体制史』（岩波書店、2018年）などを参照した。

米軍に基地使用の権利などを認めるというものであった。また、日本における米軍の活動の詳細なルールは旧安保条約に基づき定められた**日米行政協定**[3]によって規定された。旧安保条約で注目すべきは以下の2点である。第一に、米軍が日本に駐留する目的は日本防衛にとどまらず「極東における国際と平和の維持」（1条）も含まれるということ、すなわち、そのスタートから日米安保の地理的対象は日本を超えていたということである。第二に、日本は米軍駐留を認めることを義務づけられる一方、米軍は日本防衛を義務づけられてはいなかった点である[4]。ここから、旧安保条約は「片務的」であるという批判が生まれることになった。この点は日本政府も問題だと認識しており、その解消が模索された。

（3）新安保条約の成立

その結果、日米両政府は旧安保条約に代わり新しい日米安全保障条約（現行の安保条約）を結ぶことで合意した。主たる変更点は、旧安保条約と同様に米軍駐留を認める一方で、日本への武力攻撃が発生した場合、米軍は自衛隊と共同防衛の義務を負うようになった点である。これによって前述の「片務的」という問題は一応解消されることとなった。それにもかかわらず、安保条約への反対運動（安保闘争）がおこり、多くの市民が参加した。当時アメリカはベトナム戦争に参加し、日本国内の基地から米軍がベトナムに派遣された。そのため市民たちは、安保条約で日米安保が深化することにより、むしろ日本がアメリカの戦争に巻き込まれるのではないか、という不安を抱いたのである。しかし政府は安保条約の制定を強行し、1960年、安保条約は国会で承認された。また、日米行政協定の後を引き継ぎ、日本における米軍の地位の詳細を定めた**日米地位協定**も国会で承認された。その後、安保条約と地位協定は一度も改正されていないにもかかわらず、以下の通り、その実質的な内容は大幅に拡大・変化し続けている。

（4）「ガイドライン」による安保条約の拡大

1978年、日米政府の合意により「**日米防衛協力の指針**」（**日米ガイドライン**）

3）なお、本協定は国会承認を経たものではない。
4）本条約で、在日米軍は「外部からの武力攻撃に対する日本国の安全に寄与するために使用することができる」（1条）とされており、日本への武力攻撃への反撃は義務ではなかった。

が結ばれた。これは、安保条約の下での米軍と自衛隊の協力体制の具体的な方針を初めて定めたものといえる。その後、ガイドラインは1997年に改定される。そこでは日本への攻撃時のみならず、日本周辺の有事における米軍・自衛隊の協力体制の整備が方針として示され、これに沿って1999年に**周辺事態法**などの「**ガイドライン関連法**」が制定される。こうして、自衛隊は日本防衛にとどまらず、朝鮮半島や台湾海峡などでの紛争に米軍が出動した際にも活動することが事実上可能となった。そして2015年にはガイドラインの改定が再度行われ、実質的に自衛隊は米軍を世界のあらゆる場所で支援することが可能になった。これに基づき、世論の反対を押し切って制定されたのが、いわゆる「**安全保障関連法**」（**安保法制**）である。

　法的にいえば、ガイドラインは安保条約を具体化するために日米両政府が交わした文書に過ぎない[5]。そこで、ガイドラインに沿って法令が整備される形で日米安保体制の拡大に法的根拠が与えられていった。後述のごとく、最高裁が安保条約の合憲性につき正面からの判断を回避する状況の下、日米両政府はガイドラインを利用し、安保条約を1文字も変えることなく、安保条約の範囲を地球規模にまで拡大させたのである[6]。

2. 在日米軍による被害

（1）米軍兵士に対する捜査・裁判権の制限[7]

　在日米軍には安保条約に基づく地位協定、及びそれに関するルール（密約などを含む）によって、「特権」と呼ぶべき地位・権利が与えられている。まず、日米地位協定により、米軍兵士が公務中に犯罪を犯したと疑われる場合、裁判権は原則として米軍が行使する。また、公務外での容疑であっても、米軍兵士が米軍基地内に逃げ込んだ場合、日本の捜査機関が起訴するまで米軍は被疑者

5）ガイドラインは条約ではなく、国会承認も経ていない。したがって、法令のような法的拘束力は存在しない。

6）その意味では、憲法9条の解釈を変更して自衛隊を保有したり、限定的に集団的自衛権を行使可能にするという日本政府の「解釈改憲」の手法と類似している。

7）新垣勉・海老原大祐ほか『日米地位協定』（岩波書店、2001年）、布施祐仁『日米密約　裁かれない米兵犯罪』（岩波書店、2010年）、吉田敏浩『密約　日米地位協定と米兵犯罪』（毎日新聞社、2010年）。

を日本側に引き渡す義務はない。また、日本とアメリカの間で「重大事件以外は米軍兵士を起訴しない」という密約が結ばれていたことが近年明らかとなった。したがって米軍兵士の犯罪は、現実には地位協定よりもさらに甘い対応しかされてこなかったといえる。その結果、日本国内での米軍兵士の起訴率（特に強盗や強姦など）は、一般の起訴率よりも大幅に低い。また、刑事裁判で有罪判決が下されても刑に服さず帰国したり、民事裁判で損害賠償義務が認められてもそれを無視して帰国する、といったことも起こってきた。

（2） 米軍の訓練や基地使用による被害[8]

米軍訓練の時間帯や騒音、航空機の飛行高度などに対し、日本の国内法では効果的な規制ができないのが現状である。また、日本国内に米軍がどのような兵器を配備するかについても、日本は事実上拒否できない。そもそも地位協定での規制は十分とはいえない。だがそれに加え、日米の官僚・軍人の協議の場である「**日米合同委員会**」[9]などで、規制をさらに緩和する合意が行われ、しかもその内容の大部分が非公開とされているためだ。

騒音被害などを受けてきた基地周辺の住民らは、損害賠償や訓練差止めなどを求め、何度も裁判をおこしてきた。それに対する最高裁の判断は、（a）アメリカ政府に対する直接の請求は認めず、（b）日本政府に対する請求は、過去の被害に対する損害賠償のみ認め、将来分の損害賠償や訓練差止めなどは認めない、というものである。このような状況は長らく変わっていない[10]。

（3） 沖縄への過重負担[11]

そして、日本における米軍専用施設の約7割が沖縄に存在していることから、沖縄は上記のような被害を集中的に受け続けている。米軍兵士による犯罪、訓練による騒音や墜落事故、基地の環境汚染などがそれである。また、多くの土地が強制的に米軍基地として使用されることで、自由な土地利用も妨げられている。長きにわたり沖縄県は基地負担の軽減を求め続けてきた。それに対し日本政府は、沖縄県が中国や尖閣諸島などに近いという「地理的」な理由をあげ、

8）前泊博盛編著『本当は憲法より大切な「日米地位協定入門」』（創元社、2013年）。

9）吉田敏浩『「日米合同委員会」の研究』（創元社、2016年）。

10）参照、淡路剛久・大塚直ほか編『環境法判例百選〔第2版〕』（有斐閣、2011年）98-99頁〔柳憲一郎執筆〕・102-103頁〔岩間徹執筆〕。

11）島袋純・阿部浩己編『沖縄が問う日本の安全保障』（岩波書店、2015年）。

沖縄の基地負担を正当化し続けている。だが、沖縄に米軍基地が集中している主たる理由は、日本の独立直後に本土で米軍基地に対する大規模な反対運動がおこったため、米軍占領下の沖縄（市民の抵抗を米軍が実力で抑えやすかった）へ基地を移転させたという「政治的」なものである。日本政府は、普天間基地を移設させるという理由で辺野古に新基地建設を進めているが、それに反対する沖縄県との間で法的紛争がおこっている[12]。

3. 憲法と安保条約

（1）安保条約に関する裁判

それでは、安保条約は憲法上どのように評価されるか。ここでは安保条約の合憲性が問われた裁判を紹介しよう。まずは、冒頭の事例で取り上げた、旧安保条約が問題となった**砂川事件**である。第一審（いわゆる「伊達判決」）[13]は、憲法9条2項は自衛目的であっても戦力の保有を禁じており、日本防衛の目的で米軍の駐留を認める旧安保条約は憲法9条に反すると判断した。他方で最高裁[14]は、日本が採り得る安全保障は国連の集団安全保障に限られないとした。そして憲法9条2項が禁じる「戦力」とは、「わが国がその主体となってこれに指揮権、管理権を行使し得る戦力をいうものであり、結局わが国自体の戦力を指し、外国の軍隊は、たとえそれがわが国に駐留するとしても、ここにいう戦力には該当しない」と述べた。さらに「一見極めて明白に違憲無効であると認められない限りは、裁判所の司法審査権の範囲外のもの」という、変則的な**統治行為論**を展開した上で、在日米軍の違憲性は「一見極めて明白」ではないと判断した。続いて、現行の安保条約の合憲性が問われた沖縄代理署名事件[15]でも、最高裁は砂川判決を引用し、安保条約は「違憲無効であることが一見極めて明白でない」と述べている。以上のように、最高裁は旧及び現行の安保条約の合憲性につき、正面からの合憲判断ではないものの、「違憲無効であることが一見極めて明白ではない」という立場を採り続けている[16]。

---

12) 参照、「（特集）沖縄・辺野古と法」法学セミナー 751 号（2017 年）。
13) 東京地判 1959〔昭 34〕3・30 判例時報 180 号 2 頁。
14) 最大判 1959〔昭 34〕12・16 刑集 13 巻 13 号 3225 頁。
15) 最大判 1996〔平 8〕8・28 民集 50 巻 7 号 1952 頁。

（2）冒頭の事例の検討

　在日米軍の合憲性につき、学説は合憲説、違憲説、憲法の欠缺（予測外）説に分かれているが、違憲説が多数説とされている[17]。最高裁は砂川事件で上記のような「戦力」解釈を行ったが、在日米軍の合憲性について正面からの判断は避けている。最高裁判決の論理に対しては、「むしろ他国の軍隊の方が、日本政府の、ひいては日本国民の指揮管理下に服さないだけに少なくとも日本国民にとってはより一層危険とみるのが常識的というものであろう」という批判がある[18]。「権力への制限をねらいとする近代立憲主義は、当然のことながら、権力の発動の最たるものというべき戦争行為と武力集団へのコントロールという関心を持ちつづけてき」た[19]という点を踏まえれば、指揮管理権のない軍事力の受け入れは近代立憲主義からみて大きなリスクといえる。他方、砂川事件大法廷判決の判旨に従えば、外国軍であっても「わが国がその主体となってこれに指揮権、管理権を行使し得る」場合は、9条が禁じる「戦力」に該当する可能性があるといえる。いまや日米関係が「同盟」と呼ばれ、ガイドラインの下で米軍と自衛隊の「一体化」が進んでいることを鑑みれば、改めて在日米軍の合憲性を問う必要があるだろう。

16）全司法仙台事件の最高裁判決（1969〔昭44〕4・2刑集23巻5号685頁）でも、現行の安保条約は「違憲であることが明白」ではないとされている。なお、安保条約そのものではなく、普天間飛行場の提供協定が憲法13条及び32条に反しないかが争われた事件として第二次普天間基地爆音訴訟がある（福岡高那覇支判2019〔平31〕4・16裁判所ウェブサイト掲載）。

17）芹沢斉・市川正人ほか編『新基本法コンメンタール憲法』（日本評論社、2011年）65-66頁〔愛敬浩二執筆〕、山内敏弘『平和憲法の理論』（日本評論社、1992年）104-120頁。また、法学協会編『註解日本国憲法（上）』（有斐閣、1953年）238-241・245-249頁、佐藤功『憲法（上）〔新版〕』（有斐閣、1983年）133-134・142-151頁、毛利透・小泉良幸ほか『憲法Ⅱ〔第2版〕』（有斐閣、2017年）152-156頁も参照。

18）山内・前掲書（註17）117頁。

19）憲法再生フォーラム編『改憲は必要か』（岩波書店、2004年）13頁〔樋口陽一執筆〕。

①日米安保体制が日本、東アジア、そして世界の平和に対し、どのような影響を
　与えてきたか、アメリカが関与した戦争・紛争を取り上げて考えてみよう。
②駐留米軍の法的地位・権利の違いにつき、各国の地位協定を比べてみよう。そ
　の上で、日本の地位協定を変えるとすればどこを、どのように変えるべきか、
　考えてみよう。

■**文献案内**

本文で参照した文献のほか、以下の文献が参考になる。

①安保条約の歴史については、豊下楢彦『安保条約の成立』（岩波書店、1996 年）などが
　ある。国際政治学などによる日米安保体制の検討として、遠藤誠治編『日米安保と自衛
　隊』（岩波書店、2015 年）、防衛大学校安全保障学研究会ほか『コストを試算！日米同盟
　解体』（毎日新聞社、2012 年）などがある。近年の在日米軍の分析としては、梅林宏道
　『在日米軍』（岩波書店、2017 年）が詳しい。

②憲法学による日米安保体制の検討としては、民主主義科学者法律家部会編『（法律時報増
　刊）安保改定 50 年』（日本評論社、2010 年）が網羅的である。

③日米地位協定とその運用に関する文献としては、山本章子『日米地位協定』（中央公論新
　社、2019 年）、明田川融『日米地位協定』（みすず書房、2017 年）などがある。また、
　沖縄県「地位協定ポータルサイト」も詳しい（https://www.pref.okinawa.lg.jp/site/
　chijiko/kichitai/sofa/index.html）。

平和主義（3）
平和的生存権の現実的可能性

就職活動に入っていた 21 歳の X の自宅に自衛官募集案内のダイレクトメールが届いた。なぜ自衛隊は、自分が就職活動中だと知っているのか不思議に思いゼミで話題にしたところ、X の住む A 市が 2 歳の市民の氏名・生年月日・性別・住所の 4 情報を自衛隊に電子データで提供していることがわかった。X は、本人の同意のない中で個人情報を提供した A 市に憤るとともに、自衛隊による個人情報の収集は徴兵制への布石ではないか、だとすると日本国憲法の保障する平和的生存権が侵害されているのではないか、と考えるようになった。徴兵制の合憲性と平和的生存権の法的性格について、考察しなさい。

1．「経済的徴兵制」

（1）減少傾向の続く自衛官応募者

2019 年 3 月時点での自衛官の定員が 24 万 7154 人であるのに対し、現員は 22 万 6547 人で、充足率は 91.7％である[1]。非任期制の基幹隊員となる「一般曹候補生」の応募者は、2011 年度には 5 万人を突破したが、その後は減少傾向で 2018 年度は 2 万 7580 人である。任期制の「自衛官候補生」の応募者も 2012 年度をピークに減少傾向にある[2]。

そこで防衛省は 2018 年、これまで採用年齢が 18 歳〜 26 歳だった「一般曹候補生」「自衛官候補生」の上限を 32 歳へと引き上げるとともに、女性自衛官の採用に力を入れている。また防衛省は、自治体に隊員募集への協力要請を強めている。多くの自治体は、これまでも広報への広告掲載や庁舎へのポスター掲示等で隊員募集業務に協力してきたが、防衛省からの適齢者名簿の提出要請などを受けて、情報を提供する自治体も出てきたのである[3]。

1）2019 年度版『防衛白書──日本の防衛』533 頁。
2）「しんぶん赤旗」2020 年 3 月 23 日。
3）たとえば、京都市は 2018 年に 18 歳と 22 歳になる市民の宛名シールを作成し、自衛隊に提供することを決めた。「京都新聞」2018 年 11 月 18 日。

他方、自治体や企業の中に、新入職員の研修で自衛隊の「生活体験プログラム」を活用しているところは、かつてよりあった。更に防衛省は、「自衛隊インターンシップ・プログラム」なるものを構想しているとされる。その構想では、企業側が新規採用者を自衛隊に「実習生」として2年間派遣し、自衛隊は当該実習生を「一任期限定」の自衛官として受け入れて勤務させ、教育して一定の資格も取得させる。任期終了後、当該実習生は企業に戻るが、将来的には予備自衛官として活用することを視野に入れているという[4]。これなど、「一種の徴兵制ではないか」という声も出そうである。

（2）貧困と軍隊

アメリカでの状況を指して「経済的徴兵制」(economic draft) という言葉が、2010年頃から日本でも使われるようになった。アメリカでは、ベトナム戦争後の1973年、選抜徴兵制から完全志願制に改めたところ、軍に志願する多くは貧困層の若者になったという。2000年代に入ってアフガニスタンやイラクで米兵の戦死者が多く出たときには、そもそも軍への志願者が激減してこの傾向が顕著となり、2008年のリーマン・ショックで経済状況が悪化すると軍への志願者は増加している。軍を志願する理由の上位は、「奨学金」と「医療保険」であり、一定期間軍に従事した者に大学の学費等を支給する奨学金制度が利用されている。そして軍の側も、教育や医療といった福利厚生を強調して貧困層を軍に勧誘するという[5]。「国を守りたいから」といった愛国心からではなく、貧困ゆえに軍に行くというのが「経済的徴兵制」である。さて、日本はどうだろうか。

2．平和的生存権

（1）平和的生存権の生成と発展

日本国憲法は、前文で「われらは、全世界の国民が、ひとしく恐怖と欠乏から免れ、平和のうちに生存する権利を有することを確認する」と述べ、いわゆる**平和的生存権**を規定している。一人ひとりをかけがえのない存在として尊重する、人権という思想は、多数派意思をもってしても侵すことができない、す

4）布施祐仁『経済的徴兵制』（集英社新書、2015年）227頁以下。
5）同上書・43頁以下。堤未果『ルポ貧困大国アメリカ』（岩波新書、2008年）100頁以下。

なわち多数決決定に対抗できるという点に特質がある。日本国憲法は平和の問題を「人権」問題と把握したのである。

平和的生存権の源泉は、第二次世界大戦中の 1941 年、アメリカのルーズベルト大統領が議会に対して発した「四つの自由」宣言（言論の自由、信教の自由、欠乏からの自由、恐怖からの自由）、そしてそれを踏まえ、アメリカとイギリスが第二次世界大戦後の構想として 1941 年 8 月 14 日に発表した大西洋憲章だとされる[6]。

日本の憲法学は、1960 年代になって平和的生存権に注目するようになるが、とりわけ脚光を浴びたのが**長沼訴訟**第一審判決である。「冷戦」下の 1960 年代末に起きたこの事件は、保安林に指定されている北海道長沼町の山林に旧防衛庁がミサイル基地を建設しようとしたのに対し、反対する地元住民が基地建設のための保安林指定解除処分の取消しを求めて争ったものである。第一審札幌地裁は、当該処分により地域住民の平和的生存権が侵害ないし侵害される危険がある限り、「その地域住民にはその処分の瑕疵を争う法律上の利益がある」とし、そして「レーダー等の施設基地は一朝有事の際にはまず相手国の攻撃の第一目標になるものと認められるから、原告らの平和的生存権は侵害される危険がある」と述べ、平和的生存権の裁判規範性を認めた[7]。しかし、控訴審は、平和的生存権について「裁判規範としてなんら現実的個別的内容を持つものとして具体化されているものではない」と、その裁判規範性を否定している[8]。

裁判規範とは、「広い意味では裁判所が具体的な争訟を裁判する際に判断基準として用いることのできる法規範のことを言うが、狭い意味では、当該規定を直接根拠として裁判所に救済を求めることのできる法規範、すなわち裁判所の判決によって執行することのできる法規範のことを言う」[9]。平和的生存権の裁判規範性について、当初は学説・判例ともに消極的に解するものが多かった。最高裁は、**百里基地訴訟**において、「平和主義ないし平和的生存権として主張する平和とは、理念ないし目的としての抽象的概念であって、それ自体が

6）平和的生存権の成立の背景については、山内敏弘『平和憲法の理論』（日本評論社、1992 年）249 頁以下参照。

7）札幌地判 1973〔昭 48〕9・7 判例時報 712 号 24 頁。

8）札幌高判 1976〔昭 51〕8・5 行集 27 巻 8 号 1175 頁。

9）芦部信喜〔高橋和之補訂〕『憲法〔第 7 版〕』（岩波書店、2019 年）37 頁以下。

独立して、具体的訴訟において私法上の行為の効力の判断基準になるものとはいえ」ないと、広い意味での裁判規範性についても消極的に解した[10]。また、「前文を独自の裁判規範として認めることには疑問がある。また、憲法第3章の中には平和的生存権についての規定はない。……しかも、平和的生存権といわれる権利としての平和の中身は曖昧である。さらに個人の基本的人権として認めるために不可欠な個別性も欠如している。このことは、平和的生存権を裁判所による執行に委ねることのふさわしさに疑問を投げかける」[11]といったものが、消極説の典型といえよう。平和的生存権の裁判規範性を論証するには、権利内容の明確化、法的根拠を含む精緻な概念構成が不可避の課題といえる。

(2) 自衛隊の海外活動が増加する中で

1990年代以降、自衛隊の海外活動が増加するようになり、その違憲性はより高まるのだが、平和的生存権の裁判規範性を主張することは、ますます難しくなる。というのも、1990年代以降の日本は、自衛隊を派遣している、いわば「加害の側」に立つからである。それゆえ、平和的生存権には「加害者にならない権利や殺さない権利」も含まれるといった主張がなされるようになる[12]。

2003年12月以降の自衛隊のイラク派遣に対し、その差止め等を求めて全国で提起された**イラク派遣違憲訴訟**においても、このような平和的生存権解釈の延長に立って、たとえば「戦争や武力行使をしない日本に生活する権利」などと主張された。だが、裁判規範としてただでさえ抽象的とされる中、権利内容をよりあいまいにするきらいがある。

そのような中、2008年4月17日、名古屋高裁は平和的生存権の裁判規範性に言及したのである。名古屋高裁は、平和的生存権につき「憲法の保障する基本的人権が平和の基盤なしには存在し得ないことからして、全ての基本的人権の基礎にあってその享有を可能ならしめる基底的権利」だと語る。そして、「平和概念の抽象性等のためにその法的権利性や具体的権利性が否定されなければならない理由はない」とし、「憲法9条に違反する国の行為、すなわち戦

---

10) 最判1989〔平元〕6・20民集43巻6号385頁。
11) 松井茂記『日本国憲法〔第3版〕』(有斐閣、2007年) 191頁。
12) 浦田賢治「平和的生存権の新しい弁証——湾岸戦争参戦を告発する憲法裁判」『立憲主義・民主主義・平和主義』(三省堂、2001年) 562頁以下。

争の遂行、武力の行使等や、戦争の準備行為等によって、個人の生命、自由が侵害され又は侵害の危機にさらされ、あるいは、現実的な戦争等による被害や恐怖にさらされるような場合、また憲法9条に違反する戦争の遂行等への加担・協力を強制されるような場合には、……裁判所に対し当該違憲行為の差止請求や損害賠償請求等の方法により救済を求めることができる場合がある」と判示したのである[13]。

　もっとも本判決は、自衛隊の派遣は控訴人らに向けられたものでも、控訴人らの自由や生命を侵害するものでも、憲法9条に違反する戦争遂行等への加担・協力を強制するものでもないから、控訴人らの具体的権利としての平和的生存権は侵害されていないとして、訴えを斥けている。その後、岡山地裁も原告の訴えを斥けつつ、平和的生存権の裁判規範性を認め、それを「懲役拒否権や良心的兵役拒否権、軍需労働拒絶権等の自由権的基本権として存在する」と判示している[14]。

（3）平和的生存権の法的性格

　平和的生存権の裁判規範性を積極的に解する学説も、その法的根拠をめぐっては、①前文に求めるもの、②9条の戦争放棄規定に求めるもの、③憲法第3章、とりわけ13条の幸福追求権に求めるもの、④前文、9条、13条のすべてに根拠を求めるものなど、多様である。憲法前文の抽象性を根拠に、裁判規範性を否定する見解もあるが、前文も憲法典の一部として本文と同じ法規範性を有する以上、その内容の明確化が図られれば裁判規範性を有するといえよう。そこで、9条をはじめ他の規定と相俟って解釈する④の立場が注目される。この立場の有力学説は、憲法13条の「生命、自由及び幸福追求に対する国民の権利」の中に平和的生存権が含まれ、「公共の福祉」の中に9条が含まれるとし、「戦争や軍隊の保持さらには交戦権の行使を目的あるいは理由として『生命、自由及び幸福追求に対する国民の権利』の一種である『平和的生存権』を侵害することは許されない」と主張する[15]。②の立場は、軍備の保有それ自体が9条違反であり全国民の平和的生存権を侵害しているとして、誰もが裁判

13）名古屋高判 2008〔平 20〕4・17 判例時報 2056 号 74 頁。
14）岡山地判 2009〔平 21〕2・24 判例時報 2046 号 124 頁。
15）山内・前掲書（註6）277 頁。

所に救済を求めることができるとする[16]。③の立場で最近注目されるのは、憲法13条を根拠に人権の基礎に「生命権」を位置づけ、それが平和的生存権の本質・核心だとする主張である[17]。このように、未だ平和的生存権をめぐっては定説をみない状況であるが、先のイラク派遣違憲訴訟名古屋高裁判決が、④の立場から裁判規範性を認めたことは重要だと思われる。

　平和的生存権のこのような「裁判上の権利性」とは別に、憲法規範として議会や政府を拘束し国民の運動を支えるという意味での「憲法上の権利性」について論じることも重要である。民主主義プロセスに働きかける平和的生存権論であるから、「運動や政治の場面における広く柔軟な人権概念を形成する」必要がある[18]。国際的には、1970年代半ばから「平和への権利」や「構造的暴力」論が提唱され、1990年代には「人間の安全保障」論が登場する。日本の憲法学の中にも、このような平和論を吸収して平和的生存権の概念構成を試みるものが現れている[19]。

3. 徴兵制と日本国憲法

　憲法9条が一切の戦力の不保持を規定していることから、軍務はあり得ず、軍務の強制である**徴兵制**は当然に認められない[20]。ところが政府見解は、徴兵制を9条違反とするのではなく、次のようにいう。「徴兵制度は、我が憲法の秩序の下では、社会の構成員が社会生活を営むについて、公共の福祉に照らし当然に負担すべきものとして社会的に認められるようなものでないのに、兵役といわれる役務の提供を義務として課されるという点にその本質があり、平時であると有事であるとを問わず、憲法第13条、第18条などの規定の趣旨から

---

16) 浦部法穂『憲法学教室〔第3版〕』（日本評論社、2016年）429頁。

17) 上田勝美「世界平和と人類の生命権確立」深瀬忠一・上田勝美ほか編『平和憲法の確保と新生』（北海道大学出版会、2008年）2頁以下。

18) 浦田一郎「平和的生存権」樋口陽一編『講座 憲法学2 主権と国際社会』（日本評論社、1994年）140頁参照。

19) たとえば、「構造的暴力」論を参照したものとして君島東彦「『武力によらない平和』の構想と実践」法律時報76巻7号（2004年）79頁。「人間の安全保障」論を参照したものとして浦部法穂「憲法9条と『人間の安全保障』」法律時報76巻7号（2004年）65頁以下。

20) 徴兵制を9条違反とするものとして、たとえば宮沢俊義『憲法Ⅱ〔新版〕』（有斐閣、1971年）335頁、上田勝美『新版 憲法講義』（法律文化社、1996年）190頁。

みて、許容されるものではない」(1980 年 8 月 15 日)。

　日本国憲法には、大日本帝国憲法や諸外国の憲法と違って、兵役の義務についての規定はない。それゆえ、多くの学説は徴兵制を「本人の意思に反して強制される労役」だとして、「意に反する苦役」を禁じる憲法 18 条に反すると解している[21]。もっとも、「意に反する苦役」を受けない自由も絶対的なものではない。たとえば、市町村長が災害時の応急措置業務に従事させることは（災害対策基本法 65 条）、**「公共の福祉」**に合致するとして違憲とは解されないだろう。では、徴兵制は何ゆえ「公共の福祉」に照らして認められないのか。それは「憲法 9 条によって禁止された軍隊の要員を確保するため」だからであろう[22]。

　2017 年 5 月以来、安倍晋三首相は憲法 9 条に自衛隊を明記する改憲論を提唱している。もし憲法に自衛隊が明記されると、自衛隊は憲法上の存在となり、その要員確保も「公共の福祉」に合致すると解されないだろうか。冷静な吟味が必要なる。

ステップアップ

①日本で徴兵制を導入することの是非について考察しなさい。
②憲法 9 条に基づく平和構想について調べなさい。
③平和的生存権の裁判規範性について考察しなさい。

---

21) たとえば、芦部・前掲書（註9）252 頁。
22) 山内敏弘『安倍改憲論のねらいと問題点』（日本評論社、2020 年）32 頁。

■文献案内

①大澤真幸「私の9条改正案」（大澤真幸編『憲法9条とわれらが日本——未来世代へ手渡す』（筑摩選書、2016年））は、絶対平和主義に立ちながら「もし、軍隊的なものをもつとすれば」として徴兵制を提示する。井上達夫「9条問題再説——戦争の正義と立憲民主主義の観点から」法の理論33（2015年）は、良心的兵役拒否権の保障を伴う無差別公平な徴兵制を提唱する。

②自衛隊をいったん「解いた」上で、国際災害救援組織など憲法の平和主義に見合った組織に編み直す構想は、かつてより水島朝穂によって提唱されていた（水島朝穂「自衛隊の平和憲法的解編構想」深瀬忠一・樋口陽一ほか編『恒久世界平和のために』（勁草書房、1998年））。また水島朝穂『平和の憲法政策論』（日本評論社、2017年）は、憲法学研究者による総合的な平和政策論である。山内敏弘『「安全保障」法制と改憲を問う』（法律文化社、2015年）は、東北アジア非核地帯を構想する。澤野義一『平和憲法と永世中立——安全保障の脱構築と平和創造』（法律文化社、2012年）は、非武装永世中立を提唱する。

③平和的生存権について本格的に検討するためには、深瀬忠一『戦争放棄と平和的生存権』（岩波書店、1987年）、小林武『平和的生存権の弁証』（日本評論社、2006年）。また、深瀬忠一・上田勝美ほか編『平和憲法の確保と新生』（北海道大学出版会、2008年）も多角的に論じられている。

地方自治 (1)
直接民主政の法構造

　2017年6月、高知県大川村議会定例会での村長の施政方針並びに行政報告において、2年後に迫った村議会選挙にて万が一立候補者が定足数に足りa なくなるという事態に備えるために、議会を置かず、有権者参加型村民総会の調査研究を始めるという話が登場した。同時期、いくつかの小規模町村も同様の検討をしていることも明らかになったが、議員の成り手不足、過疎や高齢化を理由として町村総会へ移行しそれを運用することは現実的に可能か検討しなさい。

１．町村総会

（１）限界集落論

　大野晃が提唱した「限界集落」論が登場して久しいがそれは、① 65歳以上の高齢者が集落人口の半数を超えた場合、②冠婚葬祭をはじめ田役、道役などの社会的共同生活の維持が困難な状態に置かれている集落を指すとしている[1]。2015年時点、**大川村**（人口396人）の高齢化率は43.2%であるのでまだ①の状態に至っていないが、村議会議員6名中4名が65歳以上であった（2015年4月の選挙は無投票当選。全国では373町村議選中89町村が無投票当選）。

　このような状況時に一つの選択肢として脚光を浴びたのが「**町村総会**」である。この点、**地方自治法**は「町村は、条例で、第89条の規定にかかわらず、議会を置かず、選挙権を有する者の総会を設けることができる」とする町村総会設置規定（94条）、更には「前条の規定による町村総会に関しては、町村の議会に関する規定を準用する。」という準用規定（95条）の2カ条を規定する（89条は「普通地方公共団体に議会を置く。」という規定）[2]。

（２）憲法条文との関係

　日本国憲法93条1項では、「地方公共団体には、法律の定めるところにより、

1）例えば、大野晃『限界集落と地域再生』（北海道新聞社、2008年）。

その議事機関として議会を設置する。」としていることから、議会を置かないことはこの条文に違反しないかが問題になる。

　通説は「町村総会は、選挙権を有する者の全員によって組織されるもの」であり議会に比べて「より高い程度において『地方自治の本旨』に適合する」し、「いっそう強い程度において住民の意思を代表する機関」といい得るので、憲法にいう議事機関としての議会に当たることから本条に違反しないという[3]。また、「直接民主制は間接民主制よりも住民自治の理念に適合しており、通常は直接民主制を採用することが困難であるから次善の策として議会制民主主義を採用していると考え」る説もあるが[4]、この制度を肯定的に捉える説が多い。

　これに対し、「議会の討議を通じ濾過されていない『生の』民意による決定は代表民主制の本質に反する」し、常設議会の執行府統制の廃止が長の独裁を招くことから二元代表制にも反するとし、本条が違憲の疑いが強いという説がある[5]。選挙を経ていない18歳以上の有権者全員が総会員であることから二元代表制に変容をもたらすことは確かであるし、合議―議決へのプロセスでの質の確保は重要である。ただ、現実の町村議会の多くも首長の追認機関になってしまっているという批判もある。

　いざ議会が存続し得ない状況になった場合には事が立ち行かなくなる可能性もある。この点、町村総会自体は合憲とするが、従来の説を批判しより詰めた考察を必要だとする見解が大川村事例以降登場している。この見解は、議会議員を住民が直接選挙で選出する議事機関としての議会（93条）と選挙を経ずに構成メンバーが決まる町村総会は異なるとし、「議会を設置し得ない場合や実際の議会が住民自治の実現機関に値しないものにすぎない場合、憲法93条の機能する環境がない」といえるため、「地方自治の本旨（特に住民自治）をより

2）戦前の町村総会の運営実態などについて解説するものとして、越文明「町村総会制度の制定と運営」都市問題109号（2018年）50-62頁。

3）樋口陽一ほか『注解法律学全集（4）憲法Ⅳ』（青林書院、2004年）257頁。佐藤功『憲法（下）〔新版〕』（有斐閣、1984年）。宮澤俊義・芦部信喜『全訂日本国憲法』（日本評論社、1978年）764-765頁。「『町村総会』にかかる地方自治法の合憲性に関する質問主意書」（提出者　早稲田夕季　平成30年2月7日提出質問第57号）に対し「……町村総会は、憲法第93条第1項にいう『議事機関』としての『議会』に当たるものと考えている」という政府答弁がある。

4）宇賀克也『地方自治法概説〔第8版〕』（有斐閣、2019年）42頁。

5）辻村みよ子・山元一編『概説憲法コンメンタール』（信山社、2018年）421頁〔大津浩執筆部分〕。

よく実現する限りにおいて、各自治体の意思で、団体意思を決定する機関を憲法93条の議会に代えて設置することは、憲法92条から許容される」とする[6]。

（3）準　用

ところで町村総会を仮に合憲とし運用する場合、95条の準用規定は6章の規定を完全準用する説、部分準用する説が考えられるが、有権者がみな総会の構成員になることを踏まえるならば、たとえば、市町村議会の議員定数（91条）、議員任期（93条）や議員の選挙、議会の解散等は準用されないと考えられる[7]。その他、準用が難しい項目には地方自治法に別段の定めを置く必要がある説、条例で自治法の議会とは異なる仕組みを規定できるとする説などもある[8]。ただし、委員会制度を採用するなど完全準用に近づくほど、町村総会は間接民主主義の補完物にすぎなくなるのではないかという批判もある[9]。

（4）対象自治体と実現可能性

法条文どおりに解釈すれば全町村が対象自治体になる（全町村採用可能説）。この点、「直接民主制が可能な規模の地方公共団体」採用説[10]や「……住民も非常に少なく、単一の社会構成を有する町村で、選挙権を有するものが、事実上一堂に会して、……町村総会を設けることができる」とする説もある（小規模町村説）[11]。確かに、戦後日本で唯一の事例といわれる、1951年4月1日から1955年3月末日までの東京都八丈小島**宇津木村**の総会事例（1950年10月1日時点の住民数は66人）は、住民はほぼ一つの地域に固まり生活していた点から（コスト面も含め）村民総会開催も容易であったという現実があり、一応、小規模町村説と一致する（八丈小島の面積3.08k㎡、周囲6.5km）[12]。離島の中には類似する自治体がないわけではないがしかし、日本の自治体は現在人口・面積の規模にかかわりなく事務量・政策量が多いこと、有権者全員参加の難しさ、

6）田中孝男「町村総会制度を改めて検討する（上）」自治実務セミナー（2018年）59頁。
7）松本英昭『新版 逐条地方自治法〔第8次改訂版〕』（学陽書房、2015年）357頁。
8）幸田雅治「町村総会についての現行法体系からの検討」自治研究94巻5号（2018年）54-55頁。
9）杉原泰雄編集代表『新版 体系憲法事典』（青林書院、2008年）772頁〔廣田全男執筆部分〕。数千人程度の自治体を意識し、町村総会制度を設計した論文として、田中孝男「町村総会に関する法制度設計試論」年報自治体学13号（2000年）102-115頁。
10）宇賀・前掲書（註4）42頁。
11）松本・前掲書（註7）357頁。長野士郎『逐条地方自治法〔第11次改訂新版〕』（学陽書房、1993年）270-271頁。
12）榎澤幸広『離島と法』（法律文化社、2018年）52-89頁。

二元代表制が機能しなくなり首長と行政の独走を許すことになるなどから、町村総会実施に消極的な見解が見受けられるようになってきている[13]。

2．条例による住民投票

　それでは、町村総会の議決と同様に有権者全員で表決する**住民投票**はどうか。住民投票は、憲法が規定する地方自治特別法に対する住民投票（95条）や地方自治法による長などの解職請求における住民投票とは別に、地域の重要な政策決定に関して条例を定めて行う住民投票が近年数多く実施されている。

　この点、①発動要件、②住民投票資格権者の範囲（未成年者や定住外国人なども含むか否か）、③最低投票率設定の可否、④住民投票の対象についての選択肢、⑤投票時期、⑥法的拘束力をもつか否か（裁可型（決定型）と諮問型（助言型））、など制度設計時に検討すべき論点は多岐にわたる[14]。

　この点、特に議論になるのは⑥である。通説は、諮問型住民投票のみを認めるものが一般的であるが、それに対し、裁可型も可能とする見解もある。後者の説[15]は、町村レベルでは条例で拘束的住民投票を設けるために地方自治法94条・95条を援用できること、市や都道府県レベルでは、「日本国憲法の代表制──『直接民主制の代替物』としての代表制、『次善の策としての代表制』──の観点からすれば、また、それを支える国民主権やその地方版である住民自治の原理からすれば、憲法とそれに適合的な法律に拘束的住民投票制の導入を禁止または制限する規定がないかぎり、条例でそれを設けることは可能と解すべき」とする。この説は、当該自治体で処理できる事務や住民投票になじむ事項であること、住民投票の悪用形態としてのプレビシットにならないための諸条件具備などを制約としてあげている。しかし、熟議もなされずただ賛否だけを問う投票に特化した場合その弊害が大きい[16]。これは町村総会でも同様のことを考えなければならないが、住民投票に至るまで十分な情報提供と議論を保障することが必要になる。この点、田中孝男は、①公文書管理と②情報公

---

13) 神原勝「小規模自治体の議会はどうあるべきか」都市問題109号（2018年）86-87頁。町村議会のあり方に関する研究会「町村議会のあり方に関する研究会報告書」（2018年3月）。
14) 宇賀・前掲書（註4）380-383頁、辻村ら・前掲書（註5）508-514頁参照。
15) 杉原泰雄『地方自治の憲法論〔補訂版〕』（勁草書房、2008年）243-246頁。
16) 浦部法穂『憲法学教室〔第3版〕』（日本評論社、2016年）622頁。

開、③出前講座など住民への説明を各自治体でしっかり行うべきだとする。ただ、現状面は彼自身も指摘しているように、自治体の公文書管理条例制定数の少なさ、不都合な情報の廃棄など問題が山積している[17]。

3．地方議会活性化の試み

　議会か町村総会かの選択肢を唱える風潮に対し、「そもそも地方議会すら維持できないところで、町村総会を運営できるはずがない」という見解がある。これは、一度だけの費用対効果を考えればよい住民投票とは異なり、間接民主制よりも直接民主制は費用、時間、労力を必要とするからだという[18]。近年の議員の成り手不足は、過疎化や高齢化のみならず、首長提案を追認するばかりの議会、議員による政務活動費の不正使用などに対する住民による議会不信が、議会と住民との距離を乖離させていったのではないかとも考えられる。この点、2006 年 5 月の北海道栗山町に端を発し全国的に広まった**議会基本条例**（あるいは、議会の役割を規定した「自治基本条例」）、そして**議会改革**は憲法にいう住民自治を充実させる一つのきっかけになるかもしれない。

　たとえば、議会改革度ランキング上位である多離島自治体の長崎県小値賀町議会では、①一部夜間開催、②模擬公聴会（傍聴者に一般質問に関する不明点や意見を求めるもの）、③町民に愛される議会広報づくり、④子ども議会、⑤ 50歳以下の議員報酬を月額 30 万円とする条例制定（従来は 18 万円）、⑥子連れの議会傍聴容認、⑦町民の声を聴くための取り組みである「議会と語ろう会」、⑧議会活動を町民に説明し意見交換も行う「出前議会」などを行ってきた。これらの実験的成果を議会基本条例（2016 年 6 月 21 日条例 25 号）に反映し、小値賀町議会は“能動的に行動し”、“町民と共に歩み”、“政策を提案する”議会として活動してきたのである。

　三重県鳥羽市議会は ICT 技術をいち早く取り入れ、議会の「見える化」を推進し、あらゆる会議をインターネットで動画公開することにいち早く取り組んできた。議会改革の先端をいく北海道芽室町議会の基本条例には「第 9 章　最高規範性及び見直し手続き」の章が設けられ、当該条例の最高規範性（30

---

17) 田中孝男「町村総会制度を改めて検討する（下）」自治実務セミナー 2018 年 11 月号・48 頁。
18) 林紀行「憲法論からみた町村総会と直接民主主義」ガバナンス 2018 年 5 月号・26 頁。

条）[19]、検証と見直し手続（31 条）が規定されている [20]。具体的には、条例の目的が達成されているかどうかの毎年の検証と公表、改善が必要な場合にはすべての議員の合意形成に努めた上で改正を含めた適切な措置を講じ、改正する場合、改正理由や内容を町民に説明するという説明責任が示されている。

ステップアップ

①議員の成り手不足を防ぐために地方自治法に規定される兼業兼職禁止を緩和する動きがある。このような緩和は憲法上そもそも許されるのか、仮に許される場合、どこまで緩和することが可能か調べなさい。

②町村議会のあり方に関する研究会「町村議会のあり方に関する研究会報告書」（2018 年 3 月）は現行議会型以外に集中専門型と多数参画型を示したがこのような型は憲法が想定するものか検討しなさい。

③自分の住んでいる地域の自治体議会がどのような議会改革を行っているのか検証しなさい。

■文献紹介

①創意工夫を重ねてきた自治体議会からの批判もあるが、テーマとして今まであまり取り組まれてこなかった「町村議会」という課題に対して新たな提案をしたという点からも必読する価値がある、町村議会のあり方に関する研究会「町村議会のあり方に関する研究会報告書」（2018 年 3 月）。

②都市問題 109 号（2018 年 1 月号）は「特集　町村総会と小規模自治体のあり方」を組んでおり、戦前戦後の町村総会、高知県大川村の動向、海外小規模自治体の自治機構や小規模自治体議会のあるべき姿について幅広く扱っている。

③早稲田大学マニフェスト研究所議会改革調査部会編『66 の改革項目と事例でつかむ議会改革実践マニュアル』（第一法規、2019 年）は長年議会改革を分析してきた当研究所のマニュアルであるが、当研究所のホームページの議会改革度調査ランキングなど＜ http://www.waseda-manifesto.jp/ ＞と合わせてみることで先進的な自治体議会の改革をより実践的に理解することができる。

---

19) 他の条例に対する優位を宣伝し、基本条例と整合するよう配慮を求める「……基本条例の最高法規性の議論は、制憲期の《charter》構想と七〇年代の「憲章条例」制定運動を想起させる」とし、議会改革と憲法を結びつけて論じる論文として、小林武「自治体議会改革の憲法問題」愛知大学法学部法経論集 180 号（2009 年）83 頁。

20) 早稲田大学マニフェスト研究所議会改革調査部会編『66 の改革項目と事例でつかむ議会改革実践マニュアル』（第一法規、2019 年）142-144 頁。

地方自治（2）
条例制定権の限界の論理

X市に在住する甲は風俗店を営業しようと考えていた。X市では、住民の善良の風俗もしくは清浄な風俗環境及び、青少年の健全な育成を保持するため、一定の区域内で風俗店を営業しようとする者は、風俗営業等の規制及び業務の適正化等に関する法律の許可のほかに予め、市長の同意を得なければならない条例規制が存在していた。市長は甲に対して営業許可の不同意を決定したため、甲は本条例が同法に違反するとして、不同意処分取消訴訟を提起しようと考えている。地方自治体の**条例制定権**について考察しなさい。

1. 法律の留保と条例

（1）条例による罰則規定（憲法31条・73条6号、地方自治法14条3項）

憲法31条には、法律の定める手続なくして刑罰を科せられない罪刑法定主義が規定されている。また、同法73条6号には、命令への罰則の一般的委任の禁止が規定されている。それに対して、地方自治法14条3項には、地方公共団体の条例によって罰則規定を定めることができることが明示されているため、地方自治法の合憲性が問題となる。

①条例制定権は、その実効性を担保するため当然に罰則設定権を含み、憲法94条から直接に授権されるため法律の委任を必要としないとする説[1]。

②条例を法律に準じるものとして理解し、条例に罰則を規定する場合、一般的かつ包括的な法律の委任は必要であるとする説[2]。

③条例を法律に類する、あるいは、法律以下の法令と解し、条例が罰則を規定する場合、個別具体的な法律による委任が必要であるとする説。大阪市売春勧誘行為等取締条例事件[3]では、命令による罰則の承認規定から（憲法73条6

---

[1] 憲法直接授権説、佐藤功『憲法（下）〔新版〕』（有斐閣、1984年）1237-1238頁。
[2] 一般的包括的法律授権説、成田頼明「法律と条例」清宮四郎・佐藤功編『憲法講座4』（有斐閣、1964年）202-203頁。

号但書)、同法 31 条の趣旨は、条令においても「不特定な一般的の白紙委任的なもの」ではない限り罰則規定を設けることができると判示した。

しかしながら、徳島市公安条例事件判決[4]では、条例が当然に罰則を規定することを合憲と判断している。また、同判決は、地方自治による国民主権の実現を重視し、憲法 94 条には、命令による罰則規定の留保の要件がないことからも、条例の罰則規定は憲法から直接授権をされたものと解するのが妥当であろう[5]。

（2）条例による財産権規制（憲法 29 条 2 項）

憲法 29 条 2 項の「財産権の内容は、公共の福祉に適合するやうに、法律でこれを定める」という規定から、**条例による財産権規制**が問題となる。

地方公共団体の事務処理として必要かつ適切な場合には、条例による財産権規制ができるとする説[6]や、反対に条例は、法律の委任がある場合にのみ財産権を制約できるとする説[7]がある。

奈良県ため池条例事件上告審判決では、財産権規制の「内容」と「行使」を区別し、「内容」に対する条例規制は法律の個別的委任を必要とし、「行使」に対する条例規制は、憲法 94 条、地方自治法旧 2 条 2 項、14 条を根拠として法律の一般的及び包括的委任で規制が可能であるとした[8]。しかし、「内容」と「行使」による基準は不明瞭である。また、既に私法による広範な規制体系が支配的に構築されていることが、条例による財産権規制を難しくしている一因である[9]。

財産権の取引を全国的に一律にするのではなく、憲法 94 条によって各地方自治体の固有の事情に配慮して条例を制定するほうが、憲法の趣旨からして民主主義を実現するため、実質的には条例と法律に差異がなく、条例による財産権規制を許容すべきである[10]。

3）限定的法律授権説、最大判 1962〔昭 37〕5・30 刑集 16 巻 5 号 577 頁。
4）最大判 1975〔昭 50〕9・10 刑集 29 巻 8 号 489 頁。
5）辻村みよ子『憲法〔第 6 版〕』（日本評論社、2018 年）505 頁。
6）財産権規制許容説、佐藤功『憲法（上）〔新版〕』（有斐閣、1984 年）484 頁。
7）財産権規制不可能説、成田・前掲論文（注 2）210-211 頁。
8）財産権行使規制許容説、最大判 1963〔昭 38〕6・26 刑集 17 巻 5 号 521 頁。
9）塩野宏『行政法Ⅲ──行政組織法〔第 4 版〕』（有斐閣、2012 年）184-186 頁。
10）野中俊彦・中村睦男ほか『憲法Ⅱ〔第 5 版〕』（有斐閣、2012 年）384 頁。

（3）条例による課税（憲法 30 条・84 条）

憲法 84 条の租税法定主義の観点から、**条例による課税**が問題となる。

地方自治法 223 条や地方税法 2 条では、法律の委任に基づき、地方自治体の地方課税権を認めている。判例も、憲法が地方公共団体に対して保障している課税権が、抽象的課税権でしかなく、課税内容については法律に矛盾抵触することのない範囲内のみでしか認めないことを判示している[11]。

しかし、地方税法 3 条 1 項は、「地方団体は、その地方税の税目、課税客体、課税標準、税率その他賦課徴収について定をするには、当該地方団体の条例によらなければならない」と規定している。これは、地方公共団体は地方における諸般の事情を把握し、民主主義の実現をより確実にする趣旨である。東京都外形標準課税条例事件[12] は、東京都の制定した大手銀行にのみ例外的な税を課す条例が問題となった。本条例は、地方公共団体が、都道府県の事業情況や資本金、売上金額等に応じて、企業に対して事業税を課すことができるという自主課税権を認める規定（同法 72 条の 19〔当時〕）に基づいていた。ただし、このような例外的な事業税の負担が、所得に課す原則的な事業税の「負担と著しく均衡を失することのないようにしなければならない」という制約がある（同条の 22 第 9 項〔当時〕）。本条例は、第一審では同法 72 条の 19、第二審では同条の 22 第 9 項に違反すると判示された。しかし、両判決とも本条例が憲法 94 条の認める課税権の範囲内か否かについて、憲法判断を回避した。

その後、神奈川県臨時特例企業事件では、神奈川県が地方税法に定められた法人事業税についての欠損繰越控除制度の適用を遮断する条例を制定したことが問題となった。この条例は、地方公共団体が国の法律上の制度に制限を設ける課税条例であったとして租税法定主義に反するだけでなく、憲法 29 条の財産権侵害という見解もある[13]。しかし東京高裁において、地方公共団体の課

---

11) 秋田地判 1979〔昭 54〕4・27 行集 30 巻 4 号 891 頁、福岡地判 1980〔昭 55〕6・5 判例時報 966 号 3 頁。

12) 東京高判 2003〔平 15〕1・30 判例時報 1814 号 44 頁。本件は最高裁に上告されたが、2003 年 10 月に和解が成立した。須賀博志「自治体の課税権——東京都銀行税訴訟」憲法判例百選 II〔第 5 版〕（2007 年）461 頁。

13) 原田一明「条例をめぐる合憲性審査の一考察」磯部力先生古稀記念論文集『都市と環境の公法学』（勁草書房、2016 年）247-251 頁。

税条例は法律の枠内で制定されなければならないが、「地方公共団体が憲法上の課税権を有していることにかんがみて、」課税条例が地方税法に反するような場合であっても、租税法定主義に基づき、直ちに法律優位と判断するのではなく、慎重に判断する必要があると判示された[14]。この点、最高裁においても地方公共団体の課税権は憲法上予定されているものと判示している[15]。したがって、条例は憲法の財産権を保障する法律の一つであり、「国会制定法と条令とが前者優位の原則の下、時に後者が部分的に優越する例外を認めつつ競合的に規律する」[16] ことが妥当である。

（4）条例による表現の自由規制

各都道府県の青少年保護育成条例による有害図書規制が表現の自由を侵害するとして問題となってきた。岐阜県青少年保護育成条例事件[17] では、有害図書の指定と自動販売機での収納・販売禁止が表現の自由の侵害として条例の合憲性が争われた。最高裁は、「有害図書が一般に思慮分別の未熟な青少年の性に関する価値感に悪い影響を及ぼし、性的な逸脱行為や残虐な行為を容認する風潮の助長につながるものであって、青少年の健全な育成に有害であることは、既に社会共通の認識であるといってよい。」と判示した。しかし、青少年の有害図書類への接触がもたらす悪影響の内容や、青少年の健全育成との因果関係が明確ではない[18]。多数説は、因果関係の科学的証明が困難というが[19]、一定の科学的証明を必要とする見解もある[20]。また、青少年の保護を目的とする有害図書の排斥に有用性を見出す社会の共通認識のみに依拠して、表現の自由に事前抑制をかけることにも疑問が残る[21]。そして、多数意見では、本条

---

14) 東京高判 2010〔平 22〕2・25 判例時報 2074 号 32 頁。
15) 最判 2013〔平 25〕3・21 民集 67 巻 3 号 438 頁。
16) 大津浩「第 8 章地方自治」辻村みよ子・山元一編『概説憲法コンメンタール』（信山社、2018 年）427 頁。
17) 最判 1989〔平元〕9・19 刑集 43 巻 8 号 785 頁。
18) 曽我部真裕「青少年健全育成条例による有害図書規制についての覚書」法学論叢 170 巻 4・5・6 号（2012 年）500 頁。
19) 松井茂樹「青少年保護育成条例による『ポルノ・コミック』の法的規制について（二）」自治研究 68 巻 8 号（1992 年）98 頁。
20) 横田耕一「有害図書規制による青少年保護の合憲性——岐阜青少年保護育成条例違憲訴訟最高裁判決をめぐって」ジュリスト 947 号（1989 年）94 頁。
21) 松井茂記「『有害図書』指定と表現の自由——岐阜県青少年保護育成条例事件」憲法判例百選 I〔第 7 版〕（2019 年）113 頁。

例は付随的規制であり、表現内容の規制ではないとするが、有害図書規制は性的な表現物を規制するためであり、表現内容に基づく規制である。したがって、規制目的の合理性について十分な検討をしなければ表現の自由を侵害しないと断定できない[22]。伊藤正己裁判官の補足意見は、当該規制が合憲であるためには、「青少年非行などの害悪を生じる相当の蓋然性のあることをもって足りる」とした。しかしながら、青少年へのパターナリズムに基づく規制だとしても、表現の自由に対する保護の程度を低くし、緩やかな違憲審査基準を用いることは異論が多い[23]。加えて、規制手段についても、図書の情報が受け手に到達する以前に行政が審査を行うため、憲法22条2項の検閲に該当し、青少年の知る権利を侵害するか否かが問題となる。青少年が有害図書という情報にアクセスする権利を侵害されている点を考慮すれば、有害図書への規制手段は検閲とも解することができる[24]。

東京都では2010年の条例改正で、漫画やアニメーションが有害図書指定の範囲として拡大され、近親者間の性行為など社会規範に反する表現も有害図書の指定基準として新たに加筆された(東京都青少年の健全な育成に関する条例7条2号)。有害図書の判断は、自主規制団体の聴き取り調査に基づき、都の審議会において、漫画の性行為部分の修正や、卑わい感の少なさ、擬音の量等の表現内容を直接的に審理しており、より表現の自由侵害が深刻化している[25]。また、同年の改正によって、条例には、青少年の非行や犯罪の誘発防止目的だけでなく、刑罰に触れたり、民法上禁止されている近親者間の性行為を「不当に賛美し又は誇張するように、描写又は表現することにより、青少年の性に関する健全な判断能力の形成を妨げ」るおそれがあるものを排除する旨が規定された。これは、「青少年の性に関する人格形成」という精神面に対する悪影響となる図書も排斥する趣旨である。したがって、より条例による規制手段が実行的な最小限度の規制か否かを審査する必要性がある[26]。

---

22) 井上幸希「青少年保護育成条例による有害図書規制の合憲性について」広島法学40巻4号(2017年)80頁。
23) 松井・前掲論文(註21)113頁。
24) 同上。
25) たとえば、第681回東京都青少年健全育成審議会議事録2017年3月13日4頁、第711回同議事録2019年9月13日9頁など。

2. 条例制定権の限界

　条例制定権の根拠である憲法 94 条には、条例は「法律の範囲内で」制定することが規定されている。また、地方自治法 14 条 1 項は、地方公共団体が「法令に違反しない限りにおいて」、同法 2 条 2 項の事務に関して条例制定権を有していることを定めている。この二つの規程から、法律と条例の関係が問題となる。従来、条例と法律が同じ事柄に対し競合して制定され、両者が矛盾抵触している場合、法律が先占し、明示的委任がない限り、条例に優位すると解してきた（法律先占論）。

　しかし、法律が条例制定を明白に制限していない範囲には条例の制定を可能とする説[27]や、法律先占論を否定し、法律と条例による直接的な抵触がある場合のみを「法律の範囲内」と解し、地方自治の中核である「固有の自治事務領域」は地方自治体がその第一次責任と権限を保有しており、公害問題や地域に根づく自然環境の保護、地域の土地利用の計画等に関して広く地域の自律性を認める説[28]もある。この説では、国の法律によって地方公共団体の「固有の自治事務領域」に全国的な最低限の基準を規定しているため、各地方公共団体が、法律による規制と同じ事柄に対して強い規制をする「上乗せ条例」や法律よりも規制対象を拡大する「横出し条例」などを認めている。

　徳島市公安条例事件[29]において、最高裁は、同じ事柄に対する法律と条令が競合している場合でも、両者の趣旨・目的が異なる場合、条例は無効と判断されないことを示した。また、目的が同一の場合、法律の趣旨が全国一律の規制でない場合には、地方公共団体の事情を考慮して条例を制定することを許容しており、法律と条令の矛盾抵触問題は生じ得ないと判示した。

　愛知県東郷町建築規制条例事件では、同地域への新たなラブホテル建設が本規制条例の定める基準に達しておらず、建設中止命令が出された。しかし、本規制条例が風俗営業法及び旅館法よりも規制強化がなされているため、矛盾抵

26）松井直之「東京都青少年健全育成条例による不健全図書の規制——『青少年の性に関する人格形成への悪影響の排除』をめぐって」立教法務研究（7）（2014 年）314-316 頁。

27）成田・前掲論文（註 2）215 頁。

28）原田尚彦『環境権と裁判』（弘文堂、1977 年）245-246 頁、同『新版地方自治の法としくみ改訂版』（学陽書房、2005 年）66 頁。

29）最大判 1975〔昭 50〕9・10 刑集 29 巻 8 号 489 頁。

触するか問題となった。第一審[30]では、徳島市公安条例事件を引用し、地方自治体が条例制定権を有していることを前提とした。その上で、地方公共団体は、法律上明白に禁止されていない場合、地域の諸般の実情に沿う条例制定が可能と示した。法律による規制を上回る規制条例は、法律上の規程と照合した上で、法律と条例による具体的規制の可否を検討しなければならないとして、本規制条例を認めた。

飯盛町旅館建築規制条例事件の控訴審[31]では、旅館営業法は「全国一律に施された最高限度の規制」であり、地方公共団体による条例がより規制内容を強化することを排斥する趣旨まで含んでいると解することは困難として、地域独自の特殊性を重視し、「横出し条例」を認めた[32]。

このように、今日の地方自治体に求められていることは、より地域の実情を考慮し、住民の意思の実現を図ることであり、地方独自の条例による規制を広く認めることが地方自治の本旨を保障することである。

ステップアップ

①どのような主体が作成した法規範を条例とするのか、条例の範囲について考察しなさい。

②地方公共団体が有する条例制定権の根拠を、憲法上のどこに求めるのか考察しなさい。

③各都道府県の迷惑防止条例にいう「わいせつ行為」への罰則と強制わいせつ罪との違いについて考察しなさい。また、同条例の人権制約についても考察しなさい。

---

30) 名古屋地判 2005〔平 17〕5・26 判例タイムズ 1275 号 144 頁。なお、高裁及び最高裁は地裁判決を支持し、訴えを退けた。
31) 福岡高判 1983〔昭 58〕3・7 行集 34 巻 3 号 394 頁。
32) 「横出し条例」を認めなかった事例として、高知市普通河川等管理条例事件・最判 1978〔昭 53〕12・21 民集 32 巻 9 号 1723 頁がある。地方自治体が、普通河川の管理を強化する普通河川管理条例を制定したが、河川管理を施す河川法は普通河川に対して適用河川または準用河川に対する管理以上に強力に河川管理は施さない趣旨であるとし、条例を違反無効とした。

■文献案内

①学説整理として、宮澤俊義〔芦部信喜補訂〕『全訂 日本国憲法』（日本評論社、1978年）、野中俊彦ほか『憲法Ⅱ〔第5版〕』（有斐閣、2012年）、佐藤功『憲法（下）〔新版〕』（有斐閣、1984年）、大津浩「第8章地方自治」辻村みよ子・山元一編『概説憲法コンメンタール』（信山社、2018年）が有益であろう。

②学説整理として、綿貫芳源『日本国憲法体系・補巻』（有斐閣、1971年）、清宮四郎『憲法Ⅰ〔第3版〕』（有斐閣、1979年）、成田頼明「法律と条例」清宮四郎・佐藤功編『憲法講座4』（有斐閣、1964年）、辻村みよ子『憲法〔第6版〕』（日本評論社、2018年）、小林直樹『憲法講義（下）〔新版〕』（東京大学出版会、1981年）、最大判1954〔昭29〕11・24刑集8巻11号1866頁が有益であろう。

③大阪高判2018〔平30〕1・31（平成29年（う）第1032号）LEX/DB25549755、田川靖紘「特別刑法判例研究（81）兵庫県迷惑防止条例にいう『卑わいな言動』該当性」法律時報91巻4号（2019年）、佐々木幸寿「教育危機管理衣服の上から盗撮した行為が迷惑防止条例違反に当たるとされた事例」週刊教育資料1551巻（2020年）、刑法的観点から大場史朗「都道府県迷惑防止条例に関する一考察」大阪経済法科大学法学論集79巻（2018年）、実務の観点から藤原家康「東京都迷惑防止条例改正の問題点」月刊自治研60巻705号（2018年）、小林節「安倍政権による言論統制」月刊日本22巻5号（2018年）が有益であろう。

事例 44　象徴天皇制と天皇への裁判権

　令和の時代に入り、天皇は、より一層、象徴としての務めを果たすべく積極的に国民とのふれあいを求めていた。あるとき天皇は、リフレッシュのため登山に出かけた。その折、天皇は足を滑らせ誤って落石をおこし、後方にいたXがその直撃を受け、重傷を負った。後日、宮内庁は、Xに対し「お見舞い金」を申し出たところ、被害に見合う金額ではなかったため、Xは受け取りを拒否した。Xは、落石事故をおこした天皇を被告に慰謝料請求訴訟を提起しようと考えている。このような民事裁判が可能か否か、考察しなさい。

1．象徴天皇制の規範的意味

（1）象徴とは何か

　象徴（symbol）の言葉の意味は、直接知覚できないものを別の類似的なるものによって具象化することをいう。たとえば、「甲大学の校章」という具体的な物を通じて「甲大学」を認識する場合、「この校章が甲大学の象徴」である。

　憲法1条に定める「天皇は、日本国の象徴であり日本国民統合の象徴」の意味は、「日本国」と「日本国民統合」を天皇によって表出することを意味する。もとより天皇は、立憲君主制を採用する大日本帝国の象徴的存在であったが（旧憲法3条・4条）、現憲法の**象徴天皇制**における象徴とは、憲法規範による拘束を受けた政治的実権のない天皇の法的地位を示し、現憲法によって新たに設定された規範概念である[1]。旧憲法と現憲法との天皇にかかわる象徴性に連続性をみる見解もあるが、旧憲法における神聖不可侵性から引き出される天皇の象徴的機能をそのまま受容することはできない。むしろ、現憲法における象徴

1）憲法制定時における天皇制の把握に関しては、奥平康弘『「萬世一系」の研究 上下』（岩波現代文庫、2017年）。君主制一般に関しては、佐藤功『君主制の研究』（日本評論社、1957年）参照。また、君塚直隆『立憲君主制の現在』（新潮選書、2018年）は、日本の政治形態を立憲君主制として描くが、これは憲法制定期の天皇存置問題を考慮に入れない捉え方でしかない。

は、日本国憲法によって初めて規範化され、立憲君主ではない「象徴としての天皇」の憲法的意味が、探求されなければならない[2]。

（2）象徴としての行為論

　天皇の行為について、**二行為説**が主張されている[3]。この説によれば、天皇は憲法7条各号・6条・4条2項に定める13種類の国事行為のほか、純然たる私的行為（相撲、演奏会の観覧など）の二つの分野しかないとみる。これに対し、**三行為説**が唱えられているが、その実質的な意味は、天皇のいわば「公的地位」から「公的行為」が発生し、これを憲法合理性のあるものとして受容するところにある。三行為説のうち、**象徴行為説**が有力である。この学説は、天皇の「象徴としての地位」から国事行為以外の「公的性質の行為」を引き出し、この行為について内閣の直接・間接的責任の下に置くことにより憲法統制を図ろうとする[4]。たとえば、国会開会式、国家的式典における天皇の「おことば」[5]などの「公的性質」を有する天皇の行為は、「**象徴としての行為**」として認めるべきだと説く。

　象徴行為説は、天皇の行動のあり方を説明する点で現実的な学説のように思われた。ただ当初の象徴的行為説は、天皇の国事行為以外の公的行為が量的にも質的にも限定化されることを前提にしていた。しかし、平成の時代以降、天皇自身が「象徴としての務め」を模索し始め、その結果「象徴としての行為」の量的増加と質的な意味合いの変化が生じてきている[6]。今上天皇が先代の天

2）天皇の象徴性について、旧憲法と連続的に捉える学説を宣言的規定説という。この学説は、宮澤俊義〔芦部信喜補訂〕『全訂 日本国憲法』（日本評論社、1978年）51-53頁参照、芦部信喜〔高橋和之補訂〕『憲法〔第7版〕』（岩波書店、2019年）46頁参照。これに対し、日本国憲法によって象徴としての天皇が生まれたと把握する学説を創造的規定説という。横田耕一「天皇と政治」奥平康弘・杉原泰雄編『憲法学4』（有斐閣、1976年）182-183頁及び高橋和之『立憲主義と日本国憲法〔第4版〕』（有斐閣、2017年）44頁は、天皇の法的地位について旧憲法と現憲法との断絶を強調する。

3）辻村みよ子『憲法〔第6版〕』（日本評論社、2018年）56頁参照。

4）清宮四郎『憲法Ⅰ〔第3版〕』（有斐閣、1979年）155頁参照。三行為説のうち、佐藤功は「象徴としての公的行為」を「国家機関としての国事行為」、「国事行為以外の公的行為」と分け、その外に「私的行為」があると分類している。清宮四郎・佐藤功ほか編『〔新版〕憲法演習1』（有斐閣、1980年）21頁参照。

5）宮澤は、「おことば」は憲法7条10号の「儀式を行ふこと」に該当するとみる。宮澤・前掲書（註2）140-141頁参照。

6）天皇の退位等に関する皇室典範特例法（2019年）1条は、「国事行為のほか、全国各地への御訪問、被災地のお見舞いをはじめとする象徴としての公的な御活動」と表現している。

皇を見習い、天皇自身が「象徴としての行為」を作り出していくことで、その傾向は一層強まろう。「象徴としての行為」の質を問いただし、当該行為への結果責任の所在を明確にする必要は、正にその点にある。

２．天皇の法的責任の範囲

（１）刑事裁判権

　天皇は、その一切の行為につき刑事責任を負わない。皇室典範 21 条は「摂政は、その在任中、訴追されない」と定め、国事行為臨時代行法 6 条は「委任を受けた皇族は、その委任がされている間、訴追されない」と定めている。この条項の当然解釈から、天皇はその在任中訴追されないと解される。ただ、天皇が退位し上皇の地位に就いたときは、明文規定がないため刑事訴追の対象となる。また、ここでいう「訴追されない」とは、刑事責任がないという意味ではなく、刑事責任はあるが特権として訴追を受けないという意味である[7]。これは、皇室典範 21 条但書が、摂政の地位終了時以降、「訴追の権利」が留保されると定めていることから明らかである。

（２）民事裁判権

　天皇の民事裁判権については、明文規定はない。そこで通説は、天皇は「民事上の行為については天皇の責任を除外すべき特別な事情はない」[8]、「民事上の無答責は認められない」[9] と捉える。この民事責任は、旧憲法 3 条に関する美濃部達吉の立場を踏襲したものであり、美濃部は御料（天皇の固有財産）に関して天皇が、民事裁判上の原告・被告になり得ることを認めていた[10]。

　これに対し、判例は天皇の民事裁判権について完全否定している。すなわち、最高裁判所は、天皇に対する住民訴訟における不当利得返還請求事件（記帳所事件）において、次のように判示した。「天皇は日本国の象徴であり日本国民統合の象徴であることにかんがみ、天皇には民事裁判権が及ばないものと解す

---

7) 園部逸夫『皇室法概論〔復刻版〕』（第一法規、2016 年）192 頁参照。
8) 清宮・前掲書（註4）173 頁。
9) 佐藤功『ポケット註釈全書 憲法（上）』（有斐閣、1983 年）58 頁。
10) 美濃部達吉『逐条憲法精義〔初版第 10 刷〕』（有斐閣、1934 年）119 頁参照。但し、旧皇室財産令（1910 年）2 条は、「御料ニ関スル法律上ノ行為ニ付テハ宮内大臣ヲ以テ其ノ当事者ト看做ス」と定め、天皇自身が訴訟当事者になることを回避していた。

るのが相当である。したがつて、訴状において天皇を被告とする訴えについて
は、その訴状を却下すべきものである」[11]。

3．判例への評価

（1）訴状却下判決の意味

　最高裁判所の先の判決は、天皇が象徴であるがゆえに、民事裁判権が及ばな
いと判示しているだけであり、なぜ象徴から民事裁判権が否定されるのか、ま
た訴状却下の根拠は何かについては、判示していない。本件の最初の裁判であ
る第一審判決も**訴状却下判決**を下したが、この控訴審は、天皇を被告とする訴
えに関する訴状却下命令を違法と判断した。同控訴審判決によれば、「民事訴
訟法上、訴訟の却下は、訴状に当事者、法定代理人請求の趣旨若しくは原因の
記載を欠く場合、訴え提起の手数料を納付しない場合又は訴状の送達をするこ
とができない場合にすべきものとされているところ……〔本件では〕少なくと
も明示的には右事由のいずれにも当たらないものとみるほかな（い）」、「仮に
天皇の法的地位及び本件の請求に照らし、右請求を不適法とすべき事由がある
としても、右は訴えを却下すべき事由に該当するものであって、これを訴状却
下の根拠とすることはできない」[12]と判示した。この判旨は、民事訴訟法学に
おける天皇の民事裁判権肯定説（多数説）と一致する[13]。

（2）天皇の民事裁判権

　天皇に民事裁判権が及ぶとしても、その現実的な対応が別個問題となる。す
なわち、天皇が被告適格を有さないという文脈で訴状却下あるいは訴えの不適
法が主張されるが、逆にその手法は、天皇自身が民事裁判の原告となり得ない

11）最判 1989〔平元〕11・20 民集 43 巻 10 号 1160 頁。なお、1951 年 2 月 19 日の東京地方裁判所命令
　において訴訟却下判決が出された例がある（判例集未登載／吉田長蔵『新天皇論』（千代田書院、
　1952 年）193 頁参照）。本件は、南朝系に属する自称「熊沢天皇」による「現天皇不適格確認訴訟」
　である。裁判所は、「天皇は国の安全の為に一般に裁判権には服しない」（同 193 頁）と判示した。
　ただ「財産上の請求に付ては別途の考慮を必要とすべき理由がある」（同上）と判示していること
　に注意。
12）東京高決 1989〔平元〕4・4 判例時報 1307 号 112 頁。
13）肯定説として、新堂幸司『新民事訴訟法〔第 5 版〕』（弘文堂、2011 年）91 頁参照、塩崎勤編『注
　釈民事訴訟法　1』（青林書院、2002 年）69 頁〔小島武司執筆〕。否定説として、伊藤眞『民事訴訟
　法〔第 6 版〕』（有斐閣、2018 年）40 頁参照、斉藤秀夫・小室直人ほか編著『注解民事訴訟法（1）〔第
　2 版〕』（第一法規、2001 年）210 頁〔斉藤秀夫執筆〕参照。

点にも当てはまるであろうか。たとえば、天皇がスキーを楽しんでいるとき、別のスキーヤーが誤って天皇と衝突し、天皇が重傷を負った場合、天皇は加害者に民事責任を追及すべく、民事裁判を提起できないのであろうか。

　この問題性は、皇室典範及び皇室経済法において天皇の民事責任の所在が明文化されていないため、民事裁判権行使の主体が明らかではないことに起因する。「天皇の象徴性」、「天皇の民事責任」、「天皇の裁判権」の各別個の問題群が整理されず、象徴から民事責任の有無を判断し、そこから民事裁判権の不存在を引き出すという安直な象徴天皇像が、最高裁判所にあったように思われる。つまり、最高裁判所の先の判決に対しては、「天皇の神聖不可侵性から必ずしも引き出されるとは考えられていなかった効果を、天皇の象徴性から無媒介に引き出してくるもの」[14]との批判が妥当する。民事裁判権の否定を「『象徴』性を理由に否定することは、天皇の私的生活領域まで『象徴』の効果を拡張しすぎる」[15]といい得る。「象徴」概念は、法的責任の存否に関する規範的意味を内包していないからである。

（3）皇族の法的責任

　天皇以外の皇族は、象徴の地位にないため、先の最高裁判所を援用し、民事裁判権を否定することは不可能である。裁判例として皇后に対する民事裁判権の有無が争われたケースがある。東京高等裁判所は、皇后と日本赤十字社間の名誉総裁奉戴関係不存在確認訴訟において「わが国の民事裁判権は、原則としてわが国内にいるすべての人に及ぶのであり、皇后が日本国の象徴であり、日本国民統合の象徴である天皇の配偶者であることは、皇后に対する民事裁判権を否定すべき理由となるものではなく、他にこれを否定すべき特段の理由ないし根拠はない」[16]と判示したことがある。

　天皇以外の皇族は、特段法律の明文規定がないため、民事責任を負い民事裁判権に服するとみるのが民事訴訟法の基本解釈である。したがって、皇族は、被告適格を有するほか、原告適格も有し、通常人と同様な民事裁判の当事者と

---

14) 日比野勤「天皇と民事裁判権」平成元年度重要判例解説（1990 年）15 頁。また長谷部恭男「天皇に対する民事裁判権」民事訴訟法判例百選 I（1998 年）14-15 頁参照。
15) 樋口陽一『憲法 I』（青林書院、1998 年）127 頁。
16) 東京高決 1976〔昭 51〕9・28 東高民時報 27 巻 9 号 217 頁。明確な誤字は訂正した。

なり得る。刑事責任についても、先の例外を除き（摂政、天皇の臨時代行者）、刑事裁判権から逃れることはできない。特に皇族の行為に関し、私的行為と公的なる行為が混在している場合が多く、また象徴としての行為が認められないため、各皇族の行為による民事刑事責任の発生は、天皇よりもその可能性は高いとみられる。

┌─────────────────┐
│   ステップアップ   │
└─────────────────┘

①現行法上、女性天皇が現れない法的根拠は何か。また、女性天皇を創設する点をどのように評価すべきであろうか。憲法 14 条との関係で考察しなさい。

②皇族の私的行為ではない実例をあげ、その行為は憲法上、どのように根拠づけられるだろうか。その場合、法的責任の所在はどこに帰属するであろうか。

③天皇退位の表明から皇室典範の改正に至る過程を時間軸にそって調べなさい。

■文献案内

①皇室典範に関する著作として、園部逸夫『皇室法概論〔復刻版〕』（第一法規、2016 年）が有益である。同書巻末の「参考文献」は、文献が網羅されている。針生誠吉・横田耕一『国民主権と天皇制』（法律文化社、1983 年）は、本格的研究である。横田耕一・江橋崇編『象徴天皇制の構造』（日本評論社、1990 年）は、昭和から平成に移行した折の憲法問題を扱う。

②ジュリスト 933 号（1989 年）には、日本国憲法下の最初の代替わり時における象徴天皇制に関する憲法研究者の諸論文を収めている。また、『法学セミナー増刊 総合特集シリーズ 29 これからの天皇制』（日本評論社、1985 年）及び『法学セミナー増刊 総合特集シリーズ 33 天皇制の現在』（日本評論社、1986 年）は、昭和天皇時代の象徴天皇制問題を包括的に論じている。特に前著巻末の横田耕一「現代天皇制を理解するための文献と解説」は、文献を丁寧に紹介している。同『憲法と天皇制』（岩波新書、1990 年）も合わせて参照。

③退位問題の公式資料として、首相官邸 https://www.kantei.go.jp/「天皇の公務の負担軽減等に関する有識者会議」の『最終報告』（2017 年 4 月 21 日）における第 5 回会議議事録（2016 年 11 月 30 日）に天皇退位に関する憲法研究者の意見がまとめられている。

事例 45 憲法改正の限界

2020年1月の通常国会の施政方針演説で、安倍晋三内閣総理大臣は、「未来に向かってどのような国を目指すのか。その案を示すのは、私たち国会議員の責任ではないか」と述べ、憲法改正の実現に強い意欲を示していた。もし憲法を改正するとすれば、どのような改正が許され、どのような改正が許されないのか。そして、もし改正に限界があるとすれば、その限界を超えた改正は、どのように評価されるのか。最近の憲法改正案を素材として、これらの論点について考えてください。

1．憲法改正に限界はあるか

（1）憲法改正とは何か

憲法改正とは、憲法改正手続に従い、意識的にその条文に変更を加えることをいう。変更の形式としては、法律の改正と同じく、既にある条文に修正、削除または追加する場合や新しい条文を加える場合がある。通常想定されることが多いのは、改正の範囲が一部分にとどまる**部分改正**であるが、ほとんどすべてを改正する**全面改正**もあり得る。憲法改正は、全く新しい憲法を定めるという理念に立ち改正手続によらずに条文を変更する点で、**憲法制定**とは異なり、また、形式的な条文の変更を伴わないにもかかわらず条文の意味が変化したとされる**憲法変遷**とも区別される。

憲法改正について限界があるかどうかについては、二つの学説が対立している[1]。**憲法改正無限界説**（以下「無限界説」という。）は、憲法改正手続によれば、いかなる改正もできるとする。それに対して、**憲法改正限界説**（以下「限界説」という。）は、たとえ憲法改正手続によっても、許されない改正があると

1）学説状況については、佐藤信行「憲法改正の限界」加藤一彦ほか編『現代憲法入門ゼミ50選』（北樹出版、2005年）372頁、芹沢斉「憲法改正行為の限界」大石眞・石川健治編『憲法の争点』（有斐閣、2008年）328頁などがある。

する。限界説が通説である[2]。無限界説に立てば、改正手続に従えばいかなる改正も可能であるから、設問に対して、「いかなる改正も許されるので、改正案について限界を超えているかどうかを議論する必要はない」と答えることになる。

（2）無限界説

　無限界説には、代表的なものとしては、2種類ある。一つ目は、憲法の改正に限界があるとすれば、憲法の条文の中に改正できるものと改正できないものを区別することができるという前提があるはずであるが、必ずしもそのような区別ができるわけではないとする学説である[3]。たしかにあらゆる条文について、改正できるものとできないものをつねにはっきりと区別できるとはいいがたいであろう。しかしながら、つねに区別できないとも断言ができないだろう。全く区別できないとする前提には、基本的な理念に関わる条文であっても、他の条文と同程度の価値しか有さないという法規範の理解がある。しかしながら、日本国憲法において、個人の尊厳を定める13条と衆議院議員の任期を4年とする45条が全く同程度の重要性であるという理解は、一般には支持されがたいであろう。

　もう一つの無限界説としては、結局、憲法を改正するのも、憲法を制定するのも、国民だから、そのときどきの政治的決断について、憲法を「制定」するといい、あるいは、「改正」するといえども、いずれも国民の民主的決定である限りは、そこに違いはないはずであるという議論をする[4]。いわば国民主権の万能性を根拠とする考え方である。憲法改正権は、憲法制定権の一形態にすぎず、憲法制定権はいつでも発動可能なものであるとも説明される。しかしながら、国民の名の下であれば、いかなる決定も許されるであろうか。たとえば、国民主権をやめて、戦前の大日本帝国という天皇主権の国家に戻すという決定

2）芦部信喜〔高橋和之補訂〕『憲法〔第7版〕』（岩波書店、2019年）409頁、高橋和之『立憲主義と日本国憲法〔第4版〕』（有斐閣、2017年）474頁、浦部法穂『憲法学教室〔第3版〕』（日本評論社、2016年）31頁、辻村みよ子『憲法〔第6版〕』（日本評論社、2018年）520頁など。
3）佐々木惣一「憲法を改正する国家作用の法理」同『憲法学論文選㈠』（有斐閣、1956年）。
4）このような学説としては、結城光太郎「憲法改正無限界の理論」山形大学紀要（人文科学）3巻3号（1956年）281頁や小嶋和司「憲法改正の限界と改正条項の改正」同『憲法解釈の諸問題』（木鐸社、1989年）343頁がある。

を行うことは可能であろうか。万が一そのようなことが起こったとしても、そのような事態は、国民が本当に望んだのかがきわめて疑わしい状況においてのみ出現することになるだろうし、憲法改正であると説明することで、事態を矮小化して見せているといえよう。むしろ、変更の程度の重大さに応じて、それを表現する用語を使い分ける方が自然であろう。

（3）限界説

今までの説明からわかるように、限界説は、憲法の条文の中に重要なものとそうでないものの区別を認めるとともに、憲法の変更内容について、全く異なるものを制定することと一部を変更するにすぎない改正を区別することが有益であると主張する考え方である。そして、限界説が改正の限界の基準として提示するのは、憲法の基本原理である。たとえば、天皇制を廃止することは、それ自体の是非はともかくとして、日本国憲法の基本原理に何らの変更をもたらさないことは明らかであり、憲法改正の限界を超えていないとされる[5]。ただ、限界説も、抽象的に基準を述べるにとどまる。

（4）日本国憲法は、帝国憲法の「改正」なのか、新しい憲法の制定なのか

「上諭」には、「朕は、……帝国憲法第73条による帝国議会の議決を経た帝国憲法の改正を裁可し、ここにこれを公布せしめる」とあり、建前としては、日本国憲法は、帝国憲法が「改正」されたものである。

無限界説は、これを文字どおりに理解して、日本国憲法が帝国憲法73条の定める改正手続による憲法改正の結果として成立したと理解する。しかし、通説である限界説からは、天皇主権から国民主権への変更は、憲法の基本原理を変更するものであるから、本来このような改正は許されないはずであり、形式的には「改正」とされるが実質的には新たな憲法の「制定」であるとみる。それゆえに、日本国憲法の成立を説明する別の根拠を援用する必要があるのである。たとえば、ポツダム宣言受諾を契機として、新たな「根本規範」が国民に憲法制定権力を付与し、日本国憲法はこれに基づいて制定されたと説明したり[6]、日本政府は、「日本の最終の政治形体は、ポツダム宣言のいうところに

5）芦部信喜・前掲書（註2）44頁は、この点について、「天皇制は絶対的なもの、不可変更的なものではなく、国民の総意によって可変的なものとなった」という。

6）清宮四郎「憲法改正の作用」同『国家作用の理論』（有斐閣、1968年）。

したがい、日本国民の自由に表明される意志によって定めるべき」とする連合国側の回答を諒承した上で、ポツダム宣言を受諾し、神権主義から国民主権主義への「革命」が生じたと説明するのである（「八月革命説」）[7]。

2．憲法改正の限界

　それでは、次に、限界説を前提とし、最近の憲法改正案について、憲法改正の限界を超えているかどうかについて検討してみよう。ここでは紙幅の関係もあり、そのごく一部の論点を取り上げるにとどまる。

（1）憲法9条を改正することは許されるのか？

　憲法改正の対象としてよく議論されるのが、憲法9条である。次頁の表は、自由民主党から提案されている最近の9条の改正案である。

　憲法9条については、平和主義を否定する改正は許されないが、2項を改正し、軍隊を保持するように改正することが許されないわけではないとする学説（2項改正可能説）と、2項も含めて、日本国憲法の非武装平和主義こそが基本原理であるから、軍隊を保持することが可能となるような改正をすることは許されないとする学説（2項改正不可能説）がある。

　しかし現実には、軍隊を正面から認めるかどうかが問題となっているわけではない。政権与党である自由民主党から少し前に提案された軍隊を正面から認める改正案（2012年4月27日の自由民主党の「憲法改正草案」）は評判が悪く、国民の支持を得られなかった。改正内容を絞り込んだ現在の改正案は、いわゆる自衛隊加憲論（2018年3月26日の自由民主党憲法改正推進本部条文イメージ）である。これは、9条をそのままに自衛隊の存在を追加する提案である。2項改正可能説からすれば、当然に許される改正であり、2項改正不可能説からしても、自衛隊は、戦力ではないという政府見解を共有すれば許されるということになる。しかし、2項改正不可能説に立ち、自衛隊は紛れもなく戦力であると考えれば、憲法改正の限界を超えていることになる[8]。

7）宮沢俊義「日本国憲法生誕の法理」同『憲法の原理』（有斐閣、1967年）。
8）自衛隊加憲論の批判的検討として、浦田一郎『自衛隊加憲論の展開と構造』（日本評論社、2019年）及び山内敏弘『安倍改憲論のねらいと問題点』（日本評論社、2020年）参照。

自由民主党の「日本国憲法改正草案」 （2012 年 4 月 27 日）[9]	自由民主党憲法改正推進本部 条文イメージ （2018 年 3 月 26 日）[10]
第 2 章　安全保障 （平和主義） **第 9 条**　日本国民は、正義と秩序を基調とする国際平和を誠実に希求し、国権の発動としての戦争を放棄し、武力による威嚇及び武力の行使は、国際紛争を解決する手段としては用いない。 ②　前項の規定は、自衛権の発動を妨げるものではない。	**第 2 章　戦争の放棄** **第 9 条**　日本国民は、正義と秩序を基調とする国際平和を誠実に希求し、国権の発動たる戦争と、武力による威嚇又は武力の行使は、国際紛争を解決する手段としては、永久にこれを放棄する。 ②　前項の目的を達するため、陸海空軍その他の戦力は、これを保持しない。国の交戦権は、これを認めない。
（国防軍） **第 9 条の 2**　我が国の平和と独立並びに国及び国民の安全を確保するため、内閣総理大臣を最高指揮官とする国防軍を保持する。 ②　国防軍は、前項の規定による任務を遂行する際は、法律の定めるところにより、国会の承認その他の統制に服する。 ③　国防軍は、第 1 項に規定する任務を遂行するための活動のほか、法律の定めるところにより、国際社会の平和と安全を確保するために国際的に協調して行われる活動及び公の秩序を維持し、又は国民の生命若しくは自由を守るための活動を行うことができる。 ④　前 2 項に定めるもののほか、国防軍の組織、統制及び機密の保持に関する事項は、法律で定める。 ⑤　国防軍に属する軍人その他の公務員がその職務の実施に伴う罪又は国防軍の機密に関する罪を犯した場合の裁判を行うため、法律の定めるところにより、国防軍に審判所を置く。この場合においては、被告人が裁判所へ上訴する権利は、保障されなければならない。 （領土等の保全等） **第 9 条の 3**　国は、主権と独立を守るため、国民と協力して、領土、領海及び領空を保全し、その資源を確保しなければならない。	**第 9 条の 2**　前項の規定は、わが国の平和と独立を守り、国及び国民の安全を保つために必要な自衛の措置をとることを妨げず、そのための実力組織として、法律の定めるところにより、内閣の首長たる内閣総理大臣を最高の指揮監督者とする自衛隊を保持する。 ②　自衛隊の動向は、法律の定めるところにより、国会の承認その他の統制に服する。
（憲法尊重擁護義務） **第 102 条**　全て国民は、この憲法を尊重しなければならない。 ②　国会議員、国務大臣、裁判官その他の公務員は、この憲法を擁護する義務を負う。	

9）自由民主党「日本国憲法改正草案」https://jimin.jp-east-2.storage.api.nifcloud.com/pdf/news/policy/130250_1.pdf　その解説パンフレットである「日本国憲法改正草案Ｑ＆Ａ〔増補版〕」https://jimin.jp-east-2.storage.api.nifcloud.com/pdf/pamphlet/kenpou_qa.pdf も参照。
10）自由民主党憲法改正推進本部「憲法改正の議論の状況について」https://jimin.jp-east-2.storage.api.nifcloud.com/pdf/constitution/news/20180326_01.pdf による。

（3）人権の制約を明記することは許されるか？

　人権を端的に否定するような改正は想定できないだろう。しかし、従来から判例上認められていた制約を明文化するだけの改正であれば、許されないわけではないだろう。ただし、そのような改正であれば、あえて改正をする必要があるのかどうかが問われることになるし、またその改正された条文をめぐって解釈論的な対立が継続されるのであり、改正を行えば人権をめぐる論争が胡散霧消するなどという幻想は抱くべきではないだろう。

（4）国民に憲法擁護義務を課する改正はできるのか？

　昨今の改正論には、国民にも憲法尊重擁護義務を課するものがある。人権や民主主義を規定した憲法を守り、国民相互の人権を尊重し合うことは当然の義務であると考えれば、改正は許されることになろう。それに対し、国家権力を拘束するという憲法観の転換をもたらすものとして、深い懸念を示す見解もある[11]。ましてや、自衛隊の存在を憲法上認める改正とともに、国民の憲法尊重擁護義務が持ち込まれると、国民には自衛隊の存在を承認することを迫る憲法となる。

（5）憲法改正手続を改正できるのか？

　限界説には、憲法改正権は、憲法制定権によって創設されたものであるから、改正権は、改正手続を改正できないという見解が存在する。この見解に立てば、改正手続は改正できないということになる。しかしながら、この点についても、一切の変更が許されないわけではなく、国民主権の原理を後退させる改正は許されないが、そうでない改正については許されないわけではないと考えられることが多い。たとえば、国民投票の廃止については、国民が憲法改正について決定する機会を喪失するものであるから、国民主権の後退と考えられ、許されない。国民の承認要件を「過半数」から「三分の二」に引き上げることは、あまりにも要件が厳しくて憲法改正ができなくなるのではないかという批判はあり得るとしても、国民主権の後退とはいえない以上、憲法改正の限界を超えるものであるとは評価されないであろう。

　国会の発議要件である「各議院の総議員の三分の二」を「各議院の総議員の

11）西原博史「『国家を縛るルール』から『国民支配のための道具』へ？」同『自律と保護』（成文堂、2009 年）222 頁以下参照。

過半数」とか、「各議院の出席議員の過半数」にすることは許されるか。いずれも現在の要件よりは少ない国会議員の数で改正案が可決できることから、これを国民主権の後退であると評価すれば、許されないということになろう。

3. 憲法改正の限界を超えた改正は、どう評価されるのか？

たとえその改正が国民の過半数の承認を得て成立しても、ある改正が憲法改正の限界を超えていると評価されれば、違憲の改正であり、無効となるはずである。しかし、実際にそのような改正が行われてしまえば、学問的な主張として、あるいは、一個の政治的見解として、「違憲であるがゆえに無効である」と主張することはできても、それにとどまるのであろうか。

仮に日本に抽象的な違憲審査制度が導入されたとしたら[12]、それを通して違憲かどうかの判断を求めることができるであろう。現在の具体的違憲審査制を前提とするかぎりでは、国民投票無効確認の中で改正内容の違憲性を主張することはできる。しかし、違憲審査権の行使にあまり積極的ではない日本の裁判所が、手続のみならず、改正の内容について踏み込んだ憲法判断を示してくれることは望み薄であろう。明らかに憲法改正の限界を超えた改正についても、「統治行為論」に立ち、憲法判断を避けるかもしれない。

だとすれば、そのような場合には「ある改正が憲法改正の限界を超えるから許されない」という言説は、政治的なものとしてしか意味をなさないのであろうか。改正内容が限界を越えているという批判は、憲法改正を主張する政治家とそれに追随する国民に対して、憲法に違反していないかどうかを再検討し、改正それ自体を再考する契機を提供するであろう。この点を軽視してはならない[13]。そして、そのような批判と再考のプロセスは、憲法改正論議の質を高めるという重要な効用をもたらすであろう[14]。

---

12) 事例 37 を参照されたい。抽象的違憲審査制については、憲法を改正しなくても、法律の改正で導入できるとの見解もある。導入の是非はともかくとして、憲法改正の限界を超えるとは考えられないであろう。宍戸常寿「司法権＝違憲審査制のデザイン」憲法理論研究会編『岐路に立つ立憲主義』（敬文堂、2018 年）45 頁以下参照。

13) 佐藤信行・前掲論文（註 1）378 頁は、この点について「憲法改正手続に関与する者に対する行為規範としての意味を深く考えるべきである」と指摘する。

①「八月革命説」は、日本国憲法の正当性を説明することに成功しているか。

②現在の憲法 21 条 1 項のあとに、新しい 2 項として「前項の規定にかかわらず、公益及び公の秩序を害することを目的とした活動を行い、並びにそれを目的として結社をすることは、認められない。」を挿入する改正は、許されるか。

③議院内閣制を廃止して大統領制を導入する改正は、許されるか。

■**文献案内**

①長谷川正安・森英樹編『憲法改正論〔文献選集日本国憲法 13〕』(三省堂、1977 年) は、日本国憲法成立から 30 年間の憲法改正をめぐる主要学術論文を収める。

②全国憲法研究会編『法律時報臨時増刊 憲法改正問題』(日本評論社、2005 年) と『法律時報臨時増刊 続・憲法改正問題』(日本評論社、2006 年) は、1990 年代以降の憲法改正に関する資料を掲載し網羅的かつ詳細な検討を行う。

③最近の憲法改正論を知るには、阪口正二郎ほか編『憲法改正をよく考える』(日本評論社、2018 年)、辻村みよ子『憲法改正論の焦点』(法律文化社、2018 年)、木村草太ほか『「改憲」の論点』(集英社新書、2018 年) があり、歴史的背景を知るには、渡辺治『戦後史のなかの安倍改憲』(新日本出版社、2018 年) がある。

---

14) 昨今の改正論議の中には、法律を改正すればできる政策についてあたかも憲法改正をしないと実施できないと主張している例が散見される。憲法改正の限界とともに、憲法改正をしないとできない事柄は何かを冷静に検討することも大切である。

1 古典を読む

　長く読み継がれ、評価が定着した書物が「古典」と呼ばれる。憲法に関連する古典にも、様々なものがある。ここではそのいくつかを、紹介することにしよう。いずれもが、憲法の体系書や講義の中で言及されることが多いと思う。憲法に関連する古典には、外国語で書かれたものも多いが、日本では幸いにして、戦前から多くの古典が翻訳され、文庫版のような安価で手に入れやすい形で提供されている。それぞれの分野の第一人者が翻訳にあたっており、名訳といわれるものも多い。日本人の戦前の著作も、手軽に入手することができる。

　とはいえ、初学者にとって、古典を読むハードルは決して低くない。著者や著作、あるいは有名な一節にはどこか覚えがあっても、実際にその書物を読む機会は少ないだろう。図書館で古典と呼ばれる書物を手に取っても、すぐにそれを読みこなせるわけでもない。文章も内容もいささかとっつきにくく、著者の意図やその主張がもつ意義などを受け止めにくいかもしれない。

　古典と呼ばれる書物の内容は、それぞれの国や時代の知的な環境、政治社会の状況に強く規定されている。優れた思想家たちの、考え抜かれた複雑で濃密な思考を読み解こうとすれば、前提となる知識が求められる。文庫版などで提供される古典には、通例、改題や解説が付されている。まずは、各分野の第一人者によるそうした手ほどきを導きの糸に、古典に向き合うのもよいであろう。

　古典を手に取る際には、それぞれの著作が独立して存在するものではないという点にも留意してほしい。古典と呼ばれる著作は、突然現れた一人の天才が生み出したものではない。先行する様々な思想を受け止め、批判的に継承する中で、新たな思想や着想が生まれる。更にそれらが後の世代に受け継がれ、異なる土壌に根づき、異なる実を結ぶことになる。憲法の基本にある思想や原理もまた、そうした知的な継受の歴史の上に築かれている。こうした様々なつながりも意識しながら、以下で紹介する著作を読んでもらえればと思う。それぞれが古典たる所以が、得心できるはずである。

それでは次に、憲法に関連した古典を紹介することにしよう。以下では、日本国憲法制定以前に刊行された著作の中から、文庫版など比較的安価に入手することができるもの十数点を選び、取り上げることにする。翻訳については、いずれの書物についても複数のものが出版されている。翻訳者による言葉の選び方は同じではない。異なる翻訳を比べてみるのも、面白いであろう。

もとより、憲法に関連したものに限っても、本来取り上げるべき著作はたくさんある。以下で取り上げることのできないものも含めて、様々な古典を手がかりに憲法の基本原理を支える知的基盤を検討した憲法学の入門書として、**曽我部真裕・見平典編『古典で読む憲法』（有斐閣、2016 年）**がある。古典を読む手ほどきとして、併せて一読をお薦めしたい。

2　文献案内

（1）まずは憲法の古典として最も名高い 4 冊を紹介しよう。**ホッブス〔水田洋訳〕『リヴァイアサン 1 ～ 4』**（岩波文庫、1954 年-1992 年）、**ジョン・ロック〔加藤節訳〕『完訳 統治二論』**（岩波文庫、2010 年）、**J・J・ルソー〔桑原武夫・前川貞次郎訳〕『社会契約論』**（岩波文庫、1954 年）、そして、**モンテスキュー〔野田良之他訳〕『法の精神（上）（中）（下）』**（岩波文庫、1989 年）、である。

近代的意味の憲法の制定に先立ち、国家の成り立ちを正当化する理論として、社会契約という考え方が説かれたことはご存じであろう。ごく単純化すれば、まずは国家が成立する以前の状態（自然状態）を想定し、そこで各人が有していた権利（自然権）を保持するために、人々は合意して国家を形成するための社会契約を結んだ、というものである。自然状態、自然権、あるいは社会契約をそれぞれどの様なものとして構想するかによって、正当化される国家のあり方は大きく異なって来る。

「万人の万人による闘争」から出発したホッブスは、絶対的な権力の存在を正当化した。ロックは、政治権力の目的を、人々が自然状態で有していた権利（プロパティー）の保護に求めた。ルソーは、平等を実現するために、新たに形成される共同体に対してすべての自然権をゆだねることを主張した。ルソーはまた、代表政を強く批判したことでも知られている。ここでは限られた視点から、ごく単純化して三人の思想を紹介したが、国家の存在理由、政治権力の組

織化や権利保障のあり方など、今日の憲法の基礎とかかわる様々な構想が提示されていたことが確認できる。

　権力分立論で名高いのがモンテスキューである。当時（18世紀中葉）のイギリスをモデルに、「イギリスの国制について」と題する章で、立法、執行、司法の三権の分立が説かれている。そこでの分立は、国王、貴族、市民という社会的な勢力間の均衡も視野に入れたものである。なお、「法の精神」の「法」（loi）という言葉をモンテスキューがどの様に使っているかについても、是非注意して読んでほしい。

　(2) 社会契約の思想も背景に、市民革命を経て新たな政治体制が生み出され、その基礎となる近代的意味の憲法が制定されてゆく。その代表例が、アメリカとフランスである。フランス革命の時期に出版され、大きな反響を呼んだのが、**シィエス〔稲本洋之助・伊藤洋一・川出良枝・松本英美訳〕『第三身分とは何か』**（岩波書店、2011年）である。特権階級を批判した著者シィエスは、革命期に様々な憲法をめぐる構想を提示し、その後のフランスの諸憲法や憲法学にも大きな影響を与えている。

　アメリカにおいて、起草された連邦憲法案を擁護するために、三人の著者によって執筆された論文集が、**A・ハミルトン、J・ジェイ、J・マディソン〔斉藤眞・中野勝郎訳〕『ザ・フェデラリスト』**（岩波文庫、1999年）である（文庫版は抄訳である）。三人の著者は思想家ではないが、この本は、連邦憲法のみならず、憲法全般に通じる本質を論じた書物として、読み継がれてきた。派閥の弊害に関する10篇、権力の抑制均衡に関する51篇など、短いながら民主主義や立憲主義の本質に踏み込んだ議論が展開されている。少し時代は降るが、大統領リンカーンによる演説もまた、民主主義を論じる際によく引かれる（**高木八尺・斎藤光訳『リンカーン演説集』**（岩波文庫、1957年））。ごく短い演説を締めくくる、「人民の、人民による、人民のための政治」というフレーズは、アメリカに限らず、民主主義の理念・本質を示すものとしてあまりに有名である。

　新たに誕生した民主主義国家アメリカは、「旧大陸」の思想家にも強い印象を与えた。19世紀前半、アメリカを見聞したフランスの貴族トクヴィルが著した**トクヴィル〔松本礼二訳〕『アメリカのデモクラシー 第1巻（上）（下）・第2巻（上）（下）』**（岩波文庫、2005年-2008年）も、憲法の古典として逸する

ことができない。日本の憲法学では、立法権中心で集権的なルソー＝ジャコバン型、多元的・分権的なトクヴィル＝アメリカ型という二つの国家モデルが知られている。

　(3)「権利の保障が確保されず、権力の分立が定められていないすべての社会は憲法を持たない」——フランス革命後に出された有名な「人及び市民の権利宣言」16 条のこの規定は、近代的意味の憲法の定義を示したものとして、広く知られている。権力を制限し自由を確保するという思想の淵源は、古くは 1215 年にイギリスで出された「マグナ・カルタ」にまで遡ることができる。特権階級が国王に対し自分たちの権利を認めさせたこの文書は、その後、「権利請願」、「権利章典」といった権利宣言へと結実する。更に、18 世紀末には、アメリカ諸州の人権宣言、フランスの「人及び市民の権利宣言」へも受け継がれてゆくことになる。**高木八尺・末延三次・宮沢俊義編『人権宣言集』**（岩波文庫、1957 年）は、こうした人権思想の発展と継受の歴史を、跡づける。

　人権宣言によって打ち出された権利や自由は、様々な思想家たちの知的営為とも深くかかわっている。人権宣言は、そうした知的基盤の上に生成したものであり、また思想家たちの営為を通じ更に哲学的な基盤を与えられ深みや拡がりを獲得してゆく。ここでは、自由をめぐる思索の最高峰の一つともいえる、**J・S・ミル〔関口正治訳〕『自由論』**（岩波文庫、2020 年）を紹介しておこう。ただ一人が反対意見を抱いているとしても人類がその一人を沈黙させることは不当である、と説くなど、ミルは自由の本質を鮮やかに力強く提示している。

　(4) 近代的意味の憲法の政治制度の中心となるのが、議会である。議会制の母国イギリスでは、王政から議会中心の政治制度への移行が徐々に進行し、内閣が議会の信任に基礎を置き、議会に対して政治責任を負うという政治制度——議院内閣制——が確立してゆく。議会制論・議院内閣制論の古典といえるのが、**バジョット〔小松春雄訳〕『イギリス憲政論』**（中公クラシックス、2011 年）である。当時の議院内閣制と今日の議院内閣制には様々な違いもあるが、バジョットの言葉は今でも、議院内閣制の本質を示すものとして引かれる。

　20 世紀初頭の戦間期、ヨーロッパ、とりわけドイツでは、議会制が深刻な危機に直面する。社会的分裂が議会内に持ち込まれ根深い対立をひきおこし、やがてナチスが台頭する。この時期、議会主義の基盤は失われており、「近代

議会主義と呼ばれているものなしにも民主主義は存在しうる」として独裁を論じたのが、**カール・シュミット〔樋口陽一訳〕『現代議会主義の精神史的状況』**（岩波文庫、2015年）である。これに対して、深刻な対立を、流血によらず平和的、漸進的に調停することができるのは、議会主義的デモクラシーにほかならないとして、議会主義を擁護したのが、純粋法学の巨人・ケルゼンであった（**ハンス・ケルゼン〔長尾龍一・植田俊太郎訳〕『民主主義の本質と価値』**（岩波文庫、2015年））。政治制度や政治エリートに対する不信が高まり、ポピュリズムが台頭する今日、あらためて二人の泰斗の著作を読み返してみたい。

　(5) ここまで西欧の憲法に関する古典を取り上げてきたが、日本の憲法学の古典についても、紹介しておこう。まず、日本で最初の近代的意味の憲法、そしてこの憲法と一体として制定された皇室典範の公定注釈書である、**伊藤博文〔宮沢俊義校注〕『憲法義解』**（岩波文庫、2019年）をあげたい。近代的意味の憲法の外観を採りつつも、特殊日本的な形でそれを制度化した憲法体制の精神について、またその精神が凝縮された神勅天皇制について、確認してみよう。

　こうした憲法のもとで苦闘した、戦前を代表する二人の憲法学者の著作、**佐々木惣一『立憲非立憲』**（講談社学術文庫、2016年）、**美濃部達吉『憲法講話』**（岩波文庫、2018年）も紹介しておこう。佐々木がいう「非立憲」とは、憲法には違反しないが立憲主義の精神に違背することを意味する。本書が、原著の出版から100年後、立憲主義の危機が顕在化した時期に再刊されたことの意味も、現代の憲法学者による秀逸な解説を併せ読み、考えてほしい。

　佐々木とともに戦前の立憲学派憲法学を牽引し、統治権は国家に帰属し、天皇は国家の最高機関であると説いたのが美濃部達吉である。美濃部のこの天皇機関説は、しかしやがて、国体にそぐわない学説として弾圧され、排斥されることになる。前出の『憲法義解』とも対比しながら、自由主義的な憲法の解釈を目指した美濃部の憲法学の意味について、考えてみたい。

　(6) 最後に、古典ではないが、戦前の憲法体制の問題を受け止め成立した日本国憲法の意義を確認するために、**古関彰一『日本国憲法の誕生〔増補改訂版〕』**（岩波現代文庫、2017年）をも紹介しておきたい。連綿と受け継がれてきた憲法をめぐる思想が異なる土壌にどの様に移植されようとしたのか、そこにはどのような困難があったのか、是非確認してほしい。

キーワード索引

編著者・担当一覧　　(＊は編者)　　　　　　　　　　　　　　(五十音順)

＊加藤　一彦	(東京経済大学教授)	憲法の勉強の心構え1　事例44
＊阪口正二郎	(早稲田大学教授)	憲法文献案内
＊只野　雅人	(一橋大学教授)	憲法の勉強の心構え2　事例25 憲法文献案内

岩垣　真人	(沖縄大学准教授)	事例23・31
岩切　大地	(立正大学教授)	事例26・32
植村　勝慶	(國學院大學教授)	事例45
榎澤　幸広	(名古屋学院大学准教授)	事例20・42
岡田健一郎	(高知大学准教授)	事例10・40
岡田　順太	(獨協大学教授)	事例37
小川有希子	(帝京大学助教)	事例8・9
奥野　恒久	(龍谷大学教授)	事例39・41
鎌塚　有貴	(三重短期大学講師)	事例24・29
久保田祐介	(専修大学講師)	事例1・2
小林　直樹	(姫路獨協大学教授)	事例17・19
田代　亜紀	(専修大学教授)	事例14・15
多田　一路	(立命館大学教授)	事例33
館田　晶子	(北海学園大学教授)	事例5・6
寺川　史朗	(龍谷大学教授)	事例3
徳永　貴志	(和光大学教授)	事例27・28
中川　律	(埼玉大学准教授)	事例21・22
中村　安菜	(日本女子体育大学准教授)	事例7・16
福岡　英明	(國學院大学教授)	事例34
福嶋　敏明	(神戸学院大学教授)	事例35・36
堀口　悟郎	(岡山大学准教授)	事例4・38
本庄　未佳	(岩手大学准教授)	事例30・43
松田　浩	(成城大学教授)	事例13・18
棟久　敬	(秋田大学講師)	事例11・12

編者紹介

加藤　一彦（Kazuhiko KATO）

1959 年 4 月東京都生まれ
明治大学大学院法学研究科博士後期課程単位取得
現在　東京経済大学現代法学部教授　博士（法学）
主著　『政党の憲法理論』（単著／有信堂、2003 年）、『議会政治の憲法学』（単
　　　著／日本評論社、2009 年）、『憲法〔第 3 版〕』（単著／法律文化社、
　　　2017 年）、『現代憲法入門講義〔新 5 版〕』（共編著／北樹出版、2017 年）、
　　　『議会政の憲法規範統制』（単著／三省堂、2019 年）など。

阪口正二郎（Shoujiro SAKAGUCHI）

1960 年 3 月兵庫県生まれ
早稲田大学大学院法学研究科博士後期課程単位取得
現在　早稲田大学社会科学総合学院教授　博士（法学）
主著　『立憲主義と民主主義』（単著／日本評論社、2001 年）、『神の法 vs. 人
　　　の法』（共編著／日本評論社、2007 年）、『注釈日本国憲法 (2)』（共著／
　　　有斐閣、2017 年）、『注釈日本国憲法 (3)』（共著／有斐閣、2020 年）、『ア
　　　メリカ憲法理論史』（共訳／北小路書房、2020 年）など。

只野　雅人（Masahito TADANO）

1964 年 5 月東京都生まれ
一橋大学大学院法学研究科博士後期課程修了
現在　一橋大学大学院法学研究科教授、博士（法学）
主著　『選挙制度と代表制』（単著／勁草書房、1994 年）、『憲法の基本原理か
　　　ら考える』（単著／日本評論社、2006 年）、『代表における等質性と多様
　　　性』（単著／信山社、2017 年）、『新・コンメンタール憲法〔第 2 版〕』（共
　　　編著／日本評論社、2019 年）など。

フォーカス憲法─事例から学ぶ憲法基盤

2020 年 10 月 20 日　初版第 1 刷発行

編著者　加藤　一彦
　　　　阪口正二郎
　　　　只野　雅人

発行者　木村　慎也

定価はカバーに表示　印刷／製本　モリモト印刷

発行所　株式会社 北樹出版

〒 153-0061　東京都目黒区中目黒 1-2-6
URL:http://www.hokuju.jp
電話(03)3715-1525(代表)　FAX(03)5720-1488

ISBN978-4-7793-0645-7
（落丁・乱丁の場合はお取り替えします）